H Schumacher-Zarchlin, Johann Heinrich von Thünen

Johann Heinrich von Thünen

Ein Forscherleben

H Schumacher-Zarchlin, Johann Heinrich von Thünen

Johann Heinrich von Thünen
Ein Forscherleben

ISBN/EAN: 9783742899262

Hergestellt in Europa, USA, Kanada, Australien, Japan

Cover: Foto ©Lupo / pixelio.de

Weitere Bücher finden Sie auf **www.hansebooks.com**

Johann Heinrich von Thünen.

～～～

Ein Forscherleben.

Johann Heinrich von Thünen.

Ein Forscherleben.

Rostock.

G. B. Leopold's Universitäts-Buchhandlung.

(Ernst Kuhn.)

1868.

Widmung.

Den

Senioren der Familie:

Edo Heinrich von Thünen

auf Tellow in Mecklenburg

und

Christian Diedrich von Buttel,

Ober-Appellations-Gerichts-Präsident in Oldenburg,

in

Verehrung und Dankbarkeit

gewidmet.

Als Sie mir den wissenschaftlichen Nachlaß, Familienpapiere und Briefwechsel unseres Johann Heinrich von Thünen vertrauensvoll einhändigten, sprachen Sie den Wunsch aus, daß eine Skizze von seinem Leben und Wirken der Auswahl des wissenschaftlichen Nachlasses hinzugefügt werde, welche als Fortsetzung des isolirten Staates der Oeffentlichkeit übergeben werden sollte. Bei genauerer Prüfung des vorliegenden Materials stellte sich jedoch heraus, daß es mir nicht gelingen werde, die Reichhaltigkeit desselben in so kurzer Zeit mir zu eigen zu machen, daß ich die biographische Arbeit hätte beginnen und vollenden können, ohne dadurch die Herausgabe der Fortsetzung des isolirten

Staates zu verzögern. Der ursprüngliche Plan wurde daher verlassen, die Auswahl des wissenschaft= lichen Nachlasses — isolirter Staat, zweiter Theil, zweite Abtheilung und dritter Theil — gelangte im Herbst 1863 in die Hand Derer, welche sehnlichst seiner warteten, und statt einer ge= drängten biographischen Skizze, wurde mit Ihrer Genehmigung eine ausführliche Darstellung von dem Leben und Wirken von Thünen's, welche zu= gleich einen Theil seines Briefwechsels enthalten sollte, in Aussicht genommen.

Je mehr nun die Resultate der wissenschaft= lichen Forschung von Thünen's sich Bahn brechen und öffentliche Anerkennung finden, um so schwerer schien mir meine Verantwortlichkeit wegen jenes zweiten Theils meiner Aufgabe zu wiegen, und bei aller Verehrung und Liebe zu dem Verewigten, bei aller Treue für die übernommene Aufgabe mußte ich zweifeln, ob es der unerfahrenen Hand gelingen werde, das Bild eines so reichen, selbstgeschaffenen Lebens würdig zu entfalten. Doch schon beim za=

genden Beginnen fand ich meinen Muth gestählt,
denn in der Fülle der Selbstbekenntnisse von Thü=
nen's erkannte ich den sicheren Leitfaden, durch den
Rath und die Hülfe aus dem Kreise Ihrer Familie,
namentlich durch die Aufzeichnungen Friedrich
von Thünen's über die mit dem Bruder
zusammen verlebte Jugendzeit, so wie durch zahl=
reiche Briefe, Mittheilungen und Schriften Anderer,
sah ich mich befähigt, die Klippen zu umschiffen,
an denen schon oft das Bemühen, kein erträumtes
Bild an die Stelle des wirklichen zu setzen, geschei=
tert ist, und selbst da, wo ich meinte, eigenste Auf=
fassung gegeben zu haben, lehrte eine wiederholte
Prüfung, daß ich nur inspirirt war von dem Geiste
und geleitet von der Form derjenigen Lebensan=
schauungen, welche ich schildern sollte.

So wage ich denn kaum Etwas mein eigen zu
nennen von den nachfolgenden Blättern, welche ich
in Verehrung und Dankbarkeit Ihnen überreiche —
ja in Dankbarkeit, denn indem ich dem Andenken
an meinen unvergeßlichen Lehrer Zeit und Mühe

widmete, zog ich reichsten Gewinn für meine Er=
ziehung, und auch aus diesem Grunde muß ich
diese Arbeit als ungenügenden Zoll und Gegen=
gabe betrachten. Was aber mir schon in der Zeit
meiner Jugend, da ein gütiges Geschick mir ver=
gönnte, mehrere Jahre hindurch ein Hausgenosse
von Thünen's zu sein, als liebliches Bild de=
müthiger Forschung entgegentrat, was mich später
gefördert hat im Wissen und in der Erkenntniß, und
was mir als Auferstehung und Frieden verkündende
Osterglocken aus dem Leben und der Prüfung des
theuren Mannes erklungen ist, das wird seinen Ein=
druck auf Andere nicht verfehlen — und was die
Geschichte der Wissenschaften durch die Forschungen
von Thünen's zum Fortschritte des materiellen
und geistigen Menschen hinzugetragen findet, das geht
nimmermehr verloren; wird es auch nicht gepriesen
auf dem lauten „Markte" des Lebens, so hält es
doch auf „leisen Sohlen" Einzug in die Wohnun=
gen der Menschenkinder, wird Eigenthum der Wissen=
schaft, ist es schon geworden und damit Eigenthum

der Menschheit. Sollte mein Bestreben gelungen
sein, die Forscherwege von Thünen's und seine
Lebensziele ins klare Licht zu stellen und unverfälscht
auch darin zu erhalten, dann rechne ich wegen der
übrigen Darstellung auf milde Beurtheilung.

Zur Vermeidung unzähliger Anmerkungen habe
ich die jedesmalige Quellenangabe da unterlassen,
wo ich handschriftliche Mittheilungen benutzte; jedoch
sind einzelne Worte, Zeilen und kurze Sätze aus
jenen Mittheilungen, so wie aus dem isolirten Staate
und aus gedruckten Schriften, wo es passend
und nöthig erschien, mit Anführungszeichen versehen;
von diesen Druckschriften führe ich namentlich an:
Der Socialismus und Communismus des heu=
tigen Frankreichs von L. Stein — Sechs= und
siebenundzwanzigster Jahresbericht des literarisch = ge=
selligen Vereins zu Oldenburg — Albrecht Thaer,
sein Leben und Wirken als Arzt und Landwirth,
von W. Körte — Entwurf einer Methodik zur
Berechnung der Feldsysteme, von K. von Wulffen
— Amtlicher Bericht über die Versammlung deut=

scher Land- und Forstwirthe in Doberan — Jever-
ländische Nachrichten — Archiv der Landeskunde in
den Großherzogthümern Mecklenburg — Annalen
der mecklenburgischen Landwirthschaftsgesellschaft —
Lehrbuch der Volkswirthschaft von L. Stein —
Bürgerzeitung für Teterow — K. von Wulffen,
ein Cultur- und Characterbild von Dr. R. Stadel-
mann. Im Uebrigen fehlt der Quellennachweis nicht.
Besonders werthvoll waren mir die Mittheilungen,
welche ich der Güte des Herrn Professor Helferich
in Göttingen verdanke. Ein Verzeichniß sämmtlicher
gedruckten Schriften und Aufsätze von Thünen's
ist als Anhang nachgefügt.

Zarchlin, den 22. September 1867.

H. Schumacher.

„Es giebt nur ein wahres Müssen, das Müssen des sich in uns entwickelnden Gedankens. Wer auch nur einen Augenblick lang wahrhaft einer hohen Idee ins Antlitz schaute, der ist ihr für immer verfallen, mit seinem ganzen Leben, seiner Kraft und seinen Hoffnungen. Rücksichtslos erfaßt sie ihn, und schreitet über ihn hinweg, ihrer Vollendung entgegen. Ob er es vermag, ihre Last zu tragen, oder nicht, ob er leidet, ob er siegt, ob er untergeht, sie achtet es nicht, denn sie muß sich erfüllen. Wo wir einem solchen Leben, das den glühenden Stempel einer unendlichen Aufgabe trägt, begegnen, da verweilen wir gerne, in dem Stolz unserer höchsten Bestimmung."

L. Stein.

Johann Heinrich von Thünen wurde am 24. Juni 1783 auf dem väterlichen Gute Kanarienhausen im Jeverlande geboren. Die Erbherrschaft Jever ist, nach mehrfachem Wechsel in der Erbfolge, zum Großherzogthum Oldenburg gehörig. Ihre Einwohner, alten Friesenstammes, arbeitsam und bieder, haben trotz mancher hohen Meeresfluth, die ihre Marschen zu vernichten drohte, glücklich den Kampf mit dem Elemente bestanden, der Natur treue Söhne. Der Grund, den sonst die Wogen peitschen, ist durch künstliche Deiche gesichert, Tiefe und Siele besorgen die Entwässerung, die üppige Weide bietet dem herrlichen Vieh reichliche Nahrung und reiche Ernte lohnt der Väter Anstrengung den Enkeln. Wo des Lebens Nahrung erkämpft werden muß, und das ist im Norden unserer Erdkugel zumeist der Fall, da ist der Körper kräftig und gesund zur That, da ist der Geist rege und bereit zur Geistesarbeit; die Magnetnadel zeigt nach Norden und die edelsten Menschenracen bewohnen die nördliche Halbkugel. Wo die Früchte der Erde dem Menschen ohne große Anstrengung zufallen, nur zu leicht versinkt er dort in Trägheit und Ueppigkeit. Wo altherkömmliche ehrbare Sitte, wo die Tugend der Häuslichkeit und Einfachheit, wo die Arbeit und das Streben den Schmuck und die Ehrenkrone des Menschen bilden, da steht oft die Wiege großer Männer.

Bemerkenswerth ist, daß die Herrschaft Jever, ein kleines Ländchen von nur 6,41 □M., jetzt mit ungefähr 24500 Seelen, außer mehreren für Oldenburgs Staats- und Gemeindeleben ausgezeichneten Persönlichkeiten manche bedeutende Männer hervorge-

1

bracht hat, welche nicht blos in Deutschland, sondern auch über dessen Grenzen hinaus sich einen wohlbegründeten Ruf erworben haben. Namentlich führen wir aus der letzten Hälfte des vorigen und dem Anfange dieses Jahrhunderts an die Namen: Wolfe, Vieth, Seetzen, Crome, Schlosser, Tiarks, Mitscherlich, Hinrichs, v. Bohlen.

Unter den Landbegüterten der Jever'schen Marsch blühte das Geschlecht derer von Thünen, geliebt und geachtet von seinen Mitbürgern und beehrt mit dem öffentlichen Vertrauen.

Ueber den Ursprung der Familie von Thünen haben Nach= forschungen in den Oldenburger Archiven leider Nichts aufklären können; ältere Familienpapiere werden während einer zwanzigjähri= gen Vormundschaft verloren gegangen sein, und es ist nicht zu er= mitteln, ob ein in den Chroniken im Jahre 1462 vorkommender von Thünen und ein im Jahre 1492 erwähnter von Thülen, sowie ein Heerführer Claus von Thünen zu den directen Vorfahren ge= hören. In einer Schrift über das frühere Rechtsverfahren: „Lau= rentius Biedermann", Kriminalgeschichte aus den ersten Jahren des 17. Jahrhunderts, wird ein in Diensten des Fürsten Joachim Ernst von Anhalt=Zerbst befindlicher Obristlieutenant Heinrich von Thünen erwähnt, gest. 18. April 1609, sowie zwei Vettern des= selben Hieronymus und Levin von Thüna; aber keine der über diese Männer vorliegenden Nachrichten erhellt das Dunkel, was über den Ursprung der Jeverländischen Familie von Thünen herrscht; wichti= ger scheint eine Nachricht im Adelslexikon, wonach ehemals eine adelige Familie von Thünen in Holstein ansässig gewesen ist, doch ist auch hier die Abstammung nicht nachzuweisen.

Nach mündlichen Ueberlieferungen ist die Familie von Thünen vor Jahrhunderten aus Hannover oder durch's Hannöversche in Jever eingewandert und gehörte schon lange dem Kirchspiele Wadde= warden an. In der Kirche zu Waddewarden befinden sich von Thünen'sche Chöre und von Thünen'sche Grabgewölbe und auf dem Kirchhofe ein von Thünen'sches Familiengrab, worin eine ganze

Familie beerdigt ist, deren Glieder in rascher Folge an einer an=
steckenden Krankheit gestorben sind. Soweit die Kirchenbücher im
17. Jahrhunderte reichen, waren alle Vorfahren bedeutende Grund=
besitzer; ihr Name wird sowohl von Thülen, als von Thünen ge=
schrieben, bis die letzte Schreibart allein geblieben ist. Aeltere
Mitlebende erinnern sich der Namen Hans Albers von Thünen,
Matthias Friedrich von Thünen, Wins Friedrich von Thünen,
sowie Gerd Warnks von Thünen, der im Besitze des größten
Theils der Strückhauser Güter war. Der Großvater unseres
Johann Heinrich von Thünen war Hans Hinrich von Thünen,
der anfangs Zeitpächter von Kanarienhausen war, später das Gut
in Erbpacht bekam. Dessen einziger Sohn, Edo Christian von
Thünen, geboren 1761, war seit 1782 verheirathet mit der Toch=
ter des in früheren Jahren aus Culmbach in Franken eingewan=
derten Buchhändlers und Rathsherrn Trendtel in Jever und
hinterließ zwei Söhne: Johann Heinrich von Thünen, geboren
24. Juni 1783, und Friedrich*) von Thünen, geboren 27. No=
vember 1785.

---

*) Friedrich von Thünen, welcher mit dem ältern Bruder Heinrich er=
zogen und unterrichtet wurde, kam nach kurzem Aufenthalte bei einem
Landwirthe Jeverlands nach Flottbeck bei Altona, blieb dort 1805—1807
als Zögling im dortigen landwirthschaftlichen Institute und bezog im
Herbst 1807 die Akademie in Möglin, um sich unter der Leitung Albrecht
Thaers wissenschaftlich auszubilden. Nach seiner Rückkehr in die Heimath
trat er die Verwaltung des väterlichen Gutes Kanarienhausen an. Zuerst
als Maire, später in den verschiedensten Aemtern, stand er an der Spitze
der Gemeindeverwaltung, war 1833 Vorstand der landwirthschaftlichen
Gesellschaft, 1834 Syndicus und Generalbevollmächtigter der Deputirten
Jeverlands auf zwei Jahre. Im Jahre 1831 wurde er als Vertrauens=
mann nicht nur der Einwohner, sondern auch des Landesherrn zur Mit=
berathung über eine Gemeindeordnung berufen. Im Jahre 1848 hat
er als verständiger, dem Rechte, wie der gesetzlichen Ordnung gewissen=
haft zugethaner Mann, heilsam gewirkt. An der Spitze von Deputa=
tionen, in der Versammlung der 34ger und in den ersten Landtagen und
Synoden, schloß er sich stets den Liberalen, aber nicht den Exaltirten an.
Aber auch er mußte die Erfahrung machen, daß die aura popularis ein

Die Mutter soll ein sehr schönes Fräulein gewesen sein und war noch in ihren älteren Jahren eine schöne Frau. Sie war eine thätige Hausfrau und eine herrliche Mutter voll Gemüth, Liebe und Milde. In ihrer Jugend hatte sie viel gelesen, gemalt und Musik getrieben, bis sie später durch das Geschäftsleben davon abgezogen wurde. Auch der Vater soll ein hochgewachsener stattlicher Mann gewesen sein mit zu der Zeit hervorragenden Kenntnissen, namentlich in Mathematik und Mechanik.

An die Geburt des zweiten Sohnes knüpfte sich unmittelbar

wetterwendisch Ding ist, und als sie ihm im Jeverlande nicht mehr zusagte, verließ er sein gemüthliches Kanarienhausen, wo er — verheirathet mit Henriette Folkers, geb. 19. Januar 1791, gest. 18. Mai 1866 — ein so patriarchalisches Leben geführt hatte, und begab sich 1849 nach Oldenburg, um als ordentliches weltliches Mitglied des Oberkirchenrathes, von der constituirenden Synode gewählt, zu fungiren. Diese von ihm wohl nur deßhalb angenommene Stelle, um durch seinen Namen und seinen Einfluß eine noch etwas unsichere Errungenschaft zu stützen, konnte seiner Neigung aber auf die Dauer nicht zusagen, er gab dieselbe 1850 schon wieder auf, als er in der neu errichteten Catasterdirection und Ablösungsbehörde eine seinen Fähigkeiten entsprechende Stellung als Abschätzungs-Director fand. Neben seinen amtlichen Arbeiten war er stets bereit zur Mitwirkung und Hülfe, wo es galt, gemeinnützige Bestrebungen zu fördern; mit besonderem Interesse verfolgte er die Schleswig-Holsteinischen Angelegenheiten und blieb bis an sein Ende für dieselben thätig. Gedruckt sind von ihm schon 1832 „Actenstücke zur neuesten Geschichte Jeverlands“ und 1847 eine „geschichtliche und rechtliche Begründung der deichrechtlichen Zustände Jeverlands“, deren in staatswissenschaftlichen Schriften Erwähnung geschieht, außerdem manche Aufsätze über wissenschaftliche, politische und sociale Gegenstände in verschiedenen Jeverschen und Oldenburgischen Zeitschriften; seine Bodenuntersuchungen wurden von namhaften Gelehrten, z. B. Ehrenberg, Wicke u. s. w. benutzt, auch beschäftigten ihn vielfach mikroskopische Untersuchungen über die Entstehung der Infusorien. Noch in den letzten Lebensjahren rüstigen Körpers und geistiger Frische starb Friedrich von Thünen am 31. März 1865. „In geselligen Kreisen war er die liebenswürdigste Erscheinung und sein Andenken als das eines rechten Jeveraners, in welchem kein Falsch ist, bleibt allen denen, welche ihn kannten, lieb und theuer.“

eine höchst traurige Katastrophe. Durch ein Dienstmädchen wurde
ein bösartiges Nervenfieber — das sogenannte Fleckfieber — in
das Haus gebracht, wovon nach und nach alle Bewohner desselben
befallen wurden und einige starben. Die Mutter, obgleich vom
Kindbette noch geschwächt, überstand doch die Krankheit, aber wäh=
rend ihrer Genesung ward auch der Vater, als der letzte, von
derselben befallen. Die bei letzterem besonders heftig auftretende
und in damaliger Zeit sehr gefürchtete Krankheit, sein Dahin=
scheiden an diesem gefährlichen, für pestartig gehaltenen Nerven=
fieber, verhängte über die trauernde Mutter eine schwere Prüfungs=
zeit. Alle und jede Pflicht des Haushaltes, des Begräbnisses lag
ihr allein ob, denn jeder floh das inficirte Haus, und bei aller
sonstigen Theilnahme von Seiten der Freunde und Verwandten
blieb die arme Wittwe mit ihren beiden Waisen allein und ohne
Hülfe. Sie, die edle Dame, trug das ihr auferlegte Schicksal mit
stiller Demuth und überwand es mit hohem Muthe und seltener
Ausdauer. Wohl schlich manche Thräne herbsten Kummers über
ihre Wangen, aber wozu ist eines Weibes Liebe, einer Gattin und
Mutter Aufopferung nicht fähig!

In diesem Hause der Einsamkeit und der Trauer empfing
von Thünen die ersten Eindrücke seiner Jugend. Wir erinnern
uns eines seiner späteren Aussprüche: „Die Thränen meiner
Mutter haben mich erzogen.“ Wer hätte es nicht an sich selbst
erfahren, wie in der Jugend empfangene Eindrücke wiederkehren
und unauslöschlich in der Erinnerung haften? Wenn der Mutter
thränenumflortes Antlitz sich liebevoll über ihre Waisen beugte
im stillen Gebete, da senkte sich des Lebens Ernst wohl unbemerkt
schon in des Kindes Brust, und so mögen wir es uns erklären,
wenn wir den Knaben geschildert finden „sinnigen Ernstes, lern=
begierig, die Freude seiner Lehrer“.

Die Mutter blieb mit den Kindern auf Kanarienhausen,
bis sie 1789 den Kaufmann von Buttel zu Hooksiel kennen

lernte, und diesem braven und ihrer würdigen Manne ihre Hand reichte*).

Die Kinder erster Ehe bekamen Vormünder, blieben aber bei der Mutter und zogen mit nach Hooksiel, einem kleinen lebhaften Hafenort an der Jahde, mit nicht unbeträchtlichem Ausfuhr- und Einfuhrhandel. Sie kamen in die dortige Ortsschule, worin ein kleiner eifriger Schulmeister, Namens Becker, mit Strenge sein Regiment über 70 bis 80 Schüler führte. Er hatte die damalige zunftmäßige Ausbildung der Landschullehrer genossen, war erst Lehrling, dann Geselle oder Untermeister bei einem solchen gewesen, zuletzt selbst Meister geworden. Sein Unterricht beschränkte sich auf Lesen, Schreiben, Rechnen und das Auswendiglernen des kleinen und des großen Katechismus, der Gesänge aus dem Kirchengesangbuche und vieler Bibelsprüche. Von Orthographie, Grammatik, Geographie und Geschichte, oder gar von Naturlehre hatte sein Geist keine Ahnung. Aber er war — worauf man damals den größten Werth legte — ein guter Rechenmeister, welcher in allen in der Bremer-Münze — einem damals weit verbreiteten Rechnungsbuche — vorkommenden Berechnungsarten geübt war, Quadrat- und Kubikwurzeln ausziehen konnte, ja sogar etwas von der Buchstabenrechnung kannte und die in der Bremer-Münze enthaltenen algebraischen Exempel aufzulösen verstand. Dies war nicht ohne dauernden Einfluß auf die Bildungsrichtung von Thünen's. Er war überhaupt ein stiller,

---

*) Aus dieser Ehe stammen:

Friedrich Christian von Buttel, geb. 19. April 1792, verheirathet in erster Ehe mit Henriette Nagel, in zweiter Ehe mit Pauline Wahn, Kaufmann zu Bremen und Dreisielen, gest. 3. März 1861.

Christian Diedrich von Buttel, geb. 5 Dec. 1801, verheirathet in erster Ehe mit Cezilie von Harten, in zweiter Ehe mit Helene von Thünen, Oberappellations-Gerichts-Präsident in Oldenburg.

Anna Katharina Henriette von Buttel, geb. 3. Sept. 1806, verheirathet an den Kaufmann Dröge zu Bremen, zuletzt in Baltimore, gest. 22. Sept. 1857.

fleißiger Schüler, aber vorzugsweise entwickelte sich seine Neigung zur Rechenkunst, welche anfangs von dem Lehrer belobt wurde, doch zuletzt, als der Schüler durch eigenes Nachdenken den Lehrer im Wissen übertraf, diesem lästig war.

Der Vater von Buttel war ein heftiger, aber braver und einsichtsvoller Mann, welcher die Knaben zwar in strenger Zucht hielt, aber auch für dieselben väterlich sorgte, namentlich gewissen= haft ihren Unterricht und ihre weitere Ausbildung überwachte, während die Vormünder nur das Vermögen verwalteten. Als Kaufmann legte er dem Rechnen großen Werth bei, und da er neben anderen Handelsgeschäften einen sehr beträchtlichen Handel mit Bauhölzern betrieb, welche zu Schiff aus den Ostseehäfen, aus Norwegen und von der Elbe bezogen wurden, so gab es über Einkauf und Verkauf nach Längen=, Quadrat= und Kubikfuß, wie bei allerhand Hülfstabellen sehr viel zu berechnen, wozu die Kna= ben frühzeitig herangezogen wurden, was denn die Fertigkeit im Rechnen außerordentlich förderte. Die strengen Grundsätze, die Pünktlichkeit und Ordnungsliebe des Stiefvaters, sowie die Milde der Mutter in harmonischer Ergänzung mußten von wohlthätigem Einflusse auf die Erziehung sein, und wie von Thünen noch in späteren Jahren mit wahrer Verehrung und unendlicher Liebe von seiner Mutter sprach, so hegte er nicht minder große Achtung und Dankbarkeit gegen seinen trefflichen Stiefvater.

Während von Thünen seinen Mitschülern im Lernen und Denken voranging, blieb er dagegen in körperlicher Gewandtheit gegen dieselben zurück. Er nahm an den Spielen und Leibes= übungen derselben im Laufen, Springen, Radschlagen, wie im Klet= tern, wozu das Tauwerk und die Masten der im Hafen liegenden Schiffe die schönste Gelegenheit boten, selten Theil und nur dann, wenn es auf Ausweis der Körperkraft ankam, war er dabei. Von allen muthwilligen und listigen Streichen hielt er sich fern, vorkommende Lügen, Unredlichkeiten und Betrügereien verletzten sein Rechtsgefühl in hohem Grade, und er ging einmal einem viel älteren und größeren Jungen zornig zu Leibe, als dieser jüngere Knaben beim Kinderspiel halb gewaltthätig betrog.

Sehr förderlich für die Ausbildung von Thünen's war der Unterricht eines Kandidaten Ehrentraut, welcher zu Hooksiel bei seiner Mutter wohnte, auf ein Pfarramt wartend. Er lehrte Naturgeschichte, zeigte und erläuterte die Abbildungen in Bertuch's Bilderbuch, wodurch dem Ideenkreise des wißbegierigen Knaben eine ganz neue Welt eröffnet wurde. Bedeutsamer für von Thünen war es noch, daß Ehrentraut, dessen Mutter zwei Landstellen besaß und selbst noch eine kleine Landwirthschaft betrieb, ein lebhaftes Interesse für Gartenbau und Landwirthschaft behalten hatte, selbst eine Baumschule anlegte und sich die neu erscheinenden landwirth= schaftlichen Werke kommen ließ. Er unterließ nicht, mit seinen Schülern, die Landwirthe werden sollten, darüber zu sprechen und sie anzuregen, die Landwirthschaft nicht blos handwerksmäßig zu betreiben, sondern auch wissenschaftlich kennen zu lernen.

Mit dem vollendeten 13. Jahre kam von Thünen zu seiner weiteren Ausbildung nach Jever in das Haus des Großvaters Trendtel, um die dortige sogenannte hohe Schule zu besuchen. Pflichtgetreu, wie er war, und bei guten natürlichen Anlagen in allen Lehrgegenständen fortschreitend, erwarb er sich die Liebe und Achtung seiner Lehrer und Mitschüler. Des Jünglings Wesen wird als im höchsten Grade liebenswürdig bezeichnet, hatte etwas Sinniges und Harmloses, früher beinahe Schüchternes, „aber sein Blick kündigte sofort den Denker an".

Die sogenannte hohe Schule in Jever hatte über die kleine Herrschaft Jever hinaus einen besonders guten Ruf, stets auch Schüler aus Ostfriesland und dem Oldenburgischen, und stand zu dieser Zeit in ihrer größten Blüthe. Rector der Schule und Lehrer für Prima war damals der Professor Hollmann, Conrec= tor und Lehrer für Secunda der frühere Pastor Tiarks, Vater des Eingangs erwähnten Tiarks. Beide hatten sich nach Fächern im Unterricht getheilt und lehrten wechselnd in beiden Classen.

Tiarks war ein ganz ausgezeichneter practischer Lehrer, welcher in seinen Fächern mit so großer Deutlichkeit und Klarheit und so unermüdlicher Geduld lehrte, daß er selbst die trägen und weniger begabten Schüler zum Verständniß zwang. Abgesehen von den alten Sprachen und dem Religionsunterricht, trug Hollmann allgemeine Weltgeschichte und deutsche Literaturgeschichte vor, sprach auch gelegentlich über Poesie und Kunst. Er wirkte dabei anregend und war namentlich gefürchtet durch humoristische und scharf treffende ironische Bemerkungen über den Fleiß und das Verhalten der Schüler. Tiarks lehrte Geographie, Physik und Mathematik; letztere wurde in Privatstunden fortgesetzt, bis einschließlich der sphärischen Trigonometrie. Unter der Leitung von Tiarks, welcher es besonders verstand, seinem Unterrichte eine interessante, spannende und zum Selbststudium anregende Form zu geben, widmete sich von Thünen mit besonderem Eifer der Mathematik und machte darin bedeutende Fortschritte. Stets beschäftigte ihn eine mathematische Aufgabe, und wir finden in seinen hinterlassenen Papieren aus damaliger Zeit Lösungen von Problemen, die von seiner besonderen Begabung und seinem seltenen Fortschritt in dieser Wissenschaft zeugen; so war von Thünen bald in der Mathematik der vorzüglichste und gerühmte Schüler, und da seine Neigung ihn zu einem weiteren Vorschreiten in der höheren Mathematik, der Differentialrechnung und Analysis des Unendlichen antrieb, worin Tiarks ihm keinen Unterricht ertheilen konnte, veranlaßte ihn dieser, einen weiteren Unterricht bei dem damaligen Dorfschullehrer zu Jeringhave, nachmals Deichinspector Behrens zu Varel, zu nehmen, welcher sich einen großen Ruf in der höheren Mathematik erworben hatte. Dies ward denn auch im Jahre 1798 mit Erfolg ausgeführt.

Nicht ohne Einfluß auf die wissenschaftliche Richtung an der Schule und im Lande war damals der in Jever als Privatgelehrter wohnende, nachmals als Reisender im Orient berühmt gewordene Doctor Seetzen, dessen Name oben bereits ebenfalls

erwähnt worden. Derselbe hatte die medicinische Praxis auf=
gegeben, weil er, wie man sagte, den Nutzen der Arzneikunst für
zweifelhaft halte. Er beschäftigte sich damals mit naturwissen=
schaftlichen und volkswirthschaftlichen Studien, war Besitzer einer
Sägemühle bei Jever und hatte eine Landstelle mit größtentheils
unkultivirter Haide und Moorländereien angekauft, um dort die
neueren Lehren in der Landwirthschaft practisch vor Augen zu
bringen. Er besaß eine Luftpumpe, eine Electrisirmaschine und
andere physikalische Apparate, welche der Schule fehlten, eine in
Jever einzige Mineralien= und Muschelsammlung, war dabei
freundlich bereit, den Schülern dies alles zu zeigen und das, was
sie nun eifrig selbst sammelten, zu benennen. Dabei hielt er tech=
nische und landwirthschaftliche Zeitschriften, und theilte sie einigen
strebsamen Landwirthen mit.

Die durch Ehrentraut und Seetzen geweckte Liebe zur Land=
wirthschaft, wie überhaupt seine natürliche Neigung zum Land=
baue und die in Aussicht stehende persönliche Verpflichtung, dereinst
das auf ihn vererbte väterliche Gut bewirthschaften zu müssen,
bewogen von Thünen nun mit Genehmigung seiner Eltern, bei
aller Vorliebe zu den Wissenschaften, sich der practischen Erler=
nung der Landwirthschaft zu widmen. Er kam 1799 als Zögling
auf das Gut Gerrietshausen bei Hooksiel, dessen Besitzer von
Tungeln zwar ein tüchtiger practischer Landwirth und guter Pferde=
und Viehkenner war, aber von der Theorie und einem wissen=
schaftlichen Betriebe nichts wußte und nichts wissen wollte, viel=
mehr die von ihm so benannten lateinischen Bauern bespöttelte.
Der Unterricht, welchen von Thünen hier hatte, beschränkte sich
auf das Zusehen und die eigene Uebung der bei dem Betriebe
der Wirthschaft vorkommenden Geschäfte und nöthigen Arbeiten,
wobei seine geringe körperliche Gewandtheit und sein Mangel an
Weltklugheit ihm oft Tadel und Spöttereien zuzogen und es ihm
eines Tages recht fatal erging. Die Knechte und Arbeiter erhiel=
ten nämlich beim Grasmähen und Getraideschneiden täglich ein

bestimmtes Maas an Genever — ein starker holländischer Wach=
holderbranntwein — welchen die Frau von Tungeln austheilte,
aber heimlich mit Wasser verdünnte. Als sie einmal verreisete,
übertrug sie dies Geschäft von Thünen und zeigte ihm, wie weit
er die Flasche mit Genever vollzapfen und dann weiter mit
Wasser füllen und mischen müsse; er zapfte, wie vorgeschrieben,
den Branntwein ein, aber ehe er noch den Wasserzusatz gemacht
hatte, kamen die Leute und wollten die Flasche wegnehmen; da
rief er in seiner naiven Unschuld: wartet, es muß noch erst
Wasser zugesetzt werden! Hieraus entstand ein großer Lärm und
ein Streit der Leute mit von Tungeln, welcher bis zur Klage
beim Amte führte, „und der gute Heinrich wurde ein dummer
Junge gescholten.“ Erst gegen Ende seiner Lehrzeit lernte von
Thünen zwei jüngere Landwirthe, Egt und Jrps, kennen, denen
die bloße Praxis nicht genügte, und welche die neuen landwirth=
schaftlichen Schriften lasen; durch den Verkehr mit diesen Männern
wurde er auf dem ihm durch Natur und Neigung angewiesenen
Wege erhalten und gefördert.

Schon mancher junge hoffnungsvolle Mann hat in schwerer
Lehrzeit die Wahl des landwirthschaftlichen Berufes bereut, oder
ist gedrückt an Körper, gelähmt und ohne Spannkraft zur ge=
wöhnlichen Mittelmäßigkeit hinabgesunken, oder hat die Schranke
gebrochen, die fremder, oft unvernünftiger Wille ihm auferlegte,
einen anderen Aufenthalt gesucht, eine andere Laufbahn gewählt.
Aber das wahre Genie läßt sich nicht erdrücken, die Festigkeit des
Willens läßt sich nicht irre machen im Vollbringen, die freie un=
parteiische Selbstbeschauung wandelt die Zeit der Prüfung in
Segen und überträgt diesen auf Andere.

Ueber seine Lehrzeit finden wir in einem Briefe von Thünen's
aus dem Jahre 1803 an seinen Bruder Friedrich Folgendes:
„Als ich bei Herrn von Tungeln war, hatte ich durchaus mit kei=
nem Menschen Umgang, der von der wissenschaftlichen Landwirth=
schaft einige Begriffe hatte, und ich ward dadurch, ohne es selbst

zu wissen, fast ganz in den Gang der gewöhnlichen Wirthschaft gezogen und vernachlässigte viele wichtige Dinge. Jetzt, da ich eine ganz neue Ansicht der Dinge erhalten habe, sehe ich ein, wie schlecht ich diese edle Zeit zugebracht habe, und wie viel ich hätte mehr lernen können. Hätte ich damals einen Freund gehabt, der meine Lage beurtheilen konnte und der mir gezeigt hätte, was ich thun mußte, um mich zu einem wissenschaftlich practischen Land=wirthe zu bilden, so wäre dieses von unendlichem Werthe für mich gewesen. Deine Lage ist von der, die ich gehabt habe, wenig oder gar nicht verschieden; ich glaube deshalb die Deinige beurtheilen zu können, und halte es für Pflicht, Dir dasjenige zu sagen, was Dir vielleicht nützen kann." Es folgen nun im Briefe Regeln über Haltung eines Tagebuchs wegen der aufzuzeichnenden Vor=kommenheiten aus der Wirthschaft und die Aufforderung, vergleichende Versuche über das Dreschen mit der Hand gegenüber dem Dre=schen mit dem Blocke, über das Dreschen des Rappsamens auf dem Felde, Taxe der Felder und des Ertrages der darauf stehen=den oder in der Ernte begriffenen Getraidesorten anzustellen. „Suche," so fährt von Thünen fort, „so viel möglich, den Umgang mit guten Landwirthen zu erhalten. Nichts übt mehr, als Ge=spräche über landwirthschaftliche Gegenstände, und man erwirbt sich dadurch auch einige jedem so nöthige Menschenkenntniß. Wenn Jemand auch gar nicht aus Jeverland herauskäme, und er sam=melte nur die Erfahrungen und Meinungen der verschiedenen Landwirthe, so bin ich überzeugt, daß er sich eine große Masse von brauchbaren Kenntnissen verschaffte. Ich schäme mich oft, daß ich nicht einmal die Landwirthschaft in meinem Vaterlande kenne; denn in den 3 Jahren bei Tungeln lernte ich fast nur dessen Wirthschaft kennen. Bestrebe Dich, die Arbeiten, die wirklich Ge=schicklichkeit erfordern, oft zu thun und sie vollkommen zu erlernen, als Pflügen, Säen, Mähen u. s. w., mit kleineren mechanischen Arbeiten beschäftige Dich aber nur so lange, bis Du sie vollkom=men gut thun kannst, und widme diese Zeit, die Du dadurch übrig

behältst, dem Lesen landwirthschaftlicher Bücher." Indem von
Thünen nun weiter sein Bedauern darüber ausdrückt, daß er den
größten Theil der edlen Zeit mit elenden Arbeiten, als Umkehren
des Getraides u. s. w., habe zubringen müssen, räth er dem
Bruder, durch erhöhetes Kostgeld sich freiere Zeit zu bedingen und
die Erwerbung gründlicher, vielseitiger Kenntnisse nicht zu versäu=
men — blos um einige Thaler zu ersparen. Dann, um den Un=
muth des Bruders zu beschwichtigen, sagt er noch: „Wahrschein=
lich wirst Du Tags auf dem Felde arbeiten und des Abends sehr
ermüdet zu Hause kommen. Die Erntearbeiten sind gewiß sehr
schwer und mühsam, und es gehört für den Ungewöhnten kein
ganz geringer Grad von Muth dazu, um sie mitzumachen. Du
wirst aber diesen Muth haben, und über ein paar Jahre wirst
Du — so wie ich jetzt — Dich freuen, diese Carriere gemacht
zu haben. Nichts giebt wohl für einen denkenden Landwirth eine
bessere Grundlage, als wenn er im Anfang ganz den gewöhnlichen
Gang der Wirthschaft mitmacht; er wird dadurch vor zu raschen,
unausführbaren Ideen gewarnt und er wird das Ganze aus einem
richtigeren Gesichtspunkte betrachten, als der blos theoretische Land=
wirth. Solltest Du vielleicht einige Stunden übrig haben, so
wende sie zu Deiner Vervollkommnung in Erlernung der franzö=
sischen Sprache an — und ich hoffe, Du wirst, wenn Du später
in ein anderes Verhältniß trittst, mit aller Energie und aller
Thätigkeit dem großen Zwecke, der uns allein aufgestellt ist —
harmonische Ausbildung aller unserer Kräfte — so=
weit unsere Anlagen und Verhältnisse dies erlauben, nachstreben."
Dies so wahre Urtheil, dieser fast väterliche Rath für den jün=
geren Bruder ging vom 20jährigen Jünglinge aus, Beweis selbst=
bewußten Lebens und ein schönes Zeugniß brüderlicher Liebe.

Der Vater, dem die blos practische Erlernung der Land=
wirthschaft ebenso wenig genügte, sandte den Sohn nach vollendeter
Lehrzeit auf die landwirthschaftliche Lehranstalt zu Gr. Flottbeck,
welche Lukas Andreas Staudinger 1798, ermuntert und unterstützt

vom Baron von Voght, eröffnet hatte. Hier, bei dem biedern, urkräftigen Staudinger, der reich an Geist und Gemüth, bewandert in vielen Dingen und Wissenschaften, mit Enthusiasmus sich hingab, fand von Thünen die Anregung, die ihm bis dahin gefehlt, ja er fand in seinem Lehrer zugleich einen Freund. Die Wirthschaft, Vorlesungen, Gespräche über Religion, Kunst und Poesie füllten belehrend und erheiternd die Zeit; Klopstock's Verse wurden fleißig recitirt und Staudinger, mit Klopstock persönlich befreundet, hatte ganze Abschnitte der Messiade im Gedächtniß. Angenehm und fördernd wirkte zugleich die Bekanntschaft mit dem Baron und Etatsrath von Voght. Dieser durch seine Bestrebungen für den Fortschritt in der Landwirthschaft und durch seine Schriften mehrseitig bedeutende Mann, hatte auf seinem Gute Kl. Flottbeck in der Nähe von Altona eine englische Landwirthschaft eingerichtet; er hatte zu diesem Zwecke England besucht und betrieb nun eine Wechselwirthschaft ganz allein mit aus England bezogenen Werkzeugen: Pflügen, Eggen, Extirpatoren, Säemaschinen, Erntekarren, Dreschmaschinen, selbst englischen Schaufeln und Spaten. Ebenfalls wurden die Rindviehracen und selbst die leitenden Personen aus England bezogen. Nebenbei war die großartige s. g. Flottbecker, nachmals James Booth'sche Baumschule angelegt, welche auf die Verbreitung ausländischer Bäume, Gesträuche, Futtergewächse u. s. w. einen so großen Einfluß gehabt hat. Da nun von Voght ein besonderer Gönner Staudinger's war und gerne den wiederholten Besuch seiner Wirthschaft gestattete, auch persönlichen Antheil an den befähigteren Zöglingen des Institutes zu Gr. Flottbeck nahm, so war diesen die Wirthschaft in Kl. Flottbeck und der persönliche Umgang mit dem Besitzer höchst interessant und lehrreich. Ebensowenig konnte es ausbleiben, daß nicht ein so lebendig geistreicher Mann, wie Staudinger, für die Entwickelung und die allgemeine Ausbildung seiner Schüler von der größten Bedeutung war, und von Thünen hatte demselben in dieser Beziehung sehr viel zu danken. Einen eigentlichen Unterricht gab

Staudinger nur in wenigen Stunden, wesentlich nur in der Bo=
tanik und den Anfängen der Chemie. Dagegen wußte er durch
Gespräche und gelegentliche Demonstrationen auf dem Felde das
eigene Denken seiner Zuhörer sehr anzuregen und ihre Kenntnisse
im Einzelnen zu bereichern; er verstand jedoch nicht, diese zu einem
wissenschaftlichen Ganzen zu vereinigen. Dabei war der land=
wirthschaftliche Betrieb in Gr. Flottbeck zwar vielfach interessant
und unterrichtend, aber doch wesentlich auf die Befriedigung der
nächsten Bedürfnisse der nahen großen Städte Altona und Ham=
burg, und die Ausnutzung des von daher zurück bezogenen
Straßendüngers basirt, und die wirthschaftlichen Ergebnisse dessel=
ben boten daher für gewöhnliche landwirthschaftliche Verhältnisse
und die allgemeine Landwirthschaftslehre keine ausreichende Grund=
lage. Im Sommer 1802 machte von Thünen, um verschiedene
Wirthschaften kennen zu lernen, kleine Reisen, und hielt sich ein
Vierteljahr beim Grafen Osten Sacken in Hülseburg auf; zugleich
mit ihm war dort ein Gutsbesitzer von Hirschfeld aus Holstein.
Zum Winter kehrte von Thünen wieder nach Flottbeck zurück.

Hier war es, wo von Thünen zuerst die Idee des „isolirten
Staats" auffaßte und in einer schriftlichen Arbeit: „Beschreibung
der Landwirthschaft im Dorfe Gr. Flottbeck, geschrieben 1803",
niederlegte. Nachdem in diesem Aufsatze überhaupt die Vortheile
angeführt sind, welche die Nähe einer großen Stadt durch erleich=
terten Absatz der Producte und Ankauf von Dünger dem Land=
wirthe gewährt, während eine entfernter gelegene Wirthschaft ohne
Zukauf von Dünger in sich selbst bestehen müsse, fährt von Thünen
fort: „Wenn man annähme, daß in einem Lande von 40 Meilen
im Durchmesser in der Mitte eine große Stadt läge, daß dieses
Land seine Producte nur nach dieser Stadt absetzen könnte und
daß die Landwirthschaft in diesem District auf dem höchsten Grade
der Cultur stände, so könnte man annehmen, daß die Wirth=
schaftssysteme um diese Stadt sich in 4 Klassen theilen würden,"
und zieht dann nach seiner damaligen Ansicht diese Kreise, und

beschreibt die in jedem Kreise zu führende Wirthschaftsform. Es war schon dem Jünglinge klar, daß es kein für alle Verhältnisse zugeschnittenes Ideal der Wirthschaft gebe, sondern daß die Entfernung des Guts vom Absatzorte, die Preise der Producte, der Reichthum des Bodens u. s. w. von entscheidendem Einfluß auf die Wahl der Wirthschaftssysteme sei, um den höchsten Reinertrag zu gewinnen. — Gleichwie ein Wanderer im Waldesdunkel geheimnißvollem Rauschen ihm noch unsichtbaren Wassers horcht, lauscht ahnend hier der Jüngling an der Quelle unsterblicher Gesetze. Noch sprudelt sie trübe und über rohes Gestein; der Mühe und Sorge des Mannes, dem Fleiße und den Nachtwachen des Forschers sollte es gelingen, ihre Ufer zu dämmen, damit sie rausche ein klarer spiegelnder Strom, darauf das wohlverstandene gesunde wirthschaftliche Interesse der Einzelnen und der Nationen hingleiten könne in immer edlere Gebiete des irdischen Daseins und der menschlichen Bestimmung.

Mit besonderer Vorliebe studirte von Thünen die Schriften von Thaer: Einleitung zur Kenntniß der englischen Landwirthschaft u. a. Von sonstigen ökonomischen Büchern empfiehlt er seinem Bruder: die Einführung der englischen Wechselwirthschaft in die Mark Brandenburg von Karbe; über Wechselwirthschaft und deren Verbindung mit der Stallfütterung von Friedrich Herzog zu Holstein Beck; von Ferber's Grundzüge zur Werthschätzung der Landgüter in Mecklenburg; Anleitung zur Beurtheilung des äußeren Pferdes von Havemann; Annalen der niedersächsischen Landwirthschaft.

Thaer hatte damals schon fast europäischen Ruf sich erworben. „Um Methode und Wirkung seiner Bestellungsart, sowie die nutzbarsten Ackerinstrumente kennen zu lernen, kamen mehrere junge Männer, theils aus eigenem Antriebe, theils von hohen und verehrten Gönnern geschickt, nach Celle, unter ihnen auch von Thünen," der sich sehnte, jenen bedeutenden Mann kennen zu lernen, und über diejenigen Theile der Thaer'schen Lehre, die ihm dunkel und unklar erschienen, Aufklärung zu erlangen hoffte. Während des Sommers 1803 bis Ende October hörte von Thünen die Vorträge Thaers, sowie die Vorlesungen des treuen Einhof, welcher Chemie und Botanik lehrte. „Leider," so schreibt von Thünen, „hat Thaer bei weitem nicht die ganze Oeconomie vorgetragen, sondern von der am mehrsten interessanten Hälfte derselben haben wir nur einige wenige Sätze erhalten." Interessant war für von Thünen die Bekanntschaft mit dem Oberkommissair Meyer in Celle, der mit der Wage umfassende landwirthschaftschaftliche Versuche anstellte und zuerst auf den Gedanken kam, aus dem Gewicht der Futtermittel, welche durch den Magen der Thiere gehen, die Quantität des zu gewinnenden Düngers zu berechnen. Hingezogen fühlte von Thünen sich zu Einhof, den er hochschätzte und liebte, und es entstand zwischen Beiden ein inniges freundschaftliches Verhältniß. Einhof wird als ein höchst trefflicher Mann geschildert. Thaer sagt von ihm: „Er war in meiner Familie mehr als Sohn und Bruder." Dieses schöne Verhältniß zwischen Einhof und von Thünen ist auch nicht erkaltet. Später, als Thaer in Möglin war und mit Einhof das Institut leitete, schrieb von Thünen, bei dem plötzlichen unerwarteten Tode des letzteren, an seinen Bruder Friedrich: „Es kennte mir nicht leicht ein Todesfall schmerzlicher sein, es sei denn aus dem Kreise meiner Verwandten, als der unseres guten Einhof. Lange Zeit konnte ich meine Gedanken nicht auf etwas Anderes wenden. Wie selten sind die Männer, deren Charaktergüte so groß ist, die von Allen geliebt, von Keinem gehaßt werden, wie selten stellt das Schicksal Männer von solchen Talenten in einen so schönen Wirkungskreis. Unsere Wissenschaft hat eine große Stütze verloren. Wie viele Jahre oder Jahrzehnte werden verfließen, bis ein Mann das leisten wird, was er vereint mit Thaer jetzt leisten könnte."

Das Studium der Mathematik ruhte auch in Celle nicht; in einem Aufsatze aus damaliger Zeit, betreffend die Construction des Pfluges und die Zugkraft, sowie in sonstigen Untersuchungen verhandelte von Thünen immer in mathematischen Formeln. Alle späteren Forschungen von Thünen's beruhen auf mathematischem Calcul, und so lästig und unbequem die Buchstabenformeln Vielen, selbst manchen Gelehrten sind, so hielt er allen Einwendungen und allem Tadel gegenüber stets den Satz aufrecht: „Aber die Anwendung der Mathematik muß doch da erlaubt werden, wo die Wahrheit ohne sie nicht gefunden werden kann."

Von Celle aus bezog von Thünen die Universität Göttingen, wurde unter dem Prorektorate von Georg Friedrich von Martens am 31. October 1803 als stud. oeconomiae immatrikulirt und hat nach dem Personalbestande die beiden Semester von Michaelis 1803 bis dahin 1804 dort studirt. Ein Abgangszeugniß findet sich nicht vor, wie solches bis zum Jahre 1815 auch nur höchst selten ausgefertigt wurde. Blumenbach trug Naturgeschichte vor, Gmelin Chemie, Beckmann Kameralwissenschaft und Landwirthschaft, Sartorius Politik mit Einschluß der ganzen Staatswirthschaftslehre, Heeren Geschichte. In die Zeit des Göttinger Aufenthalts fällt das Studium des Werkes von Kant: „Kritik der reinen Vernunft." Leider geben die Briefe aus Göttingen keinen bestimmten Aufschluß über alle Collegien, welche von Thünen belegte und bei seiner großen Gewissenhaftigkeit auch besuchte, ebensowenig haben die Nachforschungen in Göttingen etwas über die Studien ergeben, welchen von Thünen auf der Georgia Augusta oblag, weil die Studenten damals unmittelbar beim Professor belegten und nicht, wie jetzt, bei dem Quästor. „Was von Thünen geleistet," schreibt ein Verehrer desselben, „daran sind die Professoren der Georgia Augusta gewiß wenig Schuld; von Thünen war ein viel zu selbstständiger Geist und stellte sich selbst die Aufgaben, die er löste." Außer den Studien in Naturgeschichte, Kameralwissenschaft, Landwirthschaft, Geschichte und Bo-

tanif, widmete von Thünen sich noch der Thierarzneikunde und
vervollkommnete seine Kenntnisse in der englischen und französischen
Sprache. — Unter seinen Studiengenossen waren sein Vetter
Carstens und der jüngste Sohn des Hofrath Berlin auf Liepen
in Mecklenburg; diese hielten gute Kameradschaft und auf dem
Fechtboden, wo manche Klinge sprang, sowie beim Reitunterricht
tummelten die jungen Leute sich wacker herum. So blühte ihnen
des Lebens Frohsinn neben den ernsten Studien. Für von Thü=
nen's Natur waren diese körperlichen Bewegungen durchaus noth=
wendig und heilsam als Gegengewicht der Anstrengung, welche
seine mit Ernst und Gewissenhaftigkeit, aber auch mit aller Freu=
digkeit der fortschreitenden Erkenntniß fortgesetzten Studien und
das viele Stubensitzen auf seinen Körper ausüben mußten. Briefe
aus Göttingen melden die ersten Spuren eines Augenübels,
welches dem Jünglinge weniger beachtungswerth erschien, aber dem
mit wissenschaftlichen Arbeiten beschäftigten Manne später manche
Störung brachte und trübe Stunden bereitete.

Die Herbstferien sollten zu einer landwirthschaftlichen Reise
durch Sachsen und über Berlin nach Mecklenburg und Holstein
benutzt werden, Flottbeck dann und die Heimath zu sehen. Albrecht
Thaer hatte an von Thünen nachfolgenden Empfehlungsbrief ge=
geben: „Vorzeiger dieses, der Herr von Thünen aus Frießland,
welcher sich im Sommer 1803 in meinem landwirthschaftlichen
Unterrichts=Institute aufgehalten hat und im künftigen Sommer
eine landwirthschaftliche Reise zu machen gewillet ist, wird von
mir allen meinen bekannten und unbekannten Gönnern und Freun=
den angelegentlichst empfohlen, und dieselben gebeten, Ihm zu sei=
nem Zweck, landwirthschaftliche und physicalische Beobachtungen
anzustellen, auf alle Weise förderlich zu sein. Ich bin nicht nur
überzeugt, daß jeder, der sich für rationelle und energievolle Be=
treibung der Landwirthschaft interessirt, sich an diesem braven
jungen Manne eine sehr angenehme Bekanntschaft erwerben werde,
sondern ich werde auch jede demselben erzeigte Gefälligkeit dank=

2 *

barlichst erkennen und solche bei jeder Gelegenheit zu erwidern suchen;" ertheilte aber zugleich den, bei den vielen Widersachern gegen Thaers Persönlichkeit und gegen seine Lehre, wohl zu beherzigenden Rath: „Von beiliegender offener Empfehlung machen Sie Gebrauch, sobald Sie bemerken oder schon vorher wissen, daß Jemand gut von mir denkt. Früher wäre es vielleicht nicht allenthalben angebracht. Sie werden aber fast in allen Gegenden Freunde von mir finden."

Für Mecklenburg hatte von Thünen eine persönliche Einladung vom Hofrath Berlin bei dessen Anwesenheit im August jenes Jahres in Göttingen, und die beiden Studienfreunde lebten der frohen Hoffnung, einige Zeit in Berlin's Heimath zu verleben; von Thünen hielt Wort, am 12. October war er in Liepen. Vater und Freund waren zum Besuch in der Nachbarschaft, die liebliche Tochter des Hauses, Helene, empfing den Fremdling. Doch bald kehrte der Freund heim, liebend den Freund zu empfangen, und der Vater bot dem geschätzten Gefährten des Sohnes die gastfreie Hand. Es waren schöne Tage, die von Thünen in Liepen feierte, im Kreise einer allgemein geachteten und verehrten Familie; es war eine Feier des Einzugs treuer Liebe in die Herzen zweier bevorzugter Wesen, einer Liebe, die auf tiefem sittlichem Grunde ruhte, und bald nannte von Thünen das holde Mädchen seine Braut. Deine Briefe, o Helene von Thünen, die Du in Liepen geschrieben als glückliche Braut an den Erwählten Deines Herzens, und Deines Heinrich's Briefe liegen traulich beieinander, Zeugen zarter Neigung mit der Locke und dem Vergißmeinnicht aus jenen Tagen rosigen Glückes. Und daß Ihr gehalten, was Ihr Euch gelobt, daß stets, wie er Dir geschrieben, „sein Vaterland nicht hier, nicht in Jever sei, sondern ewig bei Dir, theures Mädchen," wie Du ihn ermahntest: „Gewiß, stille Größe verdient Bewunderung," und wie Du von ihm erfleht hast: „Du wollest nicht nur seine Geliebte, sondern auch sein Freund sein und Rathgeber," wie Ihr dessen gelebt im edelsten

Sinne, das wird sich entfalten als friedeathmendes Bild eines beglückten und beglückenden Erdenlebens. Und nun ruhet weiter anmuthige Blätter aus Eures Lebens süßer Veilchenzeit! Eure Liebe trug den Stempel der Göttlichkeit nach dem Worte des Dichters:

„Denn Lieb' ist Wunder, Lieb' ist Gnade,
Die wie der Thau vom Himmel fällt."

Da hattest Du wieder einmal Recht, alter Lukas Andreas Staudinger, als Du in späteren Jahren mit der flammenden Gluth Deiner Empfindung und Beredsamkeit das Glück der Gatten preisend als Morgengruß ihnen zuriefst: „Wie glücklich bist Du, Helene — wie unendlich glücklich — daß Dein Heinrich damals in der Nacht von Friedland umkehrte, um das Jawort des gütigen Vaters und der liebenswerthen Braut zu erhalten — und so dem göttlichen Winke folgte."

In Liepen faßte von Thünen den Entschluß, die Fortsetzung der Studien in Göttingen aufzugeben, billigte den Rath seines würdigen Schwiegervaters, in Mecklenburg oder Pommern ein Gut zu erwerben und reis'te nach Jeverland, um einen Verkauf des auf ihn vererbten Gutes zu versuchen. Seine Reise ging über Tellow, wo er die Bekanntschaft seines künftigen Schwagers Schröder suchte, dessen Frau eine ältere Schwester seiner Braut war, von da nach Güstrow, und dann auf dem damaligen jämmerlichen mecklenburgischen Postwagen weiter. Von Hamburg aus unterließ er nicht, bei seinem verehrten Freunde Staudinger in Gr. Flottbeck einzusprechen, ihm Mittheilung zu machen von seinem Glücke und dort einen Tag der Erinnerung zu verleben. — „Ich eilte," so schreibt von Thünen, „meinen Freund und Lehrer Staudinger wiederzusehen, dem ich so viel Dank schuldig bin. Ich hoffte ihn unter äußerlich günstigeren Verhältnissen wiederzufinden. Allein durch die Theilnahme an anderen Menschen, durch sein Bestreben ihnen zu helfen, hat er sich selbst großen Schaden zugefügt. Ich muß seinen Muth bewundern, mit dem er seine

Lage aushält. Er, der das feinste ausgebildetste Gefühl hat, der
ganz das Glück kennt, dessen er fähig gewesen wäre, erträgt seine
harte häusliche Lage mit Geduld, beschäftigt sich mit kleinen Din=
gen, die seines Geistes so unwürdig sind, und hat bei allem
diesem eine Heiterkeit behalten, wie wenig Menschen im Schooße
des Glückes sie haben." Da waren es die beiden Brüder von
Thünen, welche ihren Freund und Lehrer durch Rath und That
unterstützten, freudig stets bereit, ein Opfer zu bringen, Hülfe zu
gewähren, wo die Pflicht der Pietät und Dankbarkeit sprach.
Solche Gesinnung hat von Thünen seiner Familie und seinen
Freunden gegenüber durch's ganze Leben sich bewahrt. Wir be=
gegnen dieser Gesinnung noch oft in späterer Zeit, wenn auch das
Zartgefühl uns gebietet zu schweigen, können aber nicht umhin,
einer bezeichnenden Stelle aus dem vom dankerfüllten Herzen dic=
tirten Briefe eines Freundes zu erwähnen: „Und wenn ich noch
einmal in der Welt aus dem Strudel der Unruhe mein Haupt
erhebe und ruhig auf meine Kinder blicke — so habt Ihr allein
mich gerettet — und wenn einmal meine Bekenntnisse auf die
Nachwelt kommen sollten, so soll Euer Name das schönste Denk=
mal Eures Edelmuthes sein."

In Jever erregte der Wunsch des Sohnes, nach Mecklen=
burg überzusiedeln, große Bestürzung bei den Eltern, denen die
Verlobung zuerst in etwas romantischem Lichte erschien, ungerne
sahen sie den Sohn scheiden, sie erkannten, daß es eine Trennung
war, die in Folge der weiten Entfernung nur selten unterbrochen
werden konnte, doch gaben sie dem 21jährigen Sohne, den sie nach
der Reife seines Verstandes und der Festigkeit seines Characters
für volljährig mit Recht betrachten konnten, die Erlaubniß, sein
Vaterland mit der neuen Heimath zu vertauschen. Es wurden
nun im Winter 1804/5 alle Vorbereitungen getroffen, um das
väterliche Erbgut Waffens zu verkaufen, denn das größere Gut
Kanarienhausen blieb, nach dem in Jeverland geltenden Jünger=
rechte, für den jüngeren Bruder Friedrich bestimmt. Große

Schwierigkeiten erhoben sich jedoch, namentlich war die Einwilli=
gung der Kammer kaum zu erreichen, da einige Ländereien von
Kanarienhausen, die bei dem Gute Wassens lagen, dort hinzuge=
legt werden mußten, um den Verkauf vortheilhaft zu machen. So
verzögerte sich der Verkauf von Monat zu Monat, konnte selbst
im Frühjahre 1805 noch nicht effectuirt werden, erst im Sommer
wurde das Geschäft zum Abschluß gebracht, die Erbtheilung der
Brüder erfolgte am 6. August jenes Jahres, und im September
eilte von Thünen, nach schmerzlichem Abschiede von seiner Familie,
in seine neue Heimath. Nur das Glück, eine lange Zeit schönen
Zusammenlebens genossen zu haben, konnte den betrübten Eltern
und dem liebenden Sohne einigen Trost gewähren. Für die
Mutter blieb diese Trennung anfangs sehr betrübend, aber die
Mutterliebe kennt keine Selbstsucht, wo es das Glück eines ge=
liebten Kindes gilt, und hierüber war sie bald beruhigt durch
Helenens schöne kindliche Briefe voll Liebe und Glück und Ver=
ehrung. Daß von Thünen seinem engeren Vaterlande entsagte,
war ohne Zweifel zu seinem Glücke und zum Vortheile der
Wissenschaft, denn die zwar an sich intensive, aber in ihren Zwei=
gen mehr beengte Landwirthschaft in der Marsch und die unglück=
liche Periode, welche für Jeverland bald nachher eintrat in Folge
der holländischen, dann französischen Besitznahme, Hemmung der
Ausfuhr zur See, Entwerthung der Produkte, zuletzt 1825 Zer=
störung der so kostspieligen Seedeiche, Ueberschwemmung mit See=
wasser, mehrjährige Unfruchtbarkeit des Ackerlandes und fast gänz=
liche Entwerthung des Grundeigenthums, würden von Thünen
weder die Möglichkeit zur Sammlung der Erfahrungen und That=
sachen, noch die Mittel, Zeit und Kraft belassen haben, welche die
Lösung seiner Aufgaben erforderte.

Am 14. Januar 1806 ward dem Herzensbündniß zwischen
Helene Berlin und Johann Heinrich von Thünen durch Eingehung

der heiligen Ehe*) der kirchliche Segen zu Theil. Die jungen Eheleute, beide noch sehr jung, denn Helene Berlin, geboren 21. März 1785, war erst 20 Jahr, ihr Gatte 22 Jahr, zogen zum Bruder nach Liepen, da die Absicht, ein eigenes Gut zu kaufen, bis dahin aus mehrfachen Gründen nicht zur Ausführung gekom= men war. Die aus dem Concurs käuflichen Güter waren zwar sehr preiswürdig, fast billig zu nennen, es mußte aber auch der ganze Kaufpreis ausgezahlt werden. Manche Güter waren von Thünen zu groß, sonst waren viele in Vorschlag, z. B. Schwetzin, Dahlen, Beseritz, Schönhausen, Zintzow. Um nun wegen der un= gewissen Zeitverhältnisse sicher zu gehen, entschloß von Thünen sich das dem Syndicus Berlin, Bruder seiner Frau, gehörende Gut Rubkow bei Anclam zu pachten. Er übernahm dasselbe 12. Juni 1806 und widmete sich der Ausübung der practischen Landwirthschaft und den nöthigen Meliorationen mit großem Fleiße und der ganzen Energie seiner Jugend; von Thünen hat später oft behauptet, „Anfänger müßten in den ersten Jahren ihrer Wirthschaft nicht so sehr durch Glück begünstigt werden, so angenehm es sei schon in den ersten Jahren Erfolg und Verdienst zu sehen, und so sehr man annehmen müsse, daß ein klingender Erfolg zu weiterer Thätigkeit und zu regem Streben ermuntere; aber nur zu leicht träume man sich in eine sorgenfreie Lage

---

*) In dieser Ehe sind geboren:

Helene von Thünen, 11. Dezember 1806 in Rubkow, verheirathet an den Oberappellations=Gerichts=Präsidenten Christian von Buttel in Oldenburg

Edo Heinrich von Thünen, 16. Juni 1808 in Friedland, verhei= rathet in erster Ehe mit Mathilde Schröder, in zweiter Ehe mit Ina Mantius, jetzt Besitzer von Tellow.

Alexander von Thünen, 18. October 1814 in Tellow, gestorben 7. October 1831 in Parchim.

Hermann von Thünen, 3. Dezember 1815 in Tellow, verheirathet mit Bertha von Buttel, Besitzer des mit Tellow grenzenden Gutes Amalienhof.

hinein und der Eifer erkalte, während Noth und Sorge zur
Thätigkeit verpflichte; in der dann nöthigen Anspannung aller
Geisteskräfte würde man befähigt zu richtiger wirthschaftlicher
Disposition, und lege so den Grund zu künftigem Wohlstande,
während das unverdient zufallende Glück oft erschlaffe." Nun,
Noth und Sorge hat von Thünen in Rubkow reichlich kennen
gelernt, denn er fand ein mittelmäßiges Feld vor; die erste Ernte
betrug nur 212 Fuder Korn, dazu sollten Meliorationen gemacht
werden, Geld war schwer zu haben, auch war nach langer Kränk=
lichkeit sein verehrter Schwiegervater*), der ihm bei den vielen
Güterbesichtigungen mit Rath und That zur Seite gestanden hatte,
schon im März desselben Jahres gestorben. Doch verlor von
Thünen den Muth nicht. Dabei verfolgte er unablässig die schon
1803 begonnenen Bemühungen, Grundlagen für die Statik, d. h.
die Lehre von der Aussaugung der Feldfrüchte und dem dafür
dem Acker nothwendigen Ersatz an Dung, zu gewinnen. Ein um=
fassender Briefwechsel mit dem Bruder Friedrich während dessen
Aufenthalt im Institute Staudinger's in Gr. Flottbeck und auf
der Akademie zu Möglin und eingehende persönliche Besprechungen
während dessen Anwesenheit in Rubkow zeugen von dem Eifer,
bestimmte Grundsätze, Formeln und Zahlen zu finden. Er ließ
sich keine Mühe verdrießen, von richtig geführten Rechnungen ver=
schiedener Güter, die ihm zu Gebote standen, alles Wichtige für
die noch so junge statische Lehre auszuziehen und versäumte dabei
nicht, die ganze landwirthschaftliche Literatur im Auge zu behalten.

---

*) Jakob Ernst Friedrich Berlin, Herzogl. Mecklenburg=Strelitzischer
Hofrath, geb. 4. Aug. 1742, gest. 10. März 1806, Mitgründer der
Mecklenburgischen Hagel= und Mobiliar=Brand=Versicherungs=Gesellschaft
zu Neu=Brandenburg, erster Bürgermeister der Stadt Friedland, legte in
Folge von Differenzen mit der dortigen Bürgerschaft sein Amt nieder,
und kaufte das Gut Liepen im Großherzogthum Mecklenburg=Strelitz.
Später sah die Bürgerschaft ihr Unrecht ein, aber weder Deputationen
noch Ehrenbecher konnten diesen als Landwirth wie als Staatsmann
gleich ausgezeichneten Mann zur Rückkehr bewegen.

Im Jahre 1807 eröffnete man von Thünen die ehrenvolle Aussicht die Deichinspectorstelle in Jeverland sowie zugleich die Amtmannsstelle in Marienhausen daselbst zu erhalten, doch stand der Verwirklichung dieses Planes das Pachtverhältniß wegen Rubkow im Wege. Hätte er jene Stellungen annehmen können, dann würde er einen interessanten Wirkungskreis gefunden haben, und bei großer Neigung zum Deichwesen, welche er mit seinem Bruder Friedrich theilte, gestützt auf seine Studien der Wasserbaukunde, hätte von Thünen in jenem Berufe gewiß Ungewöhnliches geleistet, aber in solcher Pflichtstellung weder die Grundlagen noch die Muße zu seinen späteren Forschungen gewinnen können.

Inzwischen hegte von Thünen die Hoffnung, Rubkow mit dem besseren Gute Voigtdorf zu vertauschen, welches der Syndicus Berlin gegen Rubkow durch Nachzahlung von 45000 Thlr. erstanden hatte. Der Plan zerschlug sich aber und von Thünen sah mit Sehnsucht der Stunde entgegen, da er mit seiner Familie die Grenze von Rubkow hinter sich haben würde. Rubkow hatte neben dem mäßigen Boden nur schlechte Wiesen, unkultivirte Haide und Moor und bot wenig Annehmlichkeiten. Dazu kam 1806 die Kriegszeit, Einquartierungen vom Schill'schen Freicorps — dessen hochherziger Führer, Ferdinand Schill, selbst mehrere Wochen in Rubkow Quartier nahm — und von anderen preußischen Truppen, dann Holländern und Franzosen, sowie Requisitionen von Gespann und Leuten, von Fourage und Vieh, eine große Vermögenssteuer, die drohende Rindviehseuche; doch lassen wir von Thünen in einem Briefe, geschrieben im April 1808 an seinen Bruder Friedrich, selbst seine Lage schildern: „Was bei Deiner Abreise noch ein unbegründetes Gerücht war, der Ausbruch der Viehseuche in Pommern, bestätigt sich vollkommen. In Rosenow und Liebgarten, zwei preußischen Dörfern, brach sie zuerst aus, dann in Rantzin, wo aber der Kammerherr Horn durch ein entschlossenes Todtschlagen des kranken Viehes sie augenblicklich gehemmt hat. Bald nachher brach sie aber in Schlatkow mit entietzlicher Heftigkeit aus. Auf diesem einzigen Gute sind jetzt schon über 40 Ochsen und 70 Kühe gestorben. Bedauernswerth ist das Schicksal des braven Herrn von Wulfrath. — Die erste Nachricht von der Sperrung in Mecklenburg erschreckte uns so sehr, daß meine Frau noch denselben Tag dahin abreiste, da wir eine gänzliche Sperrung befürchteten. Beinahe 14 Tage bin ich von meiner Frau getrennt gewesen. Der Transport Ochsen, der uns das Unglück gebracht hat, ist nach Posen und von da in alle angesteckten Orte bis zu uns getrieben. Entsetzlich ist es, ein schon so unglückliches Land dem völligen Ruin preiszugeben. Das dritte Viertel der Fourage ist jetzt geliefert, mit Gottes Hülfe werde ich es auch noch erleben, daß ich das vierte Viertel abliefere, nachher hoffe ich aber über die Grenze zu sein. Wir haben hier erst heute, den 7. April, angefangen zu haken. Schreibe mir, wann Ihr dort angefangen habt. Wenn wir uns dies, sowie den Anfang der Ernte, Saatzeit u. s. w. immer mittheilen, so kann es zu interessanten Vergleichungen Anlaß geben. Vergesse unser x — so nannten die Brüder den noch unbekannten Faktor für die Dungvermehrung — nicht, sondern arbeite fleißig an seiner Vervollkommnung; ich hoffe, daß mir dieser Sommer noch Aufschlüsse der Ideen geben wird. So gesund Rubkow sonst war, so viele Kranke giebt es jetzt hier. Pocken, Rötheln, ein ansteckendes Gallenfieber und kalte Fieber haben sich jetzt vereinigt. Seit Deiner Abreise sind schon 3 Menschen gestorben. Auch unsere kleine Lene hat leider das kalte Fieber schon seit 14 Tagen, und ist ungeachtet der Hülfe des geschickten Arztes Behrens noch nicht davon befreit. Von unserem Standinger schreibe mir ja noch recht viel. Grüße unsere Eltern und Verwandte und sage unserem Onkel und Vetter Carstens und Bruder Fritz (von Buttel), daß die Abneigung gegen das Briefschreiben eine Todsünde von mir ist." In einem zweiten Briefe fährt er fort: "Nachdem ich Helene, deren Entbindung nahe bevorsteht, wieder zu mir geholt hatte, lebten wir einige Wochen in Ruhe fort. Durch das stete Arbeiten auf dem Felde suchte ich den Gedanken an den Augenblick, der mir Alles rauben konnte, zu schwächen. Aber meine letzte Zeit in Rubkow sollte noch meine bitterste sein. Heiter wie gewöhnlich kehrte ich eines Abends vom Felde zurück, als ich zu Hause 4 fremde Husaren zur Einquartierung fand. — Wenn Du an unsere preußische und italienische Einquartierung in Jever denkst, so wird Dir unser Uebel nicht bedeutend vorkommen; aber stelle Dir Menschen vor, die seit 15 Jahren schon ihr Studium daraus gemacht haben, auf welche Art sie die Bürger am meisten quälen können, und Du kannst denken, daß sie diese Kunst jetzt reichlich erlernt hatten"; — von Thünen hegte einen glühenden Franzosenhaß und hoffte das Heil Europa's allein von den Russen; sein Schwiegervater Berlin nannte ihn daher scherzend: „Mein theurer Sohn und freundlicher lieber Russe", in der Briefüberschrift, sich selbst aber in der Unterschrift: „Ihr aufrichtiger teutscher Vater" — „schon am ersten Abend fing der Verdruß an, und trotz der Herbei= rufung eines Officiers dauerte dies fort. Am Sonntage darauf kam der Doctor Berlin; er erklärte, daß er wahrscheinlich nicht zur Entbindung meiner Helene hier sein könnte, da er viele Tod= kranke hätte. Zugleich erzählte er, daß die Lehnsvettern des Herrn von Rieben sehr bedenkliche Einsprache wegen des Verkaufs von Voigtsorf gemacht hätten, und in diesem Falle hatte ich die Aus= sicht, dies qualvolle Leben in Rubkow fortsetzen zu müssen. — Am Dienstag Mittag ging unsere Einquartierung fort, aber am Mitt= woch kamen wieder drei Husaren mit einem Wachtmeister. Aerger wie alle, die wir noch gesehen, waren diese. Die Husaren wurden gleich so grob gegen Lienchen (Schwester seiner Frau), daß sie darüber Krämpfe kriegte. Der Wachtmeister forderte von mir mit Ungestüm das beste Zimmer und die besten Betten. Auf diese Weise konnte meine arme Frau in ihrem traurigen Zustande keine Ruhe haben und jede Kränkung mußte ihr tödtlich werden. — So gefährlich es war, gab es doch kein anderes Mittel; um 5 Uhr saß meine Frau auf dem Wagen und fuhr nach Fried=

land. — Trotzdem, daß wir die rohen Kerls wie Officiere speisten, hörten sie nicht auf uns zu kränken, und warfen ihre 3 bis 4 Gerichte an die Erde. — Am Sonnabend erhielten wir die Nachricht, daß Herr von Rieben Rubkow nicht eher als den 23. Juni annehmen würde und auch nicht brauchte. Wie uns zu Muthe war, kann ich nicht beschreiben; nie habe ich so Tage und Stunden gezählt. Zuweilen wollte ich Alles verlassen und zu Helene reisen; aber wenn ich mich wieder besann, mußte ich wohl bleiben." — Da endlich brachte ein reitender Bote die Nachricht der glücklichen Entbindung seiner Frau von einem Sohne; von Thünen fährt fort: „Eine Zeile von Helenen's Hand selbst versicherte mir mein Glück. Jetzt setzte ich mich noch in der Nacht auf den Wagen. Zum ersten Male nach langer Zeit sah ich mit Frohsinn in die Natur, es war mir wieder wie damals, als ich noch mit Sorglosigkeit des Jünglings die Natur genoß. Ich fand meine Helene wohl, so heiter wegen der überstandenen Gefahr, heiter über ihren „großen Jungen". Lange durfte ich hier am Wohnsitze der Freude nicht bleiben. Ich mußte noch einmal in das Geschäftsleben zurückkehren. Nach einigen Tagen lieferte ich an Herrn von Rieben ab. Die Unruhe des Einpackens, der Einquartierung wurde uns durch den Gedanken an Helene erleichtert. Endlich erschien der so lange ersehnte 24. Juni. Als unsere letzten Sachen auf den Wagen gepackt waren sagten wir Rubkow ein frohes Lebewohl. In Friedland hatten sie uns schon lange erwartet, der größte Theil der Familie war dort versammelt. Meine Helene war schon außer dem Bette und empfing mich mit hoher Freude. Dieser Tag war für mich das dreifache Fest meines Geburtstages, der Kindtaufe meines Jungen und der Erlösung aus Rubkow. Nur selten kann uns die Natur solche Tage des Entzückens geben."

Es war damals die Ausübung des Ackerbaues, in jener Zeit der Schmach und Erniedrigung Deutschlands, nur selten mit Vortheil verbunden. Was konnte dem Landmanne die Hoffnung sichern, im nächsten Jahre dort zu ernten, wo er gesäet hatte? Wer konnte überhaupt mit einiger Sicherheit auf seine Arbeits= kräfte an Menschen und Vieh rechnen, wer konnte bei den ewigen Einquartierungen, Fouragelieferungen, Verationen, nur einen irgend= wie zutreffenden Arbeits= und Geldetat machen? Für von Thünen waren diese Sorgen und Unannehmlichkeiten besonders drückend, denn obgleich er seinen Bruder Friedrich mit liebevoller Mahnung bittet, die beständige Sorge für die Zukunft aufzugeben, sie tödte alle Freuden, eine zu große Aengstlichkeit sei vielleicht ebenso schäd= lich als Leichtsinn, die ohne Frohsinn verlebten Jahre seien nicht zu ersetzen, so ist es ihm selbst nicht gelungen den leichten Sinn der Jugend sich zu bewahren, er war immer geneigt Alles von der schwersten Seite zu nehmen, und Befürchtungen wegen der Zukunft, Besorgniß wegen drohender Fährlichkeiten verkümmerten ihm oft den Genuß der Gegenwart; aber diese Betrachtungsweise trug auch die Frucht, daß das Unglück ihn nicht unvorbereitet traf und er zum Ertragen desselben gestählt war.

Anfang Juli 1808 nahm von Thünen mit seiner Familie seinen Aufenthalt wieder in Liepen bei dem Schwager Otto Ber= lin, seinem Göttinger Studiengenossen. Hier in dem stillen Asyl der Familie konnte er auf's Neue mit Ruhe sich den Wissenschaf= ten hingeben. Wieder waren es die statischen Untersuchungen, denen er seine ganze Kraft widmete, wieder wurden Rechnungen ver= schiedener Güter in genaue Erwägung gezogen, langjährige Rech= nungen von Liepen, Tellow, Putzar, wieder wurde jede neue literarische Erscheinung auf dem Gebiete des Landbaues freudig begrüßt und gelesen.

Dieses glückliche Stillleben wurde nur selten durch Besuch und Reisen unterbrochen. „Wir haben vor einiger Zeit," schreibt von Thünen an seinen Bruder Friedrich, „im Herbst 1809, einen angenehmen interessanten Besuch von unserem Lehrer Thaer ge= habt. Er hatte eigentlich einen Besuch beim Herzog von Strelitz abgestattet, bei dem er früher Leibarzt gewesen ist, und machte jetzt eine Reise nach Kastorf, Ivenack und Quadenschönfeld. Von dem letzten Orte kam er hierher. Du glaubst nicht, wie unsere Frauen besorgt waren, Alles für ihn in Stand zu setzen, um ihn gut aufzunehmen. Beatchen meinte, Thaer sei eben so vornehm als der Herzog, und auch unser Versichern, daß er nur sehr mäßig lebe, half Nichts. Nach langem Erwarten kam er endlich spät Mittags. Ich war unendlich begierig, ihn wiederzusehen und zu sprechen; aber leider kam er krank an, er litt so sehr an Husten und Schnupfen, daß wir ihn nur mit Bedauern ansahen. Am Nachmittage gingen wir noch in das Feld, er sprach aber wenig und mußte sich schon früh zu Bette legen. Es war mir sehr schmerzlich, diesen großen Mann den Beschwerden des Alters unterliegen zu sehen. Zu unserer großen Freude war er am andern Morgen wieder hergestellt, und jetzt weideten wir uns wieder an seinem blitzenden Auge und seinem hervorragenden Geiste. Am Nachmittage fuhren wir mit Thaer nach Neuenkirchen, um die Wirthschaft dort zu sehen. Wir bewunderten seinen außerordentlichen Scharfblick und die umfassende Kenntniß, die er überall zeigte. Wir kamen am Abende zurück und verbrachten diesen Abend und den folgenden Morgen sehr angenehm. Mein Respect für Thaer ist wieder sehr gestiegen. Er ist viel toleranter gegen andere Meinungen geworden, was ich sonst so sehr vermißte. Er nahm jetzt Urtheile, die gegen seine früheren Ideen waren, nicht allein mit Schonung, sondern auch mit Aufmerksamkeit auf. Uebrigens war es unverkennbar, daß er von manchen seiner früheren Ideen abgegangen war, und besonders seine großen Erwartungen von der Wechselwirthschaft sehr herabgestimmt hatte. Auf des Doctor Berlin's Veranlassung mußte ich ihm zeigen, was ich über Düngerberechnung (Statik) niedergeschrieben."

Thaer studirte diese schriftliche Arbeit von Thünen's und nahm Auszüge davon. Zur Gesellschaft hatte er einen seiner Schüler einen Grafen Lehndorff aus Ostpreußen bei sich, einen Mann von ausgezeichnetem Verstande und außerordentlicher Feinheit des

Benehmens. Die beiden Tage verflossen sehr angenehm und von Thünen nannte den Besuch des Staatsraths Thaer „eine geistige Stärkung."

Als Albrecht Thaer's Genius eine wissenschaftliche Behandlung des Landbaues forderte, stellte er die reine Fruchtwechselwirthschaft mit Stallfütterung als das Ideal der Wirthschaft auf. Die neue Lehre fand heftigen leidenschaftlichen Widerspruch und statt des Dankes wurde mancher Hohn und Spott dem Meister geboten. Daß Thaer sich um die Spötter und Krittler nicht bekümmerte, sondern unbeirrt sein Streben verfolgte, das muß die Nachwelt zu großem Danke gegen ihn verpflichten, denn wir hätten viel verloren, wenn Thaer zu seinem ärztlichen Berufe zurückgetreten wäre. Aber zu seinen Gegnern zählten auch bedeutende Männer, scharfdenkende Geister und tüchtige Wirthe; hätte A. Thaer den gemäßigten Einwendungen derselben ein geneigteres Gehör geschenkt, dann würde sicherlich die neue Lehre in richtiger Beschränkung größere und raschere Siege gefeiert haben. Zu denen, welche mit manchem Punkte der Thaer'schen Lehre nicht einverstanden waren, gehörte sein Schüler von Thünen, dessen Zweifel jedoch Albrecht Thaer kaum beachtete, wenn er auch eine weniger rücksichtslose Haltung von Thünen gegenüber beobachtete, als gegen Andere. „Was Sie mir von Thaer sagen," so schreibt Lukas Andreas Staudinger an von Thünen, „hat mich blos durch die schöne, nur Ihnen ganz eigenthümliche Art interessirt, womit Sie dies sagen. Hierin zeigt Ihr Herz einen liebenswürdigen Schmuck. Ich finde die Veränderung, die in Thaer's Character vorgegangen ist, dadurch veranlaßt, daß er als ein Mann von Verstand Ihren Einwürfen, die Sie mit Ihrer eigenthümlichen festen Bescheidenheit vorgetragen haben mögen, ahnte, wohin ein solches Benehmen, wie er gegen die Andern beobachtet, mit Ihnen führen werde — und aus diesem Zuge merke ich, daß Thaer Menschenkenner ist." Thaer vertheidigte die Fruchtwechselwirthschaft mit Stallfütterung, von Thünen, der, wie wir gesehen, schon in

Flottbeck die Idee des „isolirten Staates" auffaßte, trat den tadelnden Urtheilen über bestehende andere Wirthschaftsformen entgegen, suchte diese zu rechtfertigen und ihre tiefere Begründung zu erweisen. Solche Divergenz der Ansichten hat zwischen Thaer und von Thünen fortbestanden, und ersterer war bei den verschiedensten Gelegenheiten nicht zu bewegen, seine Ansicht zu modificiren; „von Essen's Aufsatz in den (Möglin'schen) Annalen," schrieb von Thünen, „hat mich auf einmal so in Harnisch gebracht, daß ich den heroischen Entschluß gefaßt habe, meine Ideen über Landwirthschaft drucken zu lassen. Wenn mein Eifer nicht wieder nachläßt, so wirst Du Ostern ein Buch von mir haben. Während hier eine Wechselwirthschaft nach der andern untergeht, herrscht sie despotisch in den Büchern. Aber noch nie sind in ihrer Wirkung so unsinnige Sätze angegeben, wie durch Herrn von Essen. Auffallend ist es, daß dies unter Thaer's Augen geschrieben und gedruckt ist, und daß er dazu stillschweigt. Sollen die großen Zahlen auf dem Papiere die kleinen in der Wirklichkeit verdecken? Sollte Thaer mich wohl einer Antwort würdigen? ich glaube kaum. Wenn aber Möglin an der Krankheit der **Panverté**, wie Rubkow, leidet, so möchte ihm die Koppelwirthschaft doch viel heilsamer sein, als die hochtrabende Wechselwirthschaft." Als Thaer im Jahre 1809 in Liepen war, schien er seine großen Erwartungen von der Fruchtwechselwirthschaft etwas herabgestimmt zu haben; aber im Frühjahr 1810, als von Thünen in Begleitung seines Schwagers Doctor Berlin, eines ausgezeichneten, höchst wissenschaftlich gebildeten Mannes, in Möglin den Thaer'schen Besuch erwiderte, war der Eindruck, den beide Männer mitnahmen, wieder ein ganz anderer.

„Gleich nach meiner Genesung," so beginnt von Thünen's Beschreibung dieser Reise, „Anfangs Juni, reiste ich mit dem Doctor Berlin nach Möglin. In Gesellschaft des Doctors war mir diese Reise sehr interessant. Wir wurden von Thaer sehr höflich aufgenommen, und er widmete seine Zeit uns mehr, als

3

wir irgend erwarten oder nur wünschen durften. Aber wie ganz
anders war Thaer in Möglin, als in Liepen. In Möglin war
er wieder der strenge Gesetzgeber, der keinen Widerspruch duldet,
und selbst jedes interessante Gespräch vermeidet, um keinen Zweifel
gegen seine Lehre zu hören. Dadurch wurde unsere Unterhaltung
steif und rollte immer über Gegenstände, welche uns alle nicht
sehr interessirten. Thaer verlor dadurch selbst so sehr, daß wir
Beide sagten, wir würden den großen Geist nicht in ihm erkennen, wenn wir ihn nicht schon länger kennten. In Liepen war
er dagegen so unendlich liebenswürdig, daß wir alle in stiller
Verehrung um ihn standen. Ich glaube, daß dies sein natür-
licher schöner Character ist, den leider sein Ehrgeiz nur selten her-
vortreten läßt. Das Korn stand zum Theil gut, zum Theil
mittelmäßig, aber nirgends so wie auf den schönen Gütern in
Mecklenburg, was auch von dem schlechten Möglin'schen Boden
durchaus nicht zu erwarten ist. Ob Möglin auf einem andern
Wege (als durch die Wechselwirthschaft mit Stallfütterung) in
derselben Zeit und mit demselben Aufwand weiter sein könnte,
war mir besonders wichtig zu untersuchen. Die Stallkühe waren
besser im Stande, als wir irgend hier welche sahen, aber die
Ochsen gingen auf der elenden Außenweide. Was uns besonders mißfiel, war, daß Thaer uns durchaus keine bestimmten
Antworten über seine Wirthschaft gab; alles wurde so viel möglich
in Dunkel gehüllt, der Ertrag nach Körnern angegeben und mit
dem aus dem Bruch zusammengeworfen; von den Ochsen wurde
gar nicht gesprochen, wo sie gingen, es hieß, die Wiesen im Bruch
wären alle aufgerissen und es kämen nur ungefähr 20 Fuder
Heu nach Möglin, dagegen von Stroh nichts gesagt, welches, wie
wir zufällig erfuhren, Alles nach Möglin kommt. Den Doctor
verdroß dies besonders, und er sagte einmal zu Thaer, was ihm
gewiß noch Keiner gesagt hat: In Mecklenburg glaubt man, daß
in Möglin kein Gras und kein Korn wachse; Thaer stutzte und
sagte: was sollte hier denn wachsen? Besonders dem Professor

Crome demonstrirte der Doctor, daß, weil Thaer nicht den Er=
trag von Möglin bekannt mache, glaube man, es sei an der
ganzen Sache nichts Gutes. Sei doch aufmerksam auf einen
Herrn von Wulffen, er wurde von allen Schülern als ein aus=
gezeichneter Kopf angesehen, der Crome um sein Ansehen gebracht,
und Thaer so in die Enge getrieben hat, daß er seinen Hut ge=
nommen und aus dem Conservatorium weggegangen ist. Zufällig
trafen wir Karbe auf der Rückreise; er gestand gleich bei den
ersten Worten, daß er früher von der Wechselwirthschaft enragirt
gewesen sei, daß sie aber nicht leistete, was er geglaubt habe.
Thaer's neuestes Werk hat gewiß classischen Werth, und ist un=
streitig das beste Werk, was wir über Landwirthschaft haben.
Indessen enthält es wenig neue Ansichten und Entdeckungen. Ich
bin überzeugt, daß diese „Grundsätze" trotz ihres hohen Werthes
nie die Revolution in die Landwirthschaft gebracht hätten, wie die
„Einleitung zur Kenntniß der englischen Landwirthschaft." Die Ein=
leitung schrieb ein Mann von großem Geist, aber ohne practische
Kenntniß von der Landwirthschaft, Phantasie und Enthusiasmus
stellten klar die Vorzüge einzelner Methoden dar; nachdem man
es gelesen, schien es leicht, sich über alle practischen Landwirthe
zu erheben und in kurzer Zeit ein reicher Mann zu werden. Die
„Grundsätze" schrieb der erfahrene Mann, dessen frühere große
Hoffnungen schmerzlich zerstört sind, der vorsichtiger in seinen Be=
hauptungen geworden und uns mehr Wahrheit giebt, aber durchaus
nicht gestehen will, daß er sich geirrt hat."

Einzelne Irrthümer großer Männer schmälern deren Ver=
dienste um die Wissenschaft wenig, sie werden einfach bekämpft
und berichtigt werden, aber mit dem hartnäckigen Festhalten oder
mit dem demüthigen Eingeständnisse von Seiten ihres Urhebers
fällt und steigt der Menschenwerth desselben in den Augen der
Mit= und Nachwelt. Eines der schönsten Blätter aus dem For=
scherleben unsers Johann Heinrich von Thünen schmückt die nach=
folgende, in manchem Kampf errungene durch mühevolle demüthige

Selbstprüfung befestigte Erkenntniß: „Es giebt wohl keine wür=
digere, mehr fördernde Beschäftigung als diese: Den Gedanken in
seinen letzten Schlupfwinkel zu verfolgen und Jagd auf seine
eigenen Irrthümer zu machen; haben wir die Quelle derselben
entdeckt, so sind wir nicht blos von diesen Irrthümern befreiet,
sondern auch vor ähnlichen Verirrungen in der Zukunft gesichert."

Die Ansichten von Thünen's über die Thaer'sche Lehre
fanden bei seinem Bruder Friedrich mächtigen Wiederhall. „Die
zwar herzogliche — vom Herzog Friedrich von Holstein=Beck ver=
faßte — aber doch sehr übertriebene Darstellung des Zustandes
von Möglin erregte gründlichen Aerger, da man doch aus eigener
Anschauung das Mehrste anders und besser wußte." Die Brüder
freuten sich der kommenden Zeit, „daß nicht mehr Autorität die
Geister gefangen halte, es scheine sich eine Krisis der Systeme zu
nahen. Männer von Geist, durch die blendenden Seiten der
Wechselwirthschaft enthusiastisch dafür eingenommen, waren bisher
ihre Vertheidiger gegen Gegner, die größtentheils die Sache, die
sie bestritten, nicht recht kannten und selten einen über Vorurtheile
und Gewohnheit erhabenen Geist besaßen — also immer durch
den überwiegenden Geist, wenn auch nicht durch die Sache ge=
schlagen werden mußten. Doch nun werden sich Männer erheben,
die zuerst, lebhaft von der schönen Ansicht der Wechselwirthschaft
ergriffen, alle ihre Sätze für wahr hielten, jetzt aber mit durch
Erfahrung entfesseltem Geiste den Nimbus von sich werfen und
die ewige Wahrheit nackend darstellen."

„Thaer's neues Werk: Grundsätze u. s. w. würde ich Dir
gerne schicken," schreibt von Thünen, „wenn ich nicht fürchtete,
daß es Dir in Proportion des Briefportos*) ein ungeheures
Geld kosten würde, wofür Du aus Bremen vielleicht 3 Exem=
plare kommen lassen kannst. Für mich am interessantesten war
das, was Thaer im ersten Bande über die Erschöpfung und

---

*) Ein einfacher Brief von Liepen nach Jever kostete damals 11
Silbergroschen.

Wiedererstattung der Dungkraft sagt, da dies Thaers eigene An=
sichten sind, die in mehren Punkten mit meinen Ansichten über=
einstimmen, im Ganzen aber doch sehr abweichen und besonders
zu ganz verschiedenen Resultaten führen. Im zweiten Bande ist
ein Nachtrag zu diesem Capitel, worin der Verfasser meine Sätze
— die ich ihm im vorigen Herbst mitgetheilt hatte — mit an=
dern Worten, aber dem Sinne nach fast buchstäblich mittheilt und
auf seine ersten Grundsätze einimpft, wobei er bemerkt, daß er
der Erste sei, der diese Entdeckung gemacht habe, dabei aber ge=
steht, daß die Sache von größerer Wichtigkeit sei, als er selbst
geglaubt habe. Um nicht zu widerrufen, was er im ersten Bande
gesagt hat, und die Quelle der neuern Ansichten nicht zu sehr zu
verrathen, sucht er die neuen Zweige auf den alten Stamm zu
pfropfen, wodurch aber das Ganze ohne Einheit und etwas ver=
schroben geworden ist. Du siehst also, daß ich nicht mehr nöthig
habe zu schreiben, da Thaer mir diese Mühe abgenommen hat.
Ich muß gestehen, daß diese unerwartete Ehre, die mir von un=
serm ersten landwirthschaftlichen Schriftsteller widerfahren ist, mich
zuerst frappirte. Ich habe mich dabei aber selbst mehr kennen
gelernt und zu meiner Freude gefunden, daß Ehrgeiz keine fort=
reißende Leidenschaft bei mir ist, indem ich mich sehr bald darin
gefunden und nachher ohne alle Bitterkeit mit Thaer selbst wieder
gesprochen habe; glücklicherweise hat er das Wichtigste nicht
gesehen."

Immer von Neuem fühlte von Thünen sich berufen, seine
Ideen über Landwirthschaft zu veröffentlichen, aber er wollte
Ideen nicht mit Ideen angreifen, sondern den Prüfstein seiner
Ansichten erst der Wirklichkeit entnehmen und beschloß, nachdem
er inzwischen einen längeren Besuch bei den Eltern in Hooksiel
und beim Bruder in Kanarienhausen gemacht hatte, wo neben
dem Familienleben und dem Verkehr mit den Jugendfreunden
und Bekannten natürlich sein x ihn unaufhörlich beschäftigte, mit
einem Gutskaufe nicht länger zu säumen, um aus der eigenen

Wirthschaft die nöthigen, der Wirklichkeit entsprechenden Grund=
lagen für seine Forschungen zu gewinnen, die andere Gutsrech=
nungen ihm bis dahin nur lückenhaft gewährt hatten. Vorzugs=
weise richtete er sein Auge auf Schwedisch = Pommern. Dort
waren die Abgaben sehr hoch, in Mecklenburg sehr niedrig und
er rechnete ganz richtig, daß in so ungewissen Zeiten, wie die da=
maligen, bei einem so häufigen Wechsel der Regierung, leicht
die Abgaben in einem niedrig besteuerten Lande erhöhet werden
können, daher hier denn auch die Rente von angekauftem Grund
und Boden falle, während in einem schon sehr hoch besteuerten
Lande eine Regierung keine ähnliche Erhöhung, wenigstens nicht
mit Erfolg, versuchen könne, — oder mit andern Worten, daß
man dort ein Gut von gleichem Werthe billiger kaufen, oder mit
denselben Mitteln ein größeres Gut erwerben könne. Doch wollte
es ihm nicht glücken, dort einen günstigen Abschluß zu erreichen,
auch waren wenige Güter von dorther käuflich und in Vorschlag.
In Mecklenburg dagegen war ihm manches Gut angetragen.
Die ernstliche Absicht, Poggelow zu kaufen, wurde durch die
Franzosen vereitelt, die eines schönen Morgens alle Pferde in
Liepen requirirt hatten. Kl. Lutow und Hohenfelde sagten ihm
nicht zu, der Handel mit Belitz zerschlug sich. Am liebsten hätte
von Thünen Kl. Lunow gekauft, es schien ihm ein seinen Mitteln
entsprechendes Gut zu sein, und hatte er überhaupt keinen Muth
mehr, ein großes Gut zu kaufen. Doch auch der Handel mit
Kl. Lunow ward nicht perfect; endlich, nachdem von Thünen 13
Güter besehen und fruchtlos darauf gehandelt hatte, kaufte er von
seinem Schwager Schröder das Gut Tellow. Freilich war der
Kaufpreis, trotz des damaligen Fallens der Güterpreise bis auf
zwei Drittel ihres früheren Preises, und obgleich der Verkäufer
auf Tellow 17000 Thlr. verlor — nicht niedrig zu nennen, aber die
Bedingungen waren gut. „Der Kauf von Tellow" schreibt von
Thünen, „hat vor dem Ankaufe eines andern Gutes die großen
Vortheile, daß meine Obligationen an Zahlung angenommen

werden, daß die Gebäude neu sind, daß ich eine spanische Schäfe=
rei vorfinde, und daß der Handel unter der Hand ohne Ad=
vokaten abgeschlossen wurde." Außerdem hatte von Thünen ge=
nügende Sicherheit wegen Kündigung rückständiger Kaufgelder,
ging aber dennoch zögernd auf den Handel ein. „Ich habe,"
schreibt er, „nicht so wohlfeil gekauft, wie ich früher glaubte, daß
ich es in diesen Zeiten könnte, ich habe kein kleines Gut erhalten,
auf dem ich sorgenfrei leben könnte. Aber seitdem mir Kl. Lu=
now genommen, hatte ich gar keine Hoffnung mehr, diese Wünsche
realisirt zu sehen. Ich würde sehr froh sein, im Besitze eines
Gutes zu sein, wenn Tellow Kl. Lunow's Größe hätte. Ich
möchte so gerne vom Glücke unabhängig sein und nur mir selbst
Glück und Unglück verdanken. Diesen Wunsch hat mir das
Schicksal versagt." In spätern Jahren hat man von Thünen
oft den Vorwurf allzugroßer Aengstlichkeit gemacht, wenn er
wegen Ankauf oder Pachtung von Gütern um Rath ersucht
wurde und diesen ertheilte, befolgt man aber das von Thünen
durch seinen Character und seine ganze Richtung vorgeschriebene
gründliche Verfahren, und zieht auch diejenigen ungünstigen Momente
in Betracht, welche vielleicht in mehreren Decennien nicht zur
Wirksamkeit gelangen mögen, dann wird auch in jetziger Zeit
wohl schwerlich der Erwerb von Pachtgütern oder Eigenthum in
Mecklenburg gelingen, aber solche gegründete Vorsicht ist gegen=
über der Sorglosigkeit, mit der vielfach die Erwerbung von
Pachtgütern und Eigenthum betrieben wird, nur zu loben und
sittlich gerechtfertigt, denn von dem dauernd günstigen Erfolge
ländlicher Wirthschaften hängt nicht blos das Vermögen des
Unternehmers ab, sondern in vielen Beziehungen zugleich die
Kultur und Macht der Staaten, vor Allem aber Glück und
Wohlstand der Untergebenen.

Im Jahre 1810 am Tage des heiligen Johannes führte
von Thünen Weib und Kind über die Grenze seines Besitzthums
an den eigenen Heerd, „ordnete, klar im Kopfe, warm im Herzen,

stark und fest im Willen, harmonisch sein Leben, gründete sicher sein Haus," und wie er dieses im Vereine mit seiner treuen Lebensgefährtin in den Tagen des Glückes zum Tempel höheren Frohsinns, in den Tagen der Prüfung zur Stätte des Friedens schuf, so wurde „der jetzt classische Boden von Tellow" ihm ein Patmos zur Offenbarung wissenschaftlicher Gesetze. Von jenem Tage an will uns der Name von Thünen und der Name Tellow unzertrennlich verbunden erscheinen, möge mit dem Besitze auch des großen Ahnen Streben übergehen auf seine fernsten Enkel, „mögen auch sie Erben seiner menschenfreundlichen Verdienste werden."

––––––––––

Spärlich fließen unsere Nachrichten aus den Jahren 1810 bis 1820 über von Thünen's Leben und Wirken, über seine wissenschaftlichen Arbeiten und Ideen, auch sein sonst so reichhaltiger Briefwechsel ist in dieser Zeit lückenhaft, nur kleine Blätter sprechen von der Trauer um den Tod des Stiefvaters von Buttel, hauchen wehmüthigen Schmerz über das Dahinscheiden der heißgeliebten Mutter, „deren letztes Wort ihrem Heinrich galt," zeugen von seiner Bekümmerniß über die schmachvolle Lage des gebeugten und getretenen Vaterlandes und erzählen von dem Hochgenusse, es befreit zu sehen durch die Thaten eines York, Gneisenau, Blücher und aller Derer, die sich an die Spitze ihres Volks stellten und mit ihm seine Schlachten schlugen zur Abschüttelung unwürdigen Joches. Warum ist's denn so stille über dem Hause von Tellow? Warum veröffentlichte von Thünen nicht seine Ansichten über die Statik des Landbaues? vollendete doch von Wulffen inmitten des Feldzuges seine während der Belagerung von Wittenberg begonnene Schrift: „Versuch einer Theorie über das Verhältniß der Ernten zu dem Vermögen und der Kraft des Bodens!" War der jugendliche Eifer inmitten der Sorgen, welche die neue Wirthschaft mit sich brachte, er-

faltet? drückte die Prüfungszeit der Kriegsjahre auch ihn? hatten
Krankheit, Leiden und Ungemach ihn heimgesucht, die Schwingen
seines Geistes lähmend, den Fleiß zur Unthätigkeit, den Ernst
zur Gleichgültigkeit herabstimmend? — Werfen wir einen Blick in
das einfache schmucklose Studirzimmer von Thünen's. An seinem
Pulte steht um die Mitternachtsstunde des scheidenden Jahres
1820 der gereifte Mann, über sein ernstes und bewegtes Antlitz
leuchtet ein himmlischer Strahl freudiger Hoffnung — ähnlich
zuckt jubelnd durch's Schiff vom Mast bis zum Kiel der
Ruf Land und wiederum Land, wenn der Morgensonne Glühen
dem spähenden Schiffer auf weiter Wasserwüste das grünende
Ufer gezeigt — und seine Feder fördert diese Zeilen an den
Bruder:

„Seitdem Du vor 8 Jahren in einer bewegten und ent=
scheidenden Zeit an diesem feierlichen Tage in unsere Mitte tratest,
mahnt es mich jedes Jahr in dieser Stunde, an Dich zu schreiben,
Dir meine Gedanken mitzutheilen, die öfterer an Dich gerichtet
sind, als der sparsame Briefwechsel anzudeuten scheint. Wie ist
doch diese Stunde so feierlich, wo das Gemüth unwillkürlich an=
getrieben wird, den Blick auf die Vergangenheit und auf die Zu=
kunft zugleich zu richten. Was heute vor einem Jahre noch in
dunkler zweifelhafter Ferne vor uns lag, das liegt jetzt mit allen
seinen Freuden und Leiden enthüllt vor uns; aber wie es
künftiges Jahr um diese Zeit sein wird, das wissen wir nicht —
und daß wir es nicht wissen und doch fühlen, wie viel das Jahr
uns nehmen kann, das macht uns so sinnend und so ernst. Es
ist mir deshalb begreiflich, warum die mehrsten Menschen diesen
Abend in rauschenden Freuden hinbringen und sich der ernsthaften
Empfindungen erwehren. Ich sitze hier jetzt einsam, meine kranke
Frau liegt im Nebenzimmer und ich lasse die letzte Bouteille
Preignac kommen — die letzte, weil keine mehr im Hause ist,
und weil die Zeit es nicht erlaubt, ihn wieder zu erneuern —
um mit heitern Gefühlen in das neue Jahr hinüberzutreten.

Der heutige Tag wird in meinem Leben einen bedeutenden und angenehmen Abschnitt machen, denn ich habe heute eine zehn= jährige, höchst mühsame Arbeit vollendet. Als ich vor 15 Jahren zuerst den Gesetzen über die Aussaugungskraft der Gewächse u. s. w. auf die Spur kam, wurde ich von diesen Ideen begeistert; sie schienen mir wichtig genug, um ihrer Fortbildung mein Leben zu widmen. Es war für mich eine schöne Zeit, als ich, meiner Phantasie freien Spielraum lassend, Schlüsse auf Schlüsse baute und immer zu neuen Entdeckungen fortschritt. Aber ich bemerkte zu meinem Leidwesen bald, daß Alles, was ich auf diese Weise schuf, in seinen Endresultaten doch nie mit der Wirklichkeit über= einstimmen konnte, und daß, wenn ich etwas wahrhaft Nützliches und practisch Brauchbares hervorbringen wollte, ich mir die Grund= lage zu meinem Calcul erst aus der Erfahrung entnehmen müsse. Als ich dies klar erkannt hatte, legte ich mir das harte Gesetz auf, mit dem Fortschreiten in den Ideen inne zu halten und alle Kraft und Zeit auf die Erforschung der Wirklichkeit zu verwenden. Dies wurde nun für meine nächste Lebenszeit entscheidend. Ich fing die Tellow'schen Rechnungen in einem solchen Umfange an, als ich nur irgend ausführen konnte und als der Zweck meines Calculs erforderte. Arbeitsrechnung, Korn= und Geldrechnung mußten gleich umfassend und gleich genau geführt werden, und dies mußte fast Alles von meiner Hand geschehen, weil sonst dem Ganzen Einheit und innere Glaubwürdigkeit gefehlt hätte.

Die Natur beantwortet das, was ich suche, in jeder Wirth= schaft, und doch muß jeder, selbst der wissenschaftlich gebildete Landwirth, es erst durch eine lange und kostbare Erfahrung lernen, weil jeder die Mühe des Aufzeichnens scheut, und so jede frühere Erfahrung wieder verloren geht.

Ich ahnte freilich anfangs nicht, welche Mühe und Arbeit ich mir durch diese Rechnung auflegte. Ich habe fast die ganze Muße der Winterzeiten dazu verwenden müssen; ich habe den

geselligen und häuslichen Freuden, ja selbst dem Studium der an=
dern Wissenschaften zum Theil entsagen müssen. Als nun die
Natur selbst durch körperliches Uebelbefinden und durch Augen=
krankheit mir hindernd in den Weg trat, da war ich mehrmals
im Begriff, die ganze Arbeit unvollendet liegen zu lassen; aber
ein innerer Drang und der feste Wille, einen einmal gewählten
Lebenszweck nicht aufzugeben, verliehen mir den Muth aus=
zuharren.

Jetzt liegt eine zehnjährige Rechnung vor mir, das lang er=
sehnte Ziel ist erreicht. Freilich bedarf ich nun noch der Muße
einiger Jahre, um die gesammelten Data zu ordnen und für
Andere nützlich zu machen; aber jede hierauf verwandte Arbeit giebt
ein Resultat, ist lohnend und angenehm zugleich. Jetzt werde ich
die Früchte früherer Anstrengung ernten und für meine künftigen
Beschäftigungen öffnet sich eine sehr frohe Zukunft.

Was ich „über den Einfluß der Dungkraft des Bodens
und der Getraidepreise auf die Ackerbausysteme“ gedacht und auf=
gefunden habe, habe ich in verschiedenen Jahren — seit 1815 —
successive niedergeschrieben; aber es bedarf einer zweiten Bear=
beitung und Umarbeitung, um zur Einheit zu gelangen, und um
die zehnjährige Erfahrung zu Grunde zu legen. Der Wunsch,
diese Schrift zur Publicität zu bringen, hat für mich fast allen
Reiz verloren: sie wird von dem größten Theil der Landwirthe
nicht verstanden werden, von einem andern Theil, deren Lehren
dadurch entkräftet und widerlegt, angefeindet werden.

Wenn man das Treiben und Wesen der literarischen Welt
z. B. in den Literaturzeitungen und in den Möglin'schen An=
nalen betrachtet, wenn man sieht, wie alles Streben nach Wahr=
heit verkannt wird, sobald eine kleinliche persönliche Leidenschaft
des Beurtheilers damit kollidirt; wenn man sieht, wie die größten
Männer sich anfeinden, weil persönliche Rücksicht ihnen mehr gilt
als die Wissenschaft: so muß man wahrlich alle Lust verlieren,
sich in diese Sphäre zu begeben. Ungerechter Tadel würde mich

kränken, übertriebenes Lob könnte mir verderblich werden, indem ich theils noch nicht unempfindlich genug dagegen bin und hauptsächlich, indem es mich in eine Menge von Verbindungen und Besuche stürzen würde, die mit meinem Vermögen und meiner häuslichen Lage gleich unverträglich sind. Andererseits ist die Bearbeitung dieser Ansichten nun einmal Zweck meines Lebens geworden. Für das unaufhaltsame Hinstürmen der Zeit finde ich nur darin Beruhigung, daß ich in dieser Zeit etwas Nützliches geleistet habe und daß mein Leben, wenn es einst endet, nicht spur= und nutzlos verschwunden sein mag.

Es ist nun mein Plan, an der Ausarbeitung dieser Schrift nur langsam zu arbeiten, damit aber das Studium aller Wissenschaften, die in einiger Verbindung damit stehen, zu vereinigen. Durch die Beziehung, worin diese Wissenschaften mit meinem Gegenstande stehen, erhalten sie ein weit lebendigeres Interesse für mich — und diese Beziehung ist sehr weit, „in ihren Wipfeln vereinigen sich alle Wissenschaften" sagt Frau von Staël=Holstein. — Ich hoffe auf diese Weise meinen Beruf mit meiner Fortbildung zu vereinigen, und meine Muße auf eine höchst angenehme Weise zu verwenden.

Die Uhr schlägt zwölf, der letzte Glockenschlag ist verhallt. Die Unterhaltung mit Dir und der Preignac — mein alter Jugendfreund — haben mich erheitert. Gehe nun auch Du mit Muth und Vertrauen in das beginnende Jahr hinein. Schlafe nun sanft und erwache heiter."

Es klingt so leicht und harmlos, wenn von Thünen im isolirten Staat sagt: „Dem Verfasser lagen zu diesem Zwecke die von ihm selbst geführten, sehr ins Einzelne gehenden Rechnungen des Gutes Tellow vor." Seine Bescheidenheit vermochte ihn nicht dazu durchschimmern zu lassen, daß es eine Riesenarbeit gewesen, daß nur die Begeisterung und ein klar vorstehendes, tief innen die Brust des Mannes durchglühendes Ziel dazu befähigte, auszuharren und zu vollbringen. Zehn Monate, seine Wartburgs=

zeit, widmete Luther, jener große kirchliche Reformator, dem Studium und der Uebersetzung des Buches aller Bücher, von Thünen legte sich das harte Gesetz auf, zehn Jahre seines Lebens dem Studium und der Uebersetzung des Buches der Natur zu opfern, und gestützt auf die damit gewonnene, der Wirklichkeit entsprechende Grundlage wurde er jener große Reformator in der Landwirth= schaftslehre. Solche selbst auferlegte Pflichterfüllung und Treue, die auch nicht einen Tag in der Ausübung fehlte, erfüllt uns mit Bewunderung; inmitten eines landwirthschaftlichen Betriebes, dem von Thünen sich ganz hingeben mußte, um jene Rechnungen mit der ihm eigenen Gewissenhaftigkeit durchzuführen, selbst oft kränklich, sein irdisches Auge getrübt, bekümmert durch viele Krank= heiten in der Familie, namentlich durch die Sorge seine Helene zu verlieren, erschüttert durch manchen Todesfall ihm Nahe= stehender, vor sich die offene Scene verheerender Völkerkriege, welche Noth und Sorge und den Kampf um die Existenz mit sich führten, fern von jeder Lebensannehmlichkeit, fast hart gegen sich, am Tage im Felde und in den Scheunen zur Beaufsichtigung der Arbeiter beschäftigt, am Abende über den Rechnungen, suchte er seine einzige Erheiterung im Glücke seiner Familie und in dem Wohlstande und der Zuneigung seiner Untergebenen.

Die wirthschaftlichen Dispositionen im Ganzen und Ein= zelnen hat von Thünen gewissenhaft bis ins letzte Jahr seines Lebens im Vereine mit seinen Schülern und den guten Statt= haltern, die er sich herangezogen hatte, getroffen. Schüler und Statthalter mußten Mittags und Abends einen sogenannten Sorgenzettel abfassen, welcher über alle nöthigen und zweckmäßigen Arbeiten der Leute und Gespanne Auskunft geben mußte. Dieser wurde revidirt und mit Berücksichtigung der etwa durch wech= selnde Witterung bedingten Abänderung festgestellt. Ein solcher „Sorgenzettel," der seinen Namen wohl verdiente, weil er dem

unerfahrnen jungen Manne viel Sorge machte, damit der Entwurf die
Prüfung des Wirthschaftsdirigenten bestehen konnte, übte außer=
ordentlich den Ueberblick über die ganze Wirthschaft und die
Fähigkeit, rasch und gediegen den Etat des Tages zu entwerfen.
Ebenso sorgfältig beaufsichtigte von Thünen in den ersten De=
cennien seiner Wirthschaft die Ausführung der getroffenen An=
ordnungen, und es ist mit Recht dieser unausgesetzten persönlichen
Wirthschaftsführung zuzuschreiben, daß die durch die Tellow'schen
Rechnungen nachgewiesenen durchschnittlichen Arbeitsleistungen der
Leute und Gespanne noch heute zum Muster dienen können; erst
im vorgerückten Alter entschlug von Thünen sich mehr und mehr
den gewöhnlichen Sorgen der Wirthschaft und überließ Anderen
die Leitung der Arbeiten, während er sich selbst alle wirthschaft=
liche Bestimmungen bis in's kleinste Detail vorbehielt.

Bei Uebernahme der Tellower Wirthschaft und im Verlaufe
der Jahre bestimmte von Thünen diejenigen Ackerstücke, welche er
wegen ihres leichten Bodens als negative oder den Reinertrag
des Ackerbaues beeinträchtigende Größen ansah, zur Tannen=
besamung. Wenn in diesen Tannenkämpen auch später wegen
des Mergels im Untergrunde manche Blöße sich zeigte, so ergab
doch die Benutzung dieses frühern Pfluglandes als Holzland eine
größere Rente, und von Thünen gewann Material und An=
regung zu seinen spätern forstwirthschaftlichen Studien über Wald=
rente und Bodenrente, Durchforstung und Umtriebszeit der Höl=
zungen, Vergleichung der Rente des Waldbodens mit derjenigen
des Ackerlandes (Landrente) u. s. w.

Die noch fehlende Mergelung wurde mit aller Kraft ins
Werk gesetzt, große Massen Wiesenmoder wurden auf den Acker
gefahren, um die Bindigkeit des Lehmbodens zu mildern und die
Graswüchsigkeit des Feldes zu erhöhen. Diese Melioration wurde
mit besonderer Energie und Erfolg betrieben, als der Rapsbau
in das Wirthschaftssystem aufgenommen wurde. Die im Schaf=
dung sich leicht verflüchtigenden Ammoniaktheile wurden durch

schichtweise Einfuhr von Wiesenmoder in die Schafställe gebunden und der Gips fand in Koppeln, Wiesen und auf dem Kleefelde eine ausgedehnte Verwendung.

Sein besonderes Augenmerk richtete von Thünen auf die Verbesserung der Wiesen und durch das vom Domainenrath Pogge herrührende, ihm zu Ehren so genannte Poggeln der Wiesen, d. h. die Bekarrung derselben mit Sand und Ackererde, durch die Düngung der Wiesen, Besamung mit edlen Gräsern, Rieselanlagen erzielte er statt des frühern geringen Heuzuschusses mäßiger Qualität, eine reichliche werthvolle Heuwerbung. Ueber die Ausführung, Kosten und Erfolg des Poggelns lieferte von Thünen zur 5. Versammlung deutscher Land- und Forstwirthe in Doberan einen trefflichen Aufsatz*), der allgemeine Aufmerksamkeit erregte und weitere Verbreitung verdient. Zum Poggeln wurde in spätern Jahren der Untergrund der kleinen sogenannten Scheinstellen im Acker, an denen viele mecklenburgischen Güter so reich sind, verwandt, ein Theil des herausgenommenen Untergrundes ward durch Lehm ersetzt, die Ackerkrume wieder aufgefüllt, und da diese Operation einem doppelten Zwecke diente, mit nicht allzu großen Kosten jene dungverzehrenden und so geringen Ertrag abwerfenden Ackerstellen in fruchtbareres Land umgeschaffen.

Es könnte auffallend erscheinen, daß von Thünen nach einer mehr als dreißigjährigen, den Meliorationen gewidmeten Praxis, noch in seinen späteren Lebensjahren immer an seinem Gute zu verbessern fand. „Dies liegt," nach seiner eigenen Erklärung, „theils in den Fortschritten der eigenen Kenntnisse, hauptsächlich aber darin, daß mit den Fortschritten der bürgerlichen Gesellschaft stets neue Meliorationen, die bisher zu kostbar waren, vortheilhaft werden. Auf diese Weise erhält ein Gut gewissermaßen Leben;

---

*) Ein vollständiges Verzeichniß der gedruckten Schriften und Aufsätze von Thünen's findet sich in der zweiten Abtheilung vom zweiten Theile des isolirten Staates.

die Bewirthschaftung desselben kann nie stagnirend werden und ist nur so interessanter, da das Ziel ein unerreichbares ist." Besonderen Werth legte von Thünen auf die Ausführung der Arbeiten im Accord, dadurch wurde es ihm möglich, so umfassende Meliorationen mit eigenen im Gute wohnhaften Leuten durchzuführen.

Die Aufmerksamkeit, welche von Thünen der Schafzucht gewidmet, und seine große Wollkenntniß ließen in ihm den Wunsch rege werden, eine Stammschäferei anzulegen; aber wie er stets vor allen ungewissen, dem Gebiete der Spekulation angehörenden Geschäften — höchstens speculirte er kurze Zeit mit Vorräthen aus der Tellower Wirthschaft — eine große Abneigung verspürte, so blieb dieser Wunsch, so ernstlich er in's Auge gefaßt war, unausgeführt; seine Realisirung würde, nach mehreren werthvollen Arbeiten von Thünen's über Schafhaltung und Wollkunde zu schließen, für die Landwirthschaftslehre in interessanten Fragen der Schafzucht wichtige Aufschlüsse gegeben haben, weil von Thünen die Züchtung nicht blos vom kaufmännischen Standpunkte aus, sondern von wissenschaftlichem Interesse geleitet, betrieben hätte; aber eine Stammschäferei würde ihn in noch größere Verbindung mit der Außenwelt gebracht und seine Zeit für andere wissenschaftliche Arbeiten zu sehr beschränkt haben. Wie so viele Wirthe war er der Ansicht, daß die hochfeine Wolle den großen Preis, den sie in den zwanziger Jahren hatte, behalten würde; als der Irrthum erkannt war, gab er der Züchtung eine andere Richtung. Dagegen war er einer der Ersten, welche bei den steigenden Preisen der Milchereiproducte die Schafhaltung beschränkte, die Kuhhaltung ausdehnte, und aus diesem Wirthschaftszweig Erträge erzielte, welche von einem guten Viehstamme, kräftiger Fütterung und einem ordentlichen Betriebe der Milchwirthschaft Zeugniß ablegen.

Wie in der richtigen Anstellung der Leute und Gespanne, Vornahme der Arbeiten zur geeigneten Zeit, Erforschung der

Gründe für die einzelnen Arbeiten und Manipulationen, sowie für die Verbesserungen im Allgemeinen und in einzelnen Wirth= schaftszweigen, das Characteristische seines Wirkens lag, indem er dem Größten wie dem Kleinsten seine Aufmerksamkeit und sein Nachdenken zuwendete — ich erwähne noch der Construction eines Hakenpfluges, mit dem die Operation, die Tellower Ackerkrume von 4½—6 auf 6—7 Zoll zu vertiefen, ausgeführt, und dessen in Berichten über öffentliche und private Prüfungen von Acker= werkzeugen lobend erwähnt wurde — Aenderung des Saaten= verhältnisses und der Fruchtfolge bei verändertem Bodenreichthum — so säumte von Thünen auch nicht, seine Handlungen mit erkannten Wahrheiten in Uebereinstimmung zu setzen; daher war es nicht allein der klingende Erfolg, der ihn bei Tilgung des letzten Postens im Hypothekenbuche erfreute, „seine Freude an der Verbesserung seines Besitzes war," wie er selbst bemerkte, „zugleich anderer und höherer Art, denn da sie das Resultat selbst aufgefaßter An= sichten war, so gab ihm dies die freudige Beruhigung, daß er sich in seinen Ansichten nicht geirrt habe." Die wohldurchdachten, richtig geleiteten und nutzbringenden Zustände der Tellower Wirth= schaft fanden denn auch weit verbreitete Anerkennung; von allen rühmenden Urtheilen übertrifft aber keines an innerer Wahrheit die einfachen Worte des Domainenrath Pogge: „Denn wo ist ein Gut, das mit solcher Aufmerksamkeit in allen Fächern behan= delt ist, als Tellow?"

Mehreren kleineren und größeren Abhandlungen von Thünen's: Berechnung der Arbeit und Kosten des Mergelns auf dem Gute Tellow in den Jahren 1815 bis 1816 (landwirthschaftliche Erzähler 1818, Nr. 6, 7 und 8). Bericht über einige mit dem englischen Exstirpator angestellte Versuche (neue Annalen der Mecklenburgischen

Landwirthschafts = Gesellschaft, 1814, 30. Stück S. 477, 478).

Einführung des Creditsystems in Mecklenburg (eben=daselbst 1817, S. 401—545).

Welchen Einfluß haben die Nahrungsmittel, welche die Schafe erhalten, auf die Güte der Wolle? (eben=daselbst 1819, S. 119—127).

Ansichten über die Wirkung der englischen Kornacte auf Mecklenburg (ebendaselbst 1819, 2. Hälfte, S. 715—720).

folgte im Jahre 1821 seine Arbeit:

Ueber die quantitative Wirkung des Dungs und über die Aussaugungskraft der Gewächse (ebendaselbst 1821, S. 166—221);

„von Wulffen,“ so schreibt von Thünen, „hat sich in den Mög=linschen Annalen über diese Abhandlung auf eine Art ausge=sprochen, die mich freilich ermuntern muß, noch ferner für das Publicum zu schreiben,“ und so setzte er denn in den nun fol=genden Jahren die im Jahre 1815 begonnenen Untersuchungen fort und vollendete mit regem Fleiße, doch langsamen Fortschrei=tens, weil die Verarbeitung aller Rechnungen unendliche Mühe erforderte und stets neue Probleme sich darboten, die entweder gleich gelöst, oder wenigstens für spätere Ausarbeitung entworfen werden mußten, den ersten Theil des Werks:

Der isolirte Staat in Beziehung auf Land=wirthschaft und Nationalökonomie, oder Untersuchungen über den Einfluß, den die Getreidepreise, der Reichthum des Bodens und die Abgaben auf den Ackerbau ausüben,

konnte sich aber nicht entschließen, das Werk dem Drucke zu übergeben, da er fürchtete angefeindet und in der ersten Zeit jedenfalls mißverstanden zu werden. „Du hast Recht,“ schreibt sein Bruder Christian von Buttel, „jedes Neue hat zugleich ein

neues Gewand, und in sich eine neue Methode der Betrach=
tung, und eben diese neue Methode, weil sie die alte aufhebt, ist
dann so unbequem und lästig, ja für einen, der sich schon in
seiner Ansicht verknöchert, sogar rein unzugänglich. Und in ähn=
licher Weise, mein lieber Bruder, wird es auch Dir wohl mit
Deinen Forschungen gehen — die Leute wollen wohl etwas
Neues, aber in alter Weise und nicht zugleich die neue Weise,
und doch geht Eins ohne das Andere nicht an." Aber seine
Freunde, namentlich Lukas Andreas Staudinger, zerstreuten seine
Befürchtungen, und man freute sich, „daß Staudinger ihn so ge=
waltsam aufgeschüttelt, weil man etwas Tüchtiges aufgeschüttelt
wußte." Staudinger nahm das Manuscript mit nach Flottbeck,
las es in einer Gesellschaft bei von Voght vor, und Perthes in
Hamburg übernahm gegen ein Honorar von hundert Thalern,
welches aber nicht in baarem Gelde, sondern in Auswahl von
Büchern bestehen sollte, die auch nicht gleich, sondern erst nach
Absatz von 400 Exemplaren freistand, den Verlag. Vom Ho=
norar erhielt Staudinger den vierten Theil — von Thünen
erhielt für sein unsterbliches Werk also für 75 Thlr. Bücher als
Honorar. Besser, der Compagnon von Perthes, schreibt: „man
müsse ein solches Honorar nicht als eine Bezahlung der Mühe
und Arbeit ansehen, die ein solches Werk gekostet, diese könne
nicht bezahlt werden — höchstens wären es Schreibgebühren, die
der Verleger dem Verfasser vergüte —," aber auch in dieser
Rücksicht ist durch das damalige Honorar kaum der zehnte Theil
der angewandten Mühe des Schreibens entschädigt, und es fällt
mir beim Studium des isolirten Staates öfters die Bemerkung
Jean Paul's ein: „die Mehrsten glauben, was sie in einem
Athem lesen, sei auch in einem Athem geschrieben." Denn welche
Menge von Material liegt nicht den Ausführungen im isolirten
Staate zu Grunde? Dazu hatte von Thünen, nach einem
Briefe seines Bruders Christian von Buttel, „durch ein langes
Studium und die ernsteste Zucht des Gedankenganges sich die

4*

schwere Kunst der Kürze und die Abrundung einer geschlossenen
Individualität erworben — die als Macht über sich selbst
sofort und unmittelbar auch Andern gegenüber als Macht erscheint —
mit ihrem kräftigen Lapidarstyle, bei dem die Gedanken weit über's
Wort hinausreichen und wie ein System von Quarrée's nach
allen Seiten hin Front machen — gleich dem stillen Imponiren
einer geladenen Kanone." Die Bemerkung Roscher's, „daß von
Thünen, wie es Practikern, die nur selten zur Feder greifen, ge=
wöhnlich geht, eine Menge weitläufiger Ausführungen von Sachen
giebt, die sich unter Gelehrten von selbst verstehen," möchte wohl
nicht ausgesprochen sein, wenn in Betracht gezogen wäre, daß die
Sprache des Forschers, der gefundene Gesetze zu begründen hat,
eine andere sein muß, als die des Gelehrten, der anerkannte
Wahrheiten in ein System bringt, daß es im ersteren Falle zum
Verständnisse und zum Beweise der Wahrheit beiträgt, den Weg
des Findens klar vor sich zu sehen, und daß der isolirte Staat
nicht blos für Gelehrte, sondern auch für Land= und Forstwirthe
und für Staatsmänner geschrieben ist. Dem Wunsche von Per=
thes, daß der Titel des Werkes geändert werde, gab von Thünen
nicht nach, weil man ihm keinen andern Titel vorschlagen konnte,
welcher eben so bezeichnend als der gewählte die Form der
Anschauung angedeutet hätte; sonst war der Wunsch des Buch=
händlers begründet, denn der Titel hat nicht blos manchen Leser
abgeschreckt, sondern sogar zu der vorgefaßten Meinung geführt
es sei der isolirte Staat ein politisches Werk, was die Verbrei=
tung desselben in diejenigen Kreise, für welche es geschrieben war,
hinderte. Auch erklärte ein Recensent in der Leipziger Literatur=
Zeitung, April 1827, Nr. 99 S. 19: „daß der Titel den
Inhalt der Schrift nicht genau bezeichne — und daß ein solches
isolirtes Verhältniß, wie der Verfasser sich gedacht hat, nirgends
besteht, und daß darum die Folgesätze, welche er aus seinen Prä=
missen zieht, mit der Zuverlässigkeit, wie er es rechnerisch zu er=
weisen sucht, sich nirgends werden erweisen lassen."

von Wulffen aber schrieb an Thaer: „von Thünens merk=
würdiges Buch): „Der isolirte Staat" lese ich jetzt erst zum dritten
Male und habe meine statischen Arbeiten, die mich diesen Winter
mehr als je beschäftigten, darüber bei Seite gelegt, um es nun
ordentlich zu lesen. Kaum habe ich jemals über eine literarische
Erscheinung eine größere Freude gehabt, als über dieses Buch.
Ich schreibe in der That blos deshalb, um Ihnen dies zu sagen.
Angenommen, Thünen's Ansichten über die Statik wären noch
nicht bis zur höchsten Klarheit gedrungen, selbst angenommen,
daß die Wahrheit in einer oder der andern Richtung seiner Unter=
suchung verfehlt wäre, worüber ich mir noch kein Urtheil beimesse,
dennoch hat der Verfasser mit diesem Buche die Petarde an das
innerste Thor unserer Wissenschaft gelegt und es glücklich gesprengt.
Wir finden den Eingang offen! Von Ihnen, mein verehrter
Lehrer, der Sie so oft junge Kräfte durch Aufmunterung gestärkt
haben, von Ihnen erwarte ich gewiß die öffentliche Anerkennung
seines Verdienstes. Das Buch steht eigentlich über der Kritik,
aber nicht über Ihrer Würdigung. Ich kenne Thünen nicht ein=
mal durch Schriftwechsel; es kann sogar sein, daß wir noch ein=
mal gegen einander algebraisch aus= und zusammenfallen; aber
recht von Herzen wünsche ich ihm die Ernte des verdienten
Ruhmes, für eine vom reinsten Trieb nach Wahrheit geleitete, so
mühsame, so tiefdurchdachte Forschung."

„Möchten Sie, mein hochverehrter und geliebter Lehrer, noch
recht lange bei uns weilen, um noch mehr Werke dieser Gattung
zu krönen! — Nachschwimmen werden diesem kühnen Argonauten
nun wohl Mehrere; aber viele schifften nach Kolchis und sahen
dort blos die dunkle Küste."

Dieser begeisterten Aufforderung von Wulffens entsprach Thaer,
indem er in den Möglin'schen Annalen im 19. Bande, Jahrgang 1827
eine ausführliche Recension des isolirten Staates lieferte, wo er in
der Einleitung bemerkte: „Wenn ich fast unwillig war auf den Herrn

Verfasser (meinen alten Freund und einen meiner frühesten Schüler, dem ich zwar wohl wenig gelehrt, dem ich aber doch vielleicht die Tendenz zu seinen nachmaligen Forschungen gegeben habe), weil er uns nicht nur den zweiten Theil seiner trefflichen Abhandlung über die Aussaugung der Ernten und ihren Ersatz, sondern auch andere Resultate seiner scharfsinnigen Studien vorenthielt, so bin ich nun durch das vorliegende Werk nicht nur nach meiner Er= wartung, sondern weit darüber hinaus befriedigt. Es ist ein Werk von solcher Tiefe und Fülle, von so leuchtender, sich über die ganze Sphäre der Landwirthschaft verbreitender Klarheit, daß ich ihm keins, im Fache dieser Wissenschaft, an die Seite zu setzen wüßte, außer von Wulffen's Schriften über die Statik des Landbaues."

„Wenn ich sogleich nach dem ersten gespannten Durchlesen die Feder ergreife, um eine ziemlich ausführliche Uebersicht seines reichen Inhalts zu geben, so geschieht es keineswegs, etwa um das Studium desselben dadurch überflüssig zu machen, sondern um alle die, bei denen mein Wort etwas gilt, um so früher und lebhafter dazu anzureizen. Es macht mir zu viel Freude, die Fortschritte, welche die Wissenschaft durch dieses Werk gemacht hat, noch vor meinem Abscheiden zur Kenntniß meiner Freunde zu bringen, als daß ich es nicht beeilen sollte. Auch glaube ich durch diese vorläufige Uebersicht das richtige Verständniß zu erleichtern. Wenn ich mir einige Bemerkungen erlaubt habe, die in anscheinendem Widerspruch mit den Lehrsätzen des Herrn Verfassers stehen, so greifen sie doch nie die Consequenz seiner Schlußfolge an. Sie begründen sich theils nur auf Thatsachen, die mir anders als ihm erschienen sind und deren allgemeingültige Ausmittelung wir fer= neren Beobachtungen und Versuchen überlassen müssen, theils habe ich zur Vermeidung des Mißverstandes auf verschiedene Verhältnisse aufmerksam machen wollen, die in dem isolirten Staate nicht aufgenommen werden konnten, zumal wo der Ver= fasser die Fruchtbarkeit des Bodens im Beharrungsstande an=

nimmt." Aber diese Recension befriedigte Wenige, Lukas Andreas Staudinger war sehr ungehalten über dieselbe und schreibt unter anderem an von Thünen:

„Sie ist ein Opus eigener Art. Während er (Albrecht Thaer) Deinem Werke gewissermaßen ge- und bezwungen Gerechtigkeit widerfahren läßt, sucht er mit seinen Einschaltungen, besonders bei der Stelle, welche, ohne seinen Namen zu nennen, namentlich gegen seine frühere unbedingte Anpreisung der englischen Wirthschaftsart, besonders der Fruchtwechselwirthschaft, laut und stark reden, durch Parenthesen Dein Verdienst etwas einzuschränken und zu verkleinern, daß er ziemlich kläglich und mager sagt, er könne Deiner Meinung nicht so ganz sein, es wäre aber hier der Ort nicht, seine Gründe auseinander zu setzen. Dem sei aber wie ihm wolle, Thaer hat dadurch, daß er Dir volle Gerechtigkeit widerfahren läßt, und daß er sich gewissermaßen an die Spitze aller Recensenten stellt, einen der stärksten Beweise von seiner bekannten Scharfsinnigkeit gegeben, indem er dadurch den Argumentationen vorzubeugen suchte, welche seine Gegner aus Deiner Schrift gegen ihn aufstellen konnten, und gewissermaßen einen Verhau entgegengestellt hat. Dein Werk ist dieser Generation, die nur weiche Speise in Brei- oder Ragoutgestalt, wie der zu früh verstorbene Besser sagte, vertragen kann — zu stark und kräftig. Es wird aber eine Zeit kommen, wo man mit Begierde aus seinen reichhaltigen Minen das gediegene edle Metall zu Tage fördern wird."

Ebenso wenig genügte die Thaer'sche Kritik dem scharfdenkenden und genau rechnenden von Wulffen, der in einem Briefe an von Voght bemerkte: „Das jüngste Werk des Herrn von Thünen ist eine der glänzendsten Erscheinungen unserer Literatur. Ich kenne kein Buch, welches ich dreimal in ununterbrochener Folge nach einander hätte lesen können. Nur bei diesem ist mir das Interesse an demselben immer gewachsen. Man könnte selbst mit allen Resultaten der tief durchdachten Forschungen sehr unzufrieden sein, dennoch verliert das Werk nichts von seinem Werthe: denn es bleibt stets ein Muster der Methode, wie man wissenschaftliche Untersuchungen dieser Gattung anstellen soll. Mit Einem Wort: Thünen hat mit diesem Werke das innerste Thor unserer Wissenschaft geöffnet und seinen Namen dadurch im Tempel der Unsterblichkeit eingeschrieben. Daher befriedigt mich Thaer's Kritik auf keine Weise, nicht einmal als Inhaltsanzeige. Wenn wir überhaupt nicht annehmen wollen, daß dies Buch eigentlich über der Kritik steht und sie in Zukunft leiten wird — so mußte sich der Beurtheiler auf einen ganz anderen, auf einen viel höheren Standpunkt erheben."

So war denn die Aufnahme, welche der erste Theil des isolirten Staates beim deutschen Publicum fand, für von Thünen nicht ermunternd; er schreibt: „Ob ich jemals damit zu Stande kommen werde, meine Papiere, welche ich in zwei große Foliobände habe einbinden lassen, zu ordnen, die darin enthaltenen Ideen zu einem Ganzen zu verknüpfen, zur vollen Klarheit zu bringen und für das Publicum brauchbar zu machen — das ist mir sehr zweifelhaft und unwahrscheinlich. Um mich einer solchen Arbeit mit Lust und ganzer Kraft zu unterziehen, bedarf es nicht blos einer festen Gesundheit, sondern auch der äußern Anregung, die mir bis jetzt noch fehlt. Es scheint mir fast, daß es für das Publicum kein Bedürfniß ist, über die Gegenstände, die mich von jeher am lebhaftesten interessirt haben, zur Klarheit zu gelangen. Wenigstens ist unter allen Recensionen meiner Schrift keine einzige, so lobend sie auch sein mögen, die in das eigentliche Wesen derselben eingegangen ist, und durch gerechten Tadel mich gefördert und zum Weiterarbeiten gereizt hat. Dem Freund und Bruder, der mich kennt, darf ich dies wohl sagen, ohne daß er Anmaßung darin finden wird." — Aber die Lehrbücher der Land- und Volkswirthschaftslehre citirten seine Ansichten, die Redactionen verschiedener Fachschriften suchten ihn als Mitarbeiter zu gewinnen, die Gesellschaften wetteiferten in seiner Ernennung zum ordentlichen correspondirenden und Ehren=Mitgliede, und es ertheilte die Rostocker Landes=Universität ihm honoris causa die Würde eines Doctor philosophiae*).

*) Das Diplom lautet:

QUOD FELIX FAUSTUMQUE SIT

AUSPICIIS SUMMIS

SERENISSIMI PRINCIPIS ET DOMINI NOSTRI CLEMENTISSIMI

FRIDERICI FRANCISCI

MAGNI DUCIS MEGAPOLITANI
PRINCIPIS VENEDORUM SUERINI ET RACEBURGI
COMITIS SUERINENSIS
TERRAE ROSTOCHIENSIS ET STARGARDIENSIS DOMINI

UNIVERSITATIS HUIUS LITERARIAE
PATRONI MUNIFICENTISSIMI
ATQUE CANCELLARII MAGNIFICENTISSIMI

RECTORE ACADEMIAE MAGNIFICO

AUGUSTO LUDOVICO DIEMER

JURIS UTRIUSQUE AC PHILOSOPHIAE DOCTORE
PROFESSORE JURISPRUDENCIAE P. O.
SERENISSIMO MAGNO DUCI A CONSILIIS CONSISTORIALIBUS COENOBII
ROSTOCHIENSIS AD S. CRUCEM ET OECONOMIAE ECCLESIASTICAE
HUIUS URBIS PROVISORE SECUNDARIO

QUUM TERTIA CONFESSIONIS AUGUSTANAE
SAECULARIA CELEBRARENTUR

VIRUM NOBILISSIMUM ATQUE DOCTISSIMUM

JOANNEM HENRICUM DE THUENEN

PRAEDII EQUESTRIS TELLOVIENSIS DOMINUM

PROPTER INSIGNEM DOCTRINAE UBERTATEM ET
PROPTER LIBROS ALIQUAMMULTOS, QUIBUS PLAUSUS
MERITO SUO DATUS EST PLURIMUS

HONORIBUS AC PRIVILEGIIS
PHILOSOPHIAE DOCTORIS ARTIUMQUE
LIBERALIUM MAGISTRI

RITE LEGITIMEQUE DONATUM ESSE

PUBLICO HOC DIPLOMATE

TESTATUR

AD HUNC ACTUM CLEMENTISSIME CONSTITUTUS
PROCANCELLARIUS ET PROMOTOR

GUSTAVUS MAEHL

PHILOSOPHIAE DOCTOR CHEMIAE ET PHARMACIAE PROFESSOR
PUBLICUS ET ORDINARIUS
ORDINIS PHILOSOPHORUM H. T. DECANUS.

P. P. ROSTOCHII SUB SIGILLO ORDINIS PHILOSOPHORUM
DIE XXVI MENSIS JUNII A. MDCCCXXX.

LITERIS ADLERIANIS.
(L. S.) G. MAEHL H. T. DECANUS.

In den Jahren 1827 bis 1841 beschränkte von Thünen seine schriftstellerische Thätigkeit auf eine Reihe von Abhandlungen, von denen die Abhandlung „über die Verbesserung der städtischen Ackerwirthschaft" große Sensation unter dem aufgeklärteren Theile der Bürgerschaften erregte; zu diesen Abhandlungen gab größtentheils das Vereinsleben der mecklenburgischen Landwirthschafts-Gesellschaft, als deren Hauptdirector er mehrere Jahre fungirte, und seine Mitgliedschaft der Prüfungscommission für Ackerwerkzeuge und Schafschau Veranlassung.

In Folge einer ehrenvollen Aufforderung von Seiten der fünften Versammlung deutscher Land- und Forstwirthe zu Doberan sah von Thünen sich später veranlaßt, von dem ersten Theile des isolirten Staats eine zweite Auflage zu veranstalten; von Thünen's Bemühen war bei der neuen Herausgabe darauf gerichtet, einzelne Theile ausführlicher zu erörtern und zu erläutern, mehrere Paragraphen, namentlich die über Landrente, Statik des Ackerbaues, Viehzucht, Rapsbau u. a. erhielten beträchtliche Zusätze, einzelne Punkte wurden schärfer bestimmt und da, wo eine längere Erfahrung sein Urtheil berichtigt hatte, wurden Aenderungen getroffen. Eins konnte von Thünen nicht ändern, so sehr dieses, und dadurch seine ganze Arbeit theilweise auch wiederum mißverstanden wurde: die Form der Anschauung. Diese zweite Auflage erschien 1842, erfuhr aber sogleich in der Fischer'schen Literaturzeitung eine unwürdige Kritik. „Der Recensent," schreibt von Thünen, „führt zwar Anfangs an, daß der Verfasser durch ganz Deutschland als Landwirth mit Recht geachtet sei, daß die erste Autorität Deutschlands, Thaer, die Schrift sehr gelobt habe, daß von Lengerke gesagt habe, erst eine spätere Generation werde den ganzen Werth des Werks erkennen; er selbst findet dann aber das Wenige, was ihm im Buch zusagt, unbedeutend oder längst bekannt, das Meiste dagegen unrichtig, unklar und paradox, und schließt damit, das Buch sei wohl nur geschrieben, um algebraische Formeln anzubringen. Ich habe es schon lange erwartet, daß, nachdem ich vom Publicum verwöhnt und verhätschelt bin, eine solche Kritik zur Vollendung meiner Erziehung gehöre und nicht ausbleiben würde. So betrachte und benutze ich denn auch diese Kritik. Eine andere, aber minder edle Waffe, ist die Verachtung. Ein Streben und Wunsch, das Buch herabzuziehen, scheint durch die ganze Recension zu gehen. Wäre die Kritik von Fischer selbst, und diese eine Rache dafür, daß ich nicht Mitarbeiter an seinem Journal habe werden können und wollen, so stände der Mann unendlich klein da. Aber die Recension scheint mir doch zu geistlos, als daß sie von Fischer herrühren könne, obgleich sonst einige Umstände dafür sprechen. In dem= selben Heft ist Moritz Beyer wieder arg mißhandelt. Wie wird dieser sich freuen, mich nun zum Unglücksgefährten und Kollegen zu haben. Die Sache darf mich nicht irritiren, aber die Erfah= rung, die ich nun selbst gemacht, daß Anerkennung und Mißach= tung nicht sowohl vom Werthe des Buches als von dem Zufall, in wessen Hände die Beurtheilung fällt, abhängt, wird, wie ich fürchte, unwillkürlich und unbewußt meinen Eifer, für das Pu= blicum zu arbeiten, schwächen und hemmen — und diese Wirk= samkeit ist leider bei meiner geschwächten Gesundheit ja fast die einzige, die mir noch vergönnt ist." Die kurze, gehaltreiche und schlagende Korrecension von Rau verwischte aber den verletzenden Eindruck der ersten Besprechung, von allen Seiten häufte sich die ungeschmälerte Anerkennung der großen Verdienste von Thünens, und Tellow wurde ein Wallfahrtsort angesehener Männer und wißbegieriger junger Leute: Polen, Russen, Dänen, Schweden, Griechen, Engländer, Franzosen, namentlich auch Zöglinge land= wirthschaftlicher Institute, geführt von ihren Lehrern.

Unter dem Titel „Bestimmungsgründe für Arbeitslohn und Unternehmergewinn" erschien im Jahre 1848 ein Bruchstück aus dem zweiten noch ungedruckten Theile des isolirten Staats, herausgegeben von O. Berlin. Die erste Abtheilung vom 2. Theil:

Der naturgemäße Arbeitslohn und dessen Verhältniß zum Zinsfuß und zur Landrente

ließ von Thünen im Jahre 1850 folgen; sein schriftlicher Nachlaß erschien 1863 als

zweite Abtheilung des zweiten Theils und als dritter Theil des isolirten Staates.

Es liegt nicht im Plane dieser Schrift, die volkswirthschaftlichen Wahrheiten des isolirten Staates, so wie die in demselben enthaltenen land= und forstwirthschaftlichen Erfahrungen und Ansichten eingehend darzulegen, wir müssen in dieser Beziehung vielmehr auf das Werk selbst verweisen, geben aber am Schlusse, um hier die Lebensschilderung nicht zu unterbrechen, Urtheile der Presse über den isolirten Staat nebst erläuternden Bemerkungen, in der Hoffnung dadurch auch in weiteren Kreisen zum Verständnisse der Forschungen von Thünens beizutragen und zum eingehenden Studium eines Werkes anzuregen, welches bei wiederholtem Lesen immer neue Seiten der Belehrung darbietet.

Der nun folgende Briefwechsel giebt ein treues Bild von dem weiteren Leben und der ganzen Persönlichkeit von Thünens, „man glaubt sich beim Lesen dieser Briefe stets in vorzüglicher Gesellschaft," und selbst dann, „wenn der Gegenstand ein land= wirthschaftlicher oder sonst ein ganz gewöhnlicher ist, wird doch sofort, wenn von Thünens Feder ihn auffaßte, der Gesichtspunkt stets ein allgemeiner;" wo der Briefwechsel Lücken läßt, Einschal= tungen nöthig erschienen, und sichere Quellen zu Gebote standen sind diese zur Vervollständigung benutzt und verarbeitet; von den zahlreichen Zuschriften Anderer ist nur insoweit Gebrauch gemacht, als dieselben zur Vollendung des ganzen Lebensbildes beitragen.

von Thünen an Christian von Buttel.

Tellow, Februar 1820.

Theurer Bruder. Dank Dir, daß Du die Scheidewand, die zwischen uns war, zerrissen hast, daß der Bruder nun nicht ferner dem Bruder unbekannt bleibt. Dein Brief erregte eine ernste Er-innerung an die Vergangenheit in mir. Als ich Dich zuletzt sah, warst Du noch Kind. — Seitdem bist Du nun zum Jüngling gereift und reichst mir aus weiter Ferne die Bruderhand. So hast Du nun die für die ganze Bildung des Menschen entschei-dende Jugendzeit durchlebt, ohne daß meine Augen Dich gesehen, ohne daß ich jemals eine genaue Kunde von Dir erhalten hätte. So unbekannt hätte der Bruder nicht dem Bruder werden sollen. Als Du in früher Jugend vater= und mutterlos dastandest, da hätte wohl Dein ältester Bruder Dir zur Seite sein, Dich mit Rath und That unterstützen und Dich durch die entscheidende, aber gefährliche Zeit der ersten Jugend leiten sollen. Nur so hätte ich meine Verpflichtungen gegen die Mutter, gegen Dich erfüllen, und einen Theil der großen Schuld an die Mutter wieder abtragen können. Dies alles ward unmöglich, weil ich fern vom Vater= land war und deshalb habe ich für alle, die mir durch die Bande des Bluts am nächsten stehen, nichts thun können, ihnen nichts vergelten können. So regt sich nun bei dem Gedanken an Dich eine wehmüthige Erinnerung, ein Vorwurf wieder auf, der mir früher oft die schönsten Freuden zerstörte. Mit welcher Liebe, Dankbarkeit und Verehrung hing ich an meiner Mutter und doch bin ich gegen diese Theure am allergrausamsten gewesen! Was gab ich ihr für alle Liebe, für alle auf mich gesetzten Hoffnungen — Nichts als den Schmerz der Trennung!

Darum ist mein Gefühl für die Entschlummerte noch heili=
ger und zarter; und darum traf es mich so gewaltig, als ich in
Deinem Briefe las, daß sie meiner noch in der letzten Stunde
gedacht hat. Nicht die Wissenschaft, nicht die Welt vermag es, den
Keim zur höheren Humanität in uns zu entwickeln: es ist die
Mutter, die durch ihr Beispiel selbst uns schon in früher Jugend
die Ueberzeugung giebt, daß Göttliches im Menschen wohnt. Laß
uns den Eindruck, den das Leben unserer Mutter auf uns ge=
macht hat, treu bewahren und das Streben nach dem Höhern
wieder auf Andere übertragen, so wird das Leben der Edlen noch
fortwirken, wenn alle Namen vergessen sind und sie wird auf uns
herablächeln und uns segnen. — —

Meine Gesundheit, obgleich noch nicht dauernd gut, scheint
doch durch das Seebad etwas gestärkt zu sein. Eine früher sehr
starke und feste Gesundheit, eine sehr regelmäßig durchlebte Jugend
haben mich nun doch nicht vor jahrelanger Kränklichkeit schützen
können, die oft mein Leben schmerzlich getrübt hat. Aber vielleicht
war mein Leben ohne diese körperliche Beschränkung zu glücklich.

So weit ich um mich blicke, finde ich in keinem Hause diese
Harmonie, diese Ruhe und diesen stillen Frieden, der durch die
glückliche Vereinigung mit meiner Helene bei uns wohnt. Unser
Haus ist für uns der angenehmste Aufenthalt; wir suchen deshalb
die Außenwelt nicht, sondern suchen uns möglichst isolirt zu er=
halten, was aber oft nicht gelingt. Demungeachtet bietet unser
Leben Mannigfaltigkeit und Stoff genug zur Thätigkeit dar. Die
Erziehung und der Unterricht unserer Kinder beschäftigt meine
Helene und mich auf vielfache Weise. Die Führung der practischen
Landwirthschaft, welche mir bisher so gut gelungen ist, und noch
mehr die Fortbildung der wissenschaftlichen Landwirthschaft geben
meinem Leben eine bestimmte Richtung und ein für mich höchst
interessantes Ziel — — —.

Friedrich von Thünen an von Thünen.

Kanarienhauſen, ...

— — — eben Deiner Augen wegen mußt Du reiſen. Ich weiß nicht, von welchen Anſichten Deine Aerzte ausgegangen, und welche Mittel und Vorſchriften ſie angewandt haben; aber ich bin überzeugt, daß bei der Richtung Deines Geiſtes und Deiner Lebensart alle äußeren Mittel unnütz oder ſchädlich ſein müſſen, und daß Du nur ſelbſt Dein Helfer, oder wenigſtens Dein Er= halter ſein kannſt. — Gewiß iſt der Sinn des Geſichtes nicht ſo etwas Zufälliges, von dem Baue des Auges und von den Um= gebungen Abhängiges, als man im gemeinen Leben glaubt, viel= mehr iſt er der Abdruck der inneren Richtung des Geiſtes, des ganzen Characters. Derjenige, deſſen Geiſtesthätigkeit rein objec= tiv iſt, der nur dasjenige, was ihm von Außen zukommt, im Innern verarbeitet, muß nothwendig weit= und ſcharfſichtig ſein. So iſt es für mich gewiß, ohne daß ich etwas darüber weiß, daß Göthe weitſichtig iſt. Dagegen wird Derjenige, der weſentlich nur das von der Außenwelt auffaßt, was er mit dem innern Sinne ſchon in der Idee erkannt hat, kurzſichtig werden, mag auch der materielle Bau ſeines Auges anfangs noch ſo weitſichtig geweſen ſein. Dieſer letzte Fall iſt der Deinige. Du haſt ſchon in früher Jugend faſt nur mit den Geſetzen des Verſtandes operirt; Du haſt Alles von der inneren Idee aus aufgenommen, viele Gegen= ſtände der äußern Welt, die Andere ergreifen, wohl gar einzig beſchäftigen, ſind an Dir ohne Eindruck vorübergegangen. Das geſellſchaftliche Leben, die Künſte, die Handwerke haben Dich nur berührt, ſoweit ſie mit einer Idee zuſammentrafen. Selbſt die Spiele der Jugend und des ſpäteren Alters haben Dich nur ſo weit beſchäftigt, als Verſtand und Ideen dadurch erregt wurden. Im Hauſe ſehr glücklich, im Aufwande beſchränkt, zogſt Du den Kreis Deines Lebens in den engen Kreis Deines Hauſes und nothwendig mußten Dich Gegenſtände, wie Dein x, ganz er= greifen, und Du die ganze Kraft und Thätigkeit Deines Geiſtes darauf verwenden. Wenn wir auch alle dynamischen Verhältnisse leugnen, nur die materiellen gestatten, so ist dennoch bestimmt, daß dieses Leben, diese Thätigkeit Deinen äußern Gesichtssinn schwächen und das Verhältniß Deines vegetativen Organismus zum geisti= gen mißstimmen mußten. — — —

von Thünen an Friedrich von Thünen.

Tellow, 15. Februar 1820.

— — Deine Ansicht über mein Augenübel hat mich sehr frappirt, ja ich muß gestehen, beim ersten Lesen schien es mir nicht brüderlich warm, mein eigenstes Wesen mit der ruhigen Hand des Anatomikers zu zergliedern und das, was mir das Schicksal als unüberwindliche Naturschranken hingestellt hat, als eine selbstver= schuldete Unvollkommenheit darzustellen. Doch dieser Eindruck wurde beim zweiten Lesen verwischt, und allemal bleibt Deine Ansicht mir sehr interessant, wenn ich sie auch nicht ganz mit Dir theilen kann.

Das Bild, was Du von mir entwirfst, trägt unverkennbare Züge von mir; aber ebenso unverkennbar trägt es auch die Züge seines Ursprungs; es ist eine personificirte philosophische Idee. Sei es nun, daß die Länge der Zeit, in welcher leider keine nähere Berührung zwischen uns stattgefunden hat — indem der scheidende Freund uns noch immer so erscheint, wie wir ihn zuletzt sahen, während die Zeit und das Leben unaufhörlich an ihm zerstören und neu schaffen — oder sei es, daß eine vorherrschende Tendenz in mir Dir in der Erinnerung als die einzige erscheint; oder sei es endlich, daß der Mensch, sowie die Natur zu reichhaltig ist, um durch eine Idee dargestellt und begriffen werden zu können: genug, Dein Bild aus der Wirklichkeit entnommen, würde doch andere Züge tragen. — —

Doch das Augenübel ist mir jetzt nicht mehr so drückend wie zuerst. Eine siebenjährige Gewohnheit und die leise, wenn auch häufig getäuschte Hoffnung, daß es vielleicht etwas besser, wenigstens nicht schlimmer wird, haben es hervorgebracht, daß ich mich darin gefunden habe. Aber dies „sich in etwas finden" ist doch eigentlich ein partieller Tod, das Absterben von Gefühlen und Kräften, durch die man sonst mit der Welt in Verbindung stand. So auch nur mag es möglich sein, den Verlust eines hoch geliebten Wesens zu ertragen und zu überleben.

Zu meiner großen Freude war meine Helene diesen Sommer hindurch so gesund, wie sie fast noch nie gewesen ist; sie blühte wieder in voller Jugendpracht und Lieblichkeit, und hatte eine Heiterkeit des Geistes, die Alle belebte, die sich ihr nahten. Wir leben in unserm Hause ein Leben, was — wenn wir gesund sind — vielleicht zu glücklich für diese Erde ist. Was früher durch die junge Liebe sich einte, das ist jetzt, trotz aller Character= verschiedenheit, durch Ueberzeugung und gegenseitigen Austausch zur wahren innigen Harmonie in uns verschmolzen, und wenn die erste Liebe wohl ein berauschendes Glück gewährt, so kommt sie dieser doch an Innigkeit, Reinheit und Dauer nicht gleich. — —

Durch meine Geschäfte als Districtsdirector des patriotischen Vereins, durch meine Badereise u. s. w. bin ich seit 2 Jahren weit mehr als früher mit der Außenwelt in Berührung gekom= men; aber ich habe diesen Geschäften entsagt, und bin froh, wieder in meinem eigenen Kreise leben zu können.

Seit meinem 35. Jahre ist eine merkwürdige Veränderung in mir vorgegangen — seit dieser Zeit ist die Jugend von mir gewichen. Bis dahin schien mir Alles nur Vorbereitung für die kommende Zeit, meine Bestrebungen waren nur auf Ausbildung von Kräften und Anlagen gerichtet, die einst wirksam werden könnten — und zwar leider häufig auf solche, die mir die Natur durchaus versagt hatte. Seit dieser Epoche — die wahrscheinlich durch meine Kränklichkeit beschleunigt wurde — ist eine andere ernstere Ansicht des Lebens und meiner Bestimmung in mir ent= standen. Ich habe das vergebliche Ringen nach dem Fehlenden aufgegeben, und was könnte denn ein Leben der Welt nützen,

welches am Ende der Laufbahn sich die Fähigkeiten erworben
hätte, womit das Kind in der Regel schon auftritt — und darüber
das, was die Natur ihm vorzugsweise gegeben, vernachläßigt hat.
Es ist bei mir nun nicht mehr die Frage, was wünschens=
werth sei, sondern, wie das einmal Bestehende nützlich
verwandt werden und Früchte tragen könne. Seitdem
die Zeit mir diese Ansicht aufgedrungen hat, ist eine größere Be=
stimmtheit und Ruhe über mein Leben verbreitet; entschiedener
liegt jetzt mein künftiger Lebenspfad vor mir, und da ich gefunden
habe, daß der Wirkungskreis, der mir übrig bleibt, des Lebens
selbst noch werth ist, so liegt hierin für mich der Hauptberuhigungs=
grund gegen die vielfachen körperlichen Beschwerden und Beschrän=
kungen.

Höchst interessant ist mir das, was Du mir über Philosophie
mittheilst. Dein Ziel steht hoch, ja es ist das höchste, was der
Mensch auf dieser Erde haben kann. Ob Du es erreichen wirst? —
Mag dies sein oder nicht, schon das Streben darnach muß den
Menschen veredeln und ihn zu einer hohen Stufe intellectueller
Bildung führen. — —

von Thünen an Christian von Buttel.

Tellow, 1. Februar 1821.

— — Indem ich mir Deine Lage vergegenwärtige, schwebt
mir das Bild jener Zeit, wo ich in Deinem jetzigen Alter war,
lebhaft vor, und es drängt sich mir die Frage auf, warum ent=
spricht das spätere Leben so selten den Wünschen und Erwar=
tungen, die man in jenem glücklichen Alter davon hegt? Oft
habe ich schon den Ausspruch gehört „was hätte das für ein
Mann werden können," aber noch nie „was ist das für ein Mann
geworden." Blickt man in dieser Zeit auf die Fortschritte, die
man in einem Jahre gemacht hat, und sieht dann auf die lange

Reihe Jahre, die man noch vor sich hat, so muß man nothwendig ein hohes Ziel zu erreichen hoffen, und man begreift kaum, wie die Welt so langsam und träge im Wissen und in der Cultur hat fortschreiten können. Hat nun aber einmal das Geschäftsleben den Menschen ergriffen, so lähmen Sorgen, mechanische Beschäftigungen oder auch Kränklichkeit die Kraft und Freiheit des Geistes, und aus den gehofften Fortschritten werden nur zu oft Rückschritte. Diese Aussicht soll den Muth nicht lähmen, aber wir sollen uns auch nicht verhehlen, daß in dem spätern Leben nimmer die Ruhe und die ungetheilte Kraft zu finden ist, welche das ernste Forschen in den Wissenschaften fordert, und daß also das in den Jugendjahren Versäumte nachher nicht wieder zu ersetzen ist.

Das verflossene Jahr ist mir in seiner letztern Hälfte nicht günstig gewesen — —. Dagegen haben wir das Glück, äußerst gesunde Kinder zu besitzen. Die beiden kleinen Knaben von 5 und 6 Jahren blühen auf wie die Rosen, und sind in ihrem ganzen Wesen allerliebst; wir Eltern erquicken uns oft an ihrem Anblick. Unser Haushalt ist ziemlich zahlreich und besteht außer unsern Kindern noch aus: Staudinger, dem Sohn meines Freundes und Lehrers, der mich in der Wirthschaft unterstützt, Wilhelm Berlin —Brudersohn meiner Frau — der hier die Wirthschaft lernt, und Hr. Reinecke — seit einem Jahre Lehrer bei unsern Kindern. Zwischen den jungen Leuten entsteht manche Reibung, die oft sehr interessant ist, indem der Kampf zwischen ihnen gewöhnlich durch Witz entschieden wird. Je mannigfacher und reicher nun das Leben in unserm Hause, und je größer die Sorge und Bemühung für die Leitung des Ganzen wird, desto weniger bleibt uns Zeit auszureisen, und wir sind schon seit 2 Jahren nicht in Friedland gewesen, wo so viele interessante Menschen wohnen, die durch die Bande der Freundschaft und des Bluts mit uns verwandt sind. — —

Friedrich von Thünen an denselben.

Kanarienhausen, 20. November 1821.

Auf's höchste hat uns Dein inhaltvoller Brief über Deine Reise und Deinen Aufenthalt in Tellow erfreut. Zwar hatten wir einige Tage früher von Helene einen Brief und wußten, wie Du dort gefallen, konnten auch nicht zweifeln, daß es Dir dort gefallen haben müßte. — — Es ist der Gang aller tiefern menschlichen Bildung, daß von Zeit zu Zeit eine große That, ein herrlicher Mensch, ein geistreiches Buch auf einmal fast gewaltsam darin eingreifen, ein neues Streben, eine veränderte Richtung begründen. Der tiefere und edlere Geist wird jeden dieser Momente mit Begeisterung ergreifen, nicht aufhören, bis er ihn ganz gefaßt, durchgemacht und mit sich verschmolzen hat. Es giebt der großen Epochen nicht bloß in der Weltgeschichte oder vielmehr Geschichte der Menschheit, es giebt deren in der Geschichte jedes sich bewußten Menschen und eben in diesen sind jene begründet. Wieder eine dieser Epochen hast Du erreicht, und gewiß eine der größten und vielfach bedeutendsten. Was ist köstlicher als diese reine Weiblichkeit, welche Du in Helenen erkannt? Was ist herrlicher als dieses geist= und herz= und glückvolle Ehe= und Familienleben, was Du genossen? Was ist ehrwürdiger als ein Mann, der mit unendlicher Schärfe seine Wissenschaft fortführt, unermüdet practisch thätig, doch ein kindliches Gemüth seinem Weibe, seinen Kindern zuwendet, wie Du ihn in Heinrich begriffen hast? Das ist ein Leben, ein Wirken, welches, wenn auch die Welt es nicht ausposaunt, wenn es selbst im engern Kreise nicht erkannt wird —, doch allmählig, und sei es auch erst nach Generationen, unendlich Großes hervorzutreiben vermag. — —

Heinrichs wissenschaftliches Streben ist mir der Idee und zum Theil der Ausführung nach bekannt, aber ganz neu ist mir sein Auftreten als Schriftsteller, da sein letzter Brief an mich noch davon als von einer fernen und ungewissen Sache sprach.

Er fürchtete unverständig bekrittelt und, was weit schlimmer, nicht verstanden zu werden. Und leider würde dieses der Fall gewesen sein. Nur wenige Menschen überall werden diesem unermüdlich rechnenden, tief denkenden und seinen Gegenstand mit mathematischer Schärfe bis zum letzten Endpuncte ausführenden Geiste folgen können. Die Mehrzahl der practischen, wenn auch scharf denkenden Menschen werden in der Philosophie, wie in jeder Wissenschaft, jedes noch so streng und logisch durchgeführte System in seinen Grundprincipien angreifen und immer mit Vortheil, da der Grund jedes Systems nothwendig als gewisse Einheit vorausgesetzt werden, jedes Vorhandene aber wenigstens sobald es für uns wahrnehmbar ist, nothwendig ein Mehrfaches sein muß. So wird denn leicht übersehen, daß jedes auch rein ideelle System wichtige Wahrheiten dem Wissen darbieten kann, die auf keinem andern Wege zu erreichen waren, wie denn die Mathematik nur durch die Rechnung mit unbekannten Größen zu der Höhe, welche sie erreicht hat, gehoben werden konnte. So haben meine Bestrebungen mich dahin geführt, daß ich zu wissen glaube, wie Heinrichs erste Sätze in der Theorie der Landwirthschaft, obwohl zum Theil auf Erfahrung gegründet, keineswegs die Wahrheit und Allgemeinheit haben, in welcher sie angewandt sind. Dennoch gehen daraus Erfolge und Wahrheiten hervor, die von unendlicher unbestreitbarer Wichtigkeit sind und auf einem andern Wege vielleicht erst nach Jahrhunderten erweislich sein werden. Schwerlich wird das Publicum sich an diese halten, sondern zuerst, obwohl schon durch Thaer, Wulffen und Voght vorbereitet, sich über jene hermachen. Welcher Verlust für die Wissenschaft aber würde es sein, wenn Heinrich sich dadurch wollte abschrecken lassen; wird doch eben durch diese Reibungen das Publicum erst auf den Standpunct erhoben, endlich durch manche Mittelspersen den wahren Werth zu erkennen. Ging es doch dem unsterblichen Kant nicht anders. Seine ersten Schriften wurden übersehen, bis sie angegriffen um erst hell leuchteten und ihr unendlicher Werth zuletzt erkannt wurde. — —

～～～～～～～

Helene von Thünen, geb. Berlin, an denselben.

Tellow, den 20. December 1821.

Schreibe oft an meinen Thünen, und rechne es ihm nie an, wenn er nicht immer wieder schreibt, er ist ja so gut, er schreibt nur nicht gerne Briefe. Im Briefschreiben ist der liebe Thünen nun einmal unverbesserlich.

Ob ich es wage, mit Dir zu streiten? überzeugt hast Du mich nicht, so schön gesagt Alles ist. Lust fehlt mir nicht, Dir meine Meinung zu sagen, ich fürchte nur, es ist vergebens. Ich kenne keine Philosophie und traue und baue auf Erfahrung, und so werden wir uns nie vereinen. Doch ist es mir klar: das Weib ist mehr als Blume, und sie darf es auch wissen, daß sie mehr und durch sich selbst mehr ist. Das Weib ist gut, weil es gut sein will, weil es edel ist gut zu sein, weil sie glücklich ist und glücklich macht — nicht daß sie nicht anders möchte oder könnte. Das mag nun wohl ein dem Weibe eigenstes Gefühl sein, daß es nicht anders leben kann, wenn nicht Alles um sie her sie liebt, und es ist gut, daß es so ist, es würde sonst bald keine Zufriedenheit im Hause mehr wohnen. Und so mancher nicht liebenswürdige, etwas brummige Mann würde ganz ver=lassen sein, wenn des Weibes Liebe ihn nicht mit in ihren Kreis zöge. Und nicht wahr — es wäre doch nicht ganz recht, wenn der arme so verlassen wäre? es ist ja seine Natur, so zu sein. — —

Mein Thünen hat es jetzt recht schwer; der Unterricht der Kinder und der jungen Herren erfordert viel Zeit, und er ist so gewissenhaft, daß er keine Stunde versäumt; er will noch immer nicht von meinem leichten Sinn etwas annehmen, so oft ich ihn auch mahne, doch auch zu leben.

Ich freue mich sehr, daß Du doch jetzt lebst und nicht zu viel studirst, bleibe doch ja dabei, Du weißt so schon viel zu viel. Sieh darin liegt der Grund meiner Zufriedenheit, daß ich ganz ungelehrt bin, und was ist köstlicher als Zufriedenheit.

Der Brief an Baron Voght hat meinen Thünen so lange beschäftigt, daß er nun wohl nicht zur Ausarbeitung seines idealen Staats*) kommen wird, und wie er selbst sagt, ist er nun so tief in die andern Ideen hineingekommen, daß er sich nicht davon frei machen kann. — —

von Thünen an denselben.

Tellow, 29. December 1821.

— — Als ich in Schwaasdorf die Nachricht erhielt, daß Du bei uns angekommen warst, wußte ich, daß ich einen Bruder sehen würde, aber ich wußte nicht, wen ich finden würde. Als Du abgereist warst, eilte ich nach dem Tellow'schen Chimborasso und blickte Deiner fernen Spur nach. In dem Bruder hatte ich einen Freund gefunden, und daß dies Doppelband durch kein ein= faches zu ersetzen sei, dies fühlte ich jetzt schmerzlich. — — — — — — — — — Lebhaft trat mir der letzte Ab= schied von meinen Eltern vor die Seele; als ich in Jever mich von unserm Vater trennte, so wurde er, der männlich Starke, den ich nie erweicht gesehen, vom Schmerz übermannt und zerfloß in Thränen. War dies Ahnung, daß wir in dieser Welt uns zum letzten Mal sahen? So wie dem Vater damals sein mochte, so war mir an diesem Tage, so wenig Gründe ich auch dafür hatte. Als ich dort auf unserm Chimborasso stand und Dir weh= müthig nachblickte, drängte sich mir der Gedanke an die Ver= schiedenheit unserer Lage und unserer Zukunft lebhaft auf. Wie umschrieben und bestimmt ist meine künftige Laufbahn, wie an=

---

*) Anfänglich hatte von Thünen diese Bezeichnung gewählt statt: „isolirter Staat."

gewiesen der Kreis meiner Thätigkeit; wie frei stehst Du dagegen da, jeder Kreis des Wissens, jeder Ort der Welt steht Dir offen. Beneiden muß man diese Freiheit, und doch — o wunderbare Einrichtung der Natur, kommt einst eine Zeit, wo man sie freiwillig hinweggiebt und sich nach der Beschränkung sehnt. — —

Meine beiden jungen Zöglinge machen mir Freude. Ich gebe ihnen des Abends 2 Stunden Unterricht — Mathematik, Landwirthschaft und Nationalwirthschaft. — Meinen Kindern gebe ich des Tags noch eine Stunde im Französischen. Ich bin also jetzt mehr Schullehrer als Landwirth; da ich nun des Tages mehrere Stunden reiten und gehen muß, um nur eine erträgliche Gesundheit zu conserviren, so bleibt mir für mein eigentliches Lieblingsstudium wenig oder gar keine Zeit.

An Baron Voght habe ich endlich eine 6 Bogen lange Antwort abgeschickt. Um seine Einwürfe zu widerlegen, mußte ich die Wulffen'sche Theorie einer scharfen Kritik unterwerfen. Ich bin selbst überrascht worden, die ersten Grundsätze von Wulffen's Theorie so wenig haltbar zu finden, und doch stützen sich auf diese Theorie Voghts Einwürfe, und diese fallen mit jenen. Sehr begierig bin ich nun auf eine Antwort. Voghts Brief hat meiner Thätigkeit eine ganz andere Richtung gegeben, als ich wollte. Auch nachdem ich die Antwort vollendet hatte, konnte ich mich von einem Gegenstand, mit dem ich mich so ernstlich beschäftigt hatte, nicht wieder trennen, und ich bin dadurch zur weitern Entwickelung mancher Ideen gekommen. Ich finde aber, daß wenn man sich mit seinen Speculationen nicht auf einen gewissen Kreis beschränkt, sondern Alles umfassen und aufhellen will, man dann auf Dunkelheiten stößt und in ein Labyrinth geräth, aus dem nicht wieder heraus zu finden ist. Die Frage: „was kann man wissen und was kann man nicht wissen?" muß also erst beantwortet sein, und ehe mir diese Scheidelinie völlig klar geworden, werde ich über diesen Gegenstand nichts weiter schreiben.

Der ideale Staat ist darüber nun ganz vergessen und bei

meinen vielen Nebenbeschäftigungen darf ich nun nicht mehr hoffen, seine Ausarbeitung zu vollenden. Auch habe ich jetzt eine gewisse Abneigung gegen alles Bekanntmachen. Neue Ansichten in diesem Fache des Wissens werden von den wenigsten verstanden; diejenigen, die sie verstehen, haben in demselben Fache gearbeitet und sind in ihrem Urtheil befangen, indem sie diese Ansichten nur nach dem Standpunct ihres Systems auffassen und sie verwerfen oder billigen, je nachdem sie mehr oder weniger mit ihrem System übereinstimmen. Dies sollte nicht von der Bekanntmachung abhalten; denn die Wahrheit wie der Irrthum haben immer den Kampf gegen die herrschende Meinung bestehen müssen; aber so lange dies noch eine Abneigung erweckt, bleibt die Bekanntmachung allemal ein Opfer, und um das zu bringen, braucht man nicht zu eilen. Hast Du Malthus Werk über Volksvermehrung schon gelesen? Wenn Du auch, um dies Werk zu lesen, einige Collegia versäumen müßtest, so wird es Dich doch nicht gereuen.

von Thünen an seine Frau.

Putbus, Aug. 1822.

— Mehr, wie je zuvor, habe ich hier Gelegenheit zu bemerken, wie das Glück des Menschen nicht durch die Außenwelt bedingt wird, sondern aus ihm selbst hervorgeht. So wie ich mit Heiterkeit und Selbstvertrauen in die Gesellschaft trete, darf ich versichert sein, daß sie mir und ich ihr gefalle. In der entgegengesetzten Stimmung ist die günstigste Umgebung für mich ganz verloren.

In Friedland hörte ich schon, daß die Gräfin * * * von * * *, an einer unglücklichen Schwermuth leidend, nach Putbus abgegangen sei. Der Zufall fügte es, daß ich nun schon seit längerer Zeit bei Tisch neben ihr sitze. Die innige Theilnahme, welche mir ihr Zustand einflößte, bewog mich, mich ihr zu nähern, was ich sonst wohl nicht gewagt hätte. Sie war anfangs noch

sehr trübe, ich damals sehr heiter, und so hoffe ich, nicht ungünstig
auf sie gewirkt zu haben. Sie hat meine Theilnahme freundlich
aufgenommen und erwiedert. In ihrer Nähe wird mir manchmal
ganz heimlich und häuslich: ihr Wesen ist bei aller Ausbildung
so einfach und so natürlich, daß es mit dem der großen Gesell=
schaft sehr contrastirt, und mich unwillkürlich an Humboldt's drei
Stufen: den Zustand der Natur, der Cultur und der vollendeten
Ausbildung erinnert. Noch habe ich an einem Lieutenant von
Löwenstern eine interessante Bekanntschaft gemacht. Er hat im
Kampfe für uns 9 schwere Wunden davon getragen und seine
Gesundheit eingebüßt. Die Härte seines Schicksals, welches er
doch standhaft zu tragen scheint, hat ihn ernst und sehr interessant
gemacht. Gestern, am Geburtstage des Fürsten, haben wir Bade=
gäste dem Fürsten einen Ball gegeben, der glänzend war, der
aber noch über 300 Thlr. gekostet hat. Morgen ist nun der
Geburtstag des Königs, wo wieder neue Festlichkeiten stattfinden
werden. Nachher wird es hier aber sehr still und einsam
werden, indem die mehrsten Fremden gleich nachher abreisen. — —

Vorgestern, als ich spät Abends in dem hiesigen herrlichen
Parke spazieren ging, fühlte ich den Sinn für die schöne Natur,
dem ich sonst so manchen reinen Genuß verdanke, der mir aber
leider seit einem halben Jahre ganz entschwunden war, wieder
in mir erwachen, und Thränen der Freude und Dankbarkeit ent=
quollen meinem Auge.

Mein Plan, jede Gelegenheit, die sich mir darbietet, um Be=
kanntschaft zu machen, zu benutzen, aber keine so ernsthaft werden
zu lassen, daß ich dadurch in meiner Freiheit gebunden oder ge=
hemmt würde, ist mir bis jetzt trefflich gelungen. Es wird aber
schwer sein, immer auf dieser schmalen Linie zu bleiben. Die
Badegesellschaft ist für den kleinen Ort sehr groß, Privathäuser,
Logirhaus und Gasthof sind fast immer ganz besetzt. Der ge=
sellige Ton ist hier weit angenehmer als in Doberan. Der Fürst
erscheint äußerst selten an der Tafel, und genirt also die Gesell=

schaft nicht. Die vornehmen reichen Herren geben öfters Thee's, zu denen meistens die ganze Badegesellschaft eingeladen wird. Diese Thee's sind freilich nicht sehr amüsant, aber sie geben doch Gelegenheit, daß die Badegäste in nähere Berührung mit einander kommen. Der Graf Itzenplitz hat sich fortwährend sehr zuvorkommend und gütig gegen mich gezeigt — —.

Vorgestern war Ball. Da ich fühle, wie gut es mir ist, möglichst viel in Gesellschaft zu sein, so nahm ich auch hieran Theil, obgleich ich keinen thätigen Antheil nehmen, sondern nur Zuschauer sein konnte, dem aber auch noch die nothwendige Qualität des Sehens abging. Die Gesellschaft war an Damen zahlreich, der Anzug der Damen prächtig und geschmackvoll. Hier und im Schauspiel denke ich jedesmal an Dich und bedauere, daß Du nicht hier bist, welchen Genuß würdest Du im bloßen Anschauen finden, was an mir nun so ungenossen vorübergeht. Der Hofrath hatte mir eine Brille mitgegeben, durch die ich ziemlich gut sehen konnte. Durch einen unbegreiflichen Zufall ging sie schon am zweiten Tage meines Hierseins verloren. Ich wollte mich hierüber anfangs betrüben; aber ich bedachte, daß ich schwerlich Maas im Gebrauch gehalten hätte, und daß dies nur eine erneuerte Sehnsucht hervorgebracht hätte. Mein kurzes Gesicht ist mir in Gesellschaft sehr oft hinderlich, ich mache am liebsten Bekanntschaft mit Männern, die sehr lang, sehr dick oder pucklich sind, denn diese kann ich wieder erkennen. Mit den Damen, die wie ein Chamäleon täglich ihre Farbe wechseln, darf ich's nun vollends gar nicht wagen. Jedoch muß mein Gesicht sich etwas gebessert haben, denn ich fühle mich jetzt in Gesellschaften frei und nicht gedrückt, wie dies nach meiner Augenkrankheit der Fall war. In Stunden, wo ich mich gesund und froh fühle, und mich der freien Betrachtung ganz hingebe, gewährt mir diese Kurzsichtigkeit oft ein heiteres Spiel. Aus der Haltung und dem Anzug einer Dame schaffe ich mir ein Bild von ihrem Gesicht und ihrem Geist. Wenn ich ihr nun zufällig so nahe komme, daß ich ihre Geſichtszüge unterſcheiden kann, ſo gewährt dies eine intereſſante Vergleichung. Selten befriedigt mich dann die körper= liche Schönheit, weniger noch der geiſtige Ausdruck im Geſicht — und noch habe ich für Keine nur ein flüchtiges Intereſſe faſſen können. Hieran biſt Du Schuld, meine Helene, denn Dein Bild hat meine ganze Seele erfüllt, und nirgends finde ich Deine holde Lieblichkeit, nirgends den Ausdruck der rein menſchlichen Bildung ſo ſchön wieder. Lebe wohl. — Deine Liebe und Freundſchaft iſt der Stab geweſen, an dem ich mich in dieſer Zeit aufrecht erhalten habe.

Helene von Thünen, geb. Berlin, an Chriſtian von Buttel.

Tellow, 19. Aug. 1822.

Dein Brief hat uns einen Genuß gewährt, der ſich nur empfinden, nicht beſchreiben läßt. Wohl wußten wir es, daß Du uns lieb hatteſt und doch — das ausgeſprochene Wort der tief empfundenen Liebe thut ſo wohl. — —

Mein Thünen iſt ſeit völlig 3 Wochen in Putbus zum Bade. — — — Iſt er wieder geſund, er meine Liebe, mein Leben, mein Glück, — dann komme zu uns und ſieh', welche Seligkeit dies Erdenleben gewährt. Bruder! Sieh' mir ins Auge, ſieh' die Thräne drin und verſtehe mich, wenn ich Dir ſage: ich verdiene mein Glück. Mein Glück iſt meines Heinrichs Liebe und in ſeinem Herzen thront mein Bild; nach ſechszehn mit einander durchlebten Jahren fülle ich noch ſeine ganze Seele. Einmal muß ich es ausſprechen, wie glücklich es mich macht, daß mein geliebter Thünen nun ſo ganz zufrieden mit mir iſt, o er hat es mir ſchon oft geſagt, daß ich nun ſo ſei, wie er mich wünſcht. Dann konnte ich an ſeine Bruſt mich ſchmiegen und ihm danken durch Blicke, Worte hatte ich nicht. „Die Blume des häuslichen Glücks will ſorgſam gepflegt ſein" ſchrieb Standingers Vater einmal an mich, ich habe ſie gepflegt, nun blüht ſie hier. — —

— mein Thünen weiß Alles, nur was sich von selbst versteht, das weiß mein Thünen nicht, das muß ich wissen. — —

von Thünen an denselben.

Tellow, 7. September 1822.

— — Das Leben im Bade bietet manche eigenthümliche Seite dar. Anstatt daß man sonst, sich selbst vergessend, nur für Andere leben soll, wird hier das eigene Vergnügen Hauptzweck — und es wird sogar Pflicht, sich keinen erlaubten Genuß zu versagen. Aber es zeigt sich gar bald, daß es nur momentan, nicht dauernd Zweck an sich selbst sein kann.

— — Die viel gerühmten Schönheiten Rügens haben nicht ganz den Eindruck auf mich gemacht, wie auf Andere. Die Ge= gend von Putbus und der größte Theil von Rügen hat dieselbe wellenförmige Lage, wie die Gegend um Tellow, und hat in meinen Augen blos den, freilich bedeutenden Vorzug der Nähe des Meeres. Die Aussicht vom Rugard mag groß und schön sein, aber mein Auge faßte sie nicht. Blos Stubbenkammer hat einen tiefen Eindruck auf mich gemacht und versetzte mich in jene feierliche Stimmung, in der man den irdischen Verhältnissen ent= rückt wird. — — Man hat zu viel über die Schönheiten Rü= gens geschrieben und gesprochen. Es ist nun schon Mode, daß man darüber entzückt ist. Ich hörte oft mit Bewunderung davon reden, während ich überzeugt war, daß die Redenden nichts ge= fühlt hatten und nur Worte Anderer nachbeteten. Ist doch der Gegenstand an sich todt und erhält nur Leben im Gemüth des Beschauenden. Meine Pferde blieben selbst auf Stubbenkammer ungerührt und suchten nur nach schmackhaftem Grase. — — —

von Thünen an denſelben.

Tellow, 5. December 1823.

— — Deine beiden philoſophiſchen Aufſätze habe ich mit vielem Intereſſe geleſen, mir iſt dadurch das Streben der neuern Philoſophie klarer und noch achtungswerther geworden.

In unſerer Schweſter finde ich zu meiner innigen Freude immer mehr das holde, liebliche, engelreine Mädchen. Ihr ganzes Weſen iſt idealiſch, noch unberührt von dem erkältenden Hauch der Wirklichkeit. Sie gefällt Allen, die ſie geſehen haben, was nicht anders ſein kann, da ihre ganze äußere Erſcheinung aus einer in= nern geiſtigen Schönheit und Harmonie hervorgeht. Wohl aber kann dieſe zarte Blume leicht verletzt werden; in das thätige Leben verſetzt — ſei dies auch noch ſo günſtig —. wird ſie ſo harmlos und freudig nicht fortblühen können. Wir müſſen des= halb wünſchen, daß das practiſche Leben und die Uebernahme ernſter Verpflichtungen ihr noch lange fremd bleiben und daß ſie dann nur ſtufenweiſe, nicht plötzlich in daſſelbe geführt wird.

Meine Arbeiten über den „iſolirten Staat" ſind ganz ins Stocken gerathen, indem ich die letzte Zeit mit allem Ernſt der practiſchen Landwirthſchaft habe widmen müſſen. Es freut mich, daß Du dieſem Gegenſtand noch Deine Aufmerkſamkeit geſchenkt und mir durch Auffindung des Ausdrucks: „iſolirt", der mir bis= jetzt noch als der paſſendſte erſcheint — zu Hülfe gekommen biſt*).

---

*) Es mag hier bemerkt werden, daß unter dem S. 21 und 384 des iſolirten Staates gedachten „Freunde" der Bruder Chriſtian von Buttel verſtanden iſt.

von Thünen an denselben.

Tellow, 28. Februar 1825.

Habe Dank, daß Du mich aus der quälenden Angst über das Schicksal unsers Bruders befreit hast. Von der ersten Zeitungsnachricht an, daß die Deiche bei Hamburg und Curhaven durchbrochen wären, flog eine trübe Ahnung in mich, daß diese Fluth*) so ungeheuer gewesen sei, daß auch Eure Deiche hätten unterliegen müssen. Die zweite Zeitung brachte hier aber die entsetzliche Gewißheit. Von der Zeit an bis zur Ankunft Deines Briefes — über 8 Tage hindurch — haben mich nun alle Schreckbilder der Phantasie unaufhörlich verfolgt; ich sah, wie die Fluthen das Haus zu Kanarienhausen erreichten und fortwährend im Steigen blieben, wie der Bruder und die Schwester Zuflucht auf dem Boden suchten, wie die Wellen das Haus zu zertrümmern drohten und wie nun die Geschwister ohne Obdach und ohne Habe einen Zufluchtsort unter fremdem Dach suchten und freudelos in die Zukunft schauten. Dank sei es der Vorsehung, daß dies Bild der Phantasie nicht Wirklichkeit geworden ist. Aber noch begreife ich die Möglichkeit nicht, wie diese entsetzliche Fluth nicht so hoch gestiegen ist, daß das Wasser Kanarienhausen erreicht hat, daß sogar der Wallgraben nicht vom Meerwasser erreicht ist. Ich habe mich soviel besonnen, ob Kanarienhausen nicht etwas hoch gelegen sei; aber ich konnte mich durchaus nicht erinnern, daß dies der Fall sei. Habe ich mich nun hierin glücklicherweise getäuscht, oder trat die Fluth zu bald zurück und waren die Deichbrüche nicht weit genug, um so viel Wasser durchzulassen, daß die ganze Fläche hoch überschwemmt werden konnte? Gerne hätte ich hierüber nähere Auskunft. — —

Der wahrscheinliche Verlust der nächsten Ernte, der große Schaden an den Deichen und vor allem die Entwerthung des Bodens durch das verlorne Vertrauen zu der Sicherheit des

---

*) Dieselbe fand in der Nacht vom 3/4. statt.

Beſitzes muß das ganze Land hart und tief verwunden. — —
Sehr beruhigend iſt es indeß für mich, daß die Deiche nicht einer
Fluth wie 1717, ſondern einer weit höhern unterlegen ſind: denn
wenn dieſe Fluth in der Geſchichte beiſpiellos iſt, ſo dürfen wir
auch nicht nach einem Jahrhundert, ſondern erſt nach Jahrtau=
ſenden Wiederkehr einer ſolchen Fluth erwarten. — —

von Thünen an ſeinen Sohn Heinrich.

Tellow, 12. December 1825.

Aus dem Briefe an Deine Mutter erſehe ich, welche Freude
Dir Deine Fortſchritte im Griechiſchen machen. Es iſt ſchön
und herrlich, wenn Neigung und Pflicht ſo zuſammenfallen, wenn
das, was unſer Beruf von uns fordert, zugleich uns Freude
macht. Auch mir erſcheint aus meiner ſchon fernen Jugend die
Zeit, wo ich mich ganz dem Studium der Wiſſenſchaften hingeben
durfte, als eine der ſchönſten und genußreichſten im Leben. In
dem ſpätern Geſchäftsleben finden ſich nur ſelten Stunden und
Tage, die man mit Ruhe den Wiſſenſchaften widmen kann, und
auch dieſe muß man dann oft mit der Sorge, ob man nicht
während der Zeit eine ſeiner Berufspflichten verſäumt hat, erkaufen.
Darum wünſche ich, daß Du ganz das Glück, was Zeit und
Umſtände Dir darbieten, genießen mögeſt. Aber deſſenungeachtet
hat ſich ſeit längerer Zeit eine Frage in mir aufgedrängt, die ich
Dir mittheilen muß. Dies iſt nämlich die Frage, ob Du in
Deiner jetzigen Lage die harmoniſche Ausbildung aller Geiſtes=
und Körperkräfte — die mir bei Deiner Erziehung und bei dem
Unterricht, den ich Dir ertheilte, ſtets als höchſtes Ziel vorſchwebte
— wirſt erlangen können.

Es iſt natürlich, daß man auf der Schule das, was dort
gelehrt wird, nämlich die Sprachen, als das Höchſte und Wün=
ſchenswerthe, als das, was dem Menſchen allein Würde und Aus=
bildung giebt, betrachtet. Sowie Du aber in einen andern Kreis

trittst, steht wieder ein anderes Ziel der Vollkommenheit da. Der Militairstand blickt mit Nichtachtung auf die Gelehrten und den Civilstand hinab; für ihn ist nur persönliche Tapferkeit und Kenntniß der Kriegskunst Gegenstand der Bewunderung. Am Hofe ist dagegen die Kenntniß des Ceremoniels, des Characters der vornehmsten Personen, die größte Geschmeidigkeit und Galanterie das Ziel des Strebens und der Vollkommenheit, und der größte Gelehrte, dem diese Kenntniß und Talente abgehen, wird hier nur eine ärmliche Rolle spielen. Der Seefahrer, der große Kaufmann und fast alle andern hervorragenden Stände haben wieder jeder ein anderes Ziel der Vollkommenheit vor Augen, und mißachten, was außer ihrem Kreise liegt. Der Philosoph endlich blickt auf die Gelehrten, auf die Sprachforscher und auf alle andern Stände herab und achtet nur die Philosophie. So lehrt die Erfahrung, daß jeder Stand sein eigenes Ideal menschlicher Vollkommenheit hat, daß in der Regel jeder Mensch nur den Zweig des Wissens, den er selbst kennt, hochachtet, und daß somit der Egoismus das Urtheil über den Werth der verschiedenen Abtheilungen des Wissens irre führt. Es darf uns also nicht befremden, wenn wir sehen, daß geist- und kenntnißreiche Männer über diesen Gegenstand höchst einseitig urtheilen. So wie wir nur zu oft sehen, daß treue Pflichterfüllung nicht im Gefolge großer Kenntnisse ist, so ist auch die Beherrschung des Egoismus und die Freiheit des Urtheils über sich und Andere nicht gebunden an den Grad und die Art der Kenntnisse.

Wenn wir das, was der Mensch hier erstreben soll und kann — Humanität nennen, so ist in höherer Beziehung alles Wissen nicht Zweck an sich, sondern nur Mittel zum Zweck, nur Mittel zur Erreichung der Humanität. Nur das, was der Geist des Menschen durch seine Thätigkeit — durch das Erlernen von Sprachen, Wissenschaften u. s. w. — an Stärke und Kraft gewinnt, ist sein unverlierbares Eigenthum. So wie nun aber der Geist auf unendlich verschiedene Weise geübt werden kann, so giebt

es auch unendlich viele Wege, wodurch der Menſch zu ſeinem hö=
hern Ziel — der Humanität gelangen kann.

Welche Anwendung ſoll ich nun aber hieraus für mich
machen, wirſt Du fragen. Erſtlich: Alle Kräfte und Anlagen,
die in Dir liegen, und die auf der Schule nicht geübt werden,
ſo viel als möglich thätig zu erhalten und nicht erſchlaffen zu
laſſen. Welche Ueberlegenheit zeigen oft Menſchen, die gar nicht
wiſſenſchaftlich gebildet ſind, in der ſchnellen Entſchloſſenheit, in der
Naturbeobachtung, in der Gabe ſich zu orientiren, in der Men=
ſchenkenntniß und der Kunſt, andere Menſchen zu leiten. Das
ſind aber Eigenſchaften, die über das Fortkommen eines Menſchen
in der bürgerlichen Geſellſchaft faſt mehr als die tiefe wiſſen=
ſchaftliche Bildung entſcheiden. Vor allem möchte ich Dir em=
pfehlen, die Gabe der Mittheilung und der Rede möglichſt zu
cultiviren und zu üben. Das Gelingen eines Geſchäfts hängt
gar oft allein von der Wahl des Ausdrucks und der Kunſt, den
andern richtig zu nehmen, ab, und im geſelligen Kreiſe entſcheidet
die Gabe der Mittheilung darüber, ob hier Frohſinn oder Lange=
weile herrſchen ſoll. Dann ſcheint mir ferner das Leſen der
Zeitungen äußerſt wünſchenswerth für Dich zu ſein. Nur in der
Gegenwart kann der Menſch wirken, und um dies zu können,
muß er die Geſchichte ſeiner Zeit und den Schauplatz, auf welchem
er handeln ſoll, kennen. Mich dünkt, das Studium der Geſchichte
müßte immer mit der Geſchichte der gegenwärtigen Zeit beginnen.
Dies würde, da die Gegenwart aus der Vergangenheit entſproßt,
ein Intereſſe für die ältere und älteſte Geſchichte erregen. Jede
Erſcheinung unſerer Zeit hat ihre erſten Urſachen in einer früheren
Zeit. Studirt man nun die Geſchichte in der Abſicht, um die
Erſcheinungen der gegenwärtigen Zeit begreifen zu können, ſo greift
dieſe Wiſſenſchaft — die jetzt für die Mehrzahl der Menſchen
nur eine Anekdotenſammlung iſt — unmittelbar in das Leben
ein, und kann zur Ausbildung und richtigen Würdigung des
Standpunctes jedes Einzelnen unendlich viel beitragen. Du wirſt

mir hierauf und mit Recht erwiedern: zu allem diesen habe ich keine Zeit. Sieh, lieber Sohn, dies war gerade die Ursache, und zwar die einzige Ursache, warum ich wünschte, daß Du das Griechische nicht anfangen möchtest. Ich wollte Dir so gerne Zeit verschaffen, damit Du Deine Kraft und Aufmerksamkeit auf Gegenstände richten könntest, die für die Wirksamkeit Deines künftigen Lebens so höchst wichtig sind. Doch vielleicht magst Du Beides einigermaßen mit einander verbinden können und dann ist mir der Zuwachs Deiner Kenntnisse durch die Erlernung der griechischen Sprache höchst erfreulich. Wenigstens aber wirst Du, wenn Du nur die Ansicht hast, daß das Obenangeführte wichtig für Dich ist, aus dem Gespräch Anderer und aus den Vorfällen des Lebens Manches entnehmen können, was sonst unbenutzt an Dir vorübergegangen wäre — und wenn Dies geschieht, so ist der Zweck dieser meiner Mittheilung erfüllt.

Zweitens: Suche Dich vor dem Dünkel zu bewahren, der auf Schulen wie in andern Ständen herrscht, und der mit Stolz auf das eigene Wissen und mit Nichtachtung auf alles fremde, außer seinem Kreise liegende, Wissen blickt. Gewiß liegt nichts von einem solchen Dünkel in Dir, aber es ist fast unmöglich, sich der Einwirkung täglich erneuerter und Jahre lang fortgesetzter Eindrücke ganz zu erwehren. Wer diesen Dünkel in sich trägt, begrenzt dadurch den Kreis seines Wissens, er verdammt sich selbst zur Einseitigkeit und steht Jedem aus einem andern Stande mit ähnlichem Dünkel feindlich gegenüber. Nur hieraus ist es zu erklären, warum Mitglieder von verschiedenen Ständen so wenig Berührungspuncte unter einander finden, und sich gegenseitig abstoßen, während doch gerade diese, da jeder verschiedene Kräfte geübt hat, am mehrsten von einander lernen könnten. Nicht in den einzelnen Ständen der Gesellschaft, viel weniger in den Individuen, nur in der gesammten Menschheit, als Einheit betrachtet, sind alle Anlagen, die im Menschen liegen, entwickelt und zur Vollkommenheit gebracht. Dein Vater hat unter einem langen

Druck von Kränklichkeit und mancherlei Sorgen wenig von dem erreicht, was er in seiner Jugend zu erreichen hoffte und hoffen durfte. Er hat jetzt seine Hoffnungen auf seinen Sohn gerichtet, und wünscht sehnlich, daß dieser, unter glücklichen Verhältnissen geboren, auch glücklicher in der Erreichung des Ziels sein möge, und damit seine Erfahrungen für Dich nicht nutzlos bleiben, hat er Dir hier mitgetheilt, was ihm nach einer längern Lebens= betrachtung als Wahrheit erschienen ist.

von Thünen an Christian von Buttel.

Tellow, 12. April 1826.

Mein Manuscript des isolirten Staates, dem Staudinger große Irrfahrten bereitet hat, ist nun endlich wohl unter der Presse, wenigstens habe ich von Perthes die Versicherung erhalten, daß der Druck Anfangs Juni vollendet sein soll.

Der Unterricht, den ich diesen Winter an meine Zöglinge und meine Kinder zu geben hatte, hat meine Zeit so hinweg= genommen, daß mir für eigene Arbeiten wenig Muße blieb. Doch ist es mir während einer Krankheit, die nur blos körperlich schmerzhaft war, den Geist aber völlig frei ließ, gelungen, über den Zinsfuß zu einer mich jetzt noch befriedigenden Klarheit zu gelangen. Dies lang ersehnte Licht ging mir in einer schlaflosen Nacht, und zwar in der verhängnißvollen*) vom 3. auf den 4. Februar auf. Noch weiß ich die Verbindung zwischen den gefundenen Sätzen und der Wirklichkeit nicht zu finden; aber dies muß sich wohl ergeben, wenn ich Muße und Geistesruhe haben werde. — — —

*) In dieser Nacht erfolgte der Jeversche Deichbruch.

von Thünen an denſelben.

Tellow, 15. October 1826.

— Alexander entwickelt immer entſchiedener große Anlagen. In Bode's Aſtronomie iſt er ganz einheimiſch, aus Emilie Ga=lotti, welches er ins Franzöſiſche überſetzt, weiß er ganze Scenen auswendig und die ſchwerſten quadratiſchen Gleichungen löſt er mit Leichtigkeit. Dabei iſt in ſeinen moraliſchen Anlagen ein ſolches Gleichgewicht, daß ſeine Erziehung faſt gar keine Mühe macht. Den Gedanken, daß dieſer herrliche Knabe ſich durch ein ſieches Leben durchſchleppen ſollte, daß die Blüthe, vom Wurm angenagt, nicht zur Frucht werden ſollte, kann ich nicht ertragen. Doch hoffe ich noch von ſeiner ſonſt kräftigen Conſtitution eine völlige Geneſung.

— — Aber wir haben auch eine ſchöne Zeit im September verlebt, wo ein ſeltenes Zuſammentreffen froherer Ereigniſſe ſich drängte. Dein und der Geſchwiſter Briefe brachen die Bahn zum Frohſinn; die drückende Hitze verſchwand und machte der wohlthuenden lauen Luft Platz; die lange projectirte Anlegung des neuen Gartens wurde begonnen, und gerade, als wir bei dieſer Luxusarbeit waren, traf die Nachricht von der freien Korn=einfuhr in England ein. In der That war das letzte Er=eigniß zum fernern frohen Lebensgenuß unentbehrlich. Nie ſtanden die Ausſichten der mecklenburgiſchen Landwirthe ſo tief und trübe, als in der Mitte dieſes Sommers, im Wollmarkt. Alle Land=wirthe hatten die Wollproduction als den letzten Nothanker an=geſehen und ihre letzten Kräfte, ihr letztes Geld zu dieſem Zweck verwandt. Und jetzt, nachdem wir den Lohn zu ernten gedachten, wurde uns kaum die Hälfte des vorigjährigen Preiſes geboten, — und zwar zu einer Zeit, wo das Korn unter ein Drittel ſeines frühern Mittelpreiſes ſtand, alſo abſatzlos war. Man ſah nur ſorgenvolle Geſichter und ſelbſt Männer wie Pogge verzagten an der Zukunft. Die eingetretene Conjunctur hat mich nun von einer drückenden Sorge, von dem alten ſeit 3 Jahren gelagerten

Weizenvorrath befreit und zwar bin ich ohne Schaden davon ge=
kommen. Mein im vorigen Jahre gebauter Weizen liegt noch
unverkauft, aber mit dieſem kann ich nun ruhiger die Preiſe des
Frühjahrs abwarten. Hoffentlich, und dies hat mich faſt mehr
erfreut, als die Rückſicht auf mich ſelbſt, wird nun die eingetre=
tene Conjunctur auch für Jeverland's Landwirthe eine heitere
Ausſicht in die Zukunft eröffnen.

Den langſam erzeugten, langſam gebornen iſolirten Staat
haſt Du nun wohl erhalten. Langſam wird er ſich nun auch
wohl im Publicum verbreiten und ſo wird ſeinem ganzen Lebens=
lauf das Prädicat „langſam" zukommen. Vielleicht verliert er
ſich noch in Vergeſſenheit und dann bleibe ich in der Ruhe, die
mir ſo ſehr zuſagt. — — —

L. A. Staudinger an von Thünen.

Gr. Flottbeck, 2. December 1826.

Ich komme nunmehr auf Deinen iſolirten Staat, wo Du
unumſchränkter Herr und Gebieter biſt — aber dadurch leider
ſelbſt iſolirt ſtehſt. Sind mir meine gewöhnlichen Beſchäftigungen,
ſowie eine Maſſe von niedrigen Schreibeleien für Andere jemals
läſtig geworden —, ſo waren ſie es von dem Augenblicke an, wo
mir Veſſer die beiden für mich beſtimmten Exemplare mit einem
Briefe von Perthes zuſchickte, in welchem er mich um eine gründ=
liche Anzeige des Werks ſelbſt erſuchte und heute wieder gemahnt
hat. Dazu war es unumgänglich nöthig, daß ich dieſes einzige
Meiſterwerk in ſeiner Art — werde nur nicht wieder böſe auf
mich — es iſt ſo und wird ſo bleiben, Deine überſpannte Be=
ſcheidenheit mag ſich dagegen wehren wie ſie will — noch einmal
durchſtudiren konnte, und ſo weit ließen mich die übrigen Miſe=
rabilitäten nicht kommen. — — Ich fühle mich zu der Aufgabe
von Perthes, zwar für Perthes ganz geſchickt — wenn ich aber
Dich im Hintergrunde erblicke, ſo fühle ich mich wieder ganz un=

fähig dazu. So wie ich an das Werk nur denke, oder mit Je=
mand davon ſpreche, ſo fange ich gleich an zu brennen und auf=
zulodern — und dieſe Heftigkeit liebſt Du nicht und die Beſten
unter den Beſſern mögen ſie eben ſo wenig. Suchte ich mich
kühl zu machen, ſo würde ich mit meinem ganzen Sein in Wider=
ſpruch treten. Was nun zu thun? Ich weiß kein beſſeres
Mittel, als wenn Du mir zu Hülfe kommen wollteſt und auf
ungefähr zwei Seiten die Hauptgeſichtspuncte, die Du Dir bei
Verfertigung Deines Werks als Zielpuncte geſetzt haſt, in Deiner
ſcharfen trocknen Manier verzeichnen wollteſt, damit ich einen Leit=
faden hätte und nicht in meiner wilden Manier alles durch=
einander, alles drunter und drüber kehrte. Ich will Dir ſagen,
was mein Plan war, wenn ich überhaupt etwas planmäßig aus=
zuführen im Stande bin. Perthes wollte keine gewöhnliche
Bücheranzeige haben, weil ſie Deines Werks ganz unwürdig ſei.
Dabei ſoll aber die Anzeige ſelbſt ſehr kurz ſein, weil die Ein=
rückungsgebühren ſehr koſtbar ſind — und doch ſoll man dem
Publico ſagen, was es im Werke ſelbſt finden könne. Wie aber
alles dieſes zu vereinigen, ſehe ich nicht wohl ein. Ich wollte
daher nach einem kurzen Präambulum einige Puncte Deiner in=
tereſſanten Reſultate ausheben, z. B.: Welchen Einfluß die Ent=
fernung des Ackers vom Hofe auf die Arbeitskoſten hat; über die
Differenz der Getreidepreiſe nach der verſchiedenen Entfernung vom
Marktplatze; Einfluß der Getreidepreiſe auf die Landrente u. ſ. w.
Von allem dieſen darf immer nur ein Mund voll gegeben werden,
denn die Anzeige ſoll ſehr kurz ſein. Antworte mir hierauf
bald, wie Du die Sache anſiehſt; denn wenn Du gleich phyſiſch
der kurzſichtigſte Menſch von allen, die ich kenne, biſt, ſo biſt Du
geiſtig der weitſichtigſte, den es geben mag.

Ganz beſonders wundervoll trifft ſich's, daß gerade bei dem
Erſcheinen Deines Werks England als eigentlich iſolirter Staat
durch Ausſchließung des fremden Getreides vom Marktplatze, und
Herabdrückung deſſelben unter den Productionswerth, in die Noth=

wendigkeit verſetzt worden iſt, ſeine widerſinnigen Korngeſetze zu
ändern, und daß einer Deiner Hauptgrundſätze ſich dadurch ſieg=
reich bewährt hat. — — Höher kann man Dein Werk gar nicht
heben, und die allgemeine Aufmerkſamkeit darauf nicht mehr ſtei=
gern, als wenn man es in Beziehung auf dieſe nun zur Kriſis
gediehene Periode in ſeinen gehörigen Lichtpunct ſtellt. Dein
iſolirter Staat bekommt dadurch auf einmal lauter Leben und
Thätigkeit. — — Zum eigentlichen Recenſenten wünſchte ich Dir
v. Wulſſen, der Einzige, der den großen Werth Deiner Formeln
gehörig zu würdigen im Stande iſt.

Derſelbe an von Thünen.

Gr. Flottbeck, 4. April 1827.

Wenn ich ſo recht Zeit hätte, ſo würdeſt Du ein Buch ſtatt
eines Briefs erhalten, ſo viel Stoff hat ſich ſeit Deinem und
meinem langen Schweigen geſammelt, den ich mit Dir zu ver=
arbeiten hätte. Allein es wird gnädig abgehen, indem ich kaum
ſo viel Zeit vor mir habe, Dir nur das Nothwendigſte zu ſagen,
was die neueſten Vorfälle herbeigeführt haben, welche in Be=
ziehung auf Dich für mich von ſo angenehmer Art ſind, daß es
Sünde wäre, es ungeſagt zu laſſen.

Vor vierzehn Tagen theilte mir der Baron von Voght einen
Brief von Iverſen mit, der in Beziehung auf Dein Werk ge=
wiſſermaßen begeiſtert geſchrieben war. Ich bat mir den Brief
von Baron von Voght aus und habe die Stelle Dich angehend
von einem jungen Manne, der in Florida mit den Wilden auf
Du und Du gelebt hat — und Dein Werk Tage und Nächte
ſtudirt, kopiren laſſen und ſchicke Dir die Abſchrift zu. Wenn
Deine Helene ſie lieſt, ſo wird das Vergnügen, ihren Thünen
endlich einmal auf den Standpunct erhoben zu ſehen, wo die
Welt ihn bewundern und achten muß, einen Verklärungsſchimmer
über ihr Geſicht verbreiten. Sage ihr, daß ſie nächſt Dir, der

freilich die Hauptperson ist — auch mir was davon zu verdanken habe. Denn wenn ich durch mein Schwadroniren Dich nicht gewissermaßen betäubt und übertölpelt hätte, so läge Dein Ma= nuscript noch ungekannt und unbewundert in Deinem Pulte. Doch das ist noch nicht die Hauptsache, das beste kommt erst. — Vor 8 Tagen mußte ich am Sonntag Abend zum Baron von Voght kommen, indem er mir sagen ließ, er habe mir etwas sehr An= genehmes mitzutheilen. Nicht wenig gespannt trat ich bei ihm ein, und siehe da, er hielt das neueste Heft der Mögliner An= nalen in Händen und sagte, ich möchte mich setzen und hören. Da hörte ich Thaer Dein Werk fast so preisen und erheben, wie ich es im Hamburger Correspondenten ausposaunt hatte, den Du phlegmatischer Mathematikus nicht einmal gelesen hast. Der Baron las mir zwei Stunden aus dieser Thaer'schen Recension Deines Werks vor und gestern Abend haben wir die Lectüre erst been= digt. Gewiß ist es, daß Deinem Werke dadurch ein Dienst ge= leistet worden ist, den man nicht hoch genug anschlagen kann, denn durch Thaer's Empfehlung kommt es in die Hände derjenigen, welchen, wie ich in meiner Anzeige sagte, eine Stimme bei der Verminderung der Auflagen zusteht. — — Du hast Dir einen Kreis eröffnet, in welchem Du als ein wohlthätiger Genius für kommende Geschlechter einherwandelst.

Als ich gleich dem Mephistopheles vor Dich hintrat und sagte: sprich, was soll ich für den Buchhändler Perthes und das deutsche Publicum aus Deinem Werke als das Merkwürdigste auszeichnen, damit es gelesen werde: so geschah dies aus Angst, weil ich einsah, man müßte das ganze Buch in der Anzeige selbst abdrucken lassen, was dem Perthes ja mehr gekostet hätte, als die ganze Auflage. Allein Perthes bedeutete mir das anders und ich machte die Anzeige sogleich fertig, wegen welcher ich vielleicht von Dir zur schuldigen Danksagung noch obenein werde ausgefilzt werden, wenn Du sie nun gelesen haben wirst. Indessen Helene wird sich heimlich darüber freuen, ohne mir ein Wort davon

merken zu laſſen, denn wer ihren Thünen lobt, der hat ihre
ſchwächſte Seite berührt. — — —

Dir wollte ich auf Deinen, wenn auch noch ſo tüchtigen
Brief nicht gleich antworten, weil Du mir einen Granitblock in
den Weg gewälzt haſt, wo Du, aus Deinem mathematiſchen
Hinterhalte, mit innerlicher Schadenfreude, ganz ruhig die Rauch=
wolken vor Dir herblaſend, zuſehen kannſt, wie ich keuche und
ſchwitze, um ihn von der Stelle zu rühren, ohne demſelben etwas
abgewinnen zu können. — —

von Thünen an Chriſtian von Buttel.

— Dagegen bietet mein Leben nach Außen jetzt mehr gei=
ſtige Berührungspuncte dar. Ein nicht blos geld=, ſondern auch
ſehr geiſtreicher Mann — Pariſh aus Hamburg — iſt durch den
Ankauf von Gottin mein Nachbar geworden. Er kommt zweimal
des Jahres nach ſeinem Gute, und ſeine Anweſenheit hat ſchon
öfters Gedankenblitze in meine Einöde geſchleudert. Auch haben
wir dieſen Sommer zwei intereſſante Beſuche von Herrn von
Beyme (ehemaligem preußiſchen Staatsminiſter) und vom Herrn
William Jacob gehabt. Der Letztere hat mir ſchriftliche Fragen
über den Zuſtand unſers Ackerbaues zurückgelaſſen, die ich ihm
möglichſt genau und ſehr umſtändlich (auf 10 Bogen) beant=
wortet habe. Ich habe mit Intereſſe daran gearbeitet, weil die
Wichtigkeit des Gegenſtandes mich begeiſterte. Meine Rechnungen
gaben mir das Mittel, ihm ſo genaue Auskunft zu geben, als er
vielleicht ſelten erhalten hat. Freilich ſind die Verhältniſſe in
England ſo geſtellt, daß ich davon gar keinen Erfolg erwarten
darf; aber ich habe ſchon oft vergebens gearbeitet und hier
war die bloße Möglichkeit des Erfolgs ſchon der Anſtrengung
werth. — —

Du weißt, daß ſchon bei Deiner Anweſenheit das Hy=

pothekenwesen mir manche Sorge machte — und die Schwierig=
keiten schienen immer unüberwindlicher zu werden, je näher der
entscheidende Moment kam. Aber ich ahnte noch nicht, daß bald
eine viel größere Sorge jene in den Hintergrund schieben sollte.
Vor 2½ Jahren erfuhr ich nämlich, daß, weil beim Ankauf des
Guts keine Proclamata ergangen wären, nun auch das Gut noch
für alle Schulden der sämmtlichen Glieder der Familie, von der
ich gekauft habe, sowie für die des Vaters dieser Familie ver=
haftet sei. So hatte ich 15 Jahre ruhig auf einem Vulcan ge=
schlafen, ohne eine Gefahr zu ahnen. So hatte ich also nun kein
Eigenthum mehr, und meine Existenz hing nicht von meiner
Thätigkeit und Sparsamkeit, sondern von der anderer Menschen
ab. Diese Kunde empfing ich zu einer Zeit, wo Mecklenburgs
Wohlstand seinem Untergange unvermeidlich entgegen zu gehen
schien, und ich durfte in diesem Zeitpunct keine entscheidenden
Schritte wagen, um mir Gewißheit zu verschaffen — und dadurch
hat sich der Zustand der Ungewißheit, Sorge und Unruhe bis
auf zwei lange Jahre verlängert. Ganz anders aber war der
Ausgang, als die Möglichkeit und selbst die Wahrscheinlichkeit ihn
erwarten ließ. Im letzten Moment wurde vom Rath Schröder
durch einen entschlossenen Schritt der unlösliche Knoten zerhauen
und nun kam das Hypothekenbuch ohne ein einziges Monitum zu
Stande. Die Proclamation fand endlich im letzten Sommer statt
und — es erfolgte keine einzige Anmeldung! So sind nun meine
Verhältnisse völlig geordnet und Sicherheit und Ruhe sind für
mich zurückgekehrt. Unter den vielfachen Sorgen und Kämpfen
in den letzten Jahren sind zwar meine Haare etwas grau ge=
worden, aber an Gesundheit und Lebensmuth habe ich nicht ver=
loren, sondern gewonnen.

Unser Garten, von dessen Erweiterung zuerst bei Deiner
Anwesenheit die Rede war, hat nun eine Ausdehnung erhalten,
woran damals noch nicht gedacht wurde. Das Bruch ist durch=
gehauen und das dahinter liegende kleine Eichholz mit dem Garten

in Verbindung gesetzt. Diese Anlage hat uns ungemein viel Freude gemacht und hat die Annehmlichkeit, die das Gut dar= bietet, ohne bedeutenden Kostenaufwand gar sehr erhöht. Wirst Du nicht bald kommen, um dies in Augenschein zu nehmen? — — —

von Thünen an denselben.

Tellow, 10. September 1828.

Mein theurer Bruder! Mit jeder Stunde werden wir weiter auseinander gerissen. Schon naht Ihr Euch der Heimath, schon vereinigt sich in Euch der Gedanke an uns mit dem Gedanken an diejenigen, die dort Eurer harren. Ihr findet reichen Ersatz für die Trennung, wir keinen. Als gestern Morgen der Zeiger an der Uhr auf acht stand, kam mir der seltsame Trost in den Sinn, daß Deine demnächstige Wiederkunft zu uns nun schon um eine Stunde näher gerückt sei. Doch solche Sophismen halten nicht lange vor. Still und fast lautlos gingen und saßen wir gestern neben einander. Nicht blos Helene und ich, nicht blos die ältern Kinder, sondern auch die jüngern fühlten tief, daß wir einen Verlust erlitten. Als der Tag sich neigte, saß ich wieder auf derselben Stelle, wo wir den Abend vorher dem Untergang der Sonne zusahen. Eure Stelle war leer, Ihr wart fern. — Oft fiel mir etwas ein, was ich Dir mittheilen, worüber ich mit Dir sprechen wollte, aber ich konnte nur noch die Gedanken, nicht mehr die Worte an Dich richten. Wenn die mir aufgelegten körperlichen Hemmnisse, wenn die Sorge für die Gesundheit meiner Helene, wenn der Hinblick auf die Vergänglichkeit alles Besitzes und alles Bestehenden mich zuweilen niederdrückt, dann finde ich in der Erhebung des Gedankens zum Allgemeinen, in der Wissen= schaft, in einer höhern Ansicht des Lebens wieder Beruhigung und Kraft. Mit Dir konnte ich diese Gedanken austauschen, jetzt müssen sie wieder verstummen. Warum giebt es doch so wenig Menschen, die für solche Betrachtungen Geist und Sinn haben!

Doch ich will nicht klagen, reich ist, wer viel zu verlieren hat, reich ist, wer auch in der Ferne noch Menschen weiß, die an seinem Wohl und Wehe einigen Antheil nehmen. Dein Bild will mir jetzt nicht mehr genügen: in ihm liegt noch der Ausdruck eines schmerzlichen Kampfes. In dem Gesicht des Lebenden drückt sich die Versöhnung, die Harmonie mit der Welt und das Glück aus — und dies hat mich so oft erfreut und erheitert. Ihr habt uns Eure volle Blüthenzeit schauen und daran Theil nehmen lassen, habt dafür innigen Dank. Wann werde ich nun wieder in Ceziliens holdes Angesicht schauen, wann werde ich wieder ihren schönen Gesang hören! — — —

von Thünen an denselben.

Tellow, 8. März 1829.

— Auch unser Vater Thaer ist nun von uns geschieden. Als ich die Anzeige seines Todes in den Zeitungen las, ward ich doch plötzlich tief davon erschüttert, so sehr ich auch darauf vorbereitet war. Sein Todestag ist der 26. October und an diesem Tage hatten wir bei Schlettwein's in Bandelstorf gejubelt; fast hätte ich mir Vorwürfe darüber gemacht; aber wo sollte denn noch Freude herkommen, wenn wir uns in den seltenen Momenten, wo sie sich uns darbietet, durch den Gedanken, daß anderswo sich vielleicht Unglück bereitet, stören ließen. Auch der würdige Professor Karsten, mit dem ich in freundschaftlicher Beziehung stand, ist in diesen Tagen alt und lebensmüde heimgegangen. So trennen sich Freunde und Bekannte immer mehr von uns und ich fühle das Bedürfniß, neue Bekanntschaften zu machen, wenn ich nicht bald einsam und unbekannt dastehen soll. — —

Bald nach Deiner Abreise erhielt ich einen Brief von W. Jacob, worin er mir einen Bericht von dem Ausfall der Ernte in England giebt, und mich um einen Bericht aus hie-

siger Gegend ersuchte. Während die Kornpreise immer mehr sinken,
sprach Jacob — auf einer Reise durch England begriffen, um den
Zustand der Ernte zu erkunden — es unumwunden aus, daß
die Ernte in England höchst unzulänglich sei. Dies gab mir den
Muth, ein Gebot von Herrn Levenhagen auf meinen Weizen von
130 Thlr. per Last auszuschlagen, und ich schrieb ihm, daß ich
meinen Weizen zu 1000 Thlr. — welches einen Preis von 150
bis 160 Thlr. pro Last voraussetzte — verkaufen wolle und
offerirte ihm denselben auf 4 Wochen zu diesem Preise. Ungefähr
14 Tage nachher erhielt ich einen Brief von ihm, worin er den
Weizen acceptirte. Wir waren nun sehr froh, endlich aus dieser
sorgenbringenden Speculation so günstig herausgekommen zu sein.
Am andern Abend erhielten wir schon die Nachricht, daß der
Weizen in England auf einmal um 10 Schill. pro Quarter ge=
stiegen sei — und ich hätte nun mindestens 500 Thlr. mehr für
den Weizen bekommen können. Jedoch haben wir dadurch unsere
Freude nicht stören lassen. Der Gewinn auf diesen Weizen baut
nun meinen neuen Schafstall.

Die diesjährige Ernte ist in Tellow in der Quantität, noch
mehr aber in der Qualität des Korns schlecht ausgefallen. Für
meinen durch frühes Lagern erblaßten und verschrumpften Weizen
erhalte ich nur 1 Thlr. 8 Schill. pro Schffl., während der gute
Weizen 2 Thlr. gilt. So bezahlt dies Jahr die Arbeit mit Hoff=
nungen, statt mit Geld. Aber dennoch halte ich dies Jahr für
ein glückliches Ereigniß, für den Wendepunct in dem landwirth=
schaftlichen Betrieb. Der große Gewinn, den die alten Korn=
vorräthe gebracht haben, wird das Korn wieder zum Gegenstand
der Speculation machen und die Preise nicht wieder so tief sinken
lassen, als sie seit 10 Jahren standen. Dann ist jetzt die Volks=
menge seit 10 Jahren um ungefähr 15 Procent gestiegen, und
es möchte jetzt wohl der Augenblick nahe sein, wo die gesteigerte
Production mit der vermehrten Consumtion ins Gleichgewicht
tritt — und so hoffe ich nun auch für Jeverland ein all=

mähliges Zurückkehren zum frühern Wohlstand. Da in diesem Jahre wohl gar keine Kornvorräthe übrig bleiben werden, so wird im nächsten Jahre die Existenz der Menschen blos von der künftigen Ernte, also von der Witterung abhängen. Leicht kann die Natur sich jetzt an dem Leichtsinn der Menschen und der Regierungen für die Nichtachtung aller frühern Erfahrungen auf eine furchtbare Weise rächen. — —

Es wird mir interessant sein, wenn Du mir über den Wechsel der Krankheitsform weitere Beobachtungen mittheilen willst. Dieser Wechsel entspringt häufig auch aus einer veränderten Lebensweise des Volks; so hat Dr. Berlin sehr bestimmt und wiederholt bemerkt, daß bei hohen Kornpreisen die nervösen, bei niedrigen Kornpreisen die entzündlichen Krankheiten vorherrschen. Aehnliche Wirkungen mögen nun die großen, unsern Sinnen nicht wahrnehmbaren, Naturveränderungen hervorbringen. Wenn der Arzt diesen Wechsel der Krankheitsform nur erkennt, so könnte aus dem Wechsel selbst keine Gefahr des Fehlgreifens für den Arzt entspringen. Könnte aber eine und dieselbe Krankheit, z. B. eine entzündliche Krankheit, zu einer Zeit nur durch Aderlassen, zu einer andern Zeit nur durch stärkende Mittel geheilt werden, so wäre die Arzneikunde ein gräßliches Spiel mit Menschenleben, vor dem man sich zu hüten hätte. Dies ist aber auch wohl nicht Deine und Dr. Tiarks Meinung?

Göthe's Briefe an Dich haben wir wiederholt gelesen. Solltest Du noch wieder einen Brief von ihm erhalten haben, so theile mir doch eine Abschrift oder einen Auszug davon mit.

Im Herbst habe ich mich wieder lebhaft mit der Untersuchung über den Zinsfuß beschäftigt und am letzten Tage des Jahres gelang es mir, die Untersuchung bis zu einem Punct zu führen, wo die Entscheidung ganz nahe liegt. Seitdem habe ich die Sache ruhen lassen und mich nur mit Rechnungen und anderen Nebensachen beschäftigt, aber es ist mir, als sei mein Wesen gespalten, als sei ich mit mir selbst uneins, wenn ich mich nicht einer ernsten, mich ganz beschäftigenden Untersuchung hingebe und ich fühle dringend das Bedürfniß, bald dazu zurück zu kehren. — — —

* * * * *

von Thünen an seinen Sohn Heinrich.

Tellow, 14. Juni 1830.

Was Du mir über * * * mittheilst, ist mir wieder ein neuer Beweis, wie die Kraft im Menschen nur durch Schwierig=keiten geweckt und gehoben wird, wie der Reichthum einschläfert und den Genuß zum Zweck des Lebens macht. Erst wenn die Sorge sich um das Lager stellt, wenn die Pfandbriefe gewichen sind — was bei dieser Wirthschaft nicht lange dauern kann, wird * * * ein thätiger Wirth werden. Der Domainenrath Pogge erzählte mir noch wieder, wie er in seinem ersten Wirthschaftsjahre um 500 Thlr. zu kurz gekommen sei und Wochen, ja Monate lang schlaflos auf seinem Lager zugebracht habe. Welche Geistes=entwicklung mag damals in ihm vorgegangen sein, wie viele Keime zu seiner nachherigen großen Geistesthätigkeit mögen in diesen schlaflosen Nächten gepflanzt sein! Der damals so arme, so un=bedeutende Pächter Pogge war jetzt beim Güstrower Rennen die Seele und der Mittelpunct der glänzenden Versammlung. Er war stets von dem Herzog von Augustenburg, dem General Wall=moden und unsern hiesigen Grafen umgeben, so daß ich ihn nur einen Augenblick sprechen konnte. Du weißt wohl, daß seine Tochter gestorben ist; bei der Hinfälligkeit seines Körpers würde der Schmerz ihn uns entrissen haben, wenn sein Geist nicht so kräftig wäre.

Auf der Reise fand ich durchweg sehr schlechten Rocken, und nur auf drei Gütern guten Rocken. Diese Güter waren, wie ich bei genauerer Erkundigung erfuhr, frisch gemergelt. Nie sah ich so entschieden den Unterschied zwischen frischem und altem Mergel, kaum war ehemals der Abstand zwischen gemergeltem und ungemergeltem Acker so groß. So scheint denn nun, was ich längst aus statischen Gründen vermuthet habe, einzutreffen, aber in einem Maaße, welches Furcht für Mecklenburgs Wohlstand erwecken kann. Bei meiner Zurückkunft ging ich mit großer Spannung nach unserer Wintersaat, und fand unsern Rocken mit den schwarzbraunen Aehren und dem üppigen Wuchs der frisch gemergelten Felder prangen. Ich empfand eine ungemeine Befriedigung bei diesem Anblick. Für eine glückliche Voraussicht, für eine lange freiwillige Entbehrung größerer Einkünfte schien mir nun der Lohn kommen zu wollen.

---

von Thünen an denselben.

Tellow, 15. August 1830.

— Selbstvertrauen in früher Jugend entspringt aus Eigenliebe, geht in Selbstbefriedigung über und ist der Tod alles Fortschreitens. Dem Manne aber darf es zum heitern Lebensgenuß, ja zur Geltendmachung dessen, was er leisten kann, nicht fehlen. Aber es läßt sich nicht künstlich hervorbringen, es muß durch das Leben in der Welt und durch die Ausbildung des Geistes aus dem Innern des Menschen von selbst entsprießen. Sehr klar bin ich hierüber durch eine herrliche Stelle in Göthe's „Werther" geworden, die mich zu folgenden Reflexionen geführt hat. Bei der Vergleichung des Einzelnen zum Ganzen kann man von zwei verschiedenen Standpuncten ausgehen: Erstens, indem man das, was man weiß und leisten kann, mit dem, was die Wissenschaften überhaupt geleistet haben, vergleicht. Diese Vergleichung muß nothwendig jeden unverdorbenen Menschen zur Demuth, zum Verzagen an sich führen. Genährt wird dieses Gefühl in der Einsamkeit, genährt wird es durch das Lesen der Dichter, die uns stets Ideale, die wir nicht erreichen können, aufstellen. Zweitens, indem man sein Wissen und seine Fähigkeiten mit denen anderer Menschen vergleicht. Dies kann nur in und durch das Leben in der Welt, durch vielseitige Berührung mit Menschen aus allen

7

Ständen geschehen. Findet man nun, daß das Vollkommene in den Wissenschaften und in den Idealen der Dichter nur das Eigenthum der ganzen Menschheit ist, daß die Natur es dem Individuum schlechterdings versagt hat, dasselbe in sich zu ver= einigen, so mag das Sehnen nach dem Vollkommenen bleiben, aber jeder, der die Natur nicht verabsäumt hat, und in solchem findet sich jenes Sehnen nicht, muß — auch bei der Anerkennung eigener Mängel — zu der Ueberzeugung gelangen, daß er bei ernstem Streben der Welt nützlich werden kann, und in dieser Ueberzeugung, die mit der Demuth vollkommen verträglich ist, liegt das Selbstvertrauen, was dem Manne ziemt, und seine Wirksamkeit erhöht. — —

von Thünen an Christian von Buttel.

Tellow, 7. Nov. 1830.

— Alexander hat sich nach einer Fußreise durch Rügen und seitdem er einen burschikosen Hofmeister bekommen hat, außer= ordentlich erholt. Er ist jetzt größer als Heinrich, ist sehr heiter und sieht blühend aus, so daß wir uns nun wohl der ungetrübten Hoffnung, die seine ganze Persönlichkeit uns einflößt, hingeben können. — —

Viel und mit lebhaftem Interesse habe ich mit Heinrich über die großen politischen Begebenheiten unserer Tage gesprochen. Es erscheint mir als ein Triumph der fortgeschrittenen Bildung, daß das Volk, die Macht in Händen habend, sich selbst freiwillig den gesetzlichen Schranken unterwirft, ohne von seiner Allgewalt nur einen Augenblick Mißbrauch zu machen. So in Frankreich; aber die Begebenheiten in Belgien erfüllen mich mit Sorge und trüben den schönen Eindruck, den die Pariser Begebenheiten gemacht haben. Daß der nun begonnene Kampf um Fürsten= und Völker= rechte geschlichtet wird, ohne die Kriegsfackel über die Erde zu tragen, hoffe ich zu Gott, da schon viele Regierungen ihren mündig gewordenen Völkern die Rechte, die ihnen als solchen zukommen, freiwillig einräumen und so der Gegenstand des Kampfes in sich selbst zerfällt.

In einem sehr lebhaften Gespräch mit Heinrich über diese großen Gegenstände war es mir, als wenn sich plötzlich die Zukunft den Blicken öffnete und ich sah in den kommenden Jahrhunderten einen andern furchtbaren Kampf beginnen, der zu seiner Entscheidung vielleicht ein halbes Jahrtausend voller Zerstörung und Elend bedarf. Ich meine den Kampf zwischen dem gebildeten Mittelstand und dem gemeinen Volk, oder eigentlich zwischen dem Capitalisten und dem Handarbeiter. In der gegenwärtigen Krisis ist zwar Alles durch das Volk, aber Nichts für das Volk geschehen. Nur der Mittelstand hat Rechte gewonnen, kann diese künftig vertreten, der Handarbeiter dagegen hat nirgends Zutritt zu den Kammern gefunden, kann auch auf seiner jetzigen Bildungsstufe sich nicht selbst vertreten. Wem aber ist die Vertretung der Rechte des Volks — der Handarbeiter — anvertraut?

Alle Schriftsteller über Nationalökonomie sind darin einverstanden, daß die Summe der zum Lebensunterhalt nothwendigen Subsistenzmittel der natürliche Arbeitslohn sei. Die Wissenschaft beherrscht nothwendig die Meinung aller Menschen und so finden wir auch, daß alle Regierungen, alle Repräsentanten diesem Grundsatz huldigen — und so wird jedes Streben nach höherm Lohn als Aufruhr betrachtet und bestraft. Niemals ist der Mensch furchtbarer, als wenn er im Irrthum ist, er kann dann ungerecht, grausam sein, und sein Gewissen ist ruhig, denn er glaubt ja seine Pflicht zu erfüllen. Wird das Volk aber jemals die Ansicht der Nationalökonomen theilen, wird es sich überzeugen, daß die furchtbare Ungleichheit in der Belohnung der geistigen und der körperlichen Arbeit, sowie der Dienste des Capitals in der Natur der Sache begründet sei? Durch solche Betrachtungen angeregt und von diesem Gesichtspunct aus den Gegenstand als einen von

7*

der äußersten Wichtigkeit ansehend, wurde ich mit solcher Gewalt zu meinen frühern, schon Jahrelang fortgesetzten Untersuchungen über das Verhältniß zwischen Zinsfuß und Arbeitslohn zurück= getrieben, daß ich innerhalb 4 Wochen keines andern Gedankens fähig war, obgleich meine Gesundheit sehr darunter litt. Endlich ging mir das ersehnte Licht auf, und groß war die Belohnung der Anstrengung. Wie gerne möchte ich mündlich mich mit Dir darüber besprechen; da dies aber nicht sein kann, so will ich ver= suchen, ob ich mit wenigen Worten Dir einige Hauptresultate darlegen kann.

Die Ansicht der Nationalökonomen ist aus der Erscheinung entnommen und stützt sich auf die Erfahrung. Der Arbeiter ist für die Erziehungskosten, so wie die Maschine für die Erbauungs= kosten, das Lastthier für die Aufziehungskosten zu haben. Dieser Zustand, wo der Lohn nur eine Capitalvergütigung ist, die Arbeit an sich aber nur durch den bloßen Unterhalt gelohnt wird, nenne ich die Herrschaft des Capitals — welche aus der starken Ver= mehrung der Arbeiter und des daraus entspringenden Angebots von Arbeit zum niedrigsten Preis hervorgegangen ist. Aber das Capital ist nur Product der menschlichen Arbeit, und es kann der Mensch nicht seinem eigenen Product untergeordnet sein. Wenn die Lohnarbeit mit der auf Capitalerzeugung gerichteten Arbeit gleiche Belohnung erhält, so ist dies der wahrhaft in der Natur begründete Arbeitslohn. Die Untersuchung und Berech= nung ergiebt aber, daß dieser naturgemäße Arbeitslohn ein ganz anderer, ein viel höherer Lohn ist, als der sogenannte natürliche Arbeitslohn der Nationalökonomen. Während bei dem sogenannten natürlichen Arbeitslohn die Kinder fast ohne Unterricht aufwachsen und die höhern menschlichen Kräfte gar nicht geweckt werden und die Armenversorgung eine natürliche Aufgabe wird, die zuletzt den Menschen an seinen Geburtsort bannt und ihn in die Sklaverei zurückführt — ist bei dem naturgemäßen Arbeitslohn der gute Unterricht der Kinder eine Nothwendigkeit, auf welche allein die

Fortdauer dieses Zustandes basirt ist, und die Armenversorgung
hört ganz auf, weil es außer bei einzelnen Unglücksfällen — für
die die natürliche Mildthätigkeit genügt — keine Armen mehr
giebt. Das hier in Worten Ausgesprochene geht aus der Unter=
suchung in rein mathematischen Formeln hervor, und Du kannst
Dir denken, mit welchem Entzücken ich diese Formeln betrachte.

Aber die Verwirklichung dieses naturgemäßen Zustandes ist
an die Bedingung geknüpft, daß die Arbeiter die gute Erziehung
ihrer Kinder zum unerläßlichen Bedürfniß rechnen, und nicht eher
in die Ehe treten, als bis sie der Mittel zu einer solchen Er=
ziehung der Wesen, die sie ins Dasein rufen, gesichert sind. Dies
würde ein vermindertes Angebot von Arbeitern, einen erhöheten
Lohn zur unmittelbaren Folge haben. So wie nun die Herr=
schaft der Vernunft über die Leidenschaft der höchste Zweck des
menschlichen Daseins ist, so ist auch das Wohl und Wehe des
menschlichen Geschlechts vor allem an die Beherrschung des mäch=
tigsten sinnlichen Triebes geknüpft — und wenn hier die Leiden=
schaft die Herrschaft gewinnt, so ist nicht die Natur, so ist der
Mensch selbst Schuld an dem Elend, was seiner wartet, an der
Sklaverei, der er unterliegt. Wenn nun einerseits in der Brust
des Arbeiters das Gefühl, daß die Natur ihn nicht zu dieser
Abhängigkeit und Entbehrung bestimmt hat, unvertilgbar ist, wenn
die Arbeiter andererseits bei dem jetzigen Stand ihrer Bildung es
nimmer werden begreifen können, daß die Quelle dieses Uebels in
ihnen selbst liegt und daß keine Abhülfe von Außen, weder durch
die Regierungen, noch durch die rohe Gewalt, möglich ist, so liegt
hierin wohl ein genügender Grund zu den oben geäußerten Be=
fürchtungen. Gebe der Himmel nur, daß dieser Punct jetzt bei
dem aufgeregten Zustand der Gemüther nicht zur Sprache kommt.
Aber in dem fortgehenden Leben des Menschengeschlechts wird
dieser Widerspruch einst gelöst werden müssen, und es ist wohl
zu fürchten, daß so wie der Kampf um die Gewissensfreiheit auch
dieser mehrere Jahrhunderte hindurch dauern wird. — — —

von Thünen an seinen Sohn Heinrich.

Tellow, 31. Januar 1831.

Heute ist schon der letzte Januar und morgen beginnt Jean Pauls Vorfrühling: Den schlimmsten Theil des Winters haben wir also schon überstanden, und ich würde mich des werdenden Frühlings sehr freuen, wenn ich nicht fürchtete, daß die Erde mit Blut getränkt würde, und wenn nicht noch so viele unvollendete Arbeit vor mir läge. Die Productivität des Geistes, welche im Herbste bei aller Körperschwäche so lebendig war, ist diesen Winter äußerst geringe gewesen. Ein Erachten über die Errichtung einer Bank, ein anderes über die Errichtung eines landwirthschaftlichen Instituts, und ein Auszug aus „Ohm's combinatorischer Ana= lysis" ist Alles, was ich diesen Winter aufzuweisen habe. Noch habe ich ein Erachten über städtische Wirthschaft zu entwerfen, und dann meine Rechnungen zu machen, ehe ich wirklich freie Zeit habe. Es gereicht mir zuweilen zur Beruhigung, daß sogar Göthe und Schiller so oft über Mangel an Stimmung klagen. Wir lesen jetzt des Abends diesen Briefwechsel zwischen zwei großen Männern wieder. Wenn auch das Mitgetheilte nicht immer von großem Interesse ist, so fühle ich mich doch durch den Gedanken an diese Männer immer angenehm angeregt, mir ist, als sei ich in vorzüglicher Gesellschaft und dies wirkt stets fördernd. — — —

von Thünen an denselben.

Tellow, 11. Juni 1831.

Ueber meinen Bruder in Kanarienhausen habe ich ausführ= liche Nachrichten erhalten, die so erfreuend sind, daß ich nicht ohne Rührung sie lesen kann. Er hat im Namen des Landes eine Supplik wegen Einführung ständischer Verfassung verfaßt, die sehr schön und kräftig sein soll, und diese dem Großherzog persönlich übergeben. Diese Supplik hat von Seiten des Landes allge= meinen Enthusiasmus, von Seiten des Hofes einen Widerwillen

gegen ihn hervorgebracht. Das Land Rüstringen hat ihm einen
silbernen Ehrenbecher von großem Werth überreicht. Selbst
Taglöhner haben sich dazu gedrängt, um einen kleinen Beitrag
dazu zu geben. Nun ist kürzlich der Oldenburgische Staatsrath
Fischer zu ihm nach Kanarienhausen gekommen. Beide haben
sich sogleich hart einander gegenüber gestanden und Thünen hat
gesagt: „Wenn Gewalt vor Recht gehen soll, so habe ich sehr
Unrecht gethan, zurückzuhalten." Aber der Staatsrath ist zwei
ganze Tage dageblieben, und zuletzt sagt er: „Sehr bereichert
scheide ich von Ihnen, und nicht umsonst sollen zwei brave
Männer sich kennen gelernt haben. Aber ich will als ehrlicher
Mann von Ihnen scheiden, und so muß ich Ihnen sagen, daß
der Großherzog es weiß, daß ich bei Ihnen gewesen bin. Mit
großem Mißtrauen kam ich hierher, absichtlich komme ich zuletzt
zu Ihnen, um zuvor die Stimmung des Landes über Sie ein=
zuziehen. Daß Sie ein kluger Mann sind, wußte ich längst, daß
Sie ein biederer, uneigennütziger Mann sind, hörte ich allenthalben,
und allgemein fand ich Achtung und Verehrung für Sie; aber
ich habe mehr gefunden, als man mir sagen konnte. Der Groß=
herzog ist gegen Sie eingenommen, aber es soll anders werden,
ich werde Sie vertreten, und wenn es meine Existenz kosten sollte."

Welch' eine herrliche Anerkennung von zwei Seiten; fast
möchte man sagen, daß ein solcher Moment durch ein ganzes
Leben voller Sorge und Kampf nicht zu theuer erkauft sei. — —

Im Sommer 1831 machte von Thünen die Bekanntschaft des Oberforstmeisters Baron von Stenglin, und fuhr, von demselben nach Gelbensande eingeladen im Anfange August, mit dem Grafen von Schliessen von Sülz aus dahin.

„Zu Gresenhorst, so schreibt von Thünen, wohin der Herr Oberforstmeister uns entgegengekommen war, sahen wir die erste Probe von der Wirkung des gebrannten Mergels. —— Ein Büdner aus Gresenhorst hatte nämlich eine Karre gebrannten Mergels aus Gelbensande geholt, diesen dünn auf sein Ackerstück ausgestreut, den übrigen Theil des Stücks aber mit rohem Mergel stark befahren. Der Hafer auf dem ganzen Stück hatte sich gelagert, und ich konnte zwischen dem nach gebranntem Mergel und dem nach rohem Mergel keinen Unterschied wahrnehmen. Der Büdner aber versicherte — und sein ganzes Wesen trug das Gepräge der Geradheit und Wahrhaftigkeit, — daß der Hafer nach gebranntem Mergel vor dem Lagern sich durch größere Höhe sichtlich ausgezeichnet habe.

Indessen muß ich gestehen, daß meine Aufmerksamkeit hier weit weniger auf den gebrannten Mergel, als auf ein Schauspiel anderer Art, ich möchte sagen, höherer Natur gerichtet war.

Es hatten sich nämlich mehrere Büdner aus Gresenhorst versammelt, um uns ihr Korn auf dem von ihnen urbar gemachten Acker zu zeigen. Als wir das urbar gemachte Feld betraten, sahen wir zuerst ein Stück mit Hafer, welches mich in Verwunderung setzte. Der Hafer war sehr lang im Halm, hatte große Rispen mit schweren Körnern, und hatte sich unter der Last seiner eigenen Schwere niedergelegt; kaum erinnere ich mich, in diesem Sommer auf dem besten Boden so schönen Hafer gesehen zu haben. Auch der daran stoßende Rocken war sehr stark im Halm, hatte aber, wie in diesem Jahre fast allgemein, keine vollgeladenen

Aehren. Beim Weitergehen fanden wir allen Hafer von fast gleicher Stärke mit dem zuerst gesehenen. Der Anblick des schönen Korns konnte wohl das Auge des Landwirths erfreuen, aber dennoch ward dieses bald von dem Korn abgezogen und auf die Menschen gewandt, durch deren Fleiß es hervorgebracht war. Sie äußerten die lebhafteste Freude darüber, uns so schönes Korn zeigen zu können. Wenn wir an Einen von ihnen eine Frage richteten, antworteten sie Alle zugleich, und in den Augen Aller sprach sich Zufriedenheit und Heiterkeit über das Gelingen ihrer mühevollen Arbeit aus. Was diese Menschen geleistet hatten, erkannten wir aber erst ganz, als wir zuletzt an ein Stück Land kamen, was noch nicht urbar gemacht war, und wir nun den Boden in seiner ursprünglichen Beschaffenheit erblickten. Es war ein niedrig gelegener, mooriger, mit Bülten übersäeter Boden. Der Herr Graf von Schliessen machte die Bemerkung, der ich meine volle Zustimmung geben mußte, daß dieser Boden die Kosten der Urbarmachung nicht bezahle, und daß es eine Ver= schwendung von Menschenkraft sei, ihn durch Auffahren von Erde in Ackerland umzuwandeln. Wir theilten diese Bemerkung den Büdnern mit, und gaben ihnen den Rath, das Stück lieber zu einer Wiese zu machen. Unsere Vorstellung machte aber gar keinen Eindruck auf sie, und Einer von ihnen antwortete: „wenn die Herren über ein Jahr wieder kommen, wird es schon anders aussehen," und fügte dann schalkhaft hinzu: „der Herr Oberforst= meister mag nur gut aufpassen lassen, sonst stiehlt der Büdner N. N. (dem dies Stück gehört) ihm noch die Erde da," und zeigte dabei mit der Hand auf den aus einem neugezogenen Graben ausge= worfenen Sand.

In der That erfuhren wir nun erst, daß der größte Theil des urbar gemachten ehemaligen Forstgrundes, auf welchem wir das schöne Korn gesehen, erst durch ein dickes Auffahren von Sand eine ackerbare Krume erhalten habe, und daß die Büdner den Sand zum Theil aus einer Entfernung von 60 Ruthen

und darüber, — mit Hülfe ihres einen Pferdes, — hergeholt
haben.

Segen über den Fleiß dieser Menschen!

Auf dem Rückwege sagte einer der Büdner unverhohlen und
mit fester Stimme:

> „Wenn der Herr Oberforstmeister sich unserer nicht an=
> genommen und uns diesen Forstgrund verschafft hätte:
> so wären jetzt dreißig Spitzbuben mehr im Amte."

Diese Leute sind nämlich früher als Büdner in Gresenhorst an=
gesetzt, haben aber dort so wenig, als in den Großherzoglichen
Forsten, Arbeit finden können, und da der ihnen zugetheilte Acker
bei Weitem nicht hinreichend war, sie zu ernähren: so mögen sie
in die bitterste Noth gerathen sein, bis durch Vermittelung des
Herrn Oberforstmeisters von Stenglin ihnen vom hohen Kammer=
und Forst=Collegio der erwähnte Forstgrund auf eine Reihe von
Jahren (wenn ich nicht irre auf 12 Jahre) in Pacht überlassen
wurde.

Dann äußerten die Büdner sich noch mit Zufriedenheit über
ihre jetzige Lage, aber mit Besorgniß über die Zukunft, wenn
nach abgelaufener Pachtzeit, sie ihren — zur abermaligen Holz=
besamung bestimmten, — Forstacker wieder abgeben sollten. Diese
Besorgniß ist wahrscheinlich unbegründet; denn wenn nicht höhere
Staatszwecke hindernd entgegentreten, — und welche könnten dies
hier sein? — so unterliegt es wohl keinem Zweifel, daß die
höchsten Landesbehörden, wenn sie von der Lage dieser Büdner
und ihrer fast beispiellosen Anstrengung, sich auf eine rechtliche
Weise zu ernähren, in Kenntniß gesetzt werden, ihnen diesen Acker,
— oder vielmehr die Stelle, wohin sie eine Ackerkrume gefahren
haben, dauernd überlassen und in Erbpacht geben werden. Eine
zehnjährige Ungewißheit und Besorgniß über dreißig Familien
verbreitet, zerstört aber zu viel Menschenglück, als daß man nicht
innigst wünschen möchte, daß der dauernde Besitz dieses Ackers
ihnen schon jetzt zugesichert würde.

Wir nahmen jetzt von diesen braven Leuten Abschied; aber meine Gedanken verweilten noch lange bei ihnen. Von welcher kleinen Scholle, — sagte ich zu mir selbst, — kann eine Familie zufrieden und glücklich leben! Wie achtungswerth sind diese Menschen, die, um nur auf eine rechtliche Weise ihr Brod zu verdienen, nicht Mühe, Anstrengung und Entbehrung scheuen, und auf einem Pachtstück Verbesserungsarbeiten unternehmen, die nicht die Hälfte, zum Theil vielleicht nicht ein Viertel des gewöhnlichen Tagelohnes einbringen! Welch ein schönes Gefühl muß das Bewußtsein gewähren, dreißig Familien dem Elende und der Sittenverderbniß entrissen zu haben! Aber es liegt hierin auch zugleich eine ernste Warnung, keine Büdner an solchen Orten anzusetzen, wo sie keinen Nebenverdienst finden können. Denn wenn sich kein Menschenfreund findet, der sich ihrer annimmt, oder wenn die Verhältnisse späterhin keine Abhülfe gestatten: so ist das physische und moralische Verderben der Menschen, und die Gefährdung der Sicherheit und des Eigenthums in der ganzen Umgegend die unausbleibliche Folge einer solchen unangemessenen Ansiedelung."

Die Beschreibung der Reise nach Gelbensande wurde als Anhang eines Aufsatzes des Oberforstmeisters Baron von Stenglin „über den gebrannten Mergel," in den neuen Annalen der mecklenburgischen Landwirthschafts = Gesellschaft — 18. Jahrgang, 1. Hälfte, 2. Heft — gedruckt; der Veröffentlichung lag die Absicht zu Grunde, die Verwaltungsbehörde darauf aufmerksam zu machen, daß der durch unsägliche Arbeit und Mühe cultivirte Acker den Büdnern nicht abgenommen, und nicht etwa wieder zum Forstgrund gelegt werde.

von Thünen an seinen Sohn Heinrich.

Tellow, 12. August 1831.

Ich habe noch Niemanden gefunden, der über einen Ge=
burtstag und die stille unaufhaltsame Veränderung, die die Zeit
im Menschen hervorbringt — und zu deren Betrachtung der Ge=
burtstag mich immer auffodert, ein gescheutes Wort zu sagen
weiß. Auch bei unsern ersten Dichtern und Philosophen suche ich
hierüber vergebens nach Aufklärung. So wie das Wachsen eines
Baumes unserm Auge unsichtbar ist, so wie der Uebergang des
Differentials zum Integral unserm Verstande unbegreiflich ist, ob=
gleich beides Realität hat, so scheint auch dem Menschen der in=
nere Sinn für die Wahrnehmung der successiven Veränderung,
die in ihm selbst vergeht, zu fehlen. Zwar erkennen wir bei der
Vergleichung längerer Zeiträume die in und mit uns vorgegan=
gene Veränderung, so wie wir denn das Wachsen eines Baumes
sinnlich schauen; aber wir erblicken dann nur die Erscheinung,
während das eigentliche Werden, das Gesetzmäßige in der Ver=
änderung, unserm Auge verborgen bleibt. Wäre es möglich, daß
ein Mensch geboren würde, der von seiner Kindheit an bis zum
Greisenalter dem Ideal der Menschheit entspräche, so würde ein
solcher doch mit jedem fortrollenden Moment ein Anderer werden.
Aber leider wird dieses eines Theils wenig erkannt, und andern
Theils scheint die Natur dem Menschen die klare Erinnerung
seiner frühern Zustände versagt zu haben. Der junge Mann kann
sich nicht mehr in die Ideenwelt des Knaben, der reife Mann
nicht mehr in die des Jünglings zurückversetzen. Und hierin mag
ein Hauptgrund des unnatürlichen und doch stets fortdauernden
Kampfes zwischen Lehrer und Schüler liegen. Der Lehrer wird
in der Regel das, was für ihn selbst Ideal und Richtschnur ist,
seinen Schülern aufdrängen wollen, und indem die Schüler nun
für die Bewahrung ihrer eigenthümlichen Natur kämpfen, mögen
sie nicht selten Recht haben.

Von Sülz bin ich jetzt zurückgekehrt, und die Zeit, die ich

dort zugebracht, ist eine der reichsten meines Lebens gewesen. Wenn früher das Badeleben für mich stets ein ödes, unbehag= liches war: so habe ich dagegen hier keinen Tag, kaum eine Stunde verlebt, in welcher ich mich nicht geistig lebhaft angeregt fühlte, und in ein nicht blos heiteres, sondern bedeutendes Ge= spräch verwickelt wurde. Erstaunt über diesen Gegensatz, habe ich mir selbst oft die Frage vorgelegt: „Hast du dich selbst so sehr verändert, oder hat sich die Gesellschaft verändert, oder ist hier zufällig ein Zusammenfluß von Menschen, die dir zusagen, und denen du wieder gefällst?" — Ich kann diese Fragen auch jetzt noch nicht beantworten, aber das Wahrscheinlichste ist mir, daß alle drei Ursachen zusammen wirkten. Die vielfache und nahe Berührung mit interessanten Menschen hat theils meinen Ideen= kreis erweitert, theils Stoff zu neuen Betrachtungen gegeben, und theils habe ich, da ich unerwartet einen fruchtbaren Boden fand, manches Samenkorn ausgestreut. — — —

Mit Freimüthigkeit und Lebhaftigkeit habe ich mich gegen Mehrere darüber ausgesprochen, welche Nachtheile es bringt und bringen muß, daß bei unsern administrativen Behörden lauter bloße Juristen angestellt werden. Zu meiner Verwunderung fand ich nicht blos Zustimmung, sondern man erblickte hierin auch die Ursache mancher Gebrechen, die sehr unverhohlen besprochen und getadelt wurden. Für mich floß hieraus die große Beruhigung, daß meine Ansicht, der Du mit einer bedeutenden Aufopferung von Zeit so willig gefolgt bist, Dir nicht zum Nachtheil gereichen wird. Alles zeigt an, daß das bisherige System, bloße Ju= risten anzustellen, nicht haltbar ist. Ein Gespräch mit Baron * * * gab mir schon früher diese Aussicht. Beharre deshalb nur muthig auf dem betretenen Wege. Schlimm ist es freilich für Dich, so= wie für Jeden, der die gewohnte Bahn verläßt, daß Du Dir die Kenntnisse der Staats= und Kameralwissenschaften erworben und doch zugleich in der Kenntniß der Jurisprudenz den Andern nicht nachstehen darfst. Aber in dieser Schwierigkeit liegt auch wohl der Grund, warum ein inconſequentes Syſtem ſo lange Dauer hat gewinnen können. Späterhin wird man beide Fächer trennen und dann wird das Studium der Staatswiſſenſchaften ſehr erleich=tert und deshalb allgemeiner werden.

Du wünſchteſt noch meine Anſicht über Deinen Reiſeplan. Ich weiß Dir hierüber nichts Specielles zu ſagen; aber ich wünſchte Dir noch eine Lebensanſicht mitzutheilen, die erſt in der letzten Zeit, beſonders durch meinen Aufenthalt in Sülz zu einiger Klarheit in mir gelangt iſt, wenn mich die Zeit nicht ſo drängte und ich es vermöchte, mit wenigen Worten dieſe Anſicht darzu=ſtellen. Man ſoll, ſobald man mit andern Menſchen in Geſell=ſchaft zuſammentrifft, durchaus nicht daran denken, welchen Eindruck man ſelbſt auf dieſe Menſchen macht, ſondern ſoll ſeine ganze ungetheilte Geiſteskraft auf das, was die Andern ſagen und thun, und auf das Auffaſſen ihrer Perſönlichkeit richten; wir ſollen den Eindruck, den Andere auf uns machen, ruhig auf uns einwirken und klar in uns abſpiegeln laſſen. Gelingt dies, ſo weicht jede Befangenheit von uns; das geiſtige Auge wird für das Auffaſſen der Außenwelt ungemein· geſchärft; und indem man aufhört an ſich zu denken, fühlen Andere ſich behaglich neben uns, und gerade das, was man aufgegeben hat, das Gefallenwollen ſcheint dann als freie Gabe uns von ſelbſt zu Theil zu werden.

Zwar ſoll der Menſch nicht aufhören ſich ſelbſt zu betrachten, aber ſowie er das Aufkleiden auf ſeinem Zimmer abmacht, ſo ver=lege er auch die geiſtige Selbſtbetrachtung in die Stunden ſeiner Einſamkeit.

Was ich hier niedergeſchrieben, hat zwar in einzelnen An=fängen ſchon lange dunkel in mir gelegen; aber zur weitern Ent=wickelung gehörte vielleicht das fortrückende Alter, und vor Allem die Lebensanſichten, die ich im vorigen Herbſt gewonnen, und die Dir bekannt ſind. Zum Bewußtſein der ſucceſſiven Veränderun=gen in mir gelangte ich aber erſt in Sülz, wo die Unbefangenheit, mit welcher ich mich in großen fremden Geſellſchaften — die sonst besonders wegen meiner Kurzsichtigkeit oft so drückend für mich gewesen sind — bewegte, wo das Wohlwollen und die Aufmerksamkeit, die mir allgemein zu Theil wurden, mich zu ernsten Betrachtungen aufforderte. Der Arzt, der bei einem Kranken nur an seinen eignen Zustand denkt, kann nicht curiren; dem Landwirth, der bei Besichtigung eines fremden Feldes nur an seine Wirthschaft denkt und immer davon spricht, dem entgeht die Belehrung, die das fremde Feld ihm darbieten könnte.

Göthe scheint eine der glücklichen Naturen zu sein, dem eine solche Trennung des Ichs von der Außenwelt schon in früher Jugend zu Theil ward, und ich bin geneigt, einen großen Theil seiner Geistesüberlegenheit dieser Tendenz zuzuschreiben. Seine Schriften, besonders sein Leben und sein Briefwechsel geben vielfache Anzeichen. So sagt er: „Man braucht nur die Natur zu sehen, wie sie ist (sein Ich aus dem Spiele lassen), um Entdeckungen zu machen. Von Jugend an habe ich eine große Gleichgültigkeit, ja Nichtachtung gegen die öffentliche Meinung, wovon ich mich noch immer nicht ganz befreien kann." Diese Quelle — die Nichtachtung der Menschen — ist nun freilich nicht die lautere, aber dessenungeachtet ist sie Göthe sehr förderlich gewesen.

von Thünen an Christian von Buttel.

Tellow, 11. October 1831.

An einem schönen Octoberabend — den 7. — kehrte ich ruhig und heiter vom Felde heim; der Postbote trat herein und brachte eine Menge Briefe mit, wir öffneten einen: er war von unserm Alexander. In dem Briefe lag das Zeugniß seiner Lehrer über sein Verhalten auf der Schule. Nie ist wohl ein schöneres ertheilt. Noch einmal schwelgten wir in der Wonne, die dieser Sohn uns so vielfach gegeben.

Ein zweiter Brief, gleichfalls aus Parchim, wurde geöffnet und in ihm war die Nachricht enthalten, daß Alexander vom

Scharlachfieber befallen, ſeit 2 Tagen in einem ſehr heftigen Fie=
ber läge. Schnell wechſelte nun die Freude mit tiefer Sorge.

In einem Briefe an meine Tochter ſollte eine Einlage an
mich ſein. Ich vermißte dieſe und fragte meine Tochter darnach:
ſie wollte mir dieſe nicht geben, als ich aber in ſie drang, ver=
nahmen wir das Schreckenswort „Cezilie weilt nicht mehr unter
uns.“ — — — —

Am andern Morgen früh fuhren meine Tochter und ich nach
Parchim ab — mit dem Schmerz über einen gewiſſen Verluſt
und der Sorge vor einem neuen im bewegten Herzen. Fragen
mochte ich in Parchim nicht: an Ort und Stelle mußte uns Ent=
ſcheidung werden, und als wir die Thüre des Hauſes öffneten,
wo mein Alexander wohnte, ſtarrte uns auf der Diele ſein Sarg
entgegen. — —

Ein großer gewaltiger Schmerz durchdringt mich; aber derſelbe
iſt von einer ſolchen Reinheit, ja Heiligkeit, daß er — das fühle
ich beſtimmt — mich nicht niederbeugen, ſondern nur erheben kann.

Eine Stunde nachher, als uns Gewißheit geworden, ſagte
ich zu meiner Tochter: „welch’ Verlangen habe ich in ein geiſtvolles
Auge zu blicken“; und als auf der Rückreiſe meine Tochter das
Wort ausſprach: „Dein Bruder muß zu uns kommen“, — da
ward es mir auf einmal klar, daß es die Sehnſucht nach Dir ge=
weſen ſei, die mir jene Worte in einer ſolchen Stunde ausgepreßt
hatte — und auf einmal tauchte nun die Freude des Wiederſe=
hens hell in mir auf.

Komme, mein Bruder, komme zu uns! Wir müſſen uns
einer an dem andern aufrichten, wir müſſen uns einer dem an=
dern die hohe, aber verſchleierte Beſtimmung des Menſchen klarer
machen.

Fürchte nicht, hier Menſchen zu finden, die in Schmerz ver=
ſunken ſind. „Veredlung durch den Schmerz“, das iſt un=
ſere Loſung, das iſt unſer gemeinſchaftliches Ziel.

Mein Bruder, mein Freund — ach, indem ich dieſes Wort

niederſchreibe, fühle ich tief, welch' ein Glück es iſt, einen Freund zu haben, wie vielfach reich ich nach dieſem großen Verluſt doch noch bin — mein Bruder, mein Freund, unſer Wirken ge= hört dem Univerſum an, nie darf es ſich auf ein einzelnes Individuum beſchränken, und mit dem Scheiden deſſelben kann und darf weder unſer Streben, noch unſer Glück enden.

von Thünen an ſeinen Sohn Heinrich.

Tellow, 15. Nov. 1831.

Deinen Brief aus Heidelberg haben wir erhalten, und der= ſelbe hat mir eine große Sorge genommen. Der Gedanke, daß Du in weniger als einer Minute von dem Glauben an den Beſitz des vollen Glücks zu der völligen Gewißheit des großen Verluſtes übergehen ſollteſt, war mir, obgleich ſelbſt ſchon gefaßt und abgefun= den, doch ſo erſchütternd, daß ich nicht ohne Grauen daran denken konnte, an Dich zu ſchreiben; es war mir, als ſollte ich dem eignen geliebten Sohn den Dolch meuchlings in die Bruſt ſtoßen. Als nun die Mutter mein Zagen und Zögern immer deutlicher wahr= nahm, gab der Himmel ihr die Kraft, den Brief zu ſchreiben. Als ſie den ſchweren aber nothwendigen Brief vollendet hatte, ſagte ſie: „meine Hand hat gezittert, aber nicht mein Herz." Eine große Laſt war mir dadurch genommen, aber die Sorge blieb. Jetzt weiß ich, daß Dir der Himmel eine ähnliche Vorbereitung wie uns geſchenkt, und was wir mit Muth und Erhebung tragen, wirſt auch Du in voller Jugendkraft tragen können, obgleich Du ſo allein ſtehſt, während wir einer an dem andern eine Stütze haben. Doch Eins hat mich tief ergriffen: „daß Du wie ich den Lebens= plan an Alexander geknüpft, auf ihn gebaut haſt." Für den Ver= luſt, der uns hier betroffen, giebt es keinen Erſatz — wenn nicht die Aufforderung, die darin zu liegen ſcheint: der eignen Kraft mehr zu vertrauen, nicht durch Andere, ſondern durch ſich ſelbſt heilſam für die Menſchheit zu wirken, einiges Gewicht hat. — —

— Wir fuhren aus Parchim, ohne Alexanders Hülle gesehen zu haben; wir vermochten es nicht, das schöne Bild, das wir von ihm in uns trugen, zu trüben. Was Lenchen auf der Rückreise am öftersten aussprach, war der Gedanke: „Alexander war zu harmonisch für diese Welt, er war reif für die andere Welt, die Leiden, die seiner hier unvermeidlich harrten, konnten ihm nichts nützen, denn er war schon vollendet, darum hat Gott ihn abge= rufen." Als ich nach ihrer Meinung auf diesen Gedanken nicht genug einging, sagte sie zu mir: „Vater, wenn Du nur erst mehr glauben wolltest, daß Alexander nicht für diese Welt war, er stand zu hoch über den anderen Menschen, er wäre nie verstanden, und er hätte sich einsam und verlassen auf der Erde gefühlt, was sollte er hier?" und als ich hierauf erwiederte: „Andere glücklich machen und dadurch selbst glücklich werden," antwortete sie mir: „So kannst Du als Vater wohl denken, aber Gott denkt anders, der will ihn nicht zum Opfer werden lassen." Der Kampf zwischen beiden Ansichten ist dadurch freilich nicht geschlichtet, sondern er= neuert sich immer wieder und gleicht einer Wunde, die stets heilt und doch immer wieder aufbricht. Dennoch aber ist die beruhi= gende Ansicht bei mir die vorherrschende geworden und späterhin habe ich öfters aus innerer Ueberzeugung selbst gesagt: „Für Wesen dieser Art hat Gott andere Welten." Merkwürdig aber ist es mir, daß, wenn ich auf den Ursprung dieser Ansicht zurück= gehe, ich denselben in der Erinnerung nicht weiter verfolgen kann, als bis zu jenem Gespräch — also wohl ein Beweis, daß jene Worte: „Gott denkt anders u. s. w.", obgleich sie mich nicht über= zeugten, doch einen tiefen Eindruck auf mich gemacht haben. Als wir an Roggow vorüber fuhren, warf ich noch einen wehmüthigen Blick nach dem Wohnsitz meines alten Freundes Pogge und sagte: „Auch diese Augen werden sich nun bald für mich schließen." Als ich in Tellow angekommen war, trat Mutter mir auf der Diele entgegen, ihre Züge waren leidend und schmerzerfüllt, aber sie hatte sich aufrecht erhalten, und dies war alles, was ich nur hoffen konnte. — —

Als ich Abends zu Hause kam, sagten Mutter und ich zu einander: „wenn wir Alexander gar nicht gehabt hätten, so empfän= den wir jetzt diesen Schmerz nicht; aber viel lieber wollen wir diesen Schmerz tragen, als einen solchen Sohn nie gehabt ha= ben," und dies Gefühl ist stets dauernd in uns geblieben. — —

Am nächsten Morgen ging ich in den Garten; es war einer der schönsten Herbsttage, die ich je erlebt habe — und zu meiner großen Freude wurde ich gewahr, daß mein Gefühl für die schöne Natur nicht abgestumpft, nicht einmal geschwächt sei. Am Bach setzte ich mich auf einen Sessel nieder zu stiller Betrachtung, und es gingen in mir diese Gedanken vorüber: „Das Reich der Möglichkeiten durchgehen heißt im Kreise den Anfangspunct suchen und kann zum Wahnsinn führen." — — „Wie du deinen Sohn geleitet hast, das kannst du vor dem Ewigen vertreten." Fast war es mir, als wenn dieser Gedanke nicht aus mir selbst entsprungen war, so wenig wußte ich die Veranlassung dazu. — „Wie du einst stolz und froh darüber warst, einen solchen Kna= ben der Schule zu überliefern, so kannst du jetzt in höherem Grade darüber stolz sein, daß es dir vergönnt wurde, dem Him= mel ein' solches Kind zu überliefern." — „Welche große Hoffnungen sind aber entschwunden, wie konnte doch dein edelstes und reinstes Streben durch diesen Jüngling heilbringend auf die Welt zu wir= ken, von einer höhern Hand so durchschnitten werden!" — Aber zu= gleich drängte sich das Gefühl einer lebhaften Dankbarkeit in mir auf dafür, daß das Schicksal bei seinem Scheiden so schonend für uns verfahren. Wir haben, sagte ich zu mir, nicht sein körperli= ches Leiden gesehen und die Umstände haben sich so gestaltet, daß wir schlechterdings zu seiner Rettung nichts beitragen konnten, so daß jetzt auch nicht der leiseste Vorwurf eines Versehens oder einer Versäumniß auf uns lastet; unser Schmerz ist groß und gerecht, aber wunderbar rein. Eine innere Stimme sagte mir:

„Ein höheres Wesen blickt jetzt mit Erbarmen und Mitleid auf euch herab, ihr wart schuldlos, darum diese Schonung; aber der große Schlag selbst unterlag einem höheren Rathschluß und konnte von euch nicht abgewandt werden." — —

Sind die allgemeinen Leiden zur Abstreifung der irdischen Leidenschaften und zur Ausbildung für eine höhere Welt den Menschen unentbehrlich, so werden auch die besonderen Unglücksfälle, die den einzelnen Menschen treffen, nicht minder zu seiner höheren Entwickelung beitragen können. Um ein physisches Uebel für die Dauer des irdischen Lebens los zu werden, unterwirft sich der Mensch zwar einer schmerzlichen Operation, ein sogenanntes Unglück kann, weise benutzt, uns von einem geistigen Uebel nicht blos für die irdische Lebenszeit, sondern für die Ewigkeit befreien. Nun ist aber die Dauer einer Operation ein viel größerer Theil von der ganzen Lebensdauer, als die Zeit des Unglücks — fülle sie auch ein irdisches Leben aus — von der Ewigkeit ausmacht. Wer aber das Unglück nicht zu seiner Veredlung zu benutzen weiß, der trägt den Schmerz, ohne irgend einen Ersatz dafür zu haben; wer es aber dazu zu verwenden weiß, der genießt die Freiheit inmitten der körperlichen Leiden. Von dieser Seite betrachtet giebt es also kein Unglück mehr — oder vielmehr, es ist in die Macht des Menschen gestellt, ob es ein Unglück für ihn geben soll — und das Grauen vor der Dunkelheit der Zukunft verschwindet. Zwar bin ich weit entfernt, von dieser Ansicht so durchdrungen zu sein, daß sie mit mir eins geworden und mich gegen alle Leiden stählen sollte — das Samenkorn kann nicht in einem Tage zum Baum werden, aber es wird allmählig wachsen und sein Keimen schon bewahrt mir heute Hoffnung und Frieden. —

In dem Schmerz muß Leben sein, er soll zur eigenen höheren Entwickelung und zur Beglückung Anderer führen; er soll nie enden, weil der Mensch seiner stets bedarf, aber wenn erst Früchte daraus hervorgegangen sind, verliert er gar bald seinen Stachel.

Ist dagegen der Schmerz todt, d. h. überläßt der Mensch sich der Trostlosigkeit und der Trauer, gehen aus ihm keine Früchte hervor, so trägt der Mensch denselben, ohne irgend einen Ersatz dafür zu haben.

Was ich in Worten nur so unvollkommen auszudrücken wußte, sollte bald durch die That klar werden. Am Vormittag kam * * * zu uns und verkündete, daß * * * aus * * * in den nächsten Tagen zu uns kommen würde. Als sie diese Worte gesprochen hatte, erschrak Mutter sichtlich. Lenchen äußerte ihren Unwillen unverhohlen und ich sagte: „* * * darf ihre Trostlosigkeit hier nicht äußern, das kann meine Frau jetzt nicht ertragen." Doch als ich einige Minuten allein gewesen war und meine Gedanken vom Morgen mir wieder vor die Seele traten, bat ich Mutter und Lenchen nach meiner Stube zu kommen und sagte zu ihnen: „wenn * * * sieht, wie wir unsern Verlust tragen, so ist es fast unmöglich, daß sie nicht Trost für ihren eigenen finden sollte; wir müssen deshalb alle unsere Gedanken und Gefühle ihr mittheilen und wenn es uns gelingt, dieser gemarterten Seele den Frieden zu geben, so ist es schon in Erfüllung gegangen, daß Alexanders Tod Heil und Segen für Andere bringen soll." Statt mit Sorgen sah ich jetzt mit Verlangen * * * Ankunft entgegen.

Am Mittwoch Nachmittag wurde uns angezeigt, daß der Domainenrath Pogge in der vorigen Nacht gestorben sei. In öffentlichen Blättern stand nachher die Todesanzeige von Pogge und Alexander auf einem Blatte neben einander. Das Leben des Einen hat reiche Früchte getragen, das des Andern gelangte hier nur bis zur Blüthe. — — —

So hatte von Thünen denn in einer Woche drei der Men=
schen, die ihm auf der Erde nahe standen, verloren. Am Freitag
erfuhr er den Tod seiner Schwägerin Cezilie, am Sonn=
abend sah er den Tod seines Sohnes, und am nächsten
Mittwoch wurde ihm die Nachricht von dem Ableben seines ihm
sehr theuren Freundes Pogge mitgetheilt. Die letzte Nachricht ver=
mochte jetzt nicht, seinen Schmerz zu mehren, nur der Kampf
gegen denselben wurde erhöht und hatte eine größere körperliche
Ermattung zur Folge. Pogge stand mit von Thünen in so naher
geistiger Verwandtschaft, daß sein Verlust ihm nicht zu ersetzen war.

Die immer höher sich entwickelnden Geisteskräfte seines Soh=
nes Alexander, verbunden mit einem fleckenlosen sittlichen Leben,
berechtigten zu Hoffnungen, die fast unbegrenzt waren. Als von
Thünen diese überlegenen Geisteskräfte immer entschiedener wahr=
nahm, faßte er zuletzt den Entschluß, das eigene Wirken aufzu=
geben und sein Leben zu einer Vorbereitung für die Laufbahn
seines Sohnes zu machen. Da nahm der Tod diesen hinweg und
jener Lebensplan war durchschnitten. So groß nun die Hoffnun=
gen waren, welche die Eltern auf diesen Sohn gesetzt hatten, so
groß war der Schmerz über seinen Verlust. Wie hoch aber auch
die Wogen ihrer Trauerempfindungen gingen, keine Klage kam
über ihre Lippen, „den schönen Seelenfrieden, der mit dem Schmerz
sehr gut verträglich ist," hatten sie sich zu eigen gemacht, es war,
als hätten sie einen tieferen Blick in die höhere Weltordnung ge=
than, wo alles Harmonie ist, was wir hier Unglück nennen, gerne
blickten sie auf die erste Zeit nach dem Tode ihres Alexander
zurück, schöpften aus ihr Trost und Beruhigung und nannten sie
„unsere schöne Zeit."

von Thünen an Christian von Buttel.

Tellow, 4. April 1832.

— — Für mich sind die Welt= und Lebensansichten, deren ich in einem früheren Briefe erwähnte, die Quelle der Erhaltung und Aufrichtung gewesen. Schon längst habe ich das Bedürfniß gefühlt, mich mit Dir darüber zu unterhalten. Aber die große Schwierigkeit, dem, was ahnend in der Seele liegt, Sprache zu geben, hat mich immer vom Niederschreiben zurückgeschreckt. Jetzt erst — in den letzten 14 Tagen — habe ich den Versuch ge= wagt — und ich lege die Copie hiebei an; — —

Betrachtungen,

veranlaßt durch das Resultat der Untersuchungen über das Verhältniß zwischen Arbeitslohn und Zinsfuß.

— — In Worten ausgedrückt sagt dieser Calcul*) Folgendes:

Die allgemeine Erhöhung der Erziehungskosten der Arbeiter erhöht die Belohnung der Arbeit; es liegt also im Interesse der Gesammtheit der Arbeiter, ihre Kinder besser zu erziehen, und wenn sie die Erziehungskosten ihrer Kinder bis zu dem Punct steigern, wo ihre Arbeit das Maximum der Belohnung findet: so bleiben die Arbeiter zwar noch immer der Nothwendigkeit unter= worfen, welche das in der Wirklichkeit herrschende Gesetz ihnen auflegt — nach welchem das auf die Erziehung verwandte Capital den Lohn bestimmt, und das Capital also den Menschen beherrscht, aber wunderbarer Weise fällt dann der nach diesem Gesetz be= stimmte Arbeitslohn mit dem Lohn der Arbeiter im Zustande der völligen Freiheit — wo er selbst als Schöpfer und Beherrscher des Capitals auftritt — in einen Punct zusammen.

Nothwendigkeit und Freiheit führen dann zu einem und dem= selben Ziel.

---

*) Der zugehörige mathematische Calcul findet sich im isolirten Staate II. Band, 2. Abth. § 1.

Die Arbeiter werden durch ihr eigenes Interesse, durch das Streben nach größerem physischen Wohlsein zur Erlangung der Freiheit geführt; indem aber die Erlangung und Bewahrung der Freiheit an eine bessere Erziehung ihrer Kinder geknüpft ist, sind sie mit dem Streben nach physischem Wohlsein dem weit höheren Zweck: „Aufklärung und geistige Ausbildung des ganzen Menschengeschlechtes," wiederum dienstbar; oder mit andern Worten: aus jenem Streben nach eigenem Wohlsein geht, ihnen selbst unbewußt, ein weit höheres Gut hervor.

Fände die Herrschaft des Capitals gar nicht statt und genösse der Arbeiter unbedingt den höhern Lohn, den er jetzt nur nach Erringung der Freiheit genießen kann, so würden die Arbeiter, anstatt ihren Ueberschuß auf die bessere Erziehung ihrer Kinder zu verwenden, in Ueppigkeit und Trägheit versinken. Aber die Entwickelung der im Menschen liegenden Fähigkeiten kann nur durch Arbeit und Anstrengung geschehen, und ohne sie findet nur ein Zurücksinken und eine Annäherung zur Thierheit statt. Um die Menschen ihrer höheren Bestimmung entgegen zu führen, ist also der Zwang, den die Herrschaft des Capitals ihnen auflegt, nothwendig, und so erscheint die Nothwendigkeit nicht mehr als die Geißel, sondern als die Erzieherin des Menschengeschlechts.

Trotz der Herrschaft des Capitals, und des in diesem Zustande stattfindenden geringen Arbeitslohns, ist es doch der Willkühr jedes Einzelnen anheimgestellt, statt der größeren Zahl, der Welt besser unterrichtete und besser erzogene Kinder zu überliefern.

Geschieht dies von einem Einzelnen, so kann daraus keine Erhöhung des Arbeitslohns hervorgehen; geschieht es aber von Allen, so gelangen Alle zu dem höhern Lohn, der im Zustande der Freiheit, wenn der Mensch Beherrscher des Capitals ist, stattfindet.

So ist also das Interesse des Einzelnen an das des Ganzen geknüpft. Der Einzelne leidet mit, wenn Andere unrichtig handeln, und somit liegt es in seinem eigenen Interesse, sie zur richtigen Einsicht und zum Rechthandeln zu führen. Und umgekehrt, was dem Ganzen wahrhaft frommt, das frommt auch dem Einzelnen.

Die Menschheit erscheint hier als ein großes organisches Ganze, wo jede Verletzung des einzelnen Gliedes vom Ganzen empfunden wird, und wo kein vollkommenes Wohlsein der einzelnen Theile möglich ist, wenn es nicht dem Ganzen wohl geht.

Das Individuum ist ein Abgesplittertes vom Geist der Menschheit, und kann als solches nur einer partiellen Freiheit theilhaftig werden.

Aber die ganze Menschheit, zur Einheit heraufgebildet, kann sich zur absoluten Freiheit erheben.

Was wir jetzt als durch die Nothwendigkeit gezogene, unsere Freiheit hemmende Schranke betrachten, würde dann aufhören Schranke zu sein — wir würden aus eigener Einsicht freiwillig das thun, was wir jetzt durch die Nothwendigkeit gezwungen thun müssen. Oder, die Schranken, die die Nothwendigkeit zieht, sind nur verletzend für denjenigen, der sie zu durchbrechen strebt — und das Menschengeschlecht, welches zur Erkenntniß seiner höhern Bestimmung gelangt wäre, würde die Schranken, von denen es umgeben ist, nicht fühlen, weil es aus eigenem freien Willen sich innerhalb derselben halten würde.

Nach diesem Vorbilde sollte nun auch der Mensch verfahren, wenn er selbst als der Beschränker der Freiheit Anderer auftritt.

So sollte in der Erziehung den Kindern kein anderer Zwang aufgelegt werden, als solcher, den das Kind, wenn es einst zur Reife des Verstandes und zur richtigen Einsicht gelangt ist, selbst als heilsam und wohlthätig für sich erkennen wird.

So sollten die Gesetzgeber der menschlichen Gesellschaft keinen andern Zwang auflegen, als solchen, den der Mensch von hoher und tiefer Einsicht sich selbst freiwillig auflegen würde — und bei einer vollkommenen Gesetzgebung würde ein Mensch von vollendeter Einsicht über die Erde wandeln können, ohne ein Gesetz zu kennen, und doch keines verletzen.

~~~~~~~~~~~~

Wenn ich von meiner Kindheit an einen Weisen gekannt und seine Lehren und Gebote vernommen, aber an der Richtigkeit und Wahrheit derselben gleich Anfangs gezweifelt hätte, weil ich die Gründe, worauf sie beruheten, nicht begriff — wenn mir dann im fortrollenden Leben ein Gebot nach dem andern klar geworden, wenn jedes Fortschreiten in der Einsicht mit dem Verstehen und Begreifen Eines jener Aussprüche verbunden gewesen, und wenn mir zuletzt auf vorgerückter Lebensbahn gegen die unzähligen Fälle, wo mir Klarheit geworden, nur einige wenige Aussprüche dunkel geblieben wären, so würde ich unwillkürlich von dem Glauben durchdrungen werden, daß auch jene Aussprüche, deren Gründe mir noch verhüllt sind, Wahrheit enthalten, und daß das Nichtbegreifen nur dem Mangel einer höhern Einsicht zuzuschreiben sei.

Ein solcher Glaube, der nicht geboten, sondern das freie Erzeugniß des Geistes ist, ist dem Begreifen selbst nahe verwandt, und des freien Menschen würdig.

Als ich in den Untersuchungen über die Verhältnisse des bürgerlichen Lebens, in denen ich früher Dunkelheit und Verworrenheit, ja zuweilen sogar Härte und Ungerechtigkeit des Schicksals zu finden wähnte, zur Klarheit gelangte, und nun in dem, was mir sonst so dunkel erschienen war, sich mir auf einmal Licht, Harmonie und ein höherer Zweck zum Heil der Menschheit offenbarte — da ward ich plötzlich wie von einem electrischen Schlage, von dem Glauben, ja der Ueberzeugung durchdrungen, daß die Nothwendigkeit, der der Mensch auch in andern und höhern Beziehungen unterworfen ist, zu seinem Heil gereiche und daß die Leiden und Schicksale, die die Menschheit allgemein treffen, zur Ausbildung und höhern Entwickelung des Menschengeschlechts unerläßlich nothwendig sind — und in dieser begeisterten Stimmung that ich den Ausspruch:

> Die Leiden und Schmerzen, die der Mensch mit so vie=
> lem Unmuth trägt, und die ihn unglücklich machen,
> würde der Mensch, der für einen Moment zur höhern
> überirdischen Einsicht gelangt wäre, für die Dauer des
> irdischen Lebens sich selbst auflegen und schaffen.

Ein allgemeines Loos der ganzen Menschheit ist:

1) daß im Alter die Kräfte des Menschen abnehmen, seine Wirksamkeit gehemmt wird, die Freuden, die die Sinnenwelt gewährte, schwinden, und statt dessen Krankheiten, körperliche Uebel und Schmerzen ihm zu Theil werden;

2) daß der Mensch, wenn er seinen Lebenslauf hier vollen= det, die Pfleger und Versorger seiner Kindheit, seine Eltern, verliert, daß liebende Gatten auseinander gerissen werden, und daß nicht selten Eltern ihre Kinder, die Frucht ihres Lebens und ihres Wirkens zu Grabe tragen müssen.

Dieses Loos scheint entsetzlich zu sein; aber weil es allgemein ist, kann es nur höhern Zwecken dienstbar sein, und jenem aus der wachsenden Einsicht hervorgehenden Glauben zu Folge müssen wir annehmen, daß der Mensch ohne solche Leiden seine höhere Bestimmung nicht erreichen kann.

Für Erreichung irdischer Zwecke aber sind diese Leiden frucht= los, und der Glaube, daß die Nothwendigkeit, diese Leiden zu tragen, der Menschheit zur Erreichung eines höhern Zwecks auf= erlegt ist, führt unmittelbar zu dem Glauben, ja zu dem Schauen:

> daß der Mensch fortdauert, wenn auch hier die Hülle
> von ihm fällt.

Welches die höhere überirdische Bestimmung des Menschen sei, können wir nicht wissen, nur ahnen. Wie physisch die Kluft zwischen zwei Welten dem Menschen unübersteiglich ist, so kann auch der menschliche Geist zum Erkennen des Jenseits die Ueber= gangsstufen nicht entbehren.

Aber in den Gesetzen der Natur ist **Einheit des Zwecks** und was wir in den Verhältnissen der bürgerlichen Gesellschaft als Zweck erkannt haben, mögen wir wohl ahnend als Stufenleiter zum Erkennen unserer Bestimmung anwenden dürfen.

Wohin führt nun im bürgerlichen Leben die Nothwendigkeit den Menschen?

An die Beherrschung des mächtigsten der Sinnentriebe fanden wir dort die Freiheit geknüpft, und aus der Herrschaft dieses Triebes über die Vernunft sahen wir die Nothwendigkeit hervorgehen.

Aus der Nothwendigkeit, die über den Menschen waltet, entspringt ein großer Theil der Uebel, die den Menschen in seinen bürgerlichen Verhältnissen drücken und unglücklich machen. Aber in diesen Uebeln liegt nun der Sporn, sich zur Freiheit und somit zur Beherrschung der Leidenschaften zu erheben.

Die Leiden, die das Walten der Nothwendigkeit dem Menschen zufügt, sind für ihn ein Sporn, sich zur Freiheit zu erheben; aber sie zwingen ihn nicht dazu. Ob die Leiden den Menschen zu Klagen, Unmuth und Verzweiflung herabziehen, oder ihn zur Veredlung und höhern Geistesentwickelung erheben — das ist ganz der freien Willkür des Menschen anheim gestellt.

Der Mensch soll also aus und durch sich selbst werden; er soll sein eigenes Werk sein.

Die Nothwendigkeit führt den Menschen zur Thätigkeit und Anstrengung, und damit zur Entwickelung seiner Kräfte. Die Geisteskräfte, die der Mensch im Kampf mit der Nothwendigkeit entwickelt, ausbildet und gleichsam aus sich selbst hervorruft, gehören seinem eigensten, innersten Wesen an, und sind, wohin er auch versetzt wird, sein unverlierbares Eigenthum.

Ausbildung der Geisteskräfte erscheint also als Zweck an sich.

Wenn ein einzelner Mensch sich zur Herrschaft über die Leidenschaften, zur Entwickelung seiner Kräfte und zur richtigen Einsicht, und damit zum Rechthandeln erhebt, so kann er dennoch den

Uebeln, die die Nothwendigkeit verhängt, nicht entgehen — nur wenn Alle recht handeln, verschwinden die Uebel.

Das Glück des Einzelnen ist also an das Glück Aller geknüpft, und dadurch wird es zur Aufgabe des Lebens:

> an der Aufklärung und Beglückung Anderer seine eigenen Kräfte zu entwickeln und auszubilden.

Indem der Mensch sein persönliches Interesse dem Interesse der Menschheit zum Opfer bringt, fällt durch eine wunderbare Verkettung die Erhöhung des Wohls der Gesammtheit wohlthätig auf ihn zurück, und er bedarf keines andern Moralprincips als dieses:

> Thue das, was Dir, wenn alle Andern ebenso handeln, zum Heil gereichen würde, und bringe willig die Opfer, die dies Princip fordert, wenn Andere dasselbe nicht befolgen.

Wir haben gesehen, daß die Arbeiter durch das Streben nach physischem Wohlsein zur Freiheit und zur Beherrschung der Leidenschaft, also zur Erlangung eines großen Guts geleitet werden. Aber dennoch ging daraus ein anderes, von ihnen nicht erstrebtes, noch höheres Gut: „Aufklärung des ganzen Menschengeschlechts" hervor.

Sollte nicht auch so, aus dem Streben nach der Beglückung Anderer, ein uns noch unbekanntes höchstes Gut hervorgehen! Die Wonne, die dem Menschen nach jeder edlen Handlung zu Theil wird, scheint diese Ahnung zu bestätigen.

Indem nun die Gesetze, die uns über die Bestimmung des Menschen enthüllt sind, uns mit Bewunderung durchdringen, und wir dennoch zu der Ahnung geführt werden, daß sie nur untergeordnete Theile eines höhern Gesetzes sind, schauen wir in ein geheimnißvolles Dunkel, aber in ein Dunkel voll freudiger Hoffnung, und dem ahnenden Geist wird der große verhüllte Gesetzgeber sichtbar: Gott!

„Wir sehen, welche Perlen von Sittlichkeit unter diesen alge=
braischen Formeln verborgen liegen," bemerkt ein Schriftsteller,
welcher die Ziele von Thünen'scher Forschungen zu würdigen ver=
stand — und einer seiner Verehrer ruft aus: „Diese Fülle von
Gedanken, eine Gesetzestafel, werth in körnigen Sandstein liebevoll
gemeißelt zu werden!"

Jene „Betrachtungen" gaben Veranlassung zu lebhaftem
Ideenaustausch mit Anderen, namentlich mit dem Bruder Christian
von Buttel, denn es war von Thünen interessant zu erfahren, in
welcher Verbindung oder in welchem Widerspruche diese Ansichten
mit der Hegel'schen Philosophie ständen und ob nicht schon von
einem der ältern Philosophen ähnliche Ansichten aufgestellt seien.

---

von Thünen an Christian von Buttel.

Tellow, 1832.

Deine Einwürfe gegen meinen Aufsatz haben mich auf eine
angenehme Weise zum Nachdenken gereizt, und in eine geistige
Thätigkeit versetzt, die mir Bedürfniß ist. Du hast ganz Recht,
daß zwischen dem ersten und zweiten Theil der Abhandlung der
Zusammenhang fehlt. Ich fühlte dies beim Abschreiben selbst,
aber ich war mir bewußt, daß bei der Auffassung der Idee keine
Lücke vorhanden gewesen war. Es ist mir, als sei in jenem herr=
lichen Moment des ersten Auffassens die Kluft zwischen dem
Diesseits und Jenseits durch eine Brücke ausgefüllt gewesen, als
habe ich einen unvergeßlichen Blick in das Jenseits gethan, beim
Zurückgehn aber sei die Brücke hinter mir abgebrochen und ich
vermöge nimmer sie herzustellen. So viel ich mir zurückrufen
kann, war die Verknüpfung der Ideen und somit auch die Verbin=
dung zwischen dem ersten und zweiten Theile des schriftlichen Auf=
satzes — was sich in Worten aber nur unvollkommen ausdrücken
läßt — ungefähr folgende:

Wo Gesetze offenbar werden, da muß ein Gesetzgeber sein. In den Gesetzen der Natur ist Einheit des Zwecks.

Was uns in den Verhältnissen des bürgerlichen Lebens als Zweck und Bestimmung des Menschen klar geworden, muß auch in Beziehung auf das Ueberirdische Zweck und Bestimmung des Menschen sein, weil sonst keine Einheit in den Gesetzen wäre u. s. w.

Ich bin mir vermuthen, daß Du gegen diese Art der Beweisführung vieles — und vielleicht mit Recht — einzuwenden hast; mir hat sich hierbei die Frage: „welche Forderung kann man an einen Beweis machen, und wann kann man einen Satz als bewiesen ansehn?" lebhaft aufgedrängt. Mir kommt es vor, als wenn Philosophen und Mathematiker sich hier handeln lassen und als wenn das, was der Eine für erwiesen erklärt, von dem Andern als unbegründet verworfen werden kann, und daß es auf der Erde kein competentes Tribunal giebt, was hier einen gültigen Spruch thun kann. Euclid's Lehre von den Parallel-Linien beruht auf einem Grundsatz, der selbst des Beweises bedarf, und dessen Richtigkeit füglich in Zweifel gezogen werden kann. Kann man aber deshalb die ganze Geometrie als irrig und unwahr verwerfen?

Noch ein Fall ist mir aufgestoßen, zu dessen Darlegung ich einer gezeichneten Linie bedarf:

A_____a   b_____B

Die Linie A B war früher eins; ich habe in der Mitte einen Theil davon wieder ausgelöscht, wodurch die Lücke a b entstanden ist. Kannst Du nun auf philosophischem oder mathematischem Wege beweisen, daß die beiden Linien A a, B b, wenn sie verlängert werden, in eine Linie zusammenfallen, wenn Dir die historische Thatsache, daß sie früher eins waren, nicht bekannt ist? Ich zweifle, wenigstens hat mir kein Beweis gelingen wollen, da natürlich die Anlegung eines sinnlichen Maaßstabs nicht als Beweis dienen kann. Scheitert aber unser Vermögen „etwas zu beweisen" schon an so ärmlichen Dingen, wie dürfen wir dann hoffen über die höhern und höchsten Beziehungen Beweise zu führen, die aller und jeder Forderung genügen. Jede Frau, jedes Kind wird dagegen augenblicklich behaupten, daß die beiden Linien verlängert in eine zusammenfallen: „man kann es ja sehen, es kann nicht anders sein," werden sie sagen, und sie haben Recht, während Philosophie und Mathematik mit ihren Zweifeln im Unrecht sind. Bei dieser Gelegenheit ist mir der Spruch in der Bibel: „Gott hat die Wahrheit verborgen den Weisen und Klugen und hat sie geoffenbart den Unmündigen," der mir sonst ganz unverständlich war, auf einmal klar geworden.

Die Vorstellungen von Gott und Unsterblichkeit sind so tief in die Brust des Menschen gelegt, alle Verhältnisse des Lebens führen so natürlich darauf hin, daß jede unverbildete Frau, jedes gut erzogene Kind davon durchdrungen sind. Nur der Denker, der, weil ihm gelungen ist, Einiges zu ergründen, leicht zu der Vermessenheit kommt, den Satz aufzustellen: „was ich nicht begreife, das ist nicht," unterliegt der Qual des Zweifelns. Aber merkwürdig ist die Selbsttäuschung, der sich der Mensch hier hingiebt, er glaubt nicht, was er nicht begreift, und doch sieht er täglich tausend Wunder, die er nicht begreifen kann und doch daran glaubt, weil sie ihm alltäglich geworden und weil er sie mit den Sinnen, — die er doch sonst als Beweismittel verwirft — wahrnimmt. Wer hat je begriffen, wie aus der Eichel eine Eiche werden kann, und wer ist wahnsinnig genug, die Thatsache abzuleugnen? Der Philosoph, welcher nicht an Gott und Unsterblichkeit glaubt, weil er es nicht begreifen kann, steht auf gleicher Linie mit demjenigen, der die Lehren der Geometrie für Lug und Trug erklärt, weil er keinen Beweis für Euclids Grundsatz finden kann.

Leider habe ich den größten Theil meines Lebens, zwar nicht im Unglauben, aber doch in dem Zustand des Zweifelns, wo der Gedanke an Gott und Unsterblichkeit alle Kraft und Bedeutung

für das Leben verliert, hingebracht. Der Glaube wurde dem
18jährigen Jünglinge durch seinen Lehrer Staudinger genommen
und, einmal entflohen, konnte er nur durch eine lange ernste Be=
trachtung des Lebens — nun aber freilich in ganz anderer
Kraft — wieder hergestellt werden. Darum vermied ich in jener
Periode das Gespräch darüber mit Dir, mit meinen Kindern,
mit Jedem: denn ich fühlte, daß ich nur Ruhe rauben, nicht
geben konnte. Der Moment, wo ich durch eine Verstandes=
thätigkeit in einer anscheinend ganz fremdartigen Untersuchung,
wieder zum Glauben, — aber zu einem Glauben, der sich nun
in ein Schauen, in ein Begreifen, daß es nothwendig so sein
müsse, verwandelt hatte — zurückkehrte, ist für mich der schönste
und höchste meines Lebens.

Aber diese Ansichten, so sehr sie auch mein Eigenthum zu
sein schienen, bedurften dennoch der Prüfung, ob Denken und
Handeln Eins bei mir geworden sei. Diese Prüfung ward ihnen
ein Jahr später auf eine furchtbare Weise, als mir mein wunder=
herrlicher Sohn, der Stolz meines Lebens, durch den Tod ge=
nommen wurde. Daß ich nun in dieser schweren Zeit nie und
in keinem Augenblicke weder in Verzweiflung, noch in ein Klagen
gegen das Schicksal verfallen bin, daß ich die Kraft gehabt habe,
mich aufrecht zu halten und Andere aufzurichten, danke ich allein
jenen Ansichten — und ein größerer Beweis ihres hohen Werthes
möchte auf Erden schwer zu liefern sein.

Wenn alle Zweifel, die je von den geistreichsten Skeptikern
ausgesprochen sind, in ein einziges Wort concentrirt werden
könnten, so würde ich ihnen zurufen: „sprecht Euer furchtbares
Wort nur aus, mich könnt ihr nicht verwunden," und eine gleiche
Zuversicht lebt in der Brust meiner Frau und meiner Tochter.

Manches von den alten Weisen ausgesprochene Wort, das
sonst eindruckslos an mir vorüberging, ist mir jetzt verständlich
geworden. Wie vieles Andere mag mir auch jetzt noch unver=

ſtändlich ſein und erſt nach neuen Forſchungen, neuen Leiden klar werden können.

Das iſt ein großes Uebel, daß es nur für ſolche Gedanken und Begriffe, die ſchon ein Gemeingut Mehrerer ſind, Worte giebt, daß für jeden ganz neuen Begriff aber das Wort fehlt, vermittelſt deſſen der Begriff zu einem Andern übergehen kann. Darum ſinkt ſo vieles ſchon Gefundene in das Grab der Vergeſſenheit zurück und geht für die folgenden Generationen verloren.

Im Gegenſatze mit der früheren Zeit, wo ich nur „nehmen“, nicht „geben“ konnte, und deshalb jedes Geſpräch über Religion vermied, fühle ich jetzt ein Verlangen darnach, mich darüber aus= zuſprechen. Was mir die Kraft im Leiden, die Verſöhnung mit dem Schickſal gegeben hat, das — meine ich — müſſe auch eine Wohlthat für Andere ſein; aber mit dem Worte geht nicht die Kraft des Gedankens zu dem Andern über, und beklagen muß ich oft, daß der Weg der Mittheilung ein ſo unvollkommener iſt. Finde ich keinen Anklang, ſo irrt mich dies nicht, und ich ſage dann mit innerer Ueberzeugung: „Durchlauft denſelben Gedanken= kreis wie ich, und eure Ueberzeugung wird nicht minder kräftig ſein als die meine.“ Glücklicherweiſe giebt es gar viele Wege zu einem und demſelben Ziel — der Erkenntniß der Wahrheit —, denn das große Geſetz der Natur iſt, weil es überall nur Eins iſt, auf jedem Blatt geſchrieben, und Jeder kann auf ſeine ihm eigenthümliche Weiſe daſſelbe leſen und verſtehen lernen.

⁓⁓⁓⁓⁓

Noch muß ich dem, meinem Herzen ſo nahe ſtehenden Bruder, eine tief in unſer Leben eingreifende wunderbare Erſchei= nung mittheilen.

Als in der Nacht vom 10. auf den 11. October, drei Tage nach Alexanders Tode, meine Frau und ich zwiſchen 2 und 3 Uhr Morgens erwachten, fragte meine Helene mich, ob ich nicht ent=

ferne Glockentöne vernähme. Ich horchte und hörte allerdings
solche Töne, aber ich hielt es für Sinnentäuschung.

In der folgenden Nacht erwachten wir wieder zur selbigen
Stunde und hörten dieselben Klänge, aber viel entschiedener und
bestimmter. Wir beide verglichen diese Töne mit Glockenschlägen,
denen der Ton des Anschlags fehlte, in deren Nachhall sich aber
Musik mischte. Lange horchten wir diesen harmonischen Klängen,
und als ich zuletzt meine Helene bat, mir die Gegend zu zeigen,
von welcher sie diese Musik vernähme, und als sie nun den Arm
ausstreckte, und damit nicht blos dieselbe Richtung, sondern auch
dieselbe Höhe, aus welcher ich die Töne kommen hörte, anzeigte
— da stockte mir der Athem. Leuchen und Hermann hörten trotz
aller Anstrengung nichts. In den folgenden Nächten wiederholte
sich dasselbe. Einige Tage später hörte ich die Musik auch des
Abends, aber sie verstummte gegen Mitternacht und begann erst
wieder nach 2 Uhr Morgens. Besonders schön und harmonisch
war die Musik am 18. October — Alexanders Geburtstag.
Meine Frau findet in dieser Sphärenmusik eine ungemeine Stär=
kung und Beruhigung. Mir aber gewährte sie diese Beruhigung
nur momentan. Die Ungewißheit, ob dies Sinnentäuschung, ob
Wirklichkeit sei, ließ mich nicht zur Ruhe kommen, und das
Streben hierüber Klarheit zu erlangen, erhielt mich in steter
Spannung. So habe ich mehr als 4 Wochen die Nächte
schlaflos zugebracht, bis ich zuletzt persönlich ganz ermattete.
Ich hatte immer darnach gelauscht, ob ich zwischen meinem Puls=
schlage und dem in der Musik herrschenden Tact keine Verbin=
dung finden könne; aber ich fand keine. Im Lauf dieser 4
Wochen aber hatte die Musik sich wesentlich verändert, sie war
immer stärker geworden, so daß wir sie zuletzt am Tage, mitten
unter dem Geräusch aller Art, durchhörten, und ich des Abends
dadurch am Lesen oder Schreiben verhindert wurde; aber mit
dem Lauterwerden war die schöne Harmonie in derselben ver=
schwunden, und wir verglichen sie jetzt mit dem Nachhall einer

9*

großen Menge zugleich gezogener Glocken. Diese Klänge waren
angreifend und erschütternd für die Nerven und selbst meine Frau
wünschte jetzt, daß sie nur enden möchten. In der Mitte No=
vembers verstummten sie endlich ganz, und weder ich noch meine
Frau hörten das Mindeste.

Jetzt begann aber wieder der Zweifel, ob die vernommene
Sphärenmusik nicht eine Folge unsers sehr angegriffenen körper=
lichen Zustandes gewesen sei. Meine Frau war in dieser Zeit
ungewöhnlich trübe. Aber nach 8 Tagen begann die Musik wieder,
jedoch sehr leise, und dauerte so bis Weihnachten. Am Abend
vor Weihnacht erscholl sie aber ganz ungewöhnlich stark, hell und
tönend, und es war in ihr ein Ausdruck und eine Abwechselung,
wie wir nie zuvor gehört. Nach Weihnachten hörte sie wieder
auf, am Neujahrsabend horchten wir vergebens darnach und dies
Schweigen dauerte im Januar fort. Meine Frau und ich hatten
nun in heiterer und trüber Stimmung, im krankhaften und ge=
sunden Zustande die Musik immer gleichzeitig in gleicher
Weise und nach derselben Richtung gehört. Ein Zweifel
an der Wirklichkeit der Musik war uns nicht mehr möglich. Wir
glaubten, daß sie jetzt ganz verschwunden war. Aber Ende Ja=
nuar begann sie wieder, und zwar ganz verändert; die Glocken=
töne waren aus ihr verschwunden und Flötentöne an deren Stelle
getreten. Im Anfang März wurde sie ungemein laut und tö=
nend, nun waren aber die Flötentöne daraus wieder verschwunden
und wir konnten sie jetzt nur mit einem vielstimmigen Gesang,
von Musik begleitet, vergleichen. Ja einmal glaubten wir beide
zu gleicher Zeit, jedoch nur für einen Moment Sprache darin zu
vernehmen. Am 21. März, dem Geburtstag meiner Frau, hatte
die Musik wieder einen ganz andern schönen, aber sonst furcht=
baren Character angenommen. Wir beide konnten sie aber mit
nichts Irdischem vergleichen.

Diese merkwürdige Erscheinung wiederholte sich zu öfteren Malen, namentlich an Gedenktagen der Familie; die Musik verstummte auch nach dem Tode der Frau nicht, und blieb somit Beiden eine treue und liebe Begleiterin durch's Leben. Wenn sie sich auch eingestanden, daß diese Töne, welche unleugbar in ihrem Ohre erklangen, ihnen Nichts vorhersagen sollten, was in Raum oder Zeit von ihnen getrennt war, daß ihre Einsicht und ihre Begriffe nicht dadurch erweitert werden sollten, das Eine sagten sie ihnen: „das Fortleben ihres Sohnes Alexander," und diese so befestigte Ueberzeugung war ihnen höchster Lebensgenuß. Mag man jene Erscheinung nun für Sinnentäuschung halten, die bei einem in der Beobachtung so treuen Manne wie von Thünen, der auch hier seine eignen Zweifel immer von Neuem zur Grundlage weitern Forschens nahm, bis er sich überzeugt hielt, nicht stattfand, mag man in ihr einen physiologischen Beweis zur Darlegung der hochgespannten Schmerzempfindungen erkennen, welche den physischen Hintergrund bilden, und deren Saiten allerdings so hochgestimmt waren, daß von Thünen nach dem Tode seines Alexanders einmal eine überirdische Erscheinung fürchtete, mag dies zur Aufklärung des Ganzen von bestimmtem Interesse sein, doch möchte jene Erklärung noch in so ferne unvollkommen erscheinen, als die bestimmte Thatsache vorliegt, daß von Thünen und seine Gattin immer dieselben Töne und selbst, wenn sie auch getrennt an verschiedenen Orten weilten, stets zu derselben Zeit und in derselben wechselnden Richtung vernahmen.

von Thünen an seine Frau.

Sülz, 7. Juli 1832.

Hier sitze ich wieder, auf derselben Stelle, wo ich voriges Jahr saß; ich blicke wieder auf den Garten, in welchem ich im vorigen Jahre so viele genußreiche Stunden verlebte, wo so manche Stellen eine frohe Erinnerung mit sich führen. Aber wo bist Du, o Sonne von Sülz, geblieben! Ich gehe herunter und finde in den sonst so belebten Zimmern keine Seele, die ganze Vorder= fronte des Hauses wie ausgestorben, alle Sitze vor der Thür leer; ich gehe in den Garten, wo alle Steige mit Gras bewachsen sind, und bin dort einsamer, wie in unserm Garten zu Tellow. Des Abends sitzen ich, Schlettwein und noch ein Unbedeutender zu Tisch, die Damen fliehen bis jetzt sogar die Mittagstafel und diese ist von 6—7 mir unbekannten Herren — größtentheils aus der Stadt — besetzt. Der Wirth ist unmuthig und kümmert sich nicht um seine Gäste, die Aufwartung ist schlechter als beim vollen Hause, die Marqueur's schleppen sich langsam fort, und sagen, sie müßten das Unglück — nämlich das leere Haus — tragen. Dazu kommt, daß hier keine Sonne scheint und daß heute der herabströmende Regen sogar den Ausflug in den schmutzigen Garten verhindert. Auch ist wenig Aussicht zur Besserung da, und ich habe einige Scrupel über meine Badereise; zwar ist noch Manches an mir zu bessern, aber die Mängel sind jetzt zu geringe, als daß sie eine Zeit und Geld kostende Badereise rechtfertigen können.

Hielte mich nun nicht die Verpflichtung gegen Lenchen hier, für die ich das Bad nothwendig halte, so würdest Du wahr= scheinlich statt dieses Briefes mich selbst erhalten. Heute Morgen beschloß ich, ein Tagebuch anzufangen, in der Hoffnung, daß da= durch der Aerger aus mir heraus auf das Papier fahren würde. Doch die Hauptschuld liegt an mir selbst: wenn ein seltenes gün= stiges Zusammentreffen von glücklichen Umständen ihm einmal zu Theil geworden ist, verlangt der verwöhnte Mensch, daß dies immer wiederkehren soll. Auch weiß ich sehr gut, daß ich der Langeweile ein Ende machen kann, wenn ich nur will. Zu Hause kann ich die complete Ruhe und eine starke Portion Einsamkeit gut ertragen, warum nicht hier? Ich brauche nur eine wissen=schaftliche Arbeit zu beginnen — und dem Uebel ist abgeholfen. Auch brauche ich nur meine Erwartung in Hinsicht des geselligen Vergnügens bis auf Null herabzustimmen und ich kann versichert sein, daß ich dann Vieles über meine Erwartung finden werde. Flügge's Ankunft wird mir schon eine angenehme Unterbrechung gewähren. — —

Ein Glück ist uns schon begegnet. Als ich den ersten Morgen mit Lenchen herunterging, stand zufällig die Kammer=herrin von Plessen vor ihrer Thür, und ich hatte Gelegenheit, Lenchen ihrer Protection zu empfehlen. Ohne diesen glück=lichen Zufall würde Lenchen — da die Kammerherrin wegen Unpäßlichkeit ihr Zimmer nicht verläßt — das Leben im Ge=fängniß haben kennen lernen: jetzt führt sie doch noch ein Kloster=leben. Auch findet sie selbst sich ganz gut darin — nur ängstigt sie sich über mein Schelten und machte mir heute Morgen den Vorschlag, ob ich nicht auf ein paar Tage nach Hause reisen wolle. Ich habe ihr aber versichert, daß das Schelten Lin=derung verschaffe und daß sie sich daran nicht zu kehren brauche.

Als ich heute Morgen die Treppe heraufstieg, hörte ich eine sehr freundliche wohlklingende Stimme sagen: „guten Morgen, lieber Herr von Thünen;" verwundert blickte ich auf und schaute in ein hübsches weibliches Gesicht. Es war die Schwester des Wirths, die mich voriges Jahr wegen meines Kaffeetrinkens so sehr lobte. So verschieden sind die Wege zum weiblichen Herzen. — —

von Thünen an seinen Sohn Heinrich.

Tellow, 8. August 1832.

Tief betrübt wurde ich in Sülz durch die Zeitungen, welche die Bundestagsbeschlüsse enthielten. Mein schöner Traum von einer stillen, ruhigeren Entwickelung des Volks= und Staatslebens in Deutschland ist entschwunden und eine unheilvolle Zukunft hat sich meinen Blicken aufgerollt. Zum Glück giebt es noch einen legalen Weg, diese Beschlüsse unschädlich zu machen, nämlich den, daß die Landstände aller deutschen Staaten diese Beschlüsse für widerrecht= lich und null und nichtig erklären. Verträge darf keine Regierung brechen, oder sie hört auf, gesetzlich zu sein. Hätten die Regie= rungen die Aufruhrprediger zu Hambach auf das strengste ver= folgt und bestraft, so hätten sie sich den Beifall aller Gutgesinn= ten — der bei Weitem größern Mehrzahl — erworben. Wenige Tage vor der Ankunft jener verhängnißvollen Beschlüsse sagte ich noch in einer Gesellschaft zu Sülz: wundern Sie sich nicht, wenn ich Ihnen jetzt weniger liberal als im vorigen Jahr erscheine, denn wenn ich nur die Wahl habe zwischen Anarchie und Despo= tismus, so werfe ich mich dem Despotismus in die Arme. Und in der That fand ich auch, daß diejenigen, die mir im vorigen Jahr als Ultraliberale erschienen waren, und gegen die ich viel= fach angekämpft hatte, jetzt meine Gesinnungen theilten. In der gebildeten Mittelklasse, die ihre Rechte, aber auch ihre Verpflich= tungen gegen den Staat kennt, würden die Regierungen eine mächtige Stütze gegen alle Aufrührer gefunden haben. Wie ist es nur möglich, daß die Regierungen gerade diese Classe verletzen und sich ihr feindlich gegenüberstellen konnten! Doch wir dürfen von dem Rechtsgefühl unserer Fürsten hoffen, daß diese Beschlüsse nie zur Ausführung kommen.

Aber beklagen muß ich noch, daß durch die Beschlüsse Deutschlands Kraft nach Außen gebrochen ist. Haben die Fürsten denn nicht bedacht, wie bei einem Kriege mit Frankreich die Proclamation der Franzosen an das deutsche Volk lauten wird, wie ſie nur Wahrheit zu enthalten braucht, um eine furchtbare Wirkung hervorzubringen? Die Irrthümer der Privatperſonen muß jeder ſelbſt büßen, die Irrthümer der Fürſten werden hier mit dem Blute ihrer Völker geſühnt. Hier — aber oben wartet ihrer ein anderer höherer Richter!

von Thünen an denſelben.

Tellow, 30. Januar 1833.

Seit längerer Zeit war zu meinem großen Leidweſen in meinen wiſſenſchaftlichen Beſtrebungen ein Stillſtand eingetreten. Jetzt iſt aber der Sinn dafür mit ganzer Lebhaftigkeit wieder in mir erwacht, und beſchäftige ich mich mit einem Plan zur künf= tigen Bewirthſchaftung von Tellow.

— — Indeſſen iſt es mir während dieſer Stillſtandsperiode doch gelungen, die famoſe Frage „über die mittlere Entfer= nung“, die mich ſeit länger als 15 Jahren vergebens beſchäftigt hat, mit mathematiſcher Beſtimmtheit und Gewißheit zu löſen. Zu meiner Verwunderung und Beſchämung bedarf es zu dieſer Löſung keiner neuen Entdeckungen, ſondern das bisherige Wiſſen reicht dazu aus. Wenn nun aber bedeutende Mathematiker ſie dennoch nicht zu löſen wußten, ſo erinnert dies an das Ei des Columbus, und giebt einen neuen Beweis, wie bei aller Leichtigkeit, das was Andere erdacht haben aufzufaſſen, die eigentliche Productivität des Geiſtes doch ſo geringe iſt. Die Hoffnung, daß aus dieſer Ent= deckung andere wichtigere hervorgehen werden, hat ſich bis jetzt nicht bewährt. Allemal gewährt es aber doch eine Freude, das ſo lange Erſtrebte endlich zu erreichen. — —

Der iſolirte Staat iſt bis auf 80 Exemplare abgeſetzt und Perthes hat mir nun für 100 Thaler Bücher angeboten. Noch habe ich keine Bücher verſchrieben und es geht mir in der That wie dem Eſel der Metaphyſiker, der zwiſchen zwei Heuhaufen ſtehen bleibt, weil er unſchlüſſig iſt, von welchem er freſſen will. Jedoch

werde ich nun nicht lange mehr zögern dürfen, und kommt Dein
Brief noch zeitig genug, so kann ich dann für Dich eins mit ver=
schreiben, damit Ihr Alle doch etwas davon habt. — —

— — Ich halte auch gerade das Bestehen des Examens
für ein wesentliches Element zur Ausbildung, so daß ich selbst
dann, wenn Du keine Anstellung suchtest, es doch wünschenswerth
finde, daß Du ein Examen machtest. Im practischen Leben kom=
men oft Fälle vor, wo Unbefangenheit und Geistesgegenwart von
großem Werth sind, und zur Erlangung dieser Eigenschaften giebt
es vielleicht kein wirksameres Mittel, als das Examen. Gerne
möchte ich auch in dieser Beziehung Deine Carrière gemacht haben.

von Thünen an denselben.

Tellow, 13. Juni 1833.

Jeder Geburtstag ist ein wichtiger Einschnitt in der fort=
rollenden Zeit und ruft unmittelbar zur Betrachtung der Ver=
gangenheit und Zukunft auf. Mir ist, als habe die Natur selbst
das Leben des Menschen in drei Perioden eingetheilt, und das
erste Vierteljahrhundert des Lebens zur Ausbildung und Vorbe=
reitung, das zweite zur angestrengten Arbeit und das dritte zum
allmähligen Uebergang zur Ruhe und zugleich zur Vorbereitung für
eine neue Laufbahn bestimmt. Du hast jetzt die erste Periode
durchlaufen und so erscheint mir Dein jetziger Geburtstag feier=
licher als alle frühern. — —

Wäre die Erreichung irdischer Güter — hohe Aemter, Reich=
thum, Ansehen — der höchste Zweck, wie er es in der That für
die mehrsten Menschen ist: so könnte ich nicht ohne Besorgniß auf
Deine künftige Laufbahn hinblicken. Daß die fortgesetzte Ent=
wickelung der Geisteskräfte und das Streben, zum Wohle der
menschlichen Gesellschaft beizutragen, ein anderer und weit höherer
Zweck ist, daß die Güter, die der Mensch durch dieses Streben
sich erwirbt, sein ewiges unverlierbares Eigenthum sind, während

jene anderen Güter gleichſam nur das Kleid des Menſchen bil=
den, was wieder von ihm abgeſtreift wird — dies können oder
wollen die Menſchen nicht begreifen. Durch das Ringen und
Streben nach jenen irdiſchen Gütern werden die Menſchen —
dem großen Geſetz in der Geiſterwelt zufolge — unwillkürlich und
ihnen unbewußt gezwungen, an dem Wohle der menſchlichen Ge=
ſellſchaft zu arbeiten. Wie ſehr ich auch an vielen Menſchen die
Ueberlegenheit an Kenntniſſen und Talenten mancherlei Art tief
anerkenne: ſo kann ich ſie doch nur beklagen, wenn ich ſehe, daß
ſie trotz der herrlichen Ausſtattung von der Natur ohne beſtimm=
tes Ziel durch das Leben ſchiffen, das Steuer nicht zu führen
verſtehen und ſo dem Impuls der Wellen folgen müſſen. Wie
viel ſchöner und herrlicher iſt es, im klaren Bewußtſein des gro=
ßen Endzwecks aus eigenem freien Antrieb an dem Wohl der
Menſchheit zu arbeiten, anſtatt daß Jene durch ihr irdiſches In=
tereſſe unbewußt dazu getrieben werden. Auch ich habe den größ=
ten Theil meines Lebens ſteuerlos durchſchifft. Was ich jetzt er=
ſtrebe, kann ich nicht mehr erreichen: ich kann nicht die Jugend=
kraft zurückrufen, ich kann nicht das Verſäumte nachholen, nicht
die Eindrücke und Verkettungen aus der frühern Zeit vertilgen.

Aber die Umſtände, unter denen Du Deine Jugendbildung
empfangen, ſind unendlich viel günſtiger, als die waren, unter
denen ich in das Leben geführt wurde. Vielleicht vermag der
Sohn es, das, was im Vater nur bis zum Streben gelangt iſt,
in ſich zur Realität zu bringen. Gelingt es Dir, den hohen End=
zweck der Menſchheit mit ſolcher Klarheit und Kraft in Dir zum
Bewußtſein zu bringen, daß Streben und Handeln Eins wird,
und Du als freier Beſchauer über dem Leben und über Dir ſelbſt
ſtehſt; ſo können die Kränkungen und getäuſchten Hoffnungen,
denen Du nun auch entgegen gehſt, nie tief verwunden.

Im Jahre 1834 folgte von Thünen's Tochter Helene dem
geliebten Manne, Christian von Buttel, dem sie am Altare die
Hand gereicht, ins ferne fremde Land. Die Trennung von der
theuren Tochter war den Eltern ergreifend, aber nicht schmerzlich,
und die Verwandtschaft der Brüder, ohnehin schon so innig durch
ihr geistiges Zusammenleben, erhielt durch diese Verbindung noch
ein neues Band, und ihre Interessen vereinigten sich noch mehr
wie sonst.

Dies wurde später in noch höherem Grade der Fall, als
von Thünen's Sohn, Hermann, sich mit Bertha von Buttel, der
Tochter Christian's von Buttel aus erster Ehe mit Cezilie von
Harten, im Jahre 1849 verehelichte, und in der Nähe des Vaters seinen Wohnsitz nahm.

von Thünen an Christian von Buttel.

Tellow, 8. Juni 1834.

— — Die Hochzeit einer Tochter ist für das Stillleben
doch eine gefährliche Unterbrechung: vier Wochen vor der Hochzeit
beginnt schon die Unruhe im Hause und acht Wochen nachher will
es noch nicht wieder zur Ruhe kommen. Unsern Freunden und
Verwandten scheint die Pflicht der Tröstung leichter zu werden,
als Euch die der Trauer — wenigstens waren ihre Besuche so
überhäuft, daß meine Frau nicht aus dem Hause hat kommen
können, und daß wir zuletzt kein sehnlicheres Verlangen, als das
nach Ruhe und Einsamkeit hatten. Zwar waren dies größtentheils
Damenbesuche. — Die Herren haben bei dieser Gelegenheit viel
weniger Empressement gezeigt, mich zu trösten, als die Damen
bei Mutter — aber es fiel mit der Zeit zusammen, in welcher
ich am mehrsten mit der Welt in Berührung komme und den
Stoff zu Beleuchtungen für den Winter einsammle: zwei Districts-
versammlungen in Teterow, Parish Ankunft in Gottin und die
Thierschau in Güstrow folgten rasch aufeinander. Auf Schließen's

wiederholte Anforderung hatte ich einen Aufſatz über das Zoll=
weſen geſchrieben; da ich auf der berathenden Verſammlung ſah,
daß es an Stoff zu Berathungen fehlen würde, entwarf ich noch
einige Aufſätze über Wollmarkt, Ernteberichte u. ſ. w. Die Di=
ſtrictsverſammlung ſelbſt war aber ſo ungeregelt und zerfloß in
ein unaufhörliches Sprechen Aller, daß es zu keiner eigentlichen
Verhandlung kam und alle wichtigen Gegenſtände unberührt blie=
ben. Ich ſelbſt fühlte mich höchſt unbefriedigt; aber auch in der
ganzen großen Geſellſchaft fehlte bei Tiſch der gewohnte Frohſinn.
Ich dachte dabei: Keiner iſt doch froh, als wenn er etwas gethan,
ſeinen Geiſt angeſtrengt hat, jetzt hat keiner Stoff zum Nachden=
ken empfangen und alle ſind mißvergnügt, während ſie doch
ſelbſt durch ihre Redeluſt Schuld daran ſind. Aber die Geſell=
ſchaft beſteht doch größtentheils faſt immer aus denſelben Mit=
gliedern, warum iſt ſie einmal ſo ruhig und aufmerkſam, das an=
dere Mal ſo unbändig? Mich dünkt, man ſollte ſolche Verſamm=
lungen nicht mit dem Larifari der Rechnungsablage eröffnen, ſon=
dern ſogleich mit dem wichtigſten und intereſſanteſten Gegenſtand
beginnen, die dadurch hervorgebrachte Richtung und Spannung des
Geiſtes wird auch bei den folgenden Verhandlungen noch nach=
klingen. Wenn der Director einer Verſammlung auch einen noch
ſo brillanten Vortrag hat und mit Leichtigkeit arbeitet, aber es
fehlt ihm an eigenen Ideen und er weiß den für die Verſamm=
lung entſcheidenden Punct nicht immer zu finden, ſo wird ſeine
Leitung eine unvollkommene bleiben. Pogge hat den möglichſt
ſchlechteſten Vortrag, aber er theilte ſtets neue Anſichten, neue
Verſuche mit und unter ſeinem Directorio erhielt der Verein ſei=
nen Glanz. So ſcheint doch auch bei der Menge die Sache mehr
als der Vortrag zu gelten.

*** Beſuch kam uns mitten unter allen anderen Störun=
gen etwas ungelegen; zudem hatte er Mutter bei dem vorletzten
Beſuch (wo ich nicht zu Hauſe war) durch ſeine Redensarten ge=
ärgert und ich fühlte mich im Innern etwas aigrirt und kampf=

lustig gegen dieses Chamäleon von Mann, der stets wechselnd, bald lebhaft anzieht, bald abstößt, sich selbst aber nie giebt.

Mit diesen Empfindungen im schneidenden Contrast stand es, als in * * * auf eine Aeußerung des Grafen Schlieffen: daß sein Onkel * * * habe kaufen wollen, * * * mich beim Arm faßte und mir sagte: er freue sich sehr, daß dies nicht geschehen sei, ihm sei * * * lieb wegen der Nähe von Tellow, ein Gespräch mit mir habe ihn öfters Tage lang beschäftigt, das Leben in der Welt gäbe nichts u. s. w.

Was und wieviel hievon Ernst ist, weiß ich nicht, aber das weiß ich, daß man nicht so scherzen darf, ohne eine Sünde wider den heiligen Geist (den Geist der Wahrheit) zu begehen, die nicht vergeben werden kann. — —

Ich kam auf der Thierschau in Güstrow mit vielen ausge= zeichneten Männern aus allen Theilen Mecklenburgs und auch des Auslandes in Berührung. Die Aufmerksamkeit und Achtung, die mir hier vielfach bezeigt wurde, übte doch zuletzt eine stille Gewalt über mich aus, und sie wirkt nun so heilsamer, wenn man in einer Stimmung ist, wo man glaubt, der Welt nichts mehr nützen zu können. Ich blieb noch den folgenden Tag in Güstrow und kehrte dann gesund und heiter nach Hause zurück. — —

Helene von Thünen, geb. Berlin, an ihre Tochter.

Tellow, 16. Novbr. 1834.

— — Gestern kamen die beiden Pogge's; den Zierstorfer sah ich nach dem Tode seiner Frau zum ersten Mal wieder. — — Er hat mir sehr, mehr noch wie früher gefallen. Der Roggow'sche ist ungemein liebenswürdig in seinem bescheidenen Zurücktreten, bei Eigenschaften, Einsichten, Leutseligkeit, die ganz ungewöhnlich sind; er muß jeden einnehmen, um so mehr mich, da er mir noch dazu erzählte: er sei in Schwerin gewesen, wo alle Männer von Bedeutung rühmend von Vater gesprochen, er habe Auftrag, Vater zu bewegen, den Landtag zu besuchen und habe versprechen müssen, den Auftrag mündlich auszurichten. — —

Vater ist nicht damit einverstanden, daß es gut sei, daß er jetzt oft so gedrängt werde, aus seinem Stillleben herauszutreten; ins Werk zu setzen, was er gedacht, dazu meint er, tauge er nicht. Die Resultate tiefen Nachdenkens giebt er schriftlich; ohne langes Denken rasch zu handeln, schnell auszuführen, sei durchaus nicht für ihn und er fühle, daß er dann den erregten Erwartungen nicht entsprechen könne. Er las mir eben aus Göthe vor, was ganz seine innerste Ueberzeugung darlegt, und deshalb möchte ich, daß Ihr es auch lesen möchtet. Göthe's nachgelassene Werke, sechster Band, Seite 94 und 95. Ich habe Vater den Rath gegeben, die beiden französischen Verse als Antwort zu geben bei neuen nicht auszuweichenden Ansprüchen. Besonders frappirt hat ihn Göthe's Ansicht über das Dämonische B. 8. S. 173 u. f., es ist ihm höchst merkwürdig, daß ein solcher Geist bei diesen Ansichten stehen geblieben ist. — —

von Thünen an Christian von Buttel.

Tellow, 5. Juli 1835.

Herzlichen Dank für Deinen freundlichen Glückwunsch zu meinem Geburtstag. Wenn so Schmeichelhaftes an einem Tage, den man vorzugsweise den seinigen nennen kann, von Freundeshand zu uns gelangt, so kann eine heitere, frohe Stimmung nicht ausbleiben. Auch von Otto Berlin hatte ich einen warmen innigen Brief, der mich erquickte, da ich es mir eingestehen darf, daß mein Leben in Bezug auf ihn gewiß kein fruchtloses gewesen ist. — —

Seit 6 Wochen führe ich ein herumstreifendes Leben, was ich kaum geglaubt hätte aushalten zu können. Zuerst zweimal zur Thierschau nach Güstrow, dann gleich nach der Zurückkunft zur Schafschau nach Anclam — wohin ich als Schiedsrichter eingela-

den war — von da nach 5tägigem Aufenhalt nach Friedland und
Liepen, und jetzt wieder zweimal zum Wollmarkt nach Güstrow.
Manchen Genuß und vielen Stoff zum Nachdenken haben mir
diese Reisen gewährt. Ueberall freundlich aufgenommen und überall
Berührungspuncte findend, habe ich die ganze Zeit in lebhaften
Converiationen verbracht. Dies griff mich zuweilen zwar sehr an,
aber ich habe es doch ausgehalten — und ich finde, daß ich un=
ter solchen Umständen mich noch an das gesellige Wirthshausleben
gewöhnen könnte. In Anclam fand ich einige Bekannte aus
alter Zeit — namentlich Vornstädt — wieder, schloß eine Menge
neuer Bekanntschaften, und es war mir selbst merkwürdig, mich
dort — 10 Meilen von hier — ebenso heimisch zu fühlen als
in Güstrow. Die Zeit des Wollmarktes verfloß zwar in geselli=
ger Beziehung auch sehr angenehm, aber sie war verdrießlich in
Geschäftssachen. Grobe und hochfeine Wolle galten fast denselben
Preis; für die Electa=Wolle — die unverkauft blieb — konnte
ich nicht 20 Thlr. pro Stein erhalten, während die ordinaire
Wolle willig mit 15 Thlr. bezahlt wurde. Die Prima=Wolle
habe ich zu 17 Thlr., die Sackwolle zu 12 Thlr. pro Stein ver=
kauft. Dieser Preis deckt die Productionskosten vollkommen, aber
das Mißverhältniß zu dem Preise der ordinairen Wolle ist zu
stark, und durch die feine Schäferei verliere ich jetzt im Vergleich
mit der ordinairen 3—500 Thlr. jährliche Einnahme. Nachdem
ich nun nach 25jährigem ernsten Nachdenken und Bemühen in der
Wollproduction dem Ziele nahe gekommen bin, erscheint jetzt das
Ziel selbst als ein verfehltes. Der Gegenstand bietet viele inter=
essante Seiten dar und wir müssen mündlich weiter darüber
sprechen. — —

Wie oft wünsche ich, daß Ihr unsern Garten in seiner Blü=
thenpracht sehen und genießen könntet. Jetzt erfreuen die Rosen=
gruppen und die rothen Akazien. Leider sind auch diese geschwun=
den, wenn Ihr kommt. —

Der, ohne Zuziehung eines Kunstgärtners angelegte, park-artige Tellower Garten war so recht aus von Thünen's eigenstem Wesen hervorgegangen. Jede Vergrößerung, jede Veränderung — Alles wurde lange vorher reiflich durchdacht und besprochen. Es wurde stets gewissermaßen Familienrath darüber gehalten und es war von Thünen's größte Freude, auf diese Weise alle Mitglieder der Familie mit in's Interesse zu ziehen. Der Garten bekam damit einen Reichthum lebendiger Beziehungen, denn überall knüpf-ten sich an die verschiedenen Plätze bedeutsame und anmuthige Erinnerungen. Der eigenthümliche Zauber, der auf ihm ruhte, verfehlte auch auf fremde Besucher niemals seine Wirkung. Mit welcher Innigkeit man sich aber innerhalb des Familienkreises demselben hingab, darüber mögen nachfolgende, als „Gartensprache" sich einführende Versreime eine Andeutung gewähren, welche gele-gentlich der Besuchsanwesenheit der Oldenburger Angehörigen zur freundlichen Ueberraschung der Eltern auf flatternden Papierblätt-chen an den benannten Stellen angeheftet waren. Diese Strophen, nach Inhalt und Färbung, illustriren zugleich in unverfänglicher Art die sittliche Weihe, welche von Thünen's ganze Erscheinung umgab:

Birkenallee.

O Wandrer hör' den Wahrspruch ernsten Lebens:
Geradheit sei das Ziel all Deines Strebens.

Daselbst.

Symbolisch unbewußt legt sich die Richtung aus,
Der Geist des Schöpfers spricht aus seinem Werk heraus.

Eingang ins Gehölz.

Der Weg er führe Dich ins Dunkel tief hinein,
Die Klarheit wird Dich schon zur rechten Zeit erfreu'n.

Im Gehölze.

Die Seel' in sich bewegt, fühlt leise Schauer weh'n,
O wohl dem, der gelernt den rechten Sinn versteh'n.

Eichenhain.

Die Eichen wölben sich zum Dome in die Runde,
Zur Andacht laden sie, stimmt ein mit Herz und Munde.

Daselbst.

Der Gott, der diese Bäume erschuf so prächtig,
Auch in der Menschenbrust sich kundgiebt mächtig.

Daselbst.

Und jene Schauer, ohne Grau'n und Zagen,
Der Ehrfurcht wecken sie gottkräftiges Behagen.

Beim Austritt.

Also gewappnet geh getrost ins Leben ein,
Es mag vor Dir der Weg sich rechts ob links entzwein.

Fichtenhalbrund.

Mit heil'gem Ernst empfangen Dich die Fichten:
Früh lerne Du den Blick aufs Höhere zu richten.

Alexander's Soll.

O köstlich klare Fluth, der Himmel schaut hinein,
Der Himmel schaut heraus: so sei die Seele Dein.

Daselbst.

Nicht fern ist Himmelsfriede Dir und Erdenruh,
Deckt nur Zufriedenheit den stillen Abgrund zu.

Kastaniengang.

Ein buntes Laubgewinde erfreuet hier den Blick,
Die Mannigfaltigkeit erheitert das Geschick.

Am Bache.

Der Weg verlängert sich mit anmuthsvollem Beugen,
Erwartung wird erregt und sehnsuchtsvolles Neigen.

Daselbst.

Begränzet will der Blick aus sich in sich hinein,
Die Seel' empfindet hier die angenehmste Pein.

An der Brücke.

Da liegt auf einmal Dir der schönste Garten offen,
Anmuthig war das Ziel, anmuthig war das Hoffen.

Sonnenblumenbeet auf Klein=Schliessensberg.

Die Blum' entzücket Dich, Du schaust hinein so gern,
Ein Auge blickt heraus, es ist das Aug' des Herrn.

Eiche daselbst.

Und oben auf der Höh' siehst Du die Eiche steh'n
Und eine Bank von Stein, um nimmer zu vergeh'n.

Sitz am Bache.

Willst Du das Ganze nun andächtig still genießen,
So setz' Dich an den Bach, den Pappeln rings umschließen.

Daselbst.

Und hier vernimm: willst Herzen Du zu Herzen neigen,
Mußt Heiterkeit wie Ernst in Deinem Wirken zeigen.

Der Laubengang.

Wie groß der Plan auch angelegt,
Ich stehe noch immer am Platz
Und werde fort und fort gehegt
Als ein Erinnerungsschatz.
Denn manches Pärchen hab' ich beglückt,
Manch stilles Geheimniß erlauscht,
Wenn holde Liebe die Sinne berückt
Und Herzen um Herzen getauscht.
So bleib ich trotz Kunstsinn und neuem Geschmack
Und lade in meinem altmodigen Frack
Noch immer zu süßem Geflüster
Die Liebenden ins schattige Düster.

Der Gemüsegarten.

Und rechts und links steh'n Kohl und Kraut,
Kartoffeln, Bohnen, Rüben,
Denn erstlich kommt Frau Nützlichkeit
Und dann Fräulein Vergnügen:
So will's die gute Hausmoral,
Die sei gelobet, wenn auch zwar
    Allein durch Assonanzen.

Das merke Dir mein Nachbar gut —
Wir meinen's mit Dir redlich —
Nicht eher pfleg' der sanften Ruh
Als bis der Beutel zählich;
Nicht Milch fleußt Dir aus Marzipan,
Kein Schäfchen trägt Electoral —
    Wenn es nicht Futter findet.

Die Grotte.

Hier diese Grott aus alter Zeit,
    Sie will nicht recht mehr dienen,
So schwindet hohe Herrlichkeit,
    Wenn größere erschienen.
Ich mein' sie paßt zum Laubengang,
Wir lassen sie, wer weiß wie lang
    Das Neue Stich wird halten.

Das Gartenhaus.*)

O liebes süßes Heimathland,
    Ich denke Dein mit Schmerzen,
Wohl ist's ein unzerreißlich Band
    Und weicht nicht aus dem Herzen:
Hier lebst Du als Erinnerung,
    Die bleibet ewig frisch und jung.

Der Weg zur neuen Anlage.

Geheimniß ruht in jeder Kraft, die schafft,
Das zieht Dich an wie mit Magnetes Kraft:
So wirkt der Schöpfer fort in seinem Werke,
Kaum weiß er's selbst, doch das ist seine Stärke.

Christian's Ruh.

— —

Durchkämpfe ernstgefaßt die bittern Tage
    Und koste sie mit voller Seele aus,
Es tönt so schön die überwund'ne Klage,
    Es spricht so rein im Weh der Muth sich aus:
Wem fest im Innern wurzelt das Vertrauen,
    Du kannst auf Deinen Schöpfer sicher bauen.

Von Glückes Taumel laß Dich nie berauschen,
    Er zehrt des Menschen beste Kräfte auf,
Und Schlangen sind's, die unter Blumen lauschen,
    Vergiftend Deinen Fuß im raschen Lauf:
Demüthig bleib, das ist die hohe Lehre,
    Dann bist Du froh zu Deines Gottes Ehre!

---

*) Getreues Abbild des im elterlichen Garten zu Hooksiel befindlichen, durch dessen Herstellung v. Thünen schon vor vielen Jahren von seiner Frau zum Geburtstage überrascht worden war.

von Thünen an Christian von Buttel.

Tellow, 25. November 1835.

Nach einer langen, lebhaften und ungestörten Mittheilung unserer Gedanken, wie wir dies im Leben eigentlich noch nie in dem Grade gehabt haben, trat mit Eurer Abreise ein plötzliches Abreißen ein, und eine selten gefühlte Leere blieb in mir zurück. Das Verlangen nach Ausgleichung einiger Differenzpuncte in unsern Ansichten, zu deren verständlicher Darlegung und Bewußt= werdung ein längeres Zusammenleben, ja vielleicht ein Zusammen= handeln im practischen Leben erforderlich gewesen wäre, blieb nun ungestillt.

Ich griff nach Hegels Logik, sah mich aber bald gehemmt, weil ich nicht wußte, welchen Begriff er mit den Worten, z. B. „Wahrheit und Gewißheit" verband, die hier als Gegensätze er= scheinen, ging dann zur Phänomenologie über, fand hier zwar an der incorrecten Sprache fast noch mehr Schwierigkeit als am Gegenstande selbst, glaubte aber doch zu bemerken, daß, wenn ich nur Zeit und Mühe daran verwendete, der Eingang zur Philo= sophie mir nicht verschlossen bleiben würde und wollte, als ich über die Bedeutung einiger Worte Licht erhalten, zu der in viel besserer Sprache geschriebenen Logik zurückkehren, als durch einen Auftrag von dem Kammercollegio und dem Großherzoge selbst alle meine Gedanken von der Philosophie ab und auf Schafe gelenkt wurden.

Die Reise nach Toddin wurde mir durch das Zusammensein mit Pogge, der mit mir das Commissorium erhalten hatte, sehr angenehm gemacht, unsere Unterhaltung war unausgesetzt lebhaft und gegenseitig fördernd. Es ist ein edles hohes Streben in ihm und er zeigte auf der Reise überall eine liebenswürdige Liberalität, die, auf eine Einnahme von 10000 Thaler für Raps gestützt, eine solide Basis hatte. Unser Empfang beim Kammerdirector * * * hatte etwas Auffallendes und war ganz anders, als erwartet werden konnte. Er examinirte uns, ob wir diese oder jene Bücher über Schafzucht gelesen hätten — und wir bestanden schlecht — er fragte, ob wir die bengalischen Schweine kennten, schalt auf die schlechte Art Gänse, bedauerte, daß er unser Kommen nicht vorher gewußt, obgleich wir dies 8 Tage vorher schon angezeigt und die Acten für uns in seiner Stube schon bereit lagen. Er spielte sichtlich eine Rolle, warum und wozu wissen wir nicht. Es soll dies seine Art so sein und Herr v. L.... sagte von ihm: „der Kammerdirector sagt immer das Gegentheil von dem, was er will, das weiß Jedermann." Indessen lebten wir in Schwerin en grand seigneur, hielten offene Tafel, luden uns Gäste ein und brachten den Abend in Gesellschaft von Rev.-Rath Schumacher, Commerz.-Rath Mantius und Regierungsrath Knandt sehr angenehm hin. Auch lernte ich zufällig noch den allgemein geachteten Regierungsrath v. Lützow kennen, sein Benehmen war höflich und verbindlich, und er sagte, daß er mich im nächsten Frühling besuchen würde. Unsere Ankunft in Toddin war etwas peinlich, jedoch wurde uns der Aufenthalt dadurch erleichtert, daß wir die Schäferei gut fanden. — —

— — Jetzt bin ich ernstlich mit der Abfassung des Erachtens beschäftigt. Ich fürchte, daß man es zu lang und zu gründlich finden wird; aber von seiner Natur kann der Mensch nicht scheiden, und in der That liegt mir nicht daran, daß es gefällt, wenn ich nur meine Pflicht treu erfülle. — —

von Thünen an denselben.

Tellow, 4. Febr. 1836.

Welche Freude hat Dein Brief hier verbreitet! Vorgestern Abend gegen 12 Uhr kam ich von einer Committenversammlung aus Teterow; der Kutscher gab mir beim Aussteigen aus dem Wagen das Postbuch und sagte, daß Briefe drin wären. „Schon wieder Briefe", sagte ich unwillig, öffnete indeß das Postbuch, fand Deine Handschrift, ahnte den Inhalt und erbrach in höchster Spannung den Brief. „Gute Nachricht" zum Anfang und

zur Beruhigung; aber dies stillte die Spannung nicht, ich durch=
lief ängstlich die ersten Zeilen, die ich nicht lesen konnte, bis ich
an das Wort „Sohn" kam. Dann stürmte ich in das Schlafzim=
mer und rief der schlafenden Mutter zu: „ein Junge in Ovel=
gönne." Welche Wonne nun die Mutter durchströmte, wird sie
Euch selbst sagen. Der Brief ward nun Wort für Wort entzif=
fert, gelesen und wieder gelesen; die Nacht verging fast schlaflos.
Boten wurden gestern Vormittag mit der frohen Nachricht aus=
gesandt, und gestern Nachmittag hatten wir schon Wochenvisiten.
Späterhin an einem noch nicht bestimmten Tage wird hier auch
Kindtaufe sein, wozu denn wohl das ganze Dorf eingeladen wer=
den wird. Heute Morgen feierten wir im stillen heitern Zwiege=
spräch die frohe Begebenheit. — —

Alexander! Welche Erinnerungen weckt dieser Name und
welche Hoffnungen! Ward doch auch uns einst ein Sohn geschenkt,
welcher das Ideal der Menschheit uns fast zu erreichen schien.
Seit seinem Heimgange wurde im weiten Verwandtenkreise um=
sonst auf die Geburt eines Knaben geharrt, der seinen Namen
tragen und zugleich zum Erben seiner Vorzüge werden sollte, es
wurden nur Mädchen geboren, nun ist es Euer Sohn, der seinen
Namen erbt und ich — — ich habe mir vorgenommen, den Flug
meiner Phantasie, der diesem Knaben die schönsten Eigenschaften
verleiht, nicht zu hemmen, sondern mein Leben mit angenehmen
Träumen und Bildern zu verschönern — bis die bleierne Wirk=
lichkeit vielleicht der Phantasie die Flügel lähmt. — —

Helene von Thünen, geb. Berlin, an ihre Tochter.
Tellow, 22. April 1836.

Von Schließen heute die erste günstige Nachricht von seinem
Befinden, wir und Alle hatten ihn schon aufgegeben, jetzt gebraucht
er bei vorsichtiger Diät Wasser und fühlt sich wunderbar besser.
Vater ist recht traurig seinetwegen gewesen, so gerne wollte Schließ=

fen noch leben und immer, immer wurde es schlimmer; um so freudiger stimmte uns heute Schlieffen's heiterer Brief.

Aus einem früheren Briefe von Schlieffen an Vater vom 20. Februar leset Ihr gewiß mit Theilnahme und Vergnügen den folgenden Auszug:

„Ich danke Ihnen recht herzlich für die Worte des Trostes, die Sie mir so freundlich für meine lange Stuben-Gefangenschaft zurufen. Nützliche und wissenschaftliche Beschäftigungen haben mir auch gottlob bis dahin die Zeit so verkürzt, daß ich noch keinen Augenblick in diesen langen vierzehn Wochen Langeweile empfunden habe, wenn auch freilich die Thätigkeit meiner Gedanken sich nicht zu der Höhe emporgeschwungen hat, die Sie so lieblich und erhaben in Ihrem Schreiben schildern und mit denen Sie in gediegenen Worten und Werken Ihren Mitmenschen so nützlich, so werth werden. Jeder handelt und denkt nach den Kräften seines Geistesvermögens; ich fühle den geringen Antheil, der mir geworden ist, und wähle daher nur die practische Ausführung dessen, was reifere Köpfe als gut und recht erkennen, und darum schließe ich mich Ihnen so gerne und vertrauungsvoll an. Dulden Sie dies doch ferner nachsichtig wie bisher, darum bitte ich aufrichtig."

Gebe doch der Himmel, daß die jetzige Aenderung von Dauer sein möge. Schlieffens Anhänglichkeit an Vater ist wahrhaft rührend und kein Wunder ist es, daß Vater sich so angezogen fühlt und ihn so lieb hat. — —

Der letzte Abschied von Thünen's vom Grafen Schlieffen, dessen Wunsch die Mitvormundschaft zu übernehmen er wegen der schwierigen Verwaltung der Schlieffenberg'schen Besitzung nicht entsprechen konnte, war tiefergreifend. Der frühzeitige Tod Schlieffen's zerschnitt das enge, noch in späteren Lebensjahren so fest geknüpfte Freundschaftsband dieser beiden Männer; von Thünen sagte: „ich habe viele Freunde gefunden, Graf Schlieffen gehörte mein Herz."

Auch das Verhältniß von Thünen's zum Grafen Schlieffen auf Schwandt war ein freundschaftliches, obgleich er ihm bei weitem nicht so nahe stand, als seinem Bruder. Schlieffen-Schwandt schreibt: „Das „väterliche" in der Anrede meines ersten Briefes lasse ich fort, weil Sie von viel jugendlicherer Thatkraft sind, als ich, und weil ich wünsche und hoffe, daß ich Sie nicht überlebe; gegen die Ueberlegenheit Ihrer Erfahrung und Ihres Geistes würde ich nicht verstoßen, wenn ich auch an Jahren älter wäre. Mit ihrem braven, vortrefflichen Gemüthe in etwas verwandt mich zu rechnen, die wahrhafte Freude, die lehrreiche Annäherung gestatten Sie mir!" Als von Thünen die Anzeige vom Tode des Grafen vorfand, war er, wenn auch schon gefaßt darauf durch einen früheren Brief Schlieffen's, doch tief ergriffen, denn es war Einer weniger, der ihm wohl wollte und mit dem er brieflich und persönlich so gerne verkehrte.

⋯⋯⋯⋯⋯⋯

„Der Tod unseres ehemaligen Lehrers Staudinger hat mich tief bewegt," schreibt von Thünen, „zwar gingen unsere Bahnen später auseinander, aber er war ein 40jähriger Lebensgefährte, der früher einen bedeutenden Einfluß auf mich ausgeübt. Er ist als Märtyrer im Kampfe gegen den Professor * * * gefallen, dem er wegen Injurien hat Abbitte leisten müssen. Dem Schmerz und Aerger über eine solche, wie er sich ausdrückt, erzwungene geistige Lüge hat seine ungeheure Lebenskraft unterliegen müssen."

Von dem eingehenden Briefwechsel mit dem Baron von Voght, betreffend die Statik des Landbaues, sind die wichtigeren Theile durch den „isolirten Staat" veröffentlicht.

Seinem früheren Lehrer Albrecht Thaer bewahrte von Thünen stets eine dankbare Erinnerung.

„Wie wohlthuend war diesem der Brief von Thünen's, eines seiner ersten Zuhörer in Celle, welcher den Blick des Jubilars — beim 50jährigen Doctorjubiläum Thaers 16. Mai 1824 — auf

die reiche Saat seiner Lehre richtete": „Wenn Sie nun in den
Kreis Ihrer Schüler treten, von denen die Jüngern noch auf=
blühende Jünglinge, die Aelteren schon Männer sind, die die
Mitte des Lebens schon überschritten haben, — möge dann der
Hinblick auf diesen Kreis, der die Stufenfolge Ihres Wirkens
lebendig darstellt, Ihnen die Gewährleistung geben, daß Ihre
Schüler die Wissenschaft, in der Sie die Bahn gebrochen haben,
weiter fördern werden, daß Sie so in Ihren Schülern fortleben,
und daß Ihr Wirken nicht bloß durch Ihre Schriften, sondern
auch durch Ihre Schüler ein Unbegrenztes wird. — Mögen
Sie in diesem erhebenden Gedanken den Lohn finden für die
Nachtwachen, Sorgen und Kämpfe, aus denen nur allein die tiefere
Einsicht hervorgeht."

„Sie haben," schreibt A. Thaer, „mir durch den gütigen An=
theil, den Sie, mein hochverehrter Freund, an dem von meinen
Schülern und Freunden mir so lieblich — obgleich ohne mein
Wissen und Willen — bereiteten Feste genommen haben, und
durch Ihr Schreiben einen erfreulichen Beweis Ihres wohlwollenden
Andenkens gegeben. Allerdings würde es mich sehr beglückt haben,
Sie in dem Kreise persönlich zu sehen; allein es war zu viel, um
des Einzelnen recht genießen zu können, und mir bleibt nur
einigermaßen die Hoffnung, daß Sie sich bewogen finden, mich
noch einmal zu einer Ihnen gelegenen Zeit hier zu besuchen.

Außer mir hat es wohl Keinem mehr Leid gethan, Sie hier
nicht zu treffen, als dem braven von Wulffen, der so gern Ihre
persönliche Bekanntschaft gemacht und sich mit Ihnen über Ihre
ferneren Ansichten, die Sie über die sogenannte Statik des Land=
baues gewonnen, unterhalten hätte. Allein auch dazu war es in
diesen Tagen zu geräuschvoll und es gehört dazu ein längeres
ruhiges Beisammensein, um zu erfahren, ob der sehr nahe, aber
doch nur parallel laufende Ideengang sich ganz zu einer Tendenz
vereinigen lasse. Die Mannigfaltigkeit meiner Geschäfte und Zer=
streuungen, die im Verhältniß meiner Kräfte mehr zu als abzu=

nehmen scheinen, gestattet mir nicht, der wichtigen Materie das
erforderliche ununterbrochene Nachdenken zu widmen. Doch hat
sie immer hohes Interesse für mich und ich erwarte den zweiten
Theil Ihrer Abhandlung über den Einfluß der Natur des Bodens
auf die Wirksamkeit der Dungkraft mit Sehnsucht." — —

Auf seinen Reisen zu größeren und kleineren Versammlungen
der Fachgenossen, zu Thierschauen, Ausstellungen, und in die
Bäder, namentlich in Potsdam und Doberan bei Gelegenheit der
Versammlungen deutscher Land= und Forstwirthe, wo Intelligenzen
aus fast allen Theilen Deutschlands und selbst vom Auslande sich
versammelten, die von Thünen's Werth zu schätzen wußten, bil=
dete sich um ihn gewöhnlich ein Kreis von Männern, in dem der
Geist der Versammlung vorzugsweise concentrirt war. Der „iso=
lirte Staat," dessen Inhalt in dem kleinen Mecklenburg nur We=
nigen zugänglich war, und der hier auch jetzt größtentheils nur
dem Namen nach bekannt zu sein scheint, war dort ein offener,
vollgültiger Empfehlungsbrief. Interessante Bekanntschaften wurden
angeknüpft, und diese mit einer großen Zahl von Männern im brief=
lichen und persönlichen Verkehre fortgesetzt. Leider wurde von
Thünen nicht selten durch Unpäßlichkeit am Empfange Vieler be=
hindert, welche aus weiter Ferne nach Tellow kamen, und so
mußte oft seine Frau die Unterhaltung führen, was diese denn
auch in liebenswürdiger Weise verstand.

Den vielfachen Bitten seiner Freunde, junge Männer
zur Erlernung der Landwirthschaft in sein Haus aufzunehmen,
konnte und mochte von Thünen in späteren Lebensjahren, selbst
gegen enormes Honorar, nicht entsprechen. Sein Entschluß be=
ruhte darauf, „daß er durch sein Alter, seine Neigungen und An=
sichten der Jugend zu ferne stehe; daß er in der practischen Land=
wirthschaft den jungen Leuten kein Vorbild mehr sein könne; daß

der Zustand seiner Augen ihm nicht erlaube vorzulesen, was er
früher niedergeschrieben habe; daß eine gewisse Geistesverwandt=
schaft dazu gehöre, wenn mündliche Mittheilungen nützlich werden
sollten, und daß er beim Rückblick auf die Vergangenheit mehre
seiner Bemühungen leider ganz fruchtlos sehe, daß es für junge
Männer in Tellow viel zu stille und einsam sei, und daher die
Winteröde für sie vielleicht nicht zu ertragen sein möge." Doch
galt dies nur als Regel: „Wem es ein Ernst ist," so schreibt er,
„sich für sein Fach tüchtig weiter auszubilden, für den ist das
Vorbild der practischen Thätigkeit keine Nothwendigkeit. Wem die
Wissenschaft die Braut ist, für den giebt es keine Langeweile,
keine Winteröde; und wer zum Forschen in der Wissenschaft be=
rufen ist, dem kann ich manchen Stoff zu weitern Ausarbeitungen
darbieten," und ferner: „Für mich selbst kann die Gesellschaft und
der Umgang mit jungen befähigten und lernbegierigen Männern
nur angenehm sein, wenn diesen der Aufenthalt hier zusagt." In
solchem Falle war auch von Kostgeld keine Rede; und aus keinem
der Freundesbriefe erhellt die Werthschätzung von Thünens in hö=
herem Grade als aus den nachfolgenden Zeilen: „Schon glaubte
ich, daß sich Alles zerschlagen, aber ich hoffte doch noch, was ich
wünschte, und Dein Brief brachte uns denn heute früh die frohe
Botschaft, daß Herr Dr. von Thünen Dich in sein Haus auf=
nehmen will; von Thünen hat sich mir immer freundlich gezeigt
seit der Zeit, da ich mit ihm in Potsdam im „Einsiedler" lo=
girte, als ich die Geschichte der preußischen Oberrechnungskammer
studirte, und Du magst wohl Recht haben, daß solche Gesinnungen
einigen Antheil an seinem Entschlusse haben. Dessen magst Du
Dich denn immer erfreuen. — — Lebe Dich hinein in diesen
Mann, lerne Demuth, lerne Weisheit von ihm, bilde Gemüth
und Verstand und setze mit beiden Deine Willenskraft in Ein=
klang — betrachte ihn als Deinen zweiten Vater, und erfrische
sein Herz mit neuem Jugendmuthe." — —

Ganz besonders befreundet war von Thünen mit der Pogge'=
schen Familie. Seine achtungsvollen und innigen Beziehungen
zu dem Domainenrath Pogge gingen auf dessen Söhne über. Graf
Schliessen=Schwandt schreibt: „die gegenseitige Harmonie zwischen
von Thünen und dem jüngeren Sohne Johann Pogge auf Rog=
gow ist ihrer gegenseitig würdig." — „Was man an Pogge zu ta=
deln hätte," heißt es weiter, „entspringt gerade aus seiner vor=
trefflichen, ja in vieler Hinsicht unübertroffenen Persönlichkeit."
Pogge=Zierstorf schreibt: „Glauben Sie mir, es sind keine Com=
plimente, wenn ich Ihnen aufrichtig sage, wie ich innig bedaure,
daß Ihre Stellung nicht so ist, daß der seltene Schatz Ihrer
inneren Forschungen der Menschheit mehr zugänglich ist. Was
könnten und würden Sie für Nutzen stiften — das tiefere
Denken fördern, Geist und Gemüth veredlen! ein Gedanke, der
sich stets bei mir erneuert, wenn ich das Glück gehabt habe, eine
Stunde bei Ihnen allein zu sein!" — — und von Thünen:
„— ich war trübe gestimmt; denn am Tage zuvor hatte ich einen
vieljährigen Freund — Pogge in Zierstorf — zu Grabe geleitet.
Dieser Todesfall hat mich sehr ergriffen. In den Versamm=
lungen des patriotischen Vereines zu Teterow und Güstrow, auf
der Thierschau — überall werde ich ihn vermissen, und schmerzlich
an seinen Verlust erinnert werden. Er stand noch in der höchsten
Blüthe der Kraft, ja man kann sagen, daß er erst jetzt, durch
Abstreifen mancher Schroffheiten zur vollen Wirksamkeit gelangt
sei — und nun wird er abgerufen! Erquickend war für mich die
viele Theilnahmsbezeugung im Trauerhause. Das Gefolge bei
seinem Leichenbegängniß war glänzend, und in allen Gesichtern
hatte sich der Schmerz tief eingegraben. Erwägt man nun, daß
er Manche durch seine Laune, durch sein schroffes Entgegentreten
gereizt und beleidigt hat, so drängt sich die Frage auf: was ist
die Ursache dieser vielfachen herzlichen Theilnahme? Die Antwort
hierauf ist: Sein Streben war ein gemeinnütziges, sein Ziel das
Wohl der Menschheit, dem er Mühe, Zeit und Geld zum Opfer

brachte! Daß das Publicum Sinn und Achtung dafür zeigte, hat meine Achtung für dasselbe bedeutend erhöht. Zugleich liegt hierin eine Lehre und Warnung für Diejenigen, die nur egoistischen Zwecken folgen." Immer war von Thünen durch den Wegzug oder das Ableben Nahestehender tief bewegt, und sagte: „so wenig sich alter Wein künstlich erzeugen läßt, so wenig kann eine durch ein Vierteljahrhundert bewährte Freundschaft sich durch ein neues Band ersetzen lassen."

Außer den Angehörigen seiner engeren und weiteren Familie brachte eine große Zahl Anderer, befreundete Nachbarn, Familien der Umgegend ihm oft ihre Huldigung dar. „Man sah sich durch seine Nähe und den nie versiegenden Quell seines schaffenden Denkens immer im Innersten wahrhaft erquickt, und sah es für das größte Glück an oft, etwa alle Sonntage, im Gespräche mit ihm sich zu erbauen und zu fördern." Und gewiß „wurde manche schöne Erinnerung aus Tellow heimgetragen, um fort und fort dann zu zehren. Von Thünen war eine zu sehr selbstge= schaffene Natur, als daß man nicht stets mit immer neuen Schätzen hätte zurückkehren sollen;" wahrlich das „häusliche Leben in Tellow gewährte den Eindruck jener still beseligenden Ruhe, mit der die geistigen Götter Griechenlands auf dem Olymp thronen, während sie darum nicht minder alle menschlichen Schwächen an sich herankommen lassen." Namentlich an den Ge= burtstagen von Thünens und seiner Gattin und an sonstigen Gedenktagen der Familie wetteiferte man ihm Beweise der Ach= tung und Zuneigung darzubringen, und wer selbst am Kommen behindert war, sandte Blumen und Kränze, oft aus weiter Ferne, oder Briefe und Gedichte an den Gefeierten.

von Thünen an Christian von Buttel.

Tellow, 20. Juni 1836.

— — Durch * * * Austritt aus unserm Hause ist meine wirthschaftliche Thätigkeit zuerst ganz verändert. Ich mußte nun bei einer höchst schwierigen Frühjahrsbestellung mich ganz wieder der Praxis zuwenden; indessen die Leute sind jetzt schon eingeübt und alles geht vortrefflich, ich möchte sagen, besser und exacter als früher. Dem Statthalter und dem Vorhäker, zwei trefflichen Menschen, habe ich einen Antheil an der Einnahme gegeben, zwei andern sehr brauchbaren Arbeitern habe ich einen größern Wirkungskreis eingeräumt, und gebe ihnen dafür eine angemessene Vergütigung. Diese vier Menschen, die unter mir aufgewachsen sind, sind nun durch Pflichtgefühl und eigenen Vortheil so an mein Interesse geknüpft, daß beides nicht mehr zu scheiden ist. Auf diese Weise sehe ich die Möglichkeit, noch im spätesten Alter die Wirthschaft fortzuführen, ja selbst nach meinem Tode ist der Gang der Wirthschaft gesichert. Bei Ersparung der Kosten für den Wirthschafter im Betrage von mindestens 200 Thlr. habe ich mit einem geringen Aufwand von ungefähr 70 Thlrn. vier glückliche Familien gemacht, und zugleich der heranwachsenden Generation die Aussicht auf Belohnung für Redlichkeit und Tüchtigkeit gegeben. Dies macht mir viele Freude. —

von Thünen an den Hofrath Ternite.

Tellow, 17. Januar 1838.

Erst jetzt finde ich Ruhe und Muße, Ihnen meinen Dank für das meisterhafte Bild, was durch seine Vollendung noch so sehr gewonnen hat, auszusprechen. Wie es im Leben einzelne schöne Momente giebt, wo der Mensch sich und seine Stellung zur Welt in ruhiger Klarheit erkennt und überschauet, wie er das, was er dann für das Richtige hält, zur Norm für sein künftiges Handeln macht, und somit sein eigener Gesetzgeber wird, so kann

auch, wenn der Künstler den Ausdruck des Gesichts in einem
solchen Moment auffaßt und für immer auf der Leinewand fixirt,
das eigene Bild zum Vorbild für uns selbst werden. So nun
haben Sie, mein werther Freund, mein Bild aufgefaßt und dar=
gestellt. Zu einer solchen Darstellung reicht aber die kunstfertige
nachahmende Hand nicht aus; es gehört dazu ein Seelenkundiger,
der die Geisteszustände des Andern in sich aufnehmen kann; es
gehört dazu das Wohlwollen gegen die Menschen im Allgemeinen,
das Streben, das Gute in jedem Individuo aufzufinden und die
Gabe, sich des gefundenen Guten zu erfreuen. Eine solche Ver=
einigung von Talent, Geistesrichtung und Weltansicht ist aber
selten und wird stets selten bleiben. — —

Wäre Herr Professor Müller nicht ein so anerkannt großer
Gelehrter, so würde ich mir gegen den von ihm verfaßten Pro=
spect zu Ihrem (Pompejanischen) Werk einigen Tadel erlauben.
Die Vergleichung der Pompejanischen Wandgemälde mit unserer
Stubenmalerei scheint mir nicht blos überflüssig, sondern unpassend.
Das Wunder, eine längst untergegangene Welt vor unsern Augen
wieder aufgerollt zu sehen, giebt ihnen einen unendlichen Reiz und
Zauber — und es kommt in dieser Beziehung wenig darauf an,
ob diese Wandgemälde von andern Kunstwerken der Griechen und
Römer übertroffen werden oder nicht. Wenn Sie den Vorbericht
selbst geschrieben, wenn sie darin Ihre Gedanken und Gefühle ge=
schildert hätten, von denen Sie durchdrungen waren, wie Sie in
Pompeji krank lagen und Ihr Leben für verloren achteten, wenn
Sie die Abbildungen nicht vollenden konnten, so wäre das Pu=
blicum zur Sympathie mit fortgerissen, und ganz anders für den
Gegenstand erwärmt und interessirt worden. Ohne Begeisterung
für den Gegenstand, konnte Ihr Werk nie zu Stande kommen,
diese aber fehlt dem Prospect gänzlich. — —

Welche reiche Stunden mögen Sie in Göttingen verlebt
haben! aber wie verändert hat sich seitdem Göttingen selbst. Wird
Preußen die Gelegenheit versäumen, einige dieser Männer, von

denen in Europa nur ein Exemplar zu finden iſt, welches nicht nach=
gedruckt werden kann, nach Berlin zu ziehen?

········

von Thünen an denſelben.

Tellow, 22. Februar 1838.

— — Göthe's Gypsfigur iſt mir werth, weil ſie ein an=
ſchauliches Bild ſeiner ganzen Perſönlichkeit giebt. Beſonders
lieb iſt mir aber Göthe's Bildniß. Wie kann es von einem
Manne zwei ſo ungleiche Portraits geben, als das, was ich beſaß,
und das, was ich Ihrer Güte verdanke. Letzteres hat bereits in
meinem Zimmer die Stelle des Erſteren eingenommen, und Göthe
blickt nun wie ein König auf ſeine bedeutenden Nachbarn herab.
Raphael's Madonna und Kreuztragung Chriſti werde ich in Rah=
men und Glas faſſen laſſen und ſie dann meiner Frau am
21. März zum Geburtstags=Geſchenk übergeben. Von der wieder=
holten Betrachtung dieſer Kupferſtiche verſpreche ich mir noch vielen
Genuß und ich bedauere ſehr, ſie nicht ſchon vor 20 Jahren be=
ſeſſen zu haben. Denn es iſt mir klar geworden, daß Kunſt=
werke dieſer Art in dem Hauſe keines Familienvaters fehlen
ſollten, weil durch das öftere Anſchauen derſelben der Kunſtſinn
in dem Kinde geweckt und allmählig entwickelt werden kann, der
ſonſt bei der Mehrzahl der Menſchen für das ganze irdiſche Leben
ſchlummernd vergraben bleibt.

Was Sie mir auf meine Anſicht über C. Müllers Pro=
ſpect zu Ihrem Werke erwidern, hat mich ſehr intereſſirt. Un=
bedingt muß ich Ihre Anſicht für die höhere anerkennen, und ſie
hat mir einen erfreuenden Blick in die Denkweiſe des wahren
Künſtlers gewährt. Die Reſignation, nur das Werk ſelbſt
ſprechen laſſen zu wollen, ehrt den Künſtler gar ſehr. Dennoch
aber bin ich der Meinung, daß eine Schilderung der Begeiſterung,
die der Künſtler für ſeinen Gegenſtand fühlt, noch keine Lobprei=

sung des von ihm Geleisteten sei, und daß, da die Zahl der wahren Kunstkenner so geringe ist, die Mehrzahl erst durch die Wärme des Künstlers für die Sache interessirt und auf den Standpunct geführt wird, die Wichtigkeit des Gegenstandes zu erkennen und die Ausführung zu würdigen. Auch der Redner wirkt oft mehr durch die Kraft der Ueberzeugung, womit er spricht, als durch das Gewicht seiner Worte. Aber freilich ist und wird dies oft gemißbraucht. — —

Herr Pogge in Roggow hat sich zwar wieder erholt, jedoch fand ich ihn noch angegriffen. Ich hoffe es vom Schicksal, daß ich diesen Freund und herrlichen Menschen nicht überleben werde. Graf Schlieffen-Schwandt schrieb mir kürzlich: „Wenn er (Pogge) Millionenmal da wäre, dann glaubte ich an die Möglichkeit einer großen selbstständigen Republik. Mit seinem Zweck war ich stets einverstanden, nicht aber über den Weg, dahin zu gelangen; seine Theorien sind nur auf Seinesgleichen oder auf Menschen mit be= siegten oder gar ganz ohne Leidenschaften gebaut. Wäre das erreicht, so wäre ich erster — letzter Republikaner. Das wird aber nie erreicht, das lehrt schon die Geschichte." — —

von Thünen an den Professor von Blücher.

Tellow, 28. Decbr. 1838.

Nur in einem Punct bin ich mit dem geehrten Verfasser nicht einverstanden. Ich meine nämlich, daß die Unkündbarkeit der Pfandbriefe gegenseitig sein müsse, daß der Verein ebensowohl als der Capitalist sich des Kündigungsrechtes begeben müsse. Die Statuten könnten dann so einfach und klar hingestellt werden, daß sie keiner verschiedenen Auslegung mehr unterworfen wären; der Tilgungsfond würde überflüssig; die Administration würde so vereinfacht, daß die Kosten derselben bis zur Unbedeutenheit her= absinken; das nachtheilige Schwanken in den Güterpreisen würde vermindert; die Pfandbriefe würden weit mehr Käufer finden und der Cours derselben viel geregelter und fester werden, dadurch aber bei größeren Zahlungen mehr und mehr die Stelle des Geldes vertreten und so einen Theil des Geldstocks entbehrlich machen.

Soll der Capitalist die Aussicht auf ein Steigen des Zins= fußes bis 4 oder gar 5 p. Ct. — was schon durch den Aus= bruch eines Krieges herbeigeführt werden kann — aufgeben, so muß er andrerseits in der Sicherheit, daß er nie weniger als 3½ p. Ct. Zinsen erhält und von den Mühen und Kosten des Capitalumsatzes auf immer verschont bleibt, ein Aequivalent für dieses Opfer finden.

Wollte man aber auch von der jetzigen Bedrängniß der Ca= pitalisten, ihr Geld unterzubringen, Gebrauch machen, und fänden sich wirklich Capitalisten, die ihr Geld unter so nachtheiligen Be= dingungen ausleihen wollen, so wird doch die Zahl derselben — zumal da das Publicum sich in seiner Ansicht über den Credit= verein einmal getäuscht hat — unbeträchtlich sein. Die auf diese Weise anzuleihende Summe wird ungenügend bleiben und der Creditverein nur einen geringen Umfang gewinnen, wodurch aber der auf jedes einzelne Gut fallende Theil der Administrationskosten hoch gesteigert wird. Oder man muß durch Zahlung hoher Pro= vision die Capitalisten zur Eingehung dieser nachtheiligen Bedin= gungen bewegen und so die Verwickelungen wieder herbeiführen, denen man jetzt zu entgehen sucht.

Meiner Ueberzeugung nach kann aber aus der Aufgebung des Kündigungsrechts von Seiten des Vereins für die Gutsbesitzer kein irgend erheblicher Nachtheil hervorgehen, indem ich ein dauern= des Sinken des Zinsfußes unter 3½ p. Ct. herab für durchaus unwahrscheinlich halte. Ew. Hochwohlgeboren erlauben es wohl, hier einige Gründe für diese Ansicht aufzuführen.

Das Capital wird erzeugt durch Arbeit oder durch Erspa= rung. Die Arbeit kostet Anstrengung, die Ersparung fordert Ent= sagung des Genusses. Die Zinsen des neu geschaffenen Capitals

ſind der Lohn für Beides. Fällt der Zinsfuß, ſo nimmt der
Lohn ab, während das Capital zum Genuß verwandt, immer
denſelben Werth behält. Bei fortwährendem Sinken des Zins=
fußes muß ein Punct kommen, wo man in dem durch die Zin=
ſen gereichten Lohn keinen Erſatz für die erforderliche Anſtrengung
und Entſagung findet. Die Capitalerzeugung hört dann auf.

Es liegt alſo in der menſchlichen Natur, daß der Zinsfuß
nie dauernd auf 2 oder gar 1 p. Ct. herabſinken kann. Auch hat
in Mecklenburg der Zinsfuß nie lange und zu keiner Zeit allge=
mein auf 3½ p. Ct. geſtanden.

Wenn durch eine ungewöhnliche Zuſtrömung von Geld der
Zinsſatz momentan unter das dem Nationalcharacter des Volks
entſprechende Niveau hinabſinkt, ſo kann der Reiz zum Verzeh=
ren ſogar die Neigung zum Erhalten des ſchon gebildeten Capi=
tals überwiegen, und das Nationalvermögen nimmt dann ab: und
ſo trägt der niedrige Zinsfuß in ſich ſelbſt den Keim ſeiner Zer=
ſtörung. Dies ſcheint in Mecklenburg in der letzten Hälfte der Pe=
riode von 1790—1805 der Fall geweſen zu ſein, wo nach enor=
men Einnahmen für ausgeführtes Getreide der Zinsfuß eine
Zeit lang auf 3½ p. Ct. fiel, aber ſchon im Jahre 1805,
vor Ausbruch des Krieges, trotz der fortdauernd ſehr hohen Ge=
treidepreiſe wieder bis zu 5 p. Ct. ſtieg. Der jetzt ſo raſch ſtei=
gende Luxus deutet auf die Wiederkehr einer ähnlichen Erſcheinung.

Alles iſt vorübergehend, auch der jetzige niedrige Zinsſatz
wird ſchwinden, aber durch conſequente Benutzung des günſtigen
Zeitpuncts, durch Crekung unablöslicher Pfandbriefe zu 3½
p. Ct. Zinsen kann die Gunſt des Augenblicks zum Vortheil der
Gutsbeſitzer für immer fixirt werden. Will man aber noch grö=
ßere Vortheile für die Gutsbeſitzer erringen, ſo möchte die Gunſt
des Augenblicks leicht ungenutzt für ſie vorübergehen.

von Thünen an Chriſtian von Buttel.

Tellow, 3. Decbr. 1839.

— — Wie klar und herrlich mir auch das hohe Walten der Vorſehung im Großen und Allgemeinen entgegenſtrahlt, ſo habe ich mich doch nie von dem Glauben durchdrungen fühlen können, daß Alles, was dem Menſchen begegnet, Folge einer ſpeciellen Schickung ſei. Gott ſelbſt vermag nicht das Widerſprechende zu einen: er kann nicht die allgemeinen Naturgeſetze zu Gunſten eines Individuums aufheben oder modificiren. Und wenn dies dennoch möglich wäre, ſo ſcheint es mir, daß dadurch die Freiheit des Menſchen, und ſomit ſeine eigenſte Würde aufgehoben wäre, und er zu einem bloßen Mechanismus herabſänke.

Vor einem Jahr gab die philoſophiſche Facultät in Roſtock nachſtehende, unbeantwortet gebliebene Preisfrage auf:

„Die unendlich vielen Erſcheinungen der Natur unter dem Begriff von Intention, durch welche ſie vorhanden ſind, tragen auch den Character der Nothwendigkeit. Auf welche Weiſe ſind die Zweifel zu vernichten, die dieſe Naturnothwendigkeit dem Glauben an die göttliche Vorſehung entgegenſetzt, und iſt die Ueberzeugung zu erhalten, daß jene Naturzweckmäßigkeiten und das Gewiſſen in uns diejenige Offenbarung Gottes und einer intelligibeln Welt ſind, die im Menſchengeſchlecht ewiglich beſtehn, die auch im Fortſchreiten in aller Cultur an Glaubwürdigkeit zunehmen und nicht abnehmen wird?‟

Dies iſt eine Aufgabe, die ich mich ſchon lange gedrungen gefühlt habe, Dir vorzulegen. Deine Anſichten hierüber ſind mir ſehr wichtig und vielleicht kannſt Du dadurch zu *** und *** Verſöhnung mit Gott beitragen — wenn Du auch die Träger und Stützen des beruhigenden Glaubens an eine ſpecielle Vorſehung völlig niederreißen müßteſt. Mir ſelbſt kann dadurch nichts genommen werden. — —

Ueber meine Potsdamer Reiſe, die in mein ſpäteres Leben nachklingen wird, muß ich die Mittheilung verſchieben, nur das

füge ich hinzu, daß ich in Potsdam das Honorar für den isolir=
ten Staat in reichem Maas erhalten habe.

Helene von Thünen, geb. Berlin, an ihre Tochter.

Tellow, 16. Decbr. 1839.

— — Die Frau war so anspruchslos, wie ich sie nur in
ihrer Jugend gesehen. Das Leben in der Welt ist also für sie
doch ganz heilsam gewesen, die weiset einem die rechte Stellung
an, hingegen in kleineren Kreisen, in der Einsamkeit, auf seinem
Eigenthume, seinem Gut, wo man stets der Erste ist, wo Alles
geschieht und geschehen muß, was einem beliebt, da könnte man
wohl veranlaßt werden, sich zu überheben, darum „demüthig bleib',
das ist die hohe Lehre."

Die Ansichten von Strauß haben wir gelesen, ich erst allein
für mich, worauf ich Vater sogleich meine Meinung darüber aus=
sprach, ehe wir es zusammen lasen; Vater und ich stimmten völlig
überein und tadelten auch beide die Gegeneinanderstellung
Christus mit den andern großen oder berühmten Männern, ich
ließ mir am ersten noch Socrates gefallen, durchaus aber nicht
Napoleon oder Goethe. — Wie kann man diese vergleichen mit
dem herrlichen heiligen Jesus? wo ist die Heiligkeit dieser Welt=
menschen? — Warum mag es so schwer sein, an ein Wunder
zu glauben? sind wir nicht von Wundern umgeben? ob Strauß
wohl mit seinem Verstande das Wunder wegsprechen kann, daß
aus der Eichel ein so großer Baum wird, oder kann er mit allem
Verstande eine Eichel anfertigen lassen, woraus ebenfalls ein
Baum wächst, der Eicheln trägt, wie die künstliche gewesen? Mir
wird es nicht schwer, an Wunder zu glauben. — —

Vater und ich leben auch gar zu hübsch miteinander, das
Kränkeln hat es noch mehr hervorgehoben wie unentbehrlich wir
einander sind, denke mal, heute nannte Vater mich seine Sonne!
mich unscheinbare kleine Frau. — —

von Thünen an Chriſtian von Buttel.

Habe Dank für Deinen lieben, so gehaltvollen Brief.
Sehr freue ich mich, durch die aufgeſtellte Frage Dich zu dieſer
ſchriftlichen Aeußerung Deiner Anſichten veranlaßt zu haben. Das
mündlich ausgeſprochene Wort verhallt, und läßt, wenn es nicht
verſtanden wurde, keine Spur zurück, das ſchriftlich niedergelegte
Wort iſt dagegen ſtets von Neuem zugänglich, und wenn auch
ein dunkler Kern darin ſein ſollte, ſo wird dieſer doch immer klei=
ner, je öfter der Gedanke darauf ruht und kann endlich vielleicht
ganz verſchwinden. Der Brief hat auf mich einen dauernden,
ſehr erfreulichen Eindruck gemacht und iſt es für mich beſonders
erquickend, daraus zu ſehen, daß die Seelen= und Körperleiden, die
Dich in ſo vollem Maas betroffen haben, den Flug Deines Gei=
ſtes nicht gelähmt, ſondern gekräftigt und zum Ziel geführt haben.
Es ſcheint uns nun nicht recht zu ſein, wenn jener Brief auf
unſern engſten Familiencirkel beſchränkt bliebe. — —

Beſonders hoffe ich für * * * auf eine günſtige Wirkung.
Aber wie wird es mit den Pietiſten gehen? Sehr geſpannt bin
ich darauf, zu ſehen, wie Frau * * * ſich wehren wird. Das
Leben wird dadurch nur intereſſanter, daß es ſo verſchiedenartige,
anſcheinend ſelbſt entgegengeſetzte, Wege giebt, zur Verſöhnung mit
dem Schickſal zu gelangen. Sollte man nicht hieraus ſchließen,
daß trotz der abweichenden Vorſtellungen und Gedankenformen in
allen ein Gemeinſchaftliches enthalten iſt, und iſt dies Gemein=
ſchaftliche nicht das eigentlich Wahre? — — —

— — Der Eindruck, der mir aus dem elterlichen Hauſe
durch das unglückliche Abſcheiden aller Deiner älteren Geſchwiſter
geblieben iſt, iſt der, daß ſie ſämmtlich das Opfer des häufigen
Gebrauchs von Arzenei geworden ſind. Die Eltern waren beide
geſund und kräftig, und gar kein Grund da, anzunehmen, daß die
Kinder den Keim des Todes zur Welt brachten. Noch erinnere
ich mich, daß der Dreiſieler Bruder mit geſchwollenem Unterleib

fast regungslos immer auf dem Stuhl saß und, an denselben Symptomen wie die abgeschiedenen Geschwister leidend, sichtlich dem Tode zueilte. Da endlich ging bei den Eltern der Glaube an die Heilsamkeit der Arzenei in das Gegentheil über. Fritz erhielt keine Arzenei mehr, genaß, obgleich langsam und wurde gerettet. Du und Henriette erhieltet nun, so viel ich weiß, fast gar keine Arzenei, und Ihr seid von der ersten Jugend an gesund gewesen. Meine in der Jugend sehr kräftige Gesundheit wurde in meinem 26. Jahre durch eine Pleuresie völlig gebrochen, und in ein chronisches Siechthum verwandelt. Dreißig Jahre sind seitdem verflossen, und ich lebe dennoch. Dies verdanke ich, meiner Ueberzeugung nach, dem Instinct, der mich gegen Arzenei warnte. Doch bin ich auf das Bitten und Zureden der Meinigen einige Mal davon abgewichen und habe ziemlich anhaltend Arzenei genommen. Aber stets ohne den mindesten günstigen Erfolg; öfters aber verspürte ich ihre nachtheilige Wirkung sogleich und ich warf sie dann weg trotz des Unwillens, den ich dadurch nicht selten erregte. Damals stand ich mit meiner Ansicht noch allein, und es war gleichsam eine Irreligiösität, an die Wunder der Doctoren nicht zu glauben. Ich sagte deshalb: ich bin verkehrt organisirt und deshalb schlagen die Mittel der Aerzte bei mir alle fehl. Wie sehr hat sich dies nun aber geändert.

Hahnemann hat zuerst die Arzeneikunde persiflirt. Da die Kranken einmal Arzenei haben wollen, so goß er einen Tropfen Medicin in den Ocean und gab den Kranken großmüthig einige Tropfen dieser Verdünnung. Durch Prießnitz's Heilverfahren stürzt man aber das Gebäude der Arzeneikunde noch weiter zusammen. Wir haben zwei Schriften von Rausse (Franke aus Güstrow) über die Wassercur gelesen, nämlich: „Die Gräfenberger Wassercur" und „Wasser thut's freilich!" Der Verfasser ist ein Genie, aber unwissend in der Chemie wie in der Philosophie, und seine Bücher sind voller Uebertreibungen und Einseitigkeiten. Aber dies thut alles nichts, sondert man nur die Thatsachen aus, so sind diese so schlagend, daß sie jedes Raisonnement überflüssig machen. Als ich das letzte Buch gelesen hatte, war mein Widerwille gegen Arzenei in Abscheu verwandelt.

Nach der aus Prießnitz's Heilverfahren entnommenen Ansicht Ranke's, die mir begründet scheint, ist jede acute Krankheit ein Heilversuch der Natur, den Krankheitsstoff auszustoßen. Die Kunst der Aerzte besteht aber darin, diesen Heilversuch der Natur zu hemmen, sie bekämpfen die Symptome und werden hochgepriesen, wenn ihnen dies gelingt, aber ein chronisches Siechthum und Leiden, oft für das ganze Leben, ist die Folge dieser gefeierten That. — —

Bei Mutter hat die Anwendung des kalten Wassers eine wunderbare Wirkung geäußert, die mich zuerst zum Glauben gebracht hat. Noch in der Ernte sagte sie: „wenn ich so in den Winter hineingehe, dann komme ich nicht durch." Statt dessen ist sie in diesem Winter so wohl, wie ich mich keines Winters erinnere, selbst Husten und Schnupfen scheinen ihre Furchtbarkeit verloren zu haben. Auch auf mich äußert diese Cur, wenn sie auch noch kein ununterbrochenes Wohlbefinden zur Folge hat, doch einen entschieden günstigen Erfolg. — —

Helene von Thünen, geb. Berlin, an ihre Tochter.

Tellow, 24. April 1840.

Von Rivière einen Brief voll Dank und neuen Bitten um Nachricht und Belehrung. Pogge war in Lyon und bittet für Rivière um ein Exemplar vom isolirten Staat, er ist aufgefordert und wird unterstützt von der Regierung, eine Uebersetzung davon ins Französische herauszugeben. Heinrich hat noch eins, sonst ist es nicht mehr zu bekommen. Rivière's Brief beginnt so: „Nach dem Glück, welches mir durch die so gütige Aufnahme der Herren Landwirthe in Mecklenburg und besonders durch die Ihrige zu Theil ward, hat mich nichts so lebhaft erfreut, als die plötzliche Ankunft des Herrn Pogge und die Gelegenheit, mit ihm von Ihnen sprechen zu können. Ich hatte soeben die Nachricht empfangen, welche Sie die Güte hatten de m'envoyer et j'ai été heureux de pouvoir lui dire combien j'étais reconnaissant d'une obligeance aussi grande. Je ne saurois vous dire, combien tout ce qui se rattache au développement de l'agriculture rationelle, m'interesse: voilà pourquoi j'attache le plus grand prix aux renseignements que vous voulez bien m'envoyer et que je ne crains pas de solliciter encore de vous. Pour moi, je le dis en verité, l'histoire de l'économie de Tellow a ses diverses époques est l'histoire de la culture intelligente en Allemagne. C'est dans cette histoire que mon pays et les administrations de mon pays apprendront par quels moyens prospère et se soutient l'agriculture d'un peuple, qui chaque jour voit s'élever le chiffre de sa population et de ses besoins. Il y va de notre avenir social en France de maintenir le juste équilibre entre la grande et la petite propriété. Nos lois sont impuissantes à empêcher l'extrême morcellement qui aussi bien que la production manufacturière exagérée aboutit au paupérisme. Enseigner au petit nombre de grands propriétaires qui nous restent, comment on peut faire par l'agriculture son bénéfice aussi bien que celui des ouvriers que l'on emploie, c'est modérer par là même l'impatience où ils sont tous de vendre et de distribuer eux-mêmes par petits lots ·leurs terres aux paysans, afin de pouvoir jeter leurs capitaux dans le gouffre des spéculations industrielles....... Mr. Pogge m'a promis de vouloir bien être mon interprête auprès de vous de mes sentiments de profond respect et de reconnaissance; veuillez croire que je serais bien heureux de pouvoir les exprimer à monsieur votre fils, s'il souhaitait un jour de venir voir la France. J'ai l'honneur d'être avec un profond respect,

monsieur, votre très-humble et très-obéissant serviteur.
C. Nivière.

— — Wird den Franzosen aber, meint Vater, dies so
ernsthaft gehaltene Buch munden? Werden diese wohl die Ge=
duld haben, es zu studiren?

. . . .

von Rodbertus Jagetzow an von Thünen.
Warnemünde, 29. September 1840.

Hochverehrtester Freund! Gestatten Sie mir diese Anrede,
die mir aus dem Herzen kommt und die das Wohlwollen, das
Sie so freundlich mir in Marienbad erzeigt haben, mich er=
muthigt zu gebrauchen. Wie sehr verbinde ich den innigen Wunsch
damit, daß die Cur Ihre Gesundheit so weit hergestellt haben
möge, daß Sie die Neigung wieder gewinnen, ein Werk fortzu=
setzen, das, je öfter ich es lese, mir desto unschätzbarer erscheint.
Als einen Beweis des Einflusses, den es sich überall erringt, bitte
ich, Ihnen die endlich im Druck erschienenen Pommerschen Tar=
principien senden zu dürfen, für die ich aber in vielen andern
Beziehungen Ihre Nachsicht in Anspruch nehme. Zuerst der vielen
Druckfehler wegen, nur einen wird jeder Leser gleich selbst zu ver=
bessern wissen: Ihr Name nämlich ist immer von Thüren ge=
druckt. Dann läßt die Redaction des Tarreglements selbst Man=
ches zu wünschen übrig. Sie werden indessen die leitenden Ideen
am besten aus den Motiven erkennen, die dem Reglement ange=
hängt sind und die auch schließlich eine Uebersicht über die Resul=
tate desselben gewähren, wenn die verschiedenartigsten Umstände,
z. B. verschiedene Entfernung der Aecker vom Hofe, verschiedener
Bodenreichthum, verschiedenes Wiesenverhältniß, verschiedener Preis
der animalischen Producte bei dem abzuschätzenden Grundstück
vorausgesetzt werden. Obgleich die Tarcommission dabei mitunter
von andern Prämissen ausgegangen ist, als Sie in Ihrem Werk,
so kommen wir doch zu derselben großen Wahrheit, die Sie auf=

gedeckt haben, zum Gesetze der relativen Vorzüglichkeit jedes Wirthschaftssystems, das, wenn es früher erkannt worden wäre, vielen Schaden von ganzen Ländern abgewandt hätte, während dieselben sich nun — z. B. Hinterpommern — übereilt Wirthschaftsformen überlassen haben, die die Rente erniedrigten, statt sie zu erhöhen, und dazu den Bodenreichthum verringerten. Vielleicht ist mir mal eine Gelegenheit so günstig, ein Urtheil über unsere Arbeit von Ihnen zu erfahren.

Seit drei Wochen bade ich mit meiner Frau hier in Warnemünde. Indessen treibt uns morgen Manches wieder nach Hause, wozu auch gehört, daß das Rostocker Bannrecht hier keinen Bäcker und Fleischer duldet, und also ein sicherer Hungertod jedem droht, der über eine gewisse Zeit hier weilt und nicht Fischer werden will. — —

von Thünen an seinen Sohn Hermann.

Tellow, 26. November 1840.

— Mein einsames Stillleben ist kürzlich durch eine sehr gesellige Woche angenehm unterbrochen. Am Sonntag war ich bei Parish in Gottin, Montag hatten wir Erntefest, Dinstag Versammlung in Teterow, wohin Mutter mich begleitete, am Freitag war ich wieder bei Parish. Als ich nun am Sonnabend erwachte, sagte ich zu Mutter: jetzt sind alle meine Reisen vollendet und ich komme vielleicht in einem halben Jahre nicht wieder aus dem Hause. Wie ich aber in mein Zimmer trat, fand ich eine Einladung von Pogge-Zierstorf zu Mittag vor, und fuhr bald nachher dahin. In Zierstorf traf ich den Hauptmann Carr aus Tüschenbeck, mit dem ich eine lange, für mich sehr instructive und interessante Unterhaltung hatte. Carr ist sehr unterrichtet, aber in der Vorliebe für seine — die englische — Ackercultur befangen. Er sagte unter andern: „die Güterpreise werden in Mecklenburg noch höher steigen, denn, meine Herren, Sie nehmen es mir nicht

übel, Sie sind in der Ackercultur noch gar zu sehr zurück." Wir
ließen uns dies ohne Widerrede gefallen, sowie ich auch manche
irrige Behauptungen ungerügt passiren ließ. Mit dem Discutiren
würde die Zeit verloren gegangen sein, die wir jetzt zum Auffassen
vieler lehrreicher Thatsachen aus England verwandten. Auch scheint
Carr weit mehr geneigt zu lehren, als seine Ansichten zu be-
richtigen, und in dem Ersteren sich viel mehr zu gefallen. —

— Wenn man in der Gesellschaft nicht darnach strebt, zu glän-
zen, nicht sucht seine Ansichten geltend zu machen, und überhaupt
gar nicht daran denkt, welchen Eindruck — günstig oder ungünstig — man auf Andere macht, so wird die Kraft zum Beobachten und Auffassen frei, und aus dem scheinbaren Zurückstehen
und Verdunkeltwerden entspringt ein wirkliches Ueberlegensein. —

von Thünen an Christian von Buttel.

Tellow, 28. Nov. 1840.

Die Zeit Eures Hierseins bildet in unserm Leben gewissermaßen Epoche, und die Zwischenzeit ist in mehrfacher Beziehung
nur eine Vorbereitung zu derselben. Vieles Unangenehme und
Trübe wird geduldig ertragen in der Hoffnung, daß die Zeit Eurer
Anwesenheit eine Entschädigung dafür geben soll. Es ist eine
hohe Befriedigung und eine würdige Beschäftigung des zunehmenden Alters, das, was die fortrollende Zeit in unsern Ansichten ändert, berichtigt oder verwirft, mit dem scharfsichtigen
Freund und Bruder in traulicher Discussion zu besprechen. Dies
war mir jetzt um so mehr Bedürfniß, da es mir schien, daß die
letztverflossenen Jahre in unsern Ansichten über wichtige Angelegenheiten des Menschen eine Differenz gebildet hatten, die früher
nicht stattfand. Aber es fehlte mir anfangs die Sprache, später
die Energie des Geistes, um eine solche ernste Verhandlung nur
beginnen zu können. — — —

Man sagt gewöhnlich, daß der Unterschied im Alter sich mit

dem Fortgang der Zeit mehr und mehr ausgleicht. Dies mag in vielen Beziehungen auch richtig sein; aber in den Altersstufen, worin wir beide gegenwärtig stehen, muß nothwendig die Welt uns auf verschiedene Weise erscheinen. Um mir dies klar zu machen, habe ich mich in der Phantasie lebhaft in die Zeit zurück= versetzt, wo ich in Deinem jetzigen Alter war. Dies Alter ist die wahre Blüthe des männlichen Geistes, und im glücklichen Fall auch die der vollen körperlichen Kraft. Alles wird dann leicht, jeder Gedanke ist ein Fortschritt, ein Blick in ein neues Land, und die gehabten, auch von Andern anerkannten Erfolge be= rechtigen zu Hoffnungen auf unbegrenzte weitere Erfolge und auf eine eminente Wirksamkeit. Vergleiche ich nun aber das damals Gehoffte mit dem jetzt Erfüllten, so kann ich mich eines weh= müthigen Gefühls nicht erwehren. Nicht bloß weil die Produc= tivität des Geistes abgenommen hat, sondern hauptsächlich weil die Theorien, die ich mir über die physische und intellectuelle Welt gebildet hatte, und die damals Alles, was ich vom Leben kannte, in Einklang brachten, viele Ergebnisse und Beobachtungen des spätern Lebens unerklärt lassen und sich dadurch als unvoll= ständig und unzulänglich ergeben. Was ich damals als Wahrheit erkannte, ist kein Irrthum, sondern ich halte es auch jetzt noch für wahr, aber es umfaßt, erklärt nicht, und bringt nicht zur Einheit, was das spätere Leben an Erfahrungen hinzugefügt hat, und giebt deshalb nicht mehr die jugendliche Befriedigung und Zuversicht. Die Natur erscheint mir dem Individuum gegenüber als eine Uebermächtige und die frühere Verstandeskeckheit geht mehr und mehr in Demuth über.

Sehr interessant ist es mir, daß der von der Natur so reich begabte Parish in seinen spätern Jahren zu einer ähnlichen An= sicht gelangt ist, wie folgende Stelle seines letzten Abschieds= briefes zeigt:

„Wenn ich mathematische Untersuchungen ausnehme, so „hat die Natur noch immer Geheimnisse, die unsere Phi=

„loſophie in Verlegenheit ſetzt, und eben weil ſie mehr weiß
„als wir erkennen, iſt ſie ein ſo köſtlicher Gegenſtand un=
„ſerer Betrachtungen — eine ſo ironiſch=amüſante Controle
„unſerer ſogenannten Weisheit.“

Pariſh kam noch Anfangs November, wie wir ihn nicht mehr
erwarteten, aber ohne Familie. Wie ich das erſte Mal bei ihm
war, verſtrich mir die Zeit ſo unbemerkt, daß es Ein Uhr Nachts
wurde, ehe ich zu Hauſe kam. Beim zweiten Beſuch hatte ich
mir ernſtlich vorgenommen, zur rechten Zeit wegzufahren, und als
ich bei der Zurückkunft nach der Uhr ſah, ſtand der Zeiger auf
Drei! Als Pariſh abgereiſt und ich in meine Einſamkeit zurück=
gekehrt war, fühlte ich mich lebhaft zu der Betrachtung aufge=
fordert, wie und wodurch die Geſellſchaft dieſes Mannes neuer=
dings wieder einen ſolchen Zauber für mich gewonnen habe, und
ich kam darüber zu folgendem Reſultat: Wenn zwei Menſchen
vereint in einem ſchönen Moment zu der erhebenden Reſignation
gelangen, wo jeder Egoismus, jeder Dünkel abgeſtreift iſt, wo die
Luſt am Rechthaben ſchweigt, das Finden der Wahrheit das ein=
zige Ziel iſt, und dieſe mit gleicher Freudigkeit aufgenommen wird,
ſie mag von uns oder dem Andern ausgehen, unſere bisherigen
Anſichten beſtärken oder zerſtören, ſo findet in einem ſolchen Mo=
ment eine Seelenvereinigung ſtatt, es wird eine geiſtige Ehe ge=
ſchloſſen, die weit über das Grab hinausreicht. Solche Stunden
habe ich mit dem ſeligen Domainenrath Pogge verlebt und darum
erliſcht ſein Andenken in mir nicht, ja ich möchte ſagen, ich lebe
noch mit ihm fort, und unterhalte mich oft mit ihm. Solche
Momente, nach denen ich jetzt eine größere Sehnſucht als je
empfinde, hat mir Pariſh gewährt, und dies iſt das Zauberband,
was mich auf's Neue an ihn feſſelt. Daß von Wulffen, deſſen
Verſtand ich ſo ſehr äſtimire, und dem ich Vieles verdanke, zu
dieſer erhebenden Reſignation, wie ich fürchte, nicht fähig iſt, wird
leider wohl für das ganze Leben eine Scheidewand zwiſchen uns
ziehen. — —

— Wenn ich die Gefühle, mit denen ich ſeit zwei Jahren zu Deinem Geburtstage an Dich ſchrieb, mit den jetzigen vergleiche, ſo danke ich innigſt Gott für die glückliche Wendung Deines Geſchicks. — — — Nachdem ich dies geſchrieben hatte, fällt es mir auf, daß ich mich des Ausdrucks: „ich danke innigſt Gott" bedient habe, da ich doch ebenſowenig als Du an eine unmittel= bare Schickſalslenkung glaube. Aber warum quillt dieſes Gefühl, ſobald das Leben nur ernſtlich bewegt iſt, unwillkürlich immer wieder aus der Bruſt hervor? — — —

Chriſtian von Buttel an von Thünen.

13. Dec. 1840.

Ich lege mir eben Deinen Brief wieder vor Augen, Du glaubſt nicht, wie innig mich die Zeilen ergreifen. Eine ganze Fülle tief innerlicher Bewegung birgt ſich zwiſchen den Zeilen und in den leeren Räumen, die die Abſätze ſcheiden. Mit lie= bender Aneignung verſenke ich mich in dieſes Unausgeſprochene, und wenn Du andeuteſt, als beſtände eine Differenz in unſern Anſichten über wichtige Angelegenheiten des Menſchen, ſo weiß ich, was Du ſagen willſt; aber dieſe Differenz hat ſich nicht erſt in den letzten Jahren gebildet, ſie war bei mir ſchon lange an= gelegt, nur daß des Wiſſens Wahrheit bei mir auch immer mehr zur Herzenswahrheit ſich geſtaltet hat. In demſelben Maaße wie ich aufgehört, polemiſch gegen andere Stufen zu verfahren, in demſelben Maaße iſt mir nur mein Beſitzthum ſicherer ge= worden. — — — — —

Indeß, welche Richtung man am Ende auch eingeſchlagen wird, immer ſind es die Menſchen ſelbſt, welche in dem eigenen Geiſte einen ſolchen nie auszubeutenden Schacht von Glück und Seligkeit mit ſich herumtragen, aber wie wenige haben Kraft, dieſen edlen Bergbau ſo wie ſo in die Tiefe zu treiben, und wie viel weniger noch eignen ſich im Reichthum die Perle der

Beicheidenheit an, und, was gar das Schwerste ist, vermögen es, auch ihr Handeln damit in Einklang zu bringen. — — Und soll ich hievon nun die Anwendung machen? — — Weit, ge= heimnißvoll weit, reicht das Beispiel des Edlen, ihm widmen sich alle reinen Herzen, genöthigt, aber gerne; es ist ein Strahl des göttlichen Wesens, der uns durchzuckt, jenes Wesens, das zu= gleich unser Wesen, das zwar viele bei sich verdunkeln, aber dessen sich keiner entäußern kann, und das stets unwiderstehlich wirkt, wenn wir es bei irgend einem Menschen in höherer Vollendung ausgeprägt finden. Wie willig unterwerfen wir uns alsdann dem Zwange, den solche Macht ausübt, und so gezwungen willig zolle auch ich Dir mit diesen Zeilen meine Verehrung.

von Thünen an den Professor Beyer.

December 1840.

— — Um so lebhafter wird dadurch aber auch mein Wunsch, daß Sie Ihre Muße und Ihr Nachdenken der Fort= bildung der Statik des Landbaues widmen mögen. Daß diese Wissenschaft auf ihrem gegenwärtigen Standpuncte eine unvoll= kommene ist, darf von der Bearbeitung nicht abschrecken, denn sie ist noch eine sehr junge Wissenschaft, und so gewiß es ist, daß die Natur in Bezug auf Pflanzenwachsthum nicht willkürlich, sondern nach unabänderlichen Gesetzen verfährt, so gewiß ist auch eine Statik des Landbaues möglich. Ja man kann behaupten, daß jeder practische Landwirth, der mit Erfolg wirthschaftet, sich ein System der Statik gebildet hat; aber diese auf ein dunkles Gefühl gegründete, nicht in Worten und Zahlen ausgesprochene Theorie enthält Irrthümer, die unter einander selbst im Wider= spruch sind. Der Versuch, seine Ansichten hierüber in systematischer Ordnung vorzulegen und niederzuschreiben, tilgt wenigstens die sich selbst widersprechenden Irrthümer.

Uebrigens kann ich mir kaum eine landwirthschaftliche wissen=

schaftliche Untersuchung denken, die, wenn sie gründlich sein und Werth haben soll, nicht auf statische Sätze zurückführt. Wie kann man beurtheilen, ob der Anbau dieser oder jener Frucht vortheilhafter sei, wenn man nicht weiß, welche Dungconsumtion mit dem Anbau dieser Gewächse verbunden ist; welchen Werth hat die Empfehlung einer Fruchtfolge, wenn man nicht weiß, in welchem Stand des Reichthums und der Ertragsfähigkeit sie den Boden zurückläßt?

Die Schwierigkeit, in diese Wissenschaft einzudringen, liegt nicht darin, daß der menschliche Verstand zu schwach sei, die Naturgesetze zu begreifen, sondern vielmehr darin, daß die Erfahrungen der verflossenen Jahrhunderte verloren gegangen und die ältere Literatur nichts enthält, was zu einer Grundlage für die Statik brauchbar wäre, und dann auch darin, daß wir die Naturkräfte nur insofern unserer Beobachtung unterziehen, als sie unserm pecuniären Zweck dienstbar sind.

Wie wirkt eine 3 Jahre fortgesetzte Brache, wie der Anbau eines Bodens ohne irgend einen Dungersatz; wie der Anbau eines rohen von Humus entblößten Bodens? Darüber haben wir wenige oder gar keine Erfahrungen, weil in unsern auf Geldertrag gerichteten Wirthschaften solche Fälle gar nicht vorkommen. Deshalb mußte die Theorie, sei sie auch eine unvollständige, selbst unrichtige, vorangehen, um das Bedürfniß zu erzeugen, die Natur durch Versuche zu befragen, worauf sie niemals eine Antwort schuldig bleibt.

Ich muß meinen Erfahrungen und andern Beobachtungen zu Folge nun annehmen: 1) daß der Acker durch Pflanzenernten nie ganz erschöpft werden kann, sondern im Ertrage nur bis zu einem gewissen Punct — verschieden nach der physischen Beschaffenheit und der Lage des Bodens — herabsinkt, dann aber beim fortgesetzten Anbau, ohne Ersatz, zum beharrenden Zustand gelangt; 2) daß der ganz rohe, von Humus entblößte Boden durch Exposition an der Luft fruchtbar wird und seine Fruchtbarkeit, selbst dann, wenn Pflanzenernten davon genommen werden, bis zu einem gewissen Punct steigert, damit aber zum beharrenden Zustand übergeht.

Hiernach wäre also die Ertragsfähigkeit des Ackers zu theilen in die, welche der Boden an sich, d. h. ohne Dungersatz zu bekommen, besitzt — welche ich die Capacität des Bodens nennen möchte — und in die, welche der dem Boden beigemengte Dung ertheilt — die Dungkraft —.

Die zunächst liegende Aufgabe wäre dann, die Capacität der verschiedenen Bodenarten zu ermitteln.

Früher gab es in Mecklenburg Außenfelder, die selten oder nie gedüngt wurden. Die über den Ertrag solcher Felder gemachten Erfahrungen sind aber spurlos untergegangen, und die ungedüngten Außenfelder selbst sind verschwunden. Wahrscheinlich giebt es aber in einigen Gegenden Deutschlands noch solche nie gedüngte Felder, und vielleicht wird es Ihnen gelingen durch Ihre ausgebreiteten Verbindungen, sich Notizen über den Ertrag und die physische Beschaffenheit derselben zu verschaffen — wodurch der Statik ein wesentlicher Dienst geleistet würde. Möllingen liefert (in Schwerz' „Beschreibung der pfälzischen Landwirthschaft") einen Beitrag dazu, und es könnte der Sache förderlich sein, wenn Sie die betreffende Stelle des Schwerz'schen Werks den Lesern Ihrer Zeitschrift vor Augen bringen, und Ihre Leser zur Mittheilung ähnlicher Erfahrungen auffordern wollten.

⁓⁓⁓⁓

Sehr dankbar erkenne ich das gütige Vertrauen, was Sie mir durch Mittheilung Ihrer persönlichen Verhältnisse bezeigen und was ich nur dadurch zu erwiedern weiß, daß ich mir erlaube, Ihnen meine Ansichten darüber offen darzulegen. Wer jetzt nicht schon im Besitz eines eigenthümlichen oder eines gepachteten Guts ist, für den halte ich es äußerst gefährlich, in dem jetzigen Augenblick in ein solches Verhältniß zu treten. Die jetzigen hohen

Pacht= und Kaufpreise der Güter sind leichtsinniger Weise auf
die Fortdauer der hohen Productenpreise und des niedrigen Zins=
fußes basirt — und eine Aenderung dieser wandelbaren Potenzen
wird viele Menschen ins Unglück stürzen. Zudem meine ich, daß
Sie, mein hochgeschätzter Herr Professor, für den Lehrstuhl und
für die wissenschaftliche Bearbeitung der Landwirthschaft geboren
sind; und bei Ihrer Befähigung für dies Fach kann Ihnen eine
Professur an einer Universität oder an einer landwirthschaftlichen
Akademie unmöglich lange fehlen. Sie sagen in Ihrem so
freundlich und vertrauend gegen mich sich äußernden Schreiben:
„wenn ich ein mäßiges angeerbtes Vermögen besäße — — —."
Das Hemmniß, was aus dieser Entbehrung selbst für Ihre
wissenschaftlichen Leistungen und Bestrebungen entsteht, fühle ich
tief mit Ihnen, und wünsche herzlich eine Aenderung darin. Aber
dennoch liegt in dieser Verhältnißlage etwas Erhebendes: denn
wo ist je das Ausgezeichnete ohne Ueberwindung großer Hinder=
nisse, ohne ernsten Kampf zu Tage gekommen. „Wie mancher
Riesengeist mag unter Thronen und Goldbergen begraben liegen,"
sagt Jean Paul. Um Bedeutendes zu leisten und zu vollenden,
gehört vielleicht die Verbindung einer in Anstrengung und Kampf
vollbrachten Jugend mit einem heitern sorgenfreien Alter. Aber
auch unser Thaer genoß erst am Abend seines Lebens dieser
sorgenfreien Lage, und was würde die Wissenschaft wohl verloren
haben, wenn diese ihm von Anfang an zu Theil geworden wäre?
Daß für Sie der Kampf aber nicht ermattend werden, und daß
Sie bald den Lichtstrahl einer heitern Zukunft erblicken mögen,
dies ist mein theilnehmender und herzlicher Wunsch.

von Thünen an die Gräfin ***.

Tellow, 1841.

Das gütige Vertrauen, was Sie mir durch die ausführliche Mittheilung über Ihren Sohn bezeigen, hat mich mit dem lebhaftesten Dank erfüllt. Das Interesse, was ich an Ihrem Sohn nehme, und der sehnliche Wunsch, daß seine edle so hart geprüfte Mutter durch ihn wieder zum heitern Genuß des irdischen Daseins gelangen möge, hat bei seinem bevorstehenden Eintritt in das Gymnasium lebhaft die Sorgen in mir geweckt und mir vor Augen geführt, die ich empfinden würde, wenn ich noch einen Sohn der Schule zu übergeben hätte. Ich fühle eine innere Verpflichtung, und weiß Ihrem gütigen Vertrauen nicht anders zu entsprechen, als wenn ich Ihnen diese Sorgen offen vorlege, aber mit der Bitte, zu glauben, daß ich von der Prätension, meine Ansichten für allgemein richtig zu halten, weit entfernt bin, indem sie nur aus dem Standpunct meiner Erfahrung aufgefaßt sind.

Die Lehrer beladen ihre Schüler im frühen Alter schon mit einer Menge Arbeiten, um ihnen zu muthwilligen und sündlichen Jugendstreichen keine Zeit zu lassen. Unter den Knaben hat sich aber eine von Geschlecht zu Geschlecht übergehende Taktik ausgebildet, sich durch List und nachlässige Arbeit dennoch freie Zeit zu verschaffen — und diese Wahrnehmung bringt die Lehrer dahin, die Forderungen noch weiter zu treiben und ihre Schüler mit Arbeiten völlig zu überladen. Tritt nun in eine solche Schule ein bisher von Privatlehrern unterrichteter Knabe, der moralisch reinen Sinns und gewissenhaft in Erfüllung aufgelegter Pflichten ist, der die Taktik der andern Schüler nicht kennt und auch nicht anwenden will, so gehört ein seltenes Zusammentreffen glücklicher Umstände dazu, wenn er der Last nicht physisch oder geistig unterliegen soll. Die Examina sind auf's Aeußerste geschärft, der Ruf und Ehrgeiz der Lehrer fordert überraschend schnelle Fortschritte der Schüler, die Eltern von der Mehrzahl der Schüler sind un-

bemittelt und wünschen einen baldigen Uebergang zur Universität
— und so vereinigen sich alle Umstände, um die Schule zu einer
Treibhausanstalt zu machen. Man sieht und bewundert dann die
schnell hervorgewachsene Frucht, aber man sieht nicht, ahnet nicht,
was in dieser Zeit an andern Kräften und natürlichen Anlagen
unentwickelt geblieben und untergegangen ist. Wer gezwungen ist,
immer fremden Gedanken zu folgen und sich diese zu eigen zu
machen, wer nicht die Freiheit hat, mit seinen Gedanken spazieren
zu gehen — wie kann in diesem die Productionskraft des Geistes,
der schaffende Gedanke, die Kraft neue Bahnen zu brechen, er=
halten, entwickelt und ausgebildet werden? So sehen wir denn
auch nur zu häufig, daß diejenigen, die in der Schule geglänzt
haben, in der practischen Welt sich als unbrauchbar erweisen. In
der Regel geht aber auch durch diese Geistesbelastung und die
damit verbundene naturwidrige Lebensweise die Gesundheit zu
Grunde.

Der Mensch ist im Allgemeinen nur zu geneigt, beim Unter=
richt in der Schule sich selbst wieder reproduciren zu wollen, und
das, was bei seinen individuellen Anlagen, bei seiner Stellung
in der bürgerlichen Gesellschaft allerdings wichtig ist, auch als das
allein fertig machende zu betrachten und es Andern einprägen und
aufdringen zu wollen. Die Schullehrer stehen in dem Rufe, sich
in dieser Beziehung am wenigsten zur Freiheit des Geistes er=
heben zu können. Die Gymnasien sind zur Erziehung von Schul=
lehrern und Theologen gewiß vortrefflich eingerichtet. Aber so wie
die verschiedenen Stände der bürgerlichen Gesellschaft verschiedene
Kenntnisse bedürfen, so bedürfen sie auch zur Erfüllung ihres Be=
rufs der Ausbildung verschiedener Geisteskräfte. Wie durch das
Leben in der Schulstube das leibliche Auge an Sehkraft verliert,
so verliert auch das geistige Auge für Natur= und Menschen=
beobachtung, für Wahrnehmung seiner Unterschiede und für vieles
Andere die angeborne Fähigkeit. Der Arzt, welcher in seinem
Beruf stets mit den Kräften der Natur und des lebenden Or=

ganismus zu thun hat, bedarf vor allem der Schärfe der Sinne, des Unterscheidungs- und Erkennungsvermögens, und die Anlage dazu — welche durch das Leben in und mit der Natur und durch Uebung der Sinne und der Geisteskräfte an dem Studium der Naturwissenschaften ausgebildet werden sollte — geht in der Schule unter, weil er dort nicht zum Arzt, sondern zum Philologen gebildet wird.

Was kann nun diesen Ansichten nach Ihrem Sohne der Eintritt in das Gymnasium nützen? Die Ueberladung mit Arbeiten, um vor Jugendsünden zu schützen, ist hier zwecklos, denn in Ihrer Hut und Umgebung kann er nicht von der rechten Bahn abweichen; die Erlernung der Schülertaktik, welche ihm allein Gesundheit und Geistesfreiheit bewahren könnte, wäre seiner Moralität verderblich. Die große Mehrzahl aller Schüler widmet sich einem Brodstudium, und auf die Bedürfnisse dieser ist mit Recht der Lehrplan gerichtet. Wer von einem Amte, einem Beruf seinen Lebensunterhalt gewinnen soll, muß sich nothwendig einseitig — auf Kosten anderer Fähigkeiten und Anlagen — ausbilden; er muß lernen, wie widerstrebend es auch seiner Neigung sein mag, was im Examen von ihm gefordert wird, und damit ist seine Geistesrichtung ihm vorgeschrieben.

Ihr Sohn ist in der glücklichen, beneidenswerthen Lage, nur das lernen zu brauchen, was seine Geisteskräfte wahrhaft fördert und ihn als Menschen ausbildet. Ihm ist es vergönnt, sich nicht einseitig, sondern harmonisch auszubilden — was so wenigen zu Theil wird. Ein schöner Traum der Jugend drängt sich mir, durch den Gedanken, daß er hier verwirklicht werden könnte, wieder auf, nämlich der: das positive Wissen nicht als Zweck an sich, sondern nur als Mittel zur Entwickelung der im Menschen liegenden Geistesanlagen zu betrachten. Und in der That, was werden wir einst aus dieser Welt mit hinüber nehmen? Für unsere Kenntnisse werden wir dort kein Feld der Anwendung finden; nur was wir im Kampf des Lebens an Geisteskräften und

Moralität errungen haben, ist unser unverlierbares, unser einziges dauerndes Eigenthum. Müssen wir uns nicht schon hier oft sagen: das Streben selbst war schon das Ziel?

Es könnte den Anschein haben, als wenn ich damit der Oberflächlichkeit das Wort redete, da ich doch im Gegentheil die Tiefe des Geistes fast am höchsten stelle. Zur Erlangung derselben ist ein angestrengtes ernstes Studium unerläßlich; aber ich meine, daß derjenige, der in dieser glücklichen Lage ist, sich die Wissenschaft, durch deren Studium er sich diese Geisteseigenschaft erwerben will, selbst auswählen kann, nicht vorschreiben zu lassen braucht — und ein solches freiwilliges aus der eigenen Neigung entspringendes Studium übt nicht die zerstörende Wirkung auf die Gesundheit aus, wie das erzwungene.

Es giebt aber eine andere Rücksicht, warum für Ihren Sohn der Eintritt in das Gymnasium wünschenswerth ist, und dies ist die — welche ich zu meiner Freude und Bewunderung von Ihnen selbst, meine verehrte Gräfin, habe äußern hören: daß es für denselben nothwendig ist, in Verhältnisse zu treten, wo Geburt, Reichthum und Stand nicht in Betracht kommen, und wo er dieselben Rechte und Pflichten wie jeder Andere hat. Wie ist nun aber dieser Vortheil ohne jene Nachtheile zu erringen? Ich wüßte hierzu nur ein Auskunftsmittel, daß nämlich Ihr Sohn nicht an allen Lehrstunden, sondern nur an solchen, die für seine individuelle, seiner Stellung entsprechende Ausbildung die nützlichsten sind, Theil nehme. Ich weiß zwar, daß die Lehrer sehr ungerne eine solche Begünstigung gewähren. Aber wer könnte Ihnen, gnädige Gräfin, und zumal in Ihrer Lage, ein so tief begründetes Verlangen abschlagen? Sollte dies aber dennoch nicht zu erreichen sein, so macht die Sorge für die Gesundheit allein — und wenn auch alles, was ich oben geäußert habe, unrichtig wäre — es zur gebieterischen Nothwendigkeit, Ihren Sohn der Schule zu entziehen, und ihn durch Privatunterricht für die Universität vorzubereiten.

Ich muß es gestehen, daß es mich etwas ängstigt, wenn Sie, gnädige Gräfin, in Ihrem Briefe den Wunsch äußern, den Fleiß Ihres Sohnes vermehrt zu sehen. Bei seinem raschen Wachsthum scheint mir lange, nächtliche Ruhe und mäßige, aber anhaltende körperliche Bewegung zu seiner Erholung durchaus nothwendig zu sein; und was liegt in seinen Verhältnissen daran, wenn er zu den Kenntnissen, die Andere zwar im Fluge erfassen, aber doch nicht zu Mark und Blut verarbeiten können, einige Jahre später gelangt.

Darf ich nun wohl, nachdem ich so oft der Begünstigung, die Ihrem Sohn durch seine Geburt zu Theil geworden, gedacht habe, auch über die höhern Verpflichtungen, die einst auf ihm ruhen werden, meine Ansichten aussprechen? Gewiß, denn ich bin überzeugt, daß ich dadurch zum Theil nur Ihren eigenen Grund= sätzen huldige. Die große Mehrzahl der so Begünstigten sieht in dem Reichthum und der Unabhängigkeit, die ihnen zu Theil ge= worden, nur ein Mittel zum höhern Genuß, ohne dafür irgend eine Verpflichtung anzuerkennen. Aber ich bin der Meinung, daß dies nur ein anvertrautes Pfand sei, von dessen Verwendung einst Rechenschaft gefordert wird, daß die Enthebung von den Sorgen, unter dessen Druck die mehrsten Menschen ihr Leben abmühen, nur desto stärker verpflichte, durch Arbeit, Anstrengung und Ent= sagung für das Wohl der Menschheit zu wirken, und daß ohne diese Anstrengung und Entsagung der Mensch seine höhere irdische Bestimmung nicht erreichen kann. Das aber ist eine wunderbare Erscheinung, worin mir die Hand Gottes sichtbar wird, daß aus der freiwilligen Arbeit und der Entsagung von Genüssen zum Wohle der Menschheit ein anderer nicht erstrebter Genuß hervor= geht, der beseligender ist, als alles was die Sinnenwelt dar= bieten kann.

Hier, meine verehrte Gräfin, haben Sie mein offenes Glau= bensbekenntniß über Schulwesen und Erziehung, was ich noch nie= mals öffentlich ausgesprochen habe, weil es so sehr in Widerspruch mit der herrschenden Meinung unserer Zeit steht. Sollte die Mittheilung einzelner Stellen aus demselben an die Lehrer Ihres Sohnes Ihrem Zweck förderlich sein können, so habe ich Nichts gegen diese Mittheilung. Nur möchte ich Sie bitten, den Verfasser nicht zu nennen, der in der doppelten Qualität als Ketzer und Ignorant unvermeidlich in den Bann gethan wird. — —

von Thünen an Christian von Buttel.

Tellow, den 3. Februar 1841.

— — Es ist ein Vorzug, den die Frauen besitzen, daß sie in einem Briefe so viel und vielerlei zusammendrängen können, während wir Männer auf einem Briefbogen kaum Raum für die Entwicklung eines Gedankens finden. Da aber dieser eine Gedanke ein unvollständiges Bild unseres Lebens giebt, so unterlassen wir nur gar zu leicht die Mittheilung ganz. Um die Mittheilungen nicht ganz aufhören zu lassen, ist es für uns das einzige Mittel — was Du auch ergriffen hast — den Gedanken oder die Begebenheit, welche uns gerade lebhaft interessirt, zu Papier zu bringen, unbekümmert um Zusammenhang und Vollständigkeit. Ich werde es auch so machen und die Frauen werden die Lücken schon ausfüllen. — —

Dies ist der erste Winter, den wir ganz, ohne eines unserer Kinder bei uns zu haben, verleben. Sehr fürchtete ich deshalb, daß dieser Winter für uns und namentlich für Mutter öde und manchmal trübe verfließen würde. Dem ist aber gottlob nicht so geworden. Mutter ist öfters, zumal zu den Zeiten, wo sie die Wassercur gebrauchte, außerordentlich heiter, selbst jugendlich lustig gewesen. Einmal kam sie des Morgens zu mir, stellte sich sehr gerade vor mich hin und sagte: „wer will uns was?" Diese Worte, verbunden mit ihren Mienen, drückten sehr viel aus. Wie man nun von dem Guten, was geschieht, sich gerne selbst einen Theil beimißt, so geht es auch mir und ich habe ihr öfters gesagt: „Du solltest es wohl bleiben lassen, so lustig zu sein, wenn Du keinen guten Mann hättest."— —

Entfernt von Nahrungssorgen, wie von drückenden Geschäften, ohne starke Leidenschaften, selbst ohne heftige Wünsche, genieße ich im Verein mit der lieben Mutter einer Ruhe, wie sie nur wenigen Sterblichen zu Theil wird. Eine so seltene Begünstigung sollte auch seltene Früchte tragen, und daß dies nicht der Fall ist, stört eben wieder die Ruhe. Der Arzt hat mir jede ernste geistige Anstrengung verboten. Ohne nun die Absicht zu haben, ihm Folge zu leisten, verspüre ich doch eine fast unüberwindliche Unlust zu aufgedrungenen Arbeiten. Mit den Gedanken spazieren zu gehen, Probleme, die mir noch geblieben sind, zu lösen, meine Erfahrungen zusammen zu stellen und für mich zum Resultat zu führen — das ist meine Neigung; aber ich mag nichts vollenden, nichts für's Publicum ausarbeiten. Wenn ich nun auch mit Hülfe des kategorischen Imperativs diese Unlust einige Male bezwungen habe, so habe ich mich hernach doch immer schlecht befunden — und es scheint, daß ein Docter auch einmal Recht haben könne. Wollte ich nun auch der Vereinigung von Neigung und Vorschrift Folge leisten, so gestatten die Anforderungen von Außen dies doch nicht. Das ist ein Uebelstand früherer Leistungen, daß man durch das Geleistete nicht zur Ruhe kommt, sondern dadurch nur neue Anforderungen und Ansprüche hervorruft. — — —

von Thünen an den Hofrath Ternite.

Tellow, 16. Februar 1841.

Ihr gütiges Schreiben, was ich vor einigen Tagen durch Herrn Pogge erhalten habe, ist so schmeichelhaft für mich, daß ich in der That in Verlegenheit bin, darauf zu erwiedern. Könnte ich Ihre günstige Meinung über mich mit Ihnen theilen, so wäre ich schon dadurch derselben unwerth; aber glücklicherweise fühle ich sehr tief, wie viel mir fehlt, um eine solche Hochstellung zu verdienen und die Ueberschätzung kann mich nur bescheidener machen. Aber so wie die Liebe, selbst dann, wenn sie unverdient wäre, ein unschätzbares Geschenk bleibt, so darf ich auch mich der Freude über Ihr freundschaftliches Wohlwollen ohne alle Trübung hingeben — und wenn ein solcher Künstler dem Bilde eines Mannes sein Interesse schenkt, so gehört dies zu den erfreulichsten Gaben, die ihm in den späteren Lebensjahren zu Theil werden können. Nehmen Sie dafür den innigen Dank des Freundes an. Ihr schönes Geschenk, „die sinnende Muse", ist jetzt eine Zierde des Zimmers meiner Frau. Oft stehe ich davor und bewundere, wie durch den Faltenwurf eines durchsichtigen Gewandes ein nackter Körper so verhüllt werden kann, daß der Anstand nirgends verletzt wird. Meine Bewunderung zolle ich gleichzeitig dem ältern Künstler, der das Gemälde entworfen, und dem neuern Künstler, der es so treu wiedergeben konnte. — —

Vorgestern, wie auch schon einmal zu Anfang dieses Jahres, habe ich das Vergnügen gehabt, einen Tag in Roggow zuzubringen. Die Ruhe und der Seelenfrieden, welcher dort auf allen Gesichtern der Familie thront und sich in der ganzen Unterhaltung kundgiebt, erheitert und beruhigt das Gemüth, nicht bloß während des Dortseins, sondern gewährt auch noch in der Erinnerung einen Genuß, der uns selbst fördert. Herzlich wünsche ich Ihnen Glück, daß Ihr Kleinod, Ihre Tochter, die Jugend in diesem Hause verlebt. Je mehr ich aber an dem Glück dieser Familie Theil nehme, desto mehr schmerzt es mich, wenn ich sehe, daß die Gemüthsruhe meines geliebten Freundes Pogge durch die Angriffe und Kränkungen, welche er durch seine Bestrebungen zur Verbesserung unserer Verfassung sich zugezogen hat, zwar nicht dauernd erschüttert, aber doch häufig unterbrochen wird. Möchte doch unser Freund Pogge bald wieder zum Studium der Natur und zu der Beschäftigung mit derselben, wozu er geboren ist, zurückkehren und durch das Leben in und mit der Natur, die uns niemals kränkt, zum Vollgenuß des Glücks, was ihm zu Theil geworden, gelangen! — —

Wenn es mir gleich anmaßend erſcheint, ſelbſt dazu beizu=tragen, daß mein Bild lithographirt wird, ſo liegt doch in dem Wohlwollen, was Sie und Freund Pogge mir dadurch bezengen, ein zu großer Reiz, als daß ich dem widerſtehen könnte. Dafür müſſen Sie Beide nun aber auch alle Schuld tragen, die ſonſt auf mich fiele. — — —

von Thünen an den Profeſſor Köper.
Tellow, 25. Februar 1841.

Durch die Ueberſendung des Diploms, wodurch ich zum cor=reſpondirenden Mitglied der mecklenburgiſchen naturforſchenden Ge=ſellſchaft ernannt bin, und durch das freundliche Schreiben, welches Sie dieſem Diplom beigelegt, haben Ew. Wohlgeboren mich ſehr erfreut und verpflichtet. Zwar muß ich die mir dadurch erzeigte Ehre als eine unverdiente betrachten, indem ich im Fach der Naturwiſſenſchaften bisher nichts geleiſtet habe und in Zukunft ſchwerlich etwas leiſten werde; aber als Zeichen des Wohlwollens der verehrlichen Geſellſchaft iſt mir dieſe Ernennung nicht minder ſchätzbar und ich bitte Sie, der geehrten Geſellſchaft meinen ver=bindlichſten Dank dafür abzuſtatten.

Herrn Präpoſitus Karſten habe ich erſucht, Ihnen in meinem Namen für die gütige Mittheilung Ihrer Schrift über die meckl. Gräſer zu danken, und ich benutze nun dieſe Gelegenheit, um Ihnen ſelbſt meine Erkenntlichkeit dafür zu bezeigen. Erfreulich iſt es mir, daß Sie den Weg betreten haben, das Studium der Botanik fruchtbringend für die Landwirthe zu machen, und ich wünſche ſehr, daß Sie auf dieſer Bahn beharren mögen, wenn Ihnen die Früchte Ihrer Bemühungen vorläufig auch nicht ſicht=bar werden ſollten. Leider muß ich Ihnen darin beiſtimmen und es beklagen, daß unſere Landwirthe im Allgemeinen ſo wenig Sinn

für das Studium der Naturwissenschaften und der Mathematik
haben und sich so den Freuden einer tiefern Erkenntniß und des
Nutzens, den diese Wissenschaften gewähren können, berauben. Aber
einen Theil dieser Schuld tragen, meiner Ansicht nach, die Gelehr=
ten selbst. Während in England Wissenschaft und Praxis immer
Hand in Hand gehen, das aber, was keine Anwendung zuläßt,
auch wenig geachtet wird, und dort nicht bloß der Nationalreich=
thum, sondern auch die Nationalbildung eine fast beispiellose Höhe
erreicht hat, betrachten unsere deutschen Gelehrten das Studium
der Wissenschaften nur zu oft bloß als Zweck an sich, ohne sich
um die Anwendung derselben zu kümmern. Zwar erkenne ich es
sehr lebhaft, daß das Studium der Wissenschaften insofern, als
dadurch Geisteskräfte entwickelt und gestärkt werden, die sonst ge=
schlummert hätten, Zweck an sich ist; aber ich meine, daß dadurch
nicht alles erfüllt sei, was die Wissenschaft zu leisten hat.

Immer muß in der bürgerlichen Gesellschaft eine Anhäufung
materieller Güter vorangehen, ehe auch nur ein Mensch der Hände=
arbeit entbunden werden und sich frei der Speculation hingeben
kann. Je productiver aber die Arbeit wird, um destomehr Men=
schen können sich dem Studium und der Fortbildung der Wissen=
schaften widmen. Da nun durch die Entdeckung und weise Be=
nutzung der Naturkräfte die Arbeit beim Landbau und in den
Gewerben unendlich wirksamer und productiver wird: so liegt in
diesem Kreislauf, in dieser Wechselwirkung das große Triebrad
zur Beförderung des Wohlstandes der Nationen und zugleich zur
Verbreitung der Aufklärung und geistigen Bildung. Der bloße
Practiker hat wenig Sinn für den Nutzen, den das Studium der
Wissenschaften an sich, d. i. in Bezug auf Ausbildung von Geistes=
kräften, gewährt; aber er ist um desto empfänglicher für alles,
was ihm pecuniären Vortheil bringt. Können nun die Gelehrten
ihm darlegen und begreiflich machen, daß dieser Vortheil durch
jenes Studium wesentlich gefördert wird, so werden sie an ihm
sogleich einen eifrigen und lernbegierigen Schüler finden. Anderer=

ſeits ſcheint es mir, als wenn in dieſem noch wenig bebauten Felde für den aufſtrebenden Gelehrten die Bahn geöffnet wäre, gleichzeitig großen Nutzen zu ſtiften und ſich Ruhm zu erwerben. Ich darf wohl um ſo eher hoffen, daß dieſe freiwillige Aeußerung meiner Anſichten Entſchuldigung bei Ihnen finden wird, als ſie allein durch das Intereſſe, was Ihr Brief mir eingeflößt hat, veranlaßt und hervorgerufen iſt.

von Thünen an ſeinen Sohn Hermann.

Tellow, 18. Mai 1841.

— Beſonders lieb und erfreuend iſt es für mich, daß Du die Anſicht in Dir aufgenommen haſt und davon durchdrungen biſt, daß wir das Unangenehme, was uns betrifft, oder was unab= änderlich in unſern Lebensverhältniſſen liegt, nicht als ein auf uns laſtendes Unglück, ſondern als einen Sporn zur erhöhten Thätigkeit, als den Keim zu einer Entwickelung von Kräften, die ſonſt ſchlummernd in uns geblieben wären, betrachten ſollen. Könnte man ſich ſtets auf der Höhe des Standpuncts erhalten, den zu erſteigen uns in einzelnen ſchönen Momenten vergönnt iſt, ſo würde man bei jedem ernſten Mißgeſchick ſich zuerſt die Frage vorlegen: wozu kann Dir dies förderlich ſein, welche intellectuelle und moraliſche Eigenſchaften kannſt Du Dir dadurch erwerben oder weiter ausbilden? Selbſt der Mangel einzelner Fähigkeiten und Talente kann dazu führen, andere Anlagen deſto höher und tiefer in uns auszubilden, und ſo der Menſchheit weit nützlicher zu werden, als andere vielſeitig begabte Menſchen, die nicht ſelten, auf ihre Naturanlagen ſich verlaſſend, die ernſte Anſtrengung ſcheuen und am Ende ihres Lebens keine Früchte ihres Daſeins aufzuweiſen haben.

Je crois qu'en effet le premier devoir de ce monde est de mesurer la carrière que le hazard nous a fixée, d'y borner nos voeux, de chercher la plus grande, la plus sûre des jouissances dans le charme des difficultés vaincues et des chagrins domptés: peut-être la dignité, le succès, le bonheur intime lui-même, ne sont ils qu'a ce prix. Mais pour arriver à cette résignation vertueuse, il faut de la force, une force immense. Göthe nennt diesen Anspruch: „Das höchste Resultat der Lebensweisheit."

von Thünen an Christian von Buttel.

Tellow, 6. Juni 1841.

— Im Ganzen bin ich seit längerer Zeit gesund. Um so unangenehmer wurde ich daher überrascht, als ich beim Beginn der Frühjahrsarbeiten fand, daß ich fast gar keine Anstren= gung mehr ertragen konnte. — — Dieser Zustand erhielt durch eine vor 14 Tagen nach Doberan unternommene Reise eine glückliche Wendung. Das Fahren wirkte physisch wohlthätig auf mich und der Geist fand in Doberan Nahrung und Anregung. — — Es fand dort nämlich eine Berathung wegen der zum 1. September dieses Jahres nach Doberan eingeladenen Ver= sammlung deutscher Land= und Forstwirthe statt. Die Gesellschaft war aus haute noblesse, Professoren und vorzüglichen Landwir= then gemischt, und dadurch sehr interessant für mich. Auch habe ich in Doberan mehrere neue Bekanntschaften, wie die des Ober= forstmeisters von Grävenitz, des Kammerdirectors von Flotow, des Professors Röper, des Herrn von Ranzau u. m. a. gemacht — was mir jetzt um so lieber und fast ein Bedürfniß ist, da von meinen ältern Freunden und Bekannten immer mehr ausschei= den; so habe ich kürzlich wieder Hr. Homeyer zu Murchin, Schwie= gersohn von Bornstädt, und den Oberhofmeister v. Jasmund, mit welchem ich interessante Stunden verlebt habe, durch den Tod verloren.

Ein interessanter Gegenstand der Betrachtung war es für mich, zu sehen, mit welchem Leichtsinn man öfters wichtige Bege=

benheiten einleitet und herbeiführt. Zuerst ladet man eine Gesell=
schaft, deren Zahl man nicht kennt, und sowohl 1000 als 400
betragen kann, nach Doberan ein, dann untersucht man, ob hiefür
auch das erforderliche Local vorhanden sei, und siehe, es findet
sich, daß weder ein Saal für die Sessionen, noch hinreichende
Speisesäle vorhanden sind! Beschlossen ist nun, daß die Vorträge
im Schauspielhause gehalten werden sollen — wo also die Land=
wirthe, die Vorträge halten wollen, auf die Bühne steigen müssen
— und daß noch ein Speisesaal gebaut werden soll. Aber das
Schauspielhaus ist zu klein, und die Benutzung desselben bedarf
noch der Erlaubniß des Großherzogs, und zur Erbauung eines
Speisesaals fehlt das Geld. Solche kleine Schwierigkeiten alteri=
ren aber die Ruhe des ersten Vorstandes — Grafen Sacken —
nicht. Freilich vermag ein Diplomat sehr viel und weiß sich mit
Leichtigkeit aus Schwierigkeiten, die einem andern unüberwindlich
scheinen, herauszuziehen. Dennoch aber bin ich auf die Lösung
sehr begierig. Ueberhaupt ist Graf Sacken ein interessanter
Gegenstand des Studiums für mich, weil er in manchen Bezie=
hungen der gerade Gegensatz von mir ist, und Vieles, was mir
fehlt, im eminenten Grade besitzt. Ich bewundere seine diploma=
tische Gewandtheit und erkenne, wie nützlich, ja unentbehrlich er uns
dadurch ist, er verwundert sich dagegen darüber, daß ich trotz aller
Einfachheit und Geradheit doch manchmal das Ziel erreiche. In
seinen Augen ist das Nichtwollen ein Nichtkönnen und diese Iden=
tification amüsirt mich öfters, zuweilen ist sie mir aber auch ärger=
lich. Die Mißstimmung zwischen den beiden Vorständen —
Graf Sacken und Professor Becker — ist so groß, daß diese sich
selbst in der Versammlung kund gab. Unter diesen Umständen
sehe ich mit Besorgniß dem Ausgang der großen Versammlung
entgegen, wobei Mecklenburgs Ehre wesentlich betheiligt ist. — —

von Thünen an denſelben.

Tellow, 19. Septbr. 1841.

Die große Verſammlung zu Doberan iſt beendigt; unſere letzten Gäſte*) haben uns verlaſſen, und die ländliche Ruhe und Stille iſt in unſere Wohnung zurückgekehrt. Meine Beſorgniß, daß die Doberaner Verſammlung nicht würdig genug ausfallen werde, hat ſich glücklicherweiſe als überflüſſig gezeigt. Der große Speiſeſaal diente zur Hauptverſammlung und faßte wider Erwarten die Theilnehmer, und eine Stunde nach dem Schluß der Vorträge ſtanden in dem nämlichen Saale die Speiſen auf den Tiſchen. Die anſcheinend unlösliche Schwierigkeit, ein Local zu ſchaffen, wo alle Theilnehmer Platz zum Speiſen fänden, wurde dadurch glücklich gelöſt, daß man ein paar hundert Menſchen hungern oder in den Reſtaurationen für ſchweres Geld ſich ſucceſſive kümmerlich ſättigen ließ. So trat mir in den erſten Tagen, als ich nach Hauſe gehen wollte, ein kleiner Mann entgegen und ſagte: „er ſei der Staatsrath Fiſcher, kenne hier keinen Menſchen und müſſe hungern, da man ihm keinen Platz am Tiſche geben wolle.“ Ich erwiederte, daß ich ihm als Fremden jedenfalls einen Platz verſchaffen könne, was denn auch geſchah. Von dieſem intereſſanten Mann weiter unten mehr.

Der Großherzog, deſſen Gemahlin und Kinder wohnten den Sitzungen der Hauptverſammlung größtentheils bei. Die Verſammlung wurde durch einen Vortrag des Oekonomie-Raths Thaer eröffnet, in welchem er über den Einfluß der meckl. Wirthſchaft auf die der andern Länder ſprach. Am Schluß brachte Thaer, auf Oſten-Sacken's Veranlaſſung, dem Großherzoge ein Vivat dar, welches von der ganzen Verſammlung wiederholt wurde. Der Großherzog erwiederte hierauf in fließender Sprache einige ſehr angemeſſene

*) v. Wecherlin, A. P. Thaer, von Treskow und eine große Zahl anderer bedeutender intereſſanter Männer konnten es ſich nicht verſagen vor ihrer Abreiſe aus Mecklenburg in Tellow vorzuſprechen, und dem verehrten Manne ihre Huldigung darzubringen.

Worte — und ich konnte am Abend mit Wahrheit zu Baron Schmidt sagen: unter den bisherigen Reden sei die des Großher= zogs die beste gewesen. Auf diese Weise war der Fürst gewisser= maßen actives Mitglied der Versammlung geworden, und da er nicht wissen konnte, wann und wie er wieder zum Reden veran= laßt werden würde, so kann ich mir denken, daß er nicht ohne Spannung den Sitzungen beigewohnt hat. Zu Vorstehern der Sectionen für Production und Thierzucht waren Director Pabst aus Eldena und Director v. Weckherlin aus Hohenheim ernannt. Diese Sectionen hatten ihre Sitzungen in dem großen Saal und bei voller Versammlung. Zu meinem nicht geringen Schrecken vernahm ich, daß Hr. v. Weckherlin mich zum zweiten Vorstand designirte. Meine Protestationen fanden Anfangs kein Gehör und da das Publicum die Gründe meiner Ablehnung wissen wollte, mußte ich für einen Augenblick die Rednerbühne besteigen. Die Anfüh= rung, daß meine Stimme zu schwach sei, würde mich schwerlich gerettet haben; zum Glück konnte ich aber anführen, daß ich schon zum Mitglied der Sectionen für Statik und für Schafzucht er= nannt sei, und daß ich durch Uebernahme mehrerer Aemter meine Kräfte nutzlos zersplittern würde. Ich schlug hierauf Hrn. Pogge= Zierstorf vor, welcher sich sogleich zur Uebernahme des Amts be= reit erklärte, wenn die Gesellschaft ihn wählen würde, was denn auch geschah.

Am folgenden Tage trat der Staatsrath Fischer mit einer Rede auf, worin er vorschlug, ein strenge richtendes kritisches Jour= nal zu gründen, um den Zufluß von gehaltlosen landwirthschaftli= chen Schriften zu hemmen. Seine Rede war abweichend von allen frühern, so voll Witz und Humor, daß das ganze Publicum in Lachen und Beifallsklatschen ausbrach. Unter andern sagte er: „ein übel recensirter Autor ist bekanntlich ein grimmiges Geschöpf." Solche Aeußerungen erregten immer auf's Neue ein gewaltiges Applaudissement. Dem Grafen von Sacken mochten diese lauten Beifallsbezeugungen in Gegenwart des Hofes unangemessen erschei=

nen, er unterbrach den Redner, sagte, daß der Vorschlag erst von
einer Commission geprüft werden müsse, ernannte die Mitglieder
derselben, wozu auch meine Wenigkeit, und äußerte dann etwas
unvorsichtig: Der Humor sei gut, wenn er mit Anstand verbun=
den wäre. Fischer trat hierauf wieder auf die Bühne und sagte,
er habe schlicht aber wahr und aufrichtig, wie es ihm um's Herz
sei, gesprochen, diplomatische Feinheit sei ihm zwar fremd,
aber er frage die Gesellschaft, ob er den Anstand verletzt habe.
Nein, nein, nein! erscholl es von allen Seiten, und ein lautes
Beifallrufen begleitete den Redner, als er die Bühne verließ. Die
große und furchtbare Jury hatte ihr Urtheil gefällt. Graf Sacken
kannte nun seinen Mann und scheuete ihn. Alles drängte sich
jetzt zu Fischer und dieser sagte mir am folgenden Tage: Gestern
kannte ich nur Sie, heute kenne ich ganz Mecklenburg. Indessen
merkte ich doch, daß eine Partei vorhanden war, die Fischer zu
verdächtigen suchte: von Einigen hörte ich sagen, der Titel „Staats=
rath" sei ein bloßer Titel ohne Bedeutung, Andere äußerten, er
sei ein bloßer Particulier ohne Amt, noch Andere schienen in ihm
einen Demagogen zu wittern. Diesem Allen konnte ich durch
die Kenntniß, welche ich durch Euch über diesen Mann hatte, auf's
entschiedenste widersprechen. —

von Thünen an denselben.

Tellow, 9. Nov. 1841.

— An einem der folgenden Versammlungstage in Doberan
hielt Pogge=Zierstorf einen Vortrag: „Ayrshire Kühe und deren
Vorzüge." Er fiel dabei in den erzählenden Ton und wurde etwas
weitschweifig. Das Publicum gab seine Ungeduld durch Pochen
und Scharren zu erkennen. Dies wiederholte sich nach kurzen In=
tervallen immer von Neuem. Jeder Andere hätte die Redner=
bühne verlassen; aber Pogge ließ das Publicum anstoben, fing
dann von Neuem an und brachte so seine Rede glücklich zu Ende.

Ich bewundere diese Ruhe und Contenance, die dem Redner so
nothwendig ist. Nicht so gut ging es dem Professor von Blücher.
Er hielt einen Vortrag über die geognostischen Verhältnisse Meck=
lenburgs, der etwas zu gedehnt war und zu wenig Bezug auf
Landwirthschaft hatte. Schon beim Beginn der Rede sagte ich zu
Heinrich: „ich fürchte, dies geht nicht gut." Das Pochen und
Scharren begann auch sehr bald, und da Graf Sacken es durch
wiederholtes Klingeln nicht dämpfen konnte, mußte Blücher die
Rednerbühne verlassen. Unter diesen Umständen war mir etwas
beklommen, als ein Aufsatz von mir „über das Befahren der
Wiesen" vorgelesen wurde. Glücklicherweise wurde er von dem
Professor von Lengerke sehr gut und mit lauter Stimme vorge=
lesen und so wurde der Aufsatz, obgleich etwas lang, ruhig zu
Ende gehört. Später ersuchte sogar ein in Rostock ansässiger
Franzose Robert mich um eine Abschrift, um diese nach Paris
zu senden. Ein höchst amüsantes Schauspiel gewährte, während
der ganzen Versammlungszeit, ein Kaufmann B... aus B......
dem Publicum. Dieser Mann hat mit Glück und Erfolg Seidenbau
getrieben, und ist von der Wichtigkeit des Gegenstandes ganz
erfüllt. Diese Beschäftigung hat ihn nun zu neuen großen Ent=
deckungen geführt. So hat er zwei Böcke mit Maulbeerbaum=
blättern gefüttert, und siehe, die Wolle hat sich dadurch in Seide
verwandelt. Die Vließe dieser Böcke lagen in Doberan vor. Aber
weder wir Producenten noch die Wollhändler konnten die Seide
erkennen, sondern hielten sie für Wolle mit wachsartigem Fett.
Dies erbitterte nun Hr. B... auf's äußerste. Aber noch mehr.
Die Fütterung mit Maulbeerbaumblättern wirkt nicht bloß auf
die Wolle, sondern auch auf den Character des Thiers. Denn
einer der Böcke, anfangs ganz friedfertig, hat, nachdem er eine
Zeitlang von diesen Blättern gefressen hatte, Hrn. B... zweimal
zu Boden gestoßen, und der Bock hat in Ketten gelegt werden
müssen. Hr. B... trat nun auf die Rednerbühne und theilte
dem Publicum diese großen Entdeckungen mit. Jedesmal, wenn

er das Wort „Maulbeerbaumblatt" aussprach, entstand ein lautes
Beifallklatschen und ein schallendes Gelächter. Aber Hr. B...
hatte Pogge'sche Contenance, und jedesmal, wenn er das Wort
„Maulbeerbaumblatt" aussprach, erneuerte sich dieselbe Scene.
Da nun Hr. B... fast täglich neue Eigenschaften der Maulbeer=
baumblätter mitzutheilen hatte, so dauerte dies Amüsement fort
und fort. Wie alle großen Männer, die über ihrer Zeit stehen,
so ertrug auch Hr. B... das Gelächter des Publicums mit Ruhe
und sagte: „wer zuletzt lacht, lacht am besten." Doch endlich riß
ihm die Geduld und er drohte, die Versammlung beim Großher=
zog zu verklagen. Dies soll er wirklich gethan haben, und da er
auch hier keine befriedigende Resolution erhalten, gedroht haben,
die ganze Angelegenheit durch den Druck bekannt zu machen, und
der Großherzog hierauf erwiedert haben: „das thun Sie, lieber
Mann." — An einem spätern Tag sprach Pogge=Zierstorf über
die Bildung und Belehrung des geringern Landmannes und theilte
mit, was in dieser Beziehung im District Teterow (von ihm ausgegan=
gen) geschehen sei. Plötzlich schwieg er mitten in der Rede, man
hörte ein starkes Geräusch auf der Tribüne. Das ganze Publi=
cum blickte in tiefer Stille auf ihn. Endlich begann er mit lei=
ser Stimme seinen Vortrag wieder, hielt aber nach einiger Zeit
plötzlich wieder inne, und man hörte deutlich, wie er mit dem
Fuße heftig auf den Boden stampfte. Noch blieb uns die Ur=
sache verborgen: Die Näherstehenden haben aber bemerkt, wie ihm,
von Rührung überwältigt, die Thränen aus den Augen gestürzt
sind, und er aus Unmuth hierüber mit dem Fuße gestampft hat.
Der Ritter von Riese ist hierauf zu ihm getreten, hat ihm die
Hand gedrückt und ihm gesagt: „schämen Sie sich Ihrer Thränen
nicht", worauf er wieder so viele Fassung gewonnen, um seine
Rede vollenden zu können. Das Publicum achtete das Gefühl
und die edle Tendenz des Redenden, und entließ ihn mit Applau=
dissement. — —

von Thünen an denselben.

Tellow, 10. Novbr. 1841.

— — Den Sessionen am frühen Morgen wohnte ich in der Regel nicht bei, mein treuer Gefährte, Heinrich, ging aber dahin und berichtete mir dann, was vorgekommen. Eines Morgens machte er mir folgende Mittheilung: Bei der Discussion über eine Verhandlungsfrage habe A. P. Thaer gesagt, dies sei in dem isolirten Staat besser auseinander gesetzt, als es hier verhandelt werden könne, und hierauf habe der Ritter von Riese den Antrag gemacht, mich zu ersuchen, 2000 Exemplare vom isolirten Staat abdrucken zu lassen — was die Zustimmung der Versammlung erhalten habe. So bin ich also, auf ehrenvolle Weise, fast gezwungen, eine 2. Auflage zu besorgen, und meine Beschäftigung für diesen Winter ist mir dadurch vorgeschrieben.

Unter den Rednern zeichnete sich der Director Professor Pabst aus Eldena durch bedeutendes Rednertalent, durch Gewandtheit, Geistesgegenwart und Geschick in der Leitung der Geschäfte besonders aus. Zudem hat er ein freundliches ansprechendes Wesen. Aber im Gefühl seiner Ueberlegenheit verfuhr er wohl etwas eigenmächtig und achtete zu wenig die Meinung Anderer. So bemerkte ich denn, daß sich im Stillen eine Opposition gegen Pabst bildete; da aber Keiner wagte, denselben auf der Rednerbühne zu bekämpfen, so behielt er immer den Sieg. Aber nur zu bald sollte Pabst gewahr werden, wie wenig Frucht ein auf solche Weise errungener Sieg trägt.

Zur Entscheidung der Frage, wo Thaers Denkmal errichtet werden soll, war eine Commission, bestehend aus Hrn. v. Bujanovics, Professor Pabst, Baron Eckardstein u. m. a., erwählt. Diese hatten nun Hrn. von Bujanovics zu ihrem Berichterstatter gewählt. Als H. von B. seinen Vortrag geschlossen hatte, trat Pabst auf, und erklärte, daß dies nicht der Commissionsbericht sei, und forderte H. von B. auf, den wirklichen Beschluß der Commission vorzulesen. Die Beschuldigung war hart und B. mußte

nun den wirklichen Bericht vorleſen. Seine Stimme bebte und
das Papier zitterte in seinen Händen. Am Schluſſe ſuchte er ſich
dadurch zu rechtfertigen, daß er von der Commiſſion ſelbſt ermäch=
tigt ſei, Alles, was auf die Spannung und Meinungsverſchieden=
heit zwiſchen den Commiſſionsmitgliedern Bezug habe, wegzulaſſen,
und daß er den übrigen Theil des Commiſſionsbeſchluſſes in ſei=
nen Vortrag eingeflochten habe. Die Verſammlung ſprach durch
ein Applaudiſſement ihr „Nicht ſchuldig" aus. Herr von Rieſe
trat nun auf und ſagte: er hoffe, daß ſein Freund v. B. in den
Augen der Verſammlung völlig gerechtfertigt erſcheine. Ja, ja,
und Applaudiſſement war die Antwort. Hierauf beſtieg Papſt die
Rednerbühne, aber er war klug genug, beim beginnenden Schar=
ren ſeine Rede abzubrechen und das Heruntertrommeln nicht abzu=
warten. Juriſtiſch genommen hat, meiner Meinung nach, das
Publicum ganz falſch entſchieden; denn Bujanovics hatte ſehr
vieles geſprochen, was nicht im Commiſſionsbericht ſtand, und nicht
hinzugefügt, daß dies ſeine Privatmeinung ſei. Aber die Jury
beurtheilt nicht die einzelne That, ſondern den ganzen Menſchen
— und die Geſellſchaft haßt an Andern nichts ſo ſehr als Eigen=
liebe und Eigendünkel, und tritt augenblicklich im Bunde dagegen
auf. Für Profeſſor Pabſt war dieſe unerwartete Niederlage ſo
empfindlich, daß er den Schluß der Verſammlung nicht abwartete,
ſondern am andern Morgen abreiſete. Am Abend vorher trat
er noch zu mir, und nachdem er geſagt hatte, daß er mich ſpäter=
hin beſuchen wollte, fügte er hinzu: „ich kenne Sie, aber Sie ken=
nen mich nicht, und ich bin nicht ſo, wie ich hier erſchienen" —
worauf ich erwiederte: „ich mache es auch Jedem leicht, mich ken=
nen zu lernen."

Vor 3 Jahren waren in Karlsruhe vom Großherzog von
Baden bedeutende Preiſe auf die Beantwortung mehrerer Fragen
ausgeſetzt. Zahlreiche Schriften ſind hierauf eingegangen, aber erſt
auf einige Fragen Preiſe ertheilt, weil — man nicht weiß, wo
die übrigen Schriften geblieben ſind. Graf Sacken proponirte

nun, nachzuforschen, wo diese Schriften geblieben und zur Prü=
fung derselben eine Commission von 3 Mitgliedern des meckl.
patr. Vereins zu wählen; und er schlug hiezu die drei Professo=
ren Becker, Röper und Karsten vor. Als der dritte Name ge=
nannt wurde, wurde mir leicht zu Muthe. Eine Stimme in
meiner Umgebung rief: Hr. v. Thünen. Stille, stille, sagte ich,
aber in demselben Augenblick wurde dieser Ruf von so vielen
Stimmen wiederholt, daß mein „stille“ nicht vernommen werden
konnte. „Kann das Publicum mich nicht in Ruhe lassen, wenn
der Graf mich in Ruhe läßt,“ sagte ich laut, Graf Sacken aber
wiederholte: ja, Hr. v. Thünen. Ich entgegnete, daß die drei
genannten Herren völlig genügend wären, daß meine Augen zu
schwach wären, um . . . . . „Augen“, sagte der Graf, „Augen
brauchen Sie dazu nicht, Sie können es sich vorlesen lassen.“
Gegen so schlagende Argumente half denn keine weitere Protesta=
tion. Niemand wußte freilich, daß Tellow eine Solitüde gewor=
den, in welchem sich kaum Einer befindet, der geschriebene Schrift
lesen kann. Beim Herausgehen sagte ein Graf Gersdorff zu
mir: „Heute haben Sie Anerkennung gefunden, aber Sie haben
dafür auch zu thun bekommen.“

Hoffentlich werden die verlorenen Schriften sich nicht wie=
der auffinden lassen, sonst weiß ich in der That nicht, wie ich
durchkommen soll, zumal da eine vom meckl. patr. Verein aufge=
stellte Preisfrage, für welche ich schon früher zum Richter er=
wählt bin, in diesem Winter zur Entscheidung kommen muß. —

von Thünen an denselben.

Tellow, 29. November 1841.

— — Die Entfernung hebt die Geistescommunication
nicht auf. Oft, wenn mich etwas ernstlich beschäftigt, richte ich
meine Gedanken zu Dir, und frage: „was würdest Du dazu
sagen, wie würdest Du die Sache ansehen,“ und schon dies ist

häufig ſehr förderlich für mich. Dein Denken iſt ein anderes, als das Derjenigen, die ich perſönlich oder aus ihren Schriften kenne, und noch neulich ſagte ich: „Hätte ich Chriſtian nicht kennen gelernt, ſo wäre mir eine Lücke geblieben." Als ich von Doberan zurückfuhr, fühlte ich eine Zeitlang eine gewiſſe Oede und Leere in mir. Anfangs konnte ich es nicht begreifen, wie nach einer ſo reichen, belebten und intereſſanten Unterhaltung dieſer Zuſtand eintreten konnte. Erſt ſpäter wurde es mir klar, daß es das Verlangen ſei, ſtatt der äußern Gegenſtände den Menſchen ſelbſt zum Gegenſtand der Betrachtung zu machen: es war das Bedürfniß nach einer Unterhaltung mit Dir.

Wenn auch in unſern religiöſen Anſichten eine Differenz ſtattfindet, die unausgeglichen bleiben wird, ſo ſind doch der Puncte, wo wir uns berühren und auf gemeinſamer Bahn wandeln, unendlich viele.

Mutter und ich ſind jetzt ganz allein und wir ſind jetzt einſamer als in dem erſten Jahre unſerer Ehe. Aber dieſe Einſamkeit hat für uns nichts Schreckendes; im Gegentheil fühlen wir uns in dieſer vollſtändigen Ruhe äußerſt behaglich und heiter. Wir blicken gemeinſchaftlich auf das frühere Leben zurück, und ſehen zwar mit Bedauern, daß ſo viele Hoffnungen getäuſcht ſind, und daß ſo manche Bemühungen und redliche Beſtrebungen geringe Erfolge gehabt haben; aber wir erkennen auch, daß ohne dieſe Mühen und Beſtrebungen wir ſelbſt und unſer Leben jetzt ärmer ſein würde. Selbſt die Oede des Winters berührt uns nicht unangenehm. Als ich kürzlich mit Mutter im Garten unter den entlaubten Bäumen ging, ſagte ich: wenn ich die Wahl hätte, ob dieſe Bäume jetzt Knospen tragen ſollten, ſo würde ich ſagen: Nein! — Mutter erwiederte darauf, und wenn ich die Wahl hätte, wieder jung zu ſein, ſo würde ich ſagen: Nein! — — — — möge einſt auch Euer Alter ſo ſein!

von Thünen an seinen Sohn Hermann.

Tellow, 1. December 1841.

— — In der Steuercommitte bin ich zum Substituten des Herrn Hillmann erwählt — und ich war schon im Begriff, auf einige Tage nach Malchin zu fahren, als ich durch eine Benach= richtigung von Hofrath Schröder, daß ich bei dem jetzigen Stande der Sachen dort Nichts ausrichten würde, davon abgehalten wurde. Bruchstücke von meiner Ansicht über die Steuerreform habe ich theils im Abendblatt abdrucken lassen, theils Herrn Hillmann schriftlich mitgetheilt. Dies wird aber wohl eine vergebliche Arbeit sein, da die Regierung, obgleich sie sich dazu verstanden hat, den Nettoertrag der Steuern zur Grundlage zu nehmen, doch nicht aufhört, einen Gewinn ziehen zu wollen, und die Stände sich größtentheils gegen den Grenzzoll erklären und directe Steuern haben wollen, ohne nachzuweisen, wie diese zu vertheilen sind.

Großes Aufsehen macht hier, neben der Krakauer Einver= leibung, — wobei Gott die absoluten Monarchen mit Blindheit geschlagen zu haben scheint — die große hannöversche Anleihe zu 5 pCt. Zinsen und 1 pCt. Provision. Die Rückwirkung auf Mecklenburg kann nicht ausbleiben, und man erwartet große Kün= digungen im nächsten Termine. Die letzten Verpachtungen sollen in mehreren Fällen bis 200 Thlr. und darüber pro Last gehen. Es wäre zu wünschen, daß bald 250 bis 300 Thlr. pro Last gegeben würde, damit der unvermeidliche Umsturz rascher er= folge. — —

von Thünen an Christian von Buttel.

Tellow, 2. März 1842.

Das Schicksal des Schiffs „Tellow," welches so früh in das Grab hat steigen müssen, ist mir sehr nahe gegangen. Scheint es doch, als wenn unserer Familie sowohl das Glück, als das Talent zum Erwerben durchaus fehlt. Scheint es doch, als wenn schon frühe eine Ahnung davon in mir gelegen hat, wodurch ich von jedem Wagniß ferne gehalten bin, und dem Glücke und Zufall niemals viel anvertraut habe. Meine Fortschritte sind dadurch sehr langsam geworden, aber durch ihre Stetigkeit führen sie jetzt, zwar nicht zu einem glänzenden Ziel, aber doch zum sichern Hafen. — — —

— — Als ich vor 17 Jahren an der Herausgabe des isolirten Staats arbeitete, mußte ich in der Wirthschaft thätig sein, den jungen Männern, welche hier waren, Stunden geben und meine Kinder unterrichten: es war damals hier fast verpönt, seine Zeit an schriftstellerische Arbeiten zu wenden, ich mußte fast verstohlen und unter Gewissensbissen daran arbeiten; ungewiß und zweifelhaft war es, wie das Buch aufgenommen werden würde und die Buchhändler stießen es von sich.

Wie hat sich dies nun alles verwandelt. Fast alle andern Geschäfte sind von mir genommen, und mit Ausnahme der Zeit, welche Besuche und Briefe hinwegnehmen, kann ich fast meine ganze Zeit dieser Arbeit widmen; Mutter und alle Freunde achten meine Zeitanwendung und stören mich ungerne, von allen Seiten erhalte ich freundliche Aufforderung und Aufmunterung, und die Buchhändler bieten mir unaufgefordert ein enormes Honorar — 1000 Thlr. — Aber, wunderbar, dennoch fesselt die Arbeit mich nicht. Nicht der innere Drang, nur die Pflicht ruft mich zur Arbeit. Dagegen war ich im Herbst (Oct. und Nov.) bei einer Untersuchung über den Zinsfuß, wo mir die Stunden wie Minuten schwanden, und wo nur das Pflichtgefühl mich um 12 Uhr Nachts zu Bett treiben konnte. Woher nun dieser

Unterschied? Ich glaube, es liegt daran, daß die jetzige Bear=
beitung mir selbst kein neues Licht giebt, daß die Zusätze und
Bemerkungen, welche ich mache, größtentheils nur dazu dienen,
theils verschuldete, theils unverschuldete Mißverständnisse zu heben
— daß ich also mehr das Publicum als die hohe Wissenschaft
vor Augen habe.

Helene von Thünen, geb. Berlin, an ihre Tochter.

Tellow, 1842.

Vater, welcher gestern nach Güstrow fuhr, kommt heute
zurück, er hat den Feuerbach gelesen und ist jetzt bei Hegel's
Philosophie der Geschichte. Jetzt, da man sich nicht länger da=
gegen wehren kann, ist es mir schon recht, daß auch er sich daran
macht, denn ein anderes Resultat bringt er doch heraus, wie die
andern Herren. An Forschen und Denken sein Leben verwandt,
findet er, was Andern entgeht. Was Dein Vater mir mittheilt
aus Feuerbach, kann ich verstehen, denn es ist ihm klar und somit
macht er es mir auch klar; aber es erschüttert so wenig seine wie
meine Ansichten, an Vielem, was er verwirft, klebten wir ohnehin
nicht. Sorge in dieser Hinsicht nicht für meine Ruhe, geliebtes
Kind, was andere Menschen abzieht vom Glauben, bestätigt den
meinen, und so schön stimmen auch hierin Vater und ich überein.

— — Eine schöne Musik umfing mich, Töne aus einer
andern Welt, woran Ihr nicht glaubt und die dennoch ist. So
lag ich lange, und dachte, und sann und horchte. Lange hatte ich
so gelegen, da trat Dein Vater herein, er war verwundert, noch
Licht und mich wach zu finden. Ich fragte ihn, ob er die
Musik vernommen, „jawohl, in meinem Zimmer," antwortete er.
— — — — Vater hat über Feuerbach Folgendes niedergeschrieben:

„Was Feuerbach über die Trinität, die Sacramente und über
die Irrlehren, die man in das Christenthum hineingetragen hat,
sagt, habe ich mit Interesse gelesen. Dagegen haben viele Stellen
seines Buchs mich mit tiefem Unwillen erfüllt."

„Es lag mir sehr daran, die Quelle, aus welcher diese Sätze fließen, aufzufinden, und wie es mir scheint, sind es folgende Grundlagen, worauf das Feuerbach'sche System beruht:

1) Was Ich nicht begreife, das ist nicht.

2) Die Welt ist aus und durch sich selbst aus innerer Noth=wendigkeit entstanden. Ein Buch des Genies läßt sich nicht machen, sondern es entsteht.

3) Von Gott weiß ich nichts als was ich hineinlege; Jeder denkt sich nach seiner Subjectivität einen andern Gott; Gott ist nur der vergegenständlichte Mensch.

4) Man muß das Gute des Guten wegen thun, die Ehe ist heilig, weil sie an und für sich heilig ist."

„Wer die Geistesfreiheit besitzt, sich selbst beobachten zu können, wird sich sagen müssen, Manches von dem, was Du vor zehn Jahren für Wahrheit hieltest, erkennst Du jetzt als Irrthum und Deinem jetzigen Wissen fehlt die Berichtigung, die die nächsten zehn Jahre geben werden. Wie verschwindend klein ist aber das Wissen des Individuums gegen das der ganzen Menschheit und wie klein mag das jetzige Gesammtwissen gegen das Wissen der Generation sein, die über tausend Jahre die Erde bewohnen wird. Wenn nun das Atom des Weltalls, das Individuum, welches dazu noch in steter Bewegung und Veränderung begriffen ist, sein jetziges Wissen für unfehlbar hält — und somit das, was die Zukunft ihn lehren wird, aufhebt und für nichtig erklärt: so ist dies nicht Verstandesstärke, sondern Verstandes=schwäche und Uebermuth."

„Im Gegentheil halte ich es für das würdigste und den in=nern Menschen am mehrsten fördernde Studium, Jagd auf seine eigenen Irrthümer zu machen und der Quelle derselben nachzu=forschen. Gelingt es ihm, die Ursachen und Schlüsse, wodurch er zu dem früher als Wahrheit, jetzt als Irrthum erkannten Satz gelangt ist, aufzufinden, so ist er nicht bloß reicher an Wissen ge=worden, sondern was unendlich wichtiger ist, er hat eine mit dem

innern Menſchen verwachſene unverlierbare Eigenſchaft höher in
ſich ausgebildet, und dadurch die Fähigkeit erlangt, ſich vor ähn=
lichen Irrthümern zu bewahren. Dieſe Erkenntniß führt nicht
zur Entmuthigung, denn mit jeder neuen Entdeckung dieſer Art
kommen wir der Wahrheit näher, und werden mehr und mehr
von Bewunderung durchdrungen über die unendliche Fülle von
Weisheit, die ſich in der Organiſation des Weltalls offenbaret.
Dagegen ſchwindet nun die Zuverſicht, daß unſer gegenwärtiges
Wiſſen das abſolut ewig Wahre umfaſſe und Demuth tritt an
die Stelle der Verſtandeskeckheit. Eine ſolche Demuth nimmt
ſich freilich gegen die Unfehlbarkeit Anderer ſchlecht aus. Aber
das Dulden und Ertragen des Ueberhebens Anderer bildet, indem
es die Zurückdrängung des eigenen Egoismus fordert, wiederum
eine ſchöne Seite des innern Menſchen aus."

<hr />

von Thünen an Chriſtian von Buttel.

Tellow, 9. Juli 1842.

— — Von meinem Geburtstage hatte ich geringe Erwar=
tungen, was das geſellſchaftliche Vergnügen betrifft, und ich
wünſchte keine Einladungen, woraus für meine Frau ſo viele
Mühen entſtehen. Dies konnte ich jedoch nicht erreichen. Auch
war die Unterhaltung belebter als ſonſt und zugleich vielſeitiger,
da zwei Prediger, ein Candidat und ein Arzt an der Geſellſchaft
Theil nahmen. Am Abend aber wurde ich auf eine höchſt un=
erwartete Weiſe angenehm überraſcht.

Die Bewohner des Dorfs hatten im Bogengang des Gar=
tens ein Transparent mit der Inſchrift: „Aus Verehrung und
Dankbarkeit" angebracht und ſtimmten, als wir dort verſammelt
waren, in einiger Ferne einen lange eingeübten Geſang an. Ver=
trauen, Achtung und Liebe der Untergebenen iſt eine ſchwer zu
erzielende, langſam reiſende Frucht. Um ſo freudiger und tiefer
aber wurde ich durch dieſes Zeichen der Anhänglichkeit ergriffen

und bewegt, und ich sagte: „dies ist mir lieber als Stern und Orden." Möchte es mir gelingen, und die Verhältnisse es mir gestatten, dies Band zu erhalten und immer fester zu knüpfen. Die Liebe muß täglich neu verdient werden; und dieser Aufgabe ist man nicht täglich gewachsen. Auch liegt schon in dem Betrieb der Landwirthschaft, und in der Pflicht, das Ganze zu erhalten, die gebieterische Nothwendigkeit, den Leuten die Erfüllung mancher Wünsche zu versagen und selbst strenge Forderungen an sie zu machen — und so kann das Verhältniß zwischen Gutsherrn und Untergebenen niemals ein idyllisches werden. Immer aber wird die momentane Anerkennung des guten Willens eine angenehme Erinnerung meines Lebens bleiben. —

von Thünen an denselben.

Tellow, 24. Sept. 1842.

Nachdem am Mittwoch Morgen die Kinder von uns Abschied genommen hatten, hörten wir Alexander nochmals den Gang herunter kommen, ihn längere Zeit, sich besinnend, vor der Thür stehen bleiben; dann öffnete er leise die Thür, ging zur Großmutter und beide hielten sich lange, weinend, umschlungen. Endlich ermannte er sich, nahm auch von mir herzlichen Abschied und ging dann rasch zur Thüre und zum harrenden Wagen. Viel Gefühl und Gemüth vereinigt sich in diesem Kinde mit einem entschieden männlichen Sinn. Möchte doch beides nebeneinander erhalten werden können. Es schmerzt und beunruhigt mich deshalb, daß die Oldenburger Jungens ihm schon Prügel zugedacht haben, noch ehe er sie beleidigt hat. Indeß „wer hat es Dir vermacht, daß Dir niemals Unrecht geschehen soll?" sagte ich zu Heinrich, als er Knabe war. In der That gehört das Tragen- und Duldenkönnen des vermeintlichen und wirklichen Unrechts zu den Eigenschaften, die der Mensch in sich ausbilden soll — und von dieser Seite betrachtet, liegt darin zugleich die Versöhnung. —

Am 22. September habe ich die letzten Korrecturbogen des „isolirten Staats" versandt und somit eine nicht unbedeutende Arbeit vollbracht. —

Ein Brief der Madame Pogge verhieß den Besuch der Gräfin Schlieffen, es war recht freundlich, daß sie mir es schrieb, da die Gräfin nur spät kommen konnte. Sie war so herzlich, so freundlich, und brachte einen Gruß, und zwar einen herzlichen Gruß, wie ihr aufgetragen worden sei, von der verwittweten Großherzogin. Die Herzogin läßt mir sagen, es sei nicht recht, daß ich nicht nach Doberan käme, doch wäre es noch besser, wenn ich den nächsten Sommer dort sei, dann hätte ihr Sohn mehr Zeit. — — —

Karl von Wulffen an von Thünen.

Pießpuhl, den 16. November 1842.

Sie haben mir, mein hochverehrter Gönner, durch die von der Leopold'schen Verlagshandlung empfangene zweite Auflage Ihres isolirten Staates eine so ungemeine Freude bereitet, daß sich alle durch den diesjährigen Witterungslauf entstandenen Wirth=schaftssorgen augenblicklich darüber zerstreuten. Zwar habe ich noch kein Drittel des trefflichen Werkes gelesen — ich kann nur sagen: gelesen — aber doch schon die Ansicht gewonnen, daß eine solche landwirthschaftliche literarische Erscheinung nur erst einmal da ge=wesen — als Ihre erste Auflage erschien. Ihr Buch soll mir die bevorstehenden Winterabende auf die geistreichste Weise verkürzen.

Daß ich mich nicht mit der mir sonst eignen Angriffsweise sogleich in vollen Besitz seines geistigen Inhalts setze, liegt zum größten Theil in meiner Mitgliedschaft bei unserm neu organisir=ten LandesOekonomieCollegium. Diese monatlichen Reisen nach Berlin und die Menge schriftlicher Referate nehmen, bei meiner etwas weitläuftigen Praxis, nicht bloß einen zu großen Theil der Zeit in Anspruch, sondern stören hauptsächlich jene Sammlung und

14

Aufmerksamkeit, mit der man solche Werke immer nur lesen sollte. Das Eine kann ich jedoch schon jetzt erwähnen, daß Ihre bescheidene Widerspruchs= und Ausdrucksweise wider andere Ansichten und selbst wider evidente Rechnungsfehler, meinen ungetheilten Beifall gewonnen hat. Sie contrastirt so lieblich und gemüthlich gegen die jetzt beliebte Polemik, daß man ordentlich wieder einmal sittliche Ruhe gewinnt. Mag ein Liebig, wie ein Erdbeben, die ganze Wissenschaft erschüttern, seine genialen Ausbrüche sind doch meistens nur Schlammvulcane, und er selbst sinkt dabei zum — wissenschaftlichen Straßenjungen hinab. Wir übrigen Vorschul= meister — ich hoffe es gewiß von der ganzen Collegienschaft — wollen uns Ihrem guten Tone anschließen. Indessen muß ich mir den Scherz erlauben und — aber nicht aus Bosheit, sondern aus gutem Herzen — und Koppe, mit dem ich jetzt immer in unsern collegialischen Sessionen zusammentreffe, auffordern, die zweite Auflage des isolirten Staats zu recensiren, um — ihm Gelegenheit zu geben, seine frühere Kritik wieder gut zu machen.

Ob wir viel von der Wirksamkeit unseres neuen Landes= Oekonomie=Collegiums zu erwarten haben, wird, glaube ich, sehr davon abhängen, in wie weit es gelingt, die wissenschaftliche Thätig= keit der landwirthschaftlichen Gesellschaften zu wecken. Der Zu= stand des von allen Fesseln befreiten practischen Landbaus an sich ist in unsern Staaten im Grunde so kerngesund, daß mir, bei dem entschiedenen guten Willen der Regierung, das Collegium ziemlich überflüssig erscheint; aber für die Ausbildung der Wissen= schaft kann allerdings viel geschehen, und zu diesem Zweck sind die landwirthschaftlichen Gesellschaften unstreitig die fähigsten Organe. Es ist eigentlich traurig, eine solche Masse von Talenten, Mitteln und regem Eifer für alles Gute vereinigt, und doch nur einen so geringen Effect entstehen zu sehen. Bei mir ist es förmlich zur fixen Idee geworden, meinen geringen Einfluß dahin zu ver= wenden, daß sich in jeder landwirthschaftlichen Gesellschaft wenig= stens eine Section bildet, deren Hauptaufgabe die Ausführung wirklicher Versuche sein soll, und zwar vorzugsweise derjenigen Reihe, die sich im weitesten Sinn auf die Veränderung des Bodens durch Anbau bezieht. Alle diese Versuche sind von der Art, daß sie eine lange Reihe von Jahren und große Aufmerksamkeit in Anspruch nehmen. Deshalb, denke ich mir, soll Jeder sich nur zur Uebernahme und Fortsetzung eines einzigen Versuchs verpflichten, der aber, wegen so mannigfaltiger Störungen, Irrthümer und ungünstiger Zufälle von zwei andern Mitgliedern planmäßig controlirt sein muß. Es soll nicht die umfangreiche Arbeit des Einzelnen, sondern die große Zahl der über das ganze Land verbreiteten Arbeiten zu einer Begründung der Wissenschaft d u r ch T h a t s a ch e n führen, deren richtige Erkenntniß uns eben mangelt. Ohne diese bleibt ewig der Fleiß, der Scharfsinn, die Combinationsgabe unserer Lehrer und Schriftsteller gar unfruchtbar, wir gewinnen ohne sie gar keinen ordentlichen Baugrund. Selbst Ihre mecklenburgische patriotische Gesellschaft, mein verehrter Gönner, der doch der Landbau so viel verdankt, könnte, däucht mir, ohne einen andern Zweig seiner fruchtbaren Bestrebungen deshalb zu verkümmern, nach dieser Seite hin mehr Feld gewinnen.

Im vorigen Winter bin ich mit Seidel's Schriften sehr beschäftigt gewesen. Ich hatte keine Ahnung von ihrer Existenz, als mich zuerst die Doberaner Versammlung darauf führte. Obschon mich Seidel in Beziehung meiner frühesten statischen Producte bitter getadelt hat (und zum Theil mit Recht), so habe ich doch das Studium seiner Schriften mit dem größten Genuß verfolgt. Diesen im Dienst des Landbaus ergrauten Practiker mit diesem Ernst, mit dieser Besonnenheit bei unsern theoretischen Problemen zu finden, war mir schon an sich eine innige Freude, die aber durch den consequenten Gang seiner Untersuchung, durch seine gute Beobachtung und Schärfe des Urtheils außerordentlich gesteigert wurde. Demohnerachtet kann seine Methode uns nie zu einer practisch brauchbaren Rechnungsform führen, da es unmöglich er-

14*

scheint, seine Differenzen aufzulösen. Er vergißt, daß wir jede Reihe von Differenzen in ein Product verwandeln können, und dadurch, wenn schon die Elemente durch keine Untersuchung be= stimmbar werden, ein Mittel gewinnen, dem Totaleffect einen rich= tigen Ausdruck zu verschaffen. Er überliefert sich so entschieden dem absolut Materiellen, daß er das einzig in der Statik Er= reichbare, das Relative, nicht einmal entfernt beachtet. Was näm= lich die verschiedenen Pflanzen dem Boden überhaupt entziehen, wird uns wahrscheinlich für immer verborgen bleiben, wenigstens kann die Summe dieses Nahrungsstoffes im Boden keinen Zahlen= ausdruck erhalten; es ist dagegen nicht schwer, aus Beobachtungen abzuleiten, welchen Einfluß der Anbau einer Pflanze auf die fol= gende hat. So werden wir nicht leicht ermitteln, was eine Rübe dem Boden entnahm, aber ganz leicht ihren Einfluß auf die fol= gende Kornproduction u. s. w. Gesetzt nun auch, es würde einmal möglich, für alle Differenzen in dieser Rechnung die annähernden Zahlen zu finden, so stehen wir zuletzt genau in dem Falle des Meßkünstlers, der, um den cubischen Raum etwa seines Tinten= fasses zu bestimmen, zunächst den Raum des ganzen Zimmers, sodann den Raum des Zimmers ohne den des Tintenfasses aus= mißt, und aus der Differenz das Facit zieht. Sicher wird es, obschon der Theorie nach richtig, ganz falsch, weil die Summe der unvermeidlichen Messungsfehler einen zu großen Einfluß übt. In diesem Sinne, doch höchst versöhnlich und achtungsvoll, hatte ich an Seidel, nach Vollendung der mir so viel Genuß gewährten Studien, geschrieben, aber — das Grab ist schweigsam.   -

Weit unbefriedigter als Seidel's gediegene Arbeit habe ich Hlubeck's Statik verlassen, mehr aber noch über die Preisrichter eine Mißstimmung in mir bemerkt. Dieser Preis konnte noch lange schweben, um eine bessere Arbeit hervorzurufen; sicher ver= diente ihn die vorliegende nicht: Nur das, was den Ausdruck einer Zahl annehmen kann, gehört in die Statik des Landbaus, nach welchem Grundsatze die Hlubeck'sche Preisschrift etwa die Hälfte

ihres körperlichen Volumens einbüßen würde. Wirkliche Rechnungs=
fehler, sind sie auch nur aus Uebereilung und leichtfertiger Arbeit
entsprungen, verdienen keinen Preis, weil sie jeder machen kann;
werden aber gar noch Consequenzen daraus abgeleitet oder werden
sie als Beweise aufgestellt, so ist Rüge die Pflicht der Richter.
Die Qualität des Bodens kann nicht willkürlich in drei Zustän=
den fixirt werden, sondern erscheint in der Natur als eine un=
unterbrochene Reihe. Die herrliche Bezeichnung des Bodens, als
Waizen=, Roggen=, Gersteboden u. s. w. ist keineswegs zu ver=
werfen, weil wir uns dadurch in den Stand gesetzt sehen, jede
Kornproduction als Maaßstab der Fruchtbarkeit zu benutzen. Eine
Kritik, wie diejenige, welche die Bloeck'sche Untersuchung über die
Aussaugung der Pflanzen erfährt, ist ganz deplacirt; denn, sind
die Bloeck'schen Untersuchungen wahr und ächt, so beweisen sie
bloß, daß unsere Statik noch sehr mangelhaft ist; wären aber die
Versuche fingirt oder ganz oberflächlich angestellt, so verdienen sie
keine Kritik. Wo die einfachen Species zur Berechnung genügen,
sollte man eingeschachtelte Buchstabenformeln vermeiden. Die
Buchstabenrechnung darf in der Statik nur als ein nothwendiges
Werkzeug erscheinen, weil man sie überhaupt nicht mit günstigen
Augen betrachtet. Arger Mißbrauch ist es, damit zu spielen, um
sich im bengalischen Lichte der Kritik zu zeigen. Ganz insbesondere
aber sollten wir unsere statischen Rechnungen nicht von neuem
durch Eintreibung aller Arten von Viehheerden weitläufig, ver=
wickelt und unklar machen, nachdem so erfolgreiche Bemühungen
auf die einfache Reduction der Streu= und Futterungsmittel ver=
wandt worden. Kein einziger der Hlubeck'schen Versuche, dieser
Grundpfeiler seines Gebäudes, erträgt eine, auch nur oberflächliche
Kritik. Ziehen wir nun dies und noch manches andere vom In=
halte des Buches ab, so möchte ich wissen, was der Statik für
ein Gewinn verbleibt? Selbst die Nebenpartien, die Ausfälle
wider Sprengel und Liebig, tragen keinen wissenschaftlichen Cha=
racter. Nur zwei Mal fand ich Anlaß zu — lachen: als die

Schweine sich der Statik widersetzten, und bei dem Rathe: „glaubt
an Paulus, nie an Petri.“

Doch ich erinnere mich, daß dieser Brief kein statischer sein
sollte; meinen Dank wollte ich bloß ausdrücken für das schöne
Geschenk. Es sei noch mit dem doppelten Wunsche begleitet: daß
Gott Ihnen die ununterbrochene Heiterkeit und Muße fortwährend
erhalten möge, um Ihren zweiten Theil mit rechter Lust zu vollenden; und daß einmal — so an einem schönen Frühlingstage —
ein leichter Korbwagen, mit zwei tüchtigen Mecklenburger Braunen
alten Schlages bespannt, Sie nach meiner Steppe entführe. — —

von Thünen an Christian von Buttel.

Tellow, 29. November 1842.

— — Du sagst in Deinem Briefe: „das Gefühl, das aus
einem solchen Bewußtsein resultirt, ist dann eben so stolz als bescheiden, ebenso die äußere Anerkennung verachtend, als auch wieder achtend und zwar Beides nothwendig.“

Ich fühle, daß dies eine Wahrheit ist, aber ich bin frappirt,
daß Du so tief in mein inneres Wesen geschaut hast, um in
Worten ausdrücken zu können, was in mir nicht zum vollen Bewußtsein gelangt war. Gar wunderbar und freudig aber hat mich
folgende Stelle Deines Briefes überrascht: „Ich weiß es und erkenne es für das höchste Ziel, in die Einsicht der eigenen Beschränktheit und Mangelhaftigkeit die Wahrheit zu setzen.“ In der
That habe ich geglaubt, daß Deinen Ansichten nach Dir dies als
Verstandesschwäche erscheinen müßte, während ich darin Befriedigung und Versöhnung finde und es ist mir im hohen Grade erfreulich, zu wissen, daß eine solche vermeinte Differenz in unsern
Ansichten nicht stattfindet. — —

— Die Kluft zwischen dem Individuum und der Welt verengt
sich dann, und beide nähern sich einander freundlich, versöhnlich,
in gegenseitiger Achtung und Anerkennung. Dies nun ist die

Lebensperiode des siegreichen Wirkens, und wenn von diesem Standpunct aus ein Mann von überlegenem Geist als Lehrer und Reformator auftritt, so ist ein glänzender Erfolg ohne Kampf und Aerger der fast gesicherte schöne Lohn. Aber die Productivität des Geistes, wirst Du sagen, nimmt mit den zunehmenden Jahren ab, und wer diese Schöpferkraft der Jugend ohne That vorüber gehen läßt, für den geht sie überhaupt verloren. Dies ist wahr; aber es giebt ein Mittel, Beides zu vereinigen, und in dieser Beziehung richte ich die Bitte an Dich: Laß keine Deiner schöpferischen Gedanken verloren gehen, sondern bringe diese zu Papier, lege diese Papiere aber in das Pult und warte mit der Publication, bis Du nach einigen Jahren Dein eigener Richter sein kannst. — — — —

Folgende Aussprüche Hegels halte ich für sehr wichtig, bin aber ungewiß, ob Du noch mit ihnen einverstanden bist:

1) Was ist, das ist vernünftig.

2) Gott ist eine Nothwendigkeit des Denkens.

3) Die Religion ist die Grundlage des Staats; die Erschütterung der Volksreligion also auch die des Staats, und welcher Staat läßt sich wohl auf Feuerbach'sche Prinzipien gründen.

4) Das Heiligthum des Gewissens (was Feuerbach nicht zu kennen scheint, wenigstens ignorirt er es) ist der stille Ort, wo die Religion ihren Sitz hat.

— — Wenn Du Dir die Quelle, aus der diese Andeutungen geflossen sind — die innigste brüderliche Liebe und Besorgniß — lebhaft vergegenwärtigst, so darf ich hoffen, daß sie Dir die Freude an Deinem Geburtstage nicht stören, viel weniger Dich verletzen werden.

von Thünen an denselben.

Tellow, 20. März 1843.

— — Gleich nach Neujahr hatte ich den Entschluß gefaßt, alles andere aufzugeben und mich ganz der Untersuchung über das Verhältniß zwischen Arbeitslohn und Zinsfuß zu widmen. Zu dieser Untersuchung bin ich von jeher durch eine wahrhaft my=steriöse Macht getrieben, und ich freuete mich der Fortschritte in derselben. Mitten in dieser Beschäftigung erhielt ich Fischer's mißwollende, herunterreißende Recension des isolirten Staats. Wenn ich ohnehin keine besondere Neigung in mir verspürte, für das Publicum zu arbeiten, so ward diese durch eine solche Re=cension, gegen welche kein Inhalt des Buchs schützen kann, auf=gehoben, und in Abneigung verwandelt.

Dessenungeachtet blieb der Eifer für meine Arbeit unver=ändert — und dies veranlaßte mich zu Betrachtungen über mich selbst und die menschliche Natur überhaupt. In dem von irdischen Interessen losgerissenen Drang nach Licht und Klarheit, nach tie=ferer Einsicht und in der Freude an den Fortschritten darin, liegt für mich die Bürgschaft der persönlichen Fortdauer. Auch führte meine Stimmung in diesem Winter mich oft dahin, Betrachtungen über die Vergangenheit anzustellen, und wenn dann bei der Vergleichung des Erreichten mit dem Erstrebten, bei dem Gedanken an die Fruchtlosigkeit so mancher Bemühungen ein wehmüthiges Ge=fühl sich aufdrängen wollte, so quoll unwillkürlich und mit sie=gender Gewalt stets der Gedanke auf: nicht die Frucht des Stre=bens, sondern die aus diesem Streben hervorgehende Entwickelung von Eigenschaften und Geisteskräften ist Zweck und Ziel des Lebens. Diese aus der Selbstthätigkeit hervorgegangenen Eigen=schaften und Geisteskräfte sind der Vergänglichkeit nicht unterworfen. An der aus dieser innern Lebensbewegung erbaueten Burg prallen Feuerbach's Lehren über Gott und Unsterblichkeit matt und spurlos zurück.

von Thünen an ſeinen Sohn Heinrich.

Tellow, Juni 1843.

Wenn ich gleich Dich erſt kürzlich geſehen, ſo kann ich doch nicht umhin, mich Dir ſchriftlich zu nahen, und Dir zu Deinem Geburtstag meinen herzlichen Glückwunſch darzubringen. Zum erſten Mal haſt Du nun das Glück, Deinen Geburtstag im eigenen Hauſe an der Seite einer liebenden und geliebten Frau zu feiern. — — Bei dem Gedanken an Euer Glück drängt ſich unwillkürlich der Wunſch auf: möge Alles ſo bleiben! Aber iſt dieſer Wunſch nicht ein unerfüllbarer, ſelbſt ein thörichter? Denn nur in der Veränderung iſt Leben, im Beharren — Tod. Es iſt einer der falſchen Jugendeindrücke und Lebensanſichten, durch den ich viel gelitten habe, daß ich ſtets einen glücklichen Zuſtand feſthalten wollte und ſein Vergehen betrauerte. Selbſt, nachdem ich das Thörichte eingeſehen, kann ich mich dieſes trauernden Ge=fühls öfters noch nicht erwehren. Großartig iſt dagegen Hegel's Anſicht, der ſelbſt in dem Untergange des ſchönen griechiſchen Volks keinen Gegenſtand der Trauer erblickt, ſondern nur den Keim zu einem noch höhern Leben. Mit dieſer Anſicht kann man ſich, wie bei der Betrachtung der Weltgeſchichte, ſo beim Denken über das eigene Leben nicht vertraut genug machen. Alſo kein Beharren, kein Beſtehen des Gegenwärtigen. — —

Wer ungetrübt auf das vergangene Leben hinblicken kann, wer von keiner Leidenſchaft beherrſcht wird, der wird auch auf der fortrollenden Lebensbahn, auf jeder fernern Entwickelungsſtufe, ſtets neue Blüthen und Freuden ſich anſchließen ſehen. — Ver=trauend ſchaue ich in Eure Zukunft. Selbſt in die ferne Zu=kunft, die über Euer Leben hinausreicht, blicke ich freudig hinein. Nicht aus einem Geſchlecht geht hervor, was der Welt Bewun=derung oder Abſchen erweckt. — Ein Lohn, der wohl das Streben der Edlen werth iſt und das Leben verſchönert, iſt das Ver=trauen des Publicums.

Wie die Pappel die Eiche überwipfelt, ſo überſtrahlt in

seinen ersten Erfolgen der Gewandte, Listige den anspruchslosen Wahrheitsliebenden. Aber die Pappel liegt in Trümmern, wenn die Eiche ihren Wipfel gegen die Wolken ausstreckt. Selbst die Talente eines Napoleon reichten nicht aus, um den Mangel an Vertrauen zu ersetzen. Er stürzte von der höchsten Höhe in den Staub, als er dieses verloren hatte. Dagegen ist dem, der das Vertrauen verdient und ungesucht erworben hat, der Weg auf wunderbare Weise geebnet, und er bringt mit Leichtigkeit zu Stande, was dem Verschlagensten mißlingt. — —

— — Mutter ist wohl. Auf meine Frage, ob sie an Dich etwas zu bestellen habe, antwortete sie: „Tausend Millionen Grüße." Da die Eins gegen eine solche Zahl verschwindet, so muß ich nun das Grüßen unterlassen.

von Thünen an Christian von Buttel.

Tellow, 11. Juli 1843.

— — Die „Neuen Blätter für Stadt und Land" interessiren mich schon deshalb lebhaft, weil Du Mitredacteur bist. Daß eine Zeitschrift, welche die Zustände und Mängel des Landes und der bürgerlichen Einrichtungen auf diese Weise zur Sprache bringt und andeutet, wahrhaft nützlich werden kann — davon bin ich fest überzeugt. Wer sollte aber glauben, daß Philosophen und Dichter sich vereinigen würden, um eine Zeitschrift dieses Inhalts zu redigiren. Ich fürchtete, daß religiöse — namentlich Feuerbach'sche Ansichten darin verhandelt werden würden, und bekenne nun gerne, daß meine früher geäußerte Besorgniß grundlos gewesen. Vorzüglich interessiren mich die Aufsätze über die Umzugsfrage, und ich wünsche, daß dieser Gegenstand fort und fort zur Sprache gebracht werde. Die Unterthänigkeit ist aufgehoben, aber statt deren tritt in allen Ländern, selbst in dem freien England, für den Arbeiter ein Beschränken auf einem gewissen Raum, eine zurückweisende verächtliche Be-

handlung ein, die drückender ist als jene. Dies kann nicht der
Zweck des Weltgeistes sein, und wir erkennen daraus, daß in
unserer bürgerlichen Gesellschaft ein ungeheurer
Grundfehler ist, der durch kein Palliativmittel zu
heben ist. Mich beschäftigt dieser Gegenstand nun schon seit
einem Vierteljahrhundert. Zu meiner großen Freude ist dieser
Gegenstand jetzt von einem ausgezeichneten Geist ächt philosophisch
behandelt. Der Titel des Buchs ist: „Der Socialismus und
Communismus des heutigen Frankreichs von Dr. L. Stein." Ich
kenne fast kein Buch, das ich mit solchem Interesse gelesen, und
aus dem ich soviel gelernt hätte wie aus diesem. Der Verfasser
ist sichtlich von der Hegelschen Philosophie durchdrungen, aber er
läßt sich nicht von ihr beherrschen. Seine Gedanken sind neu und
tief, aber verständlich dargestellt, weil er sich selbst völlig klar ist.
Der Verfasser löst zwar sein Problem nicht, denn diese Lösung
steht noch wohl über der Zeit, und schließt bescheiden mit den
Worten: „Diese Fragen machen aus dem Schluß dieser Arbeit
unmittelbar den Beginn einer neuen für den redlichen und ernsten
Denker," aber er hat das in den mehrsten Menschen unbewußt
liegende Problem zur Klarheit gebracht. Meine dringende Bitte
an Dich geht nun dahin: dies Buch in Eurem Philosophicum
zum Gegenstand des Studiums zu machen. Der Gegenstand ist
gewiß der Aufmerksamkeit der ernstesten und tiefsten Denker werth,
denn es handelt sich hier um die Bestimmung des Menschengeschlechts und um die Erkenntniß eines Grundfehlers in der Gesellschaft. Und welchen reichen und fruchtbaren Stoff zur Unterhaltung werden wir dann im nächsten Sommer haben, und wie
fördernd und lehrreich kann der Austausch philosophischer und
staatswirthschaftlicher Ansichten über denselben Gegenstand für uns
beide werden!

von Thünen an seinen Sohn Hermann.

Tellow, 17. Juli 1843.

— Noch muß ich gestehen, daß des Professors Hermann Urtheil über den isolirten Staat mir sehr wohlthuend gewesen ist. Das Urtheil eines solchen Mannes, verbunden mit der Correcension (wahrscheinlich von Rau) genügt, um die Unbill, die dem Wert durch Fischer widerfahren ist, auszulöschen. Daß aber Fischer selbst Verfasser der Recension ist, wird durch dessen Erwiderung auf die Antikritik fast zur Gewißheit erhoben. — —

In diesem Frühjahr habe ich mit großem Interesse Becker's Weltgeschichte studirt, und zwar, um in dem Chaos der Geschichte Gesetzmäßigkeit zu suchen; denn die Weltgeschichte ist auch eine Offenbarung Gottes. Hier haben nun zwei Ansichten, die ich beim Studium der Geschichte mit hinübernahm, mir viel Licht gegeben:

1) die große Mehrzahl der Menschen — und diese macht die Geschichte — strebt nur nach Gewinn, nach Genuß oder nach Ruhm, setzt sich selbst keine moralischen Schranken, sondern findet diese Schranken nur in der Furcht vor der Polizei, der Justiz und in dem Zwang, den die Gesetze der Ehre auflegen;

2) Stein's Ausspruch: „der Irrthum muß thatsächlich geworden sein, um vollständig überwunden zu werden."

Gehen wir von diesen Ansichten aus, so wird die Geschichte, sowie das gegenwärtige bürgerliche Leben begreiflich; aber das Göttliche verschwindet daraus, und der Mensch sinkt zum höher begabten Thiere herab. Nun ist es aber keine Nothwendigkeit, sondern die Schuld des einzelnen Menschen selbst, wenn er jenen beiden Mächten unterthan wird: der Mensch vermag es, sich zur Moralität zu erheben, sich selbst — ohne allen äußern Zwang — die Schranken seines Handelns zu stecken, und in der Vernunft ist ihm die Fähigkeit ertheilt, den Irrthum zu erkennen, ehe er thatsächlich geworden, und ehe er uns

und Andern das Leben verbittert hat — und so vermag das In=
dividuum inmitten der Mächte, die die Weltgeschichte lenken, sich
zur Freiheit, zur höhern Menschenwürde, und damit zu seiner Be=
stimmung zu erheben.

Wie früher in den Untersuchungen über die Verhältnisse der
bürgerlichen Gesellschaft, so wird mir jetzt auch in der Weltgeschichte
die Gottheit immer sichtbarer. Durch ihre Anordnung, oder viel=
mehr durch die Eigenschaften und Triebe, die sie dem Menschen
verliehen, muß selbst der Egoist, der nur seinem Instinct folgt,
an dem großen Bau der Vervollkommnung des Menschengeschlechts
unbewußt mitarbeiten. Sogar die Verirrungen und Vergehen der
Menschen dienen diesem Zweck, nur muß man, wenn man die
Frucht sehen will, nicht das Zeitmaaß eines Menschenalters an=
legen. In dieser, aus der innern Geistesbewegung hervorgegan=
genen Erkenntniß eines Schöpfers, der das Wohl der Menschheit
bezweckt, der nur deshalb dem Menschen Leiden und Anstrengung
auflegt, weil der Mensch aus und durch sich selbst werden soll,
weil nur das sein Eigenthum ist, was er aus sich macht —
darin liegt eine unendliche Beruhigung, die Versöhnung mit der
Welt und dem Geschick. Mit diesem Erkennen ist aber der
Glaube an die persönliche Fortdauer des Menschen so unzer=
trennlich verbunden, daß in meinen Augen Eins ohne das An=
dere gar nicht sein kann.

Wer von diesen beiden Sätzen durchdrungen ist, und die
unendlichen Folgerungen, die darin liegen, zu entwickeln weiß, der
kann, meine ich, der positiven Religion entbehren, der braucht sich
nicht zu beunruhigen, wenn er das Ueberlieferte nicht für echt,
d. i. für göttlich halten kann. Aber wohl wird er, wenn er das
Ergebniß seiner Forschungen in so vielen Puncten mit dem Ueber-
lieferten übereinstimmend findet, öfters von der Ahnung durchbebt
werden, als könne oder müsse der Kern dieser aus so früher Zeit
stammenden Lehre, trotz der Entstellung durch die Menschen —
doch göttlichen Ursprungs sein. — —

von Thünen an Chriſtian von Buttel.

Tellow, 1844.

— In dieſer Zeit der Abſpannung iſt es eine wahre Er=
quickung für mich geweſen, aus Sue's ewigem Juden und Ge=
heimniſſen von Paris vorleſen zu hören. Abgeſehen von der
künſtlichen, nicht immer natürlichen Herbeiführung von Scenen und
Situationen, ſcheint mir Sue ein Seelenmaler zu ſein, wie ihn
die neuere Zeit nicht kennt, und der mich häufig an Shakſpeare
erinnert. Wie ſind dieſem Manne die Tiefen des menſchlichen
Geiſtes aufgeſchloſſen, und welche innere Bewegungen müſſen in
ihm vorgegangen ſein, denn Niemand kann ſchildern, was er nicht
ſelbſt empfunden hat. Sue gräbt, wie ich glaube, den Jeſuiten
ihr Grab. Einen tiefen Eindruck macht es, wenn der Erzböſe=
wicht, der Schulmeiſter, in der höchſten Noth Gott anruft, und
drollig iſt, wenn der Schuri ſagt: „es iſt etwas in der Luft,
über unſern Köpfen, die Leute nennen es Gott, meinetwegen.‟
Unterhaltung, Vergnügen und bildende Belehrung iſt die gleich=
zeitige Frucht des Leſens von Sue's Schriften. Möchte ſich dies
doch auch auf andere Fächer des Wiſſens ausdehnen laſſen. Für
mich ſelbſt ſtudirt habe ich Theodor Mundt's: „Geſchichte der
Geſellſchaft‟ und „Preußen, der Beamtenſtaat.‟ Das Erſtere
würde mir ſehr zugeſagt haben, wenn ich nicht Stein's viel tie=
feres Werk zuvor geleſen hätte. Das zweite Buch iſt theils vom
Fürſten Hardenberg, theils vom Engländer Laing. Hardenberg
hat mich durch die Klarheit und Liberalität ſeiner Anſichten oft
überraſcht und zur Bewunderung angeregt — aber dennoch geht
zuletzt ſein Wirken, das Vertrauen des Volks und er ſelbſt unter,
weil er — zu einem vermeintlich guten Zweck — eine Rolle
ſpielt und nicht wahr bleibt. Laing bietet ein Gemiſch von völlig
ſchiefen bornirten Anſichten und geiſtreichen Ideen dar, wie es
mir noch nie vorgekommen iſt. Wichtig iſt mir ſeine Schrift,
weil er uns Mängel in Deutſchland aufdeckt, die dem deutſchen
Auge entgehen und ſonſt nur dem fremden Auge ſichtbar werden

können. Die Einrichtung des Zollvereins hält er für die wich=
tigſte Begebenheit und den größten Fortſchritt der neueren Zeit.
Er hält nämlich die Vereinigung von Provinzen mit ſo heterogenen
Intereſſen, wie das Rheinland und Oſtpreußen in einer Monarchie
für unangemeſſen und verderblich, und glaubt, daß ein Staaten=
bund, welcher gegen das Ausland eine Einheit bildet,
im Innern freien Verkehr hat und im Uebrigen den
einzelnen Staaten eine freie Entwickelung mit Be=
rückſichtigung der örtlichen Verhältniſſe geſtattet —
das höhere Ziel der Geſchichte ſei. Dieſe Anſicht ver=
dient wohl eine ernſte Beachtung und Prüfung. Sehr
begierig bin ich auf Stein's neue Abhandlung, und ich werde mir
das betreffende Heft der Vierteljahrſchrift kommen laſſen.

Helene von Thünen, geb. Berlin, an ihre Tochter.

Tellow, 1844.

— — — Ein ſchöner Brief Deines Mannes erfreute
uns und Hermann in mehrfacher Beziehung. Deine Schilderung
der letzten Tage der ſo früh heimgegangenen Großherzogin war
ergreifend und, aus einem wahren theilnehmenden Herzen kommend,
ließ ſie kein Auge trocken, und ſo lebendig trat alles vor unſere
Seele, als wären wir gegenwärtig geweſen. — Wir leſen jetzt
zuſammen Stein's Socialismus und Communismus; was ich da=
von verſtehe, zieht mich mächtig an, es iſt mir nicht ſo ganz fremd,
weil Vaters Traum, vor 18 Jahren geſchrieben, und das, was
er dieſen Winter zu Papier gebracht, ſchon ähnliche Ideen enthält,
die wohl eine ſanftere Löſung der unmöglichen Vorſchläge der
Herren, welche Stein anführt, herbeiführen könnten. — —

— — So oft iſt es mir nun ſchon im Leben vorgekommen,
daß ich reich begabte Frauen nicht glücklich preiſen kann; viel
Kampf bietet ihnen das Leben; ich ſehe dieſe ausgezeichneten Weſen
ringen, aber nie zur Ruhe kommen. Nur für eine kurze Zeit

ſtaune ich ihren ausgezeichneten Verſtand an und ſchaue dann
zufriedener in mein zufriedenes Innere, was zwar wenig, doch
dieſes ſicher erſtrebt — und preiſe mich glücklich, daß ich nicht
ausgezeichnet, aber harmoniſch dem Leben angehöre. —

~~~~~~~~

Helene von Thünen, geb. Berlin, an Chriſtian von Buttel.

Tellow, 30. März 1844.

— — Wie viel trägt es zu meinem Glücke bei, daß ich Dich
ſo anreden darf, Du mein Jelängerjelieber. — — Dein Brief an
mich iſt ſo bedeutend und tief, und dennoch nimmt er mir nicht
den Muth, darauf zu erwiedern, denn wo die Liebe die Grundlage
iſt, da vermag auch die Frau ein geiſtiges Intereſſe zu faſſen,
ſei noch ſo hoch und weitumfaſſend das zu erſtrebende Ziel. — —

Viel hörten wir auch in dieſer Zeit die bekannten Töne, ſie
verlaſſen uns doch nicht. Oft treffen in einem Augenblick die
Töne unſer Ohr, dann gedenken wir ſtets unſeres theuren Alexanders.
Früher hörten wir allemal die Muſik, wenn religiöſe Geſpräche
wir führten und meinten dann, heilige Gefühle und Worte zögen
den herrlichen Sohn zu uns herab; hieran denkend, war uns eine
Stelle in einem Buche merkwürdig, wo es ſcheint, als habe der
Verfaſſer ähnliches erlebt und erfahren, ſie lautet ſo: „Es ſcheint
faſt, als wären unſere beſſern Gedanken und Gefühle Zauberkräfte,
welche die Seele in den Stand ſetzen, mit den Geiſtern Derer,
welche wir im Leben liebten, auf eine unklare und geheimnißvolle
Weiſe zu verkehren. Ach wie oft und wie lange mögen jene ge=
duldigen Engel um uns ſchweben und auf den Zauber warten,
der ſo ſelten geſprochen und ſo bald wieder vergeſſen wird!" —
Vater ſowohl wie mir war dieſe Aeußerung ſehr merkwürdig.
Bei Euch wird ſie keinen Anklang finden, ich weiß dies wohl,
und werde dennoch nie mein Inneres verleugnen. Viel ſind der
Wege zum Ziel. — — —

~~~~~~~~

Am 2. December 1844 verfiel von Thünens Gattin in eine
schwere Krankheit; wenn auch manchmal ein Hoffnungsstrahl der Ge=
nesung aufblickte, so konnte doch die sorgsamste Pflege, die auf=
opferndste Hingebung und der unausgesetzte ärztliche Rath keine
Hülfe, nur Linderung schaffen; verwandte Aerzte wurden zugeru=
fen, der Medicinalrath Uterhart und der Doctor Berlin kamen
herbeigeeilt; letzterer sprach noch Trost und Hoffnung für die Er=
haltung des Lebens der Schwester aus, doch wollte diesesmal das
Glück den Spuren des geschickten Mannes nicht folgen. Am
19. Januar 1845 hauchte Helene von Thünen, geb. Berlin, ihre
edle Seele aus, und das treue Auge der theuren Lebensgefährtin
war dem schwergeprüften Gatten auf immer geschlossen.

In der Todesstunde ging von Thünen einige Augenblicke
allein in sein Zimmer — er war gefaßt genug, um die Musik
vernehmen zu können, indeß sie schwieg. Erst als Alles vorüber
war, hörte er sie leise erklingen. „Meine Furcht ist," sagte er,
„daß sie mich verlassen werde, weil ich sie viel leiser höre, gleich=
wohl ist sie doch noch da, und noch in derselben Weise, und ich
würde mich tief betrüben, wenn diese langjährige Begleiterin mich
ebenfalls verlassen sollte."

von Thünen trug sein Schicksal mit ergebenem männlichen
Ernste, auch in den bängsten Augenblicken wurde ihm sein innerer
Friede nicht erschüttert. „Wir stehen noch", waren seine ersten
Worte zum Bruder Christian, als dieser unerwartet aus dem fer=
nen Lande eintraf, später fügte er hinzu: „Das Schlimmste sei
als ein Bedauernswerther zu erscheinen — aber nur eine Stunde
habe er sich solcher Empfindung hingegeben, man stehe in Gefahr,
in dem Selbstischen eines so aufgenommenen Schmerzes ganz sich
zu verlieren." „Viele Menschen sind so egoistisch", sagte er, „daß
sie, wenn sie ein Glück genießen, meinen, es müsse ewig währen,
und, statt dankbar zu sein, mit dem Schicksal hadern", und: „so
egoistisch bin ich nie gewesen, zu wünschen, vorher zu sterben",
wenn meine Körperkräfte mich nicht verlassen, geistig werde ich nicht

unterliegen. Den Schmerz werd' ich ganz auskosten, ich werd'
ihm nicht aus dem Wege gehen, und so ist die Besiegung dieses
Schmerzes eine neue Lebensaufgabe für mich."

Wenn von Thünen auch die Vereinsamung, die Abnahme der
Kraft und Gesundheit, und das Altwerden bitterlich fühlte, er beugte
sich in Demuth und Vertrauen und wollte es die Aufgabe seines
Alters werden lassen, der menschlichen Bestimmung immer tiefer
nachzuforschen, zu lernen, die auferlegte Prüfung mit Heiterkeit zu
tragen. Wenn er einerseits bei seiner Individualität durch den
Verlust seiner Lebensgefährtin verlassener dastand, als vielleicht irgend ein anderer Mann, so war andererseits durch die Liebe und
aufopfernde Sorgfalt seiner Kinder, durch die innige Theilnahme
der Freunde, besonders auch durch die große Zuneigung aller seiner Untergebenen, und den inneren Seelenfrieden wiederum wunderbar für ihn gesorgt und er fühlte sich unwillkührlich zum Dank
gegen den Schöpfer gedrungen, daß es ihm so erleichtert wurde,
sich dem Leben wieder anzuschließen, und sich eine Zukunft zu
bilden; gegen alles Unangenehme geringerer Ordnung, was sonst
das Leben bringen kann, umgab ihn eine Mauer von Liebe und
Verehrung, wie sich wohl selten um den Einzelnen aufbauet, die
nur ein langes makelloses Leben hervorrufen konnte und die noch
verstärkt wurde durch die Anerkennung dessen, was die Gattin gewesen, was in ihr Allen, die sie näher gekannt, besonders aber
ihm, verloren ging.

In ihrer Jugend eine zierliche Gestalt, etwas unter Mittel-
größe, neigte von Thünens Gattin in späteren Jahren einer leichten wohlkleidenden Fülle zu. Haare dunkelbraun, aber große tief-
blaue Augen, die für gewöhnlich, dem Grundton ihres Wesens
gemäß, von einem lieblich heiteren Ausdruck beseelt waren, und
unwiderstehlich anzogen, wenn sich darin Rührung oder innige Zuneigung wiederspiegelten. Musikalisch begabt hatte sie in jüngeren
Jahren den Gesang gepflegt, bis eine Brustkrankheit ihr die Fort-
übung untersagte, doch dauerte ihre Empfänglichkeit für Musik, und

ihre hohe Freude daran unvermindert fort. Wie sie einst mit ganzer Seele in Geßner's Idyllen sich versenkt hatte, so fand auch fortwährend alles Dichterische und insbesondere das lyrische Element darin bei ihr ein gefühlvolles Verständniß. Im Uebrigen besaß sie den zartesten weiblichen Tact und ihr ganzes Benehmen trug durchaus den Stempel einer edlen Grazie, welche auch auf die Untergebenen wirkte, denn trotz der großen Natürlichkeit und freundlichen Güte, die sie diesen entgegenbrachte, und die sie so beliebt machte, wurden doch alle in ihrer Gegenwart von einer stillen ehrfurchtsvollen Scheu beherrscht, wie denn überhaupt die anmuthige Schönheit, welche sie schon als Mädchen ausgezeichnet hatte, ihr bis zu ihrem Ende verblieb.

von Thünen's äußere Gestalt war über mittelgroß und dabei kräftig gebaut. Haare braun, Augen bräunlich, erstere aber in den letzten Jahren durch das Alter gebleicht. Eigenthümlich und mit dem Alter zunehmend war ihm eine etwas nach vorne und seitwärts gebeugte sinnende Haltung des Kopfes, entsprechend den nachdenklichen Zügen, welche sich im Gesicht ausgeprägt hatten, und ein gewissermaßen nach innen gerichteter Blick. Im Allgemeinen war es ein freundlicher Ernst, der sich in den Zügen kund gab und besonders den Mund gewinnend umspielte. Farbige Wangen und glänzende Augen, die trotz hoher Kurzsichtigkeit nichts Mattes zeigten, machten bis zuletzt den Eindruck jugendlicher Frische.

So entfernt es auch in von Thünen's Art und Weise lag, von sich selbst aus scherzhafte oder komische Bemerkungen zu machen, um so empfänglicher war er gleichwohl, wenn Andere das Gespräch mit Witz und Humor zu würzen verstanden. Seine heitere Freude daran und sein herzliches Lachen, wobei er sich behaglich den Arm zu reiben pflegte, wirkten dann unwiderstehlich fördernd zurück. Ganz besonders liebte er die Unterhaltung mit geistreichen und muntern Frauen, denen gegenüber er ein zartes und rücksichtsvolles Benehmen beobachtete, daher dieselben sich auch gern ihm zuneigten. Ueberhaupt war er im Umgang nie verletzend, denn es war ihm eigen, jeder Meinung, jeder Gefühlsregung volle Beachtung zu schenken, um daraus für sich selbst Gewinn zu ziehen und sie zu einer allgemeinen Betrachtung zu verwerthen. So geschah es denn, daß die ernstfreundliche Milde seiner schönen Züge, der entsprechende Klang seiner Stimme, verbunden mit seiner geistvollen Denkweise, augenblicklich in der Unterhaltung auf Jeden einen vortheilhaften Eindruck machte. Was auch der Gegenstand der Unterhaltung sein mochte, das Ergebniß für Alle, jung oder alt, war stets eine bedeutsame und gehobene Stimmung.

Was ihm die Natur mehr oder weniger versagt hatte, war der Sinn für Musik — nur Gesang sprach ihn lebhaft an — sowie für Kunst überhaupt. Selbst auch in der schönen Literatur war ihm die Seite der Formschönheit wenig zugänglich, um so tiefern Anklang fand dagegen der darin niedergelegte ethische Gehalt. Es war ihm ein hoher Genuß, ein größeres dichterisches Werk oder Romane, in nicht allzulangen Abschnitten und auf Tage und Wochen vertheilt, vorlesen zu hören und dann jedesmal eingehend die zu Grunde liegenden sittlichen Motive und Vorgänge zu besprechen und zu ergründen.

Mechanische Handfertigkeit fehlte von Thünen ganz. Eine um so dankbarere Aufgabe war es für die Frau, hier seinem Mangel an Geschick zuvorzukommen und insbesondere auch für seine äußere Ausstattung in Kleidung u. s. w. Sorge zu tragen, wofür er durchaus nicht unempfindlich war.

Des Morgens pflegte von Thünen schon ziemlich zeitig aufzustehen und die erste Stunde, im Zimmer auf und nieder wandelnd, einsam mit sich zuzubringen, um ernsten Betrachtungen nachzuhängen und die Aufgaben des Tages zu überdenken. Vielleicht hatte diese Gewohnheit, auf beschränktem Raume hin und her zu wandeln, die er auch bei der Arbeit am Pult oder in der Unterhaltung zu zweien liebte, ihn dahin geführt, sich einen gewissen bequem wiegenden langsamen Gang anzueignen und dazu beigetragen, die oben beschriebene sinnige Haltung des Kopfes vollends zu befestigen, denn auch bei der Revision der Wirthschaftsgebäude und der Arbeiten auf dem Felde gewährte er immer die gleiche sprechende Erscheinung, welche sich wohl Jedem, der diese nachdenkliche Gestalt einmal, wenn auch in der Ferne, über Feld und Flur hatte wandern sehen, unwillkürlich einprägen mußte.

***

von Thünen an seine Tochter.

Tellow, 27. Januar 1845.

Um mich herum ist es stille geworden. Mutter leidet nicht mehr, selbst ihre Hülle ist von uns geschieden. Die Freunde, die sich so zahlreich eingefunden hatten, um die letzten schweren Tage tragen zu helfen, sind abgereist. Auch Heinrich, der seit 6 Wochen wie ein Fels im sturmbewegten Meere mir zur Seite gestanden, hat uns heute verlassen; nur Mathilde ist noch zurückgeblieben.

Jetzt gilt es mir eine neue Zukunft zu schaffen, einen Lebensplan zu entwerfen und mich wieder lebenswarm an die Welt zu ketten. Wie beim Durchschneiden einer Ader sich die andern Adern erweitern, so soll auch ferner derselbe Strom von Liebe, nur anders vertheilt, durch mein Herz fließen. Das ist mein Vorsatz, mein Wahlspruch; werde ich die Kraft haben, ihn auszuführen? — —

Ich fürchte, daß die Erzählung des Factischen Dich erschüttern wird und ich bereue, statt dessen Dir nicht unsere Gedanken und Empfindungen geschildert zu haben; denn es hat hier im Hause auch nicht einen Augenblick Trostlosigkeit geherrscht, sondern im Gegentheil haben mehrere Freunde versichert, daß sie hier Trost gefunden. Erhebe Dich, meine Tochter, nur wieder zu der Höhe der Gedanken und Empfindungen, die uns bei Alexanders Tode durchdrangen, und Du wirst es mitfühlen, daß der Schmerz in mir nicht haltlos ist, sondern in dem Gedanken an das Weltall und in der Erforschung des Weltplans einen Gegner findet, der ihn fast immer siegreich bekämpft. Die weitere Entwickelung muß ich späteren Briefen überlassen. Hier nur ein Trostgrund, der sehr nahe liegt. Mutter stand an den Pforten des Greisenalters; wäre sie hindurchgegangen, so wären die Schwächen und Leiden des Alters ihr unvermeidlich zu Theil geworden, sie hätte viel= leicht den Schmerz gehabt, mich zu verlieren, sie hätte — wenn sie jetzt genesen — für ein paar freudenleere Jahre den Todes= kampf noch einmal bestehen müssen. —

Dagegen ist Mutter jetzt im vollen Lebensglück, wie es We= nigen zu Theil wird, heimgegangen. Ist es nicht unedel, glücklich sein zu wollen, wenn dies nur durch das Un= glück Anderer erlangt werden kann? — —

von Thünen an dieselbe.

Tellow, 15. Febr. 1845.

— — In der Trennung von den Geliebten, in dem Ver= lust derselben durch den Tod wird der Mensch gerade da, wo er sich am reinsten und edelsten fühlt — in der Liebe — auf's tiefste verletzt. Aber dies Loos ist allgemein über die ganze Menschheit verhängt, und muß demnach dem Menschen zur Vollendung seiner Bestimmung unentbehrlich sein. — — Dieser Gedankengang ist für mich und auch für Dich nicht neu; es ist derselbe, der uns bei Alexanders Tod trug und erhob. — — Aber wenn ich auch an die Wahrheit dieser Anschauung glaubte, so hatte ich doch die Kraft verloren — sei es, daß in den Tagen des Glücks der Egois= mus unmerklich aber stetig immer neue Wurzeln treibt und die irdischen Interessen mehr und mehr den ganzen Menschen einneh= men, oder daß der erkältende Hauch der modernen Philosophie

mich berührt hatte, oder daß beides vereint gewirkt hatte — ge=
nug, der erhebende Gedanke hatte ſeine Kraft verloren. Denk=
würdig wird mir in dieſer Beziehung ein Selbſtgeſpräch bleiben,
was ich bei einem Spaziergange auf dem Felde in der Mitte des
letzten Octobers mit mir hielt: „Der 7. October iſt vorüber ge=
gangen, ohne daß Alexanders Name genannt iſt, und anſtatt, daß
ſonſt ſein Andenken uns erhob, wagt jetzt Keiner mehr daran zu
erinnern, ſo ſehr ſcheuen wir jetzt jeden ſchmerzlichen Eindruck,
jede Unterbrechung des Glücks und der Freude‟, ſagte ich zu mir.
Es knüpfte ſich hieran eine ernſte Vergleichung meines jetzigen
Seelen= und Gemüthszuſtandes mit dem früheren, und ich kam zu
der betrübenden Erkenntniß, daß ich auf jener Höhe der Gedanken
und Empfindungen mich nicht behauptet, daß ich einſt dem Egois=
mus ferner, dem Himmel näher geſtanden habe als jetzt. „Aber,‟
ſagte ich mir, „wenn Du dies ſelbſt erkennſt und den ernſten
Willen haſt, jenen Standpunct wieder zu erklimmen, vermagſt Du
es denn nicht?‟ Und nach einer langen ernſten Prüfung
mußte ich mir die Antwort geben: „Nein, Du vermagſt es
nicht, dazu gehört ein großer Schmerz.‟ Ach ich ahnte
nicht, wie bald und in welchem ungeheuren Maaße er mir zu
Theil werden ſollte. Wohl habe ich zu Zeiten gefürchtet, daß der
Kampf der ſtreitenden Elemente das Gefäß zerſprengen könne, jetzt
aber iſt der Sieg des Geiſtes über den Körper nicht mehr zwei=
felhaft.

Seit dem Dienſtag iſt *** hier, geiſtreich, theilnehmend
und für alles Höhere ſich intereſſirend, mir nach dem Bruder die
liebſte Geſellſchaft. Du ſiehſt, daß ich nicht verlaſſen bin, daß
edle Seelen ſich bemühen, mir die ungeheure Lücke minder fühlbar
zu machen. Der Brief der Gräfin wird Dich auch wie mich er=
quickt haben. — —

von Thünen an Christian von Buttel.

Tellow, 15. Februar 1845.

Nach Deiner Abreise habe ich Dich in Gedanken stets be=
gleitet, ich habe mit Dir die Beschwerden der Reise, die Nacht=
wachen, die zunehmende Kälte, die Gefahr der Elbfahrt empfun=
den und mich am Montag Abend der Rückkehr in den Kreis der
Deinigen mit Dir gefreut. — —

Meine Helene hat oft fast schmollend zu mir gesagt, daß ich
das Wort „Dank" nicht über die Zunge, nicht aus der Feder
bringen könne. Jetzt aber quillt bei jedem mir bezeigten Wohl=
wollen, bei jeder mir erwiesenen Theilnahme das Gefühl des
Dankes unwillkürlich mir aus dem Herzen empor. Für die Theil=
nahme bin ich jetzt so empfänglich und empfindlich, daß, wenn sie
mir bezeigt wird, mein Auge sich feuchtet, während es beim eigenen
Schmerz trocken bleibt. Daß ich in solcher Stimmung mich ge=
drungen fühle, vor Allen Dir meinen innigen Dank darzubringen,
wirst Du natürlich finden. Nach Deiner Abreise sind noch mehrere
Condolenzschreiben eingegangen, unter andern auch von Thaer und
Revisionsrath Schumacher in Schwerin. Thaer meldet mir, daß
er über Wulffen keine gute Nachricht habe, indem die Aerzte eine
Wunde am Fuß für bedenklich erklärt hätten. Wulffens Verlust
würde mich sehr betrüben, zumal ich bei meinen schriftlichen Ar=
beiten meine Gedanken an ihn zu richten pflege, jedoch würde ich
bei der Arbeit, die mir jetzt vorliegt, solche noch lieber Dir zu=
wenden.

Schumachers Schreiben ist abweichend von allen übrigen,
nicht tröstend, sondern ernstlich mahnend. „Nun, da Ihre Gattin
zu früh geschieden, scheinen Sie mir noch mehr dem öffentlichen
Wirken angehörend, und da Arbeit auch den Schmerz lindert, so
mahne ich Sie ernstlich — —" heißt es in diesem Schreiben, und
eine solche Mahnung stimmt zu sehr mit meinem eigenen Vorsatze
überein, als daß ich sie nicht auch gerne von Andern hörte.

Mosle's Abhandlung über den HunteEmsKanal habe ich

mit vielem Interesse gelesen und die Kraft seiner Gründe hat mich
von der Zweckmäßigkeit seines Vorschlags völlig überzeugt. Sollte
dieser Vorschlag unbeachtet bleiben, so würde dies meine Meinung
von der in Oldenburg herrschenden Intelligenz sehr herabstimmen,
und es sollte mir leid thun, wenn die Menschen mit den Maul=
wurfsaugen, die nicht in die Zukunft zu blicken vermögen und
nichts für dieselbe opfern mögen, auch dort das Uebergewicht hätten.

von Thünen an seine Tochter.

Tellow, 10. März 1845.

Beim Rückblick auf die vergangene Zeit fällt es mir jetzt
auf, daß Keiner der vielen theilnehmenden Freunde die Größe
ihres eigenen Verlustes durch Mutters Tod auch nur mit einem
Worte erwähnt hat. Ich kann dies nur einem hohen Zartgefühl
und dem Wunsche, mich zu schonen, beimessen — aber ein Er=
kennen meiner Stimmung liegt nicht darin. Ich vermisse vielmehr
die Aeußerung des eigenen Gefühls und habe ein solches Bedürf=
niß darnach, daß ich heute Deinen ersten Brief mit dem lauten
Schmerzensschrei hervorgesucht und wieder gelesen habe.

Mir wurden sieben lange Wochen zur Vorbereitung gegeben.
Ach, welche Kämpfe habe ich durchmachen müssen, ehe ich den
Standpunct errang, auf dem ich bei Mutters Scheiden mich be=
fand. Daß dieser Standpunct nicht ein verfehlter ist, das sehe
und fühle ich auch jetzt noch tief und innig. Aber es ist unend=
lich schwer, sich auf diesem Standpuncte zu erhalten. Es gehört
dazu, daß ich die Menschen um mich herum glücklich sehe, daß ich
sie lieb habe, und daß täglich neue erhebende Gedanken in mir
emporquellen. Vereinigt sich dies, so ist der Schmerz überwun=
den, vollständig überwunden. So leitet letzterer in den Mitteln
zu seiner Bekämpfung auf Nächstenliebe und Geistesthätigkeit hin
— und damit ist seine Bestimmung uns vielleicht schon ent=
hüllt. — —

Chriſtian von Buttel an von Thünen.

Oldenburg, März 1845.

Während wir noch mitten im Winter ſtecken, denn das Ther=
mometer zeigt in dieſem Augenblicke wieder — 11°, ſagt gleich=
wohl der Kalender, daß der Frühlingsanfang herannaht und damit
ein andrer theurer Tag, der Geburtstag der verewigten Mutter.
Aber die Feier wird jetzt eine andere ſein, wie vordem, denn die,
welche einſt die beglückte Trägerin derſelben war, hat von der
ſüßen Gewohnheit des Daſeins und Wirkens Abſchied genommen
und Dir und uns nur noch die Erinnerung an die Schönheit
ihrer Erſcheinung hinterlaſſen. Aber dieſe Schönheit reicht in
ihrem Weſen wie eine läuternde Flamme über das irdiſche Daſein
hinaus und wirkt verklärend nach in den Herzen und Gemüthern
aller derer, welche je in das ſeelenvolle Auge der geliebten Dahin=
geſchiedenen einen vollen Blick gethan haben. Und ſo geſtaltet ſich
denn der kommende Tag zu einer heiter=wehmüthigen Erinnerungs=
feier. Freilich Dir wird noch lange jeder Tag dieſe Bedeutung
haben, denn erſt müſſen alle Jahreszeiten mit ihren ver=
ſchiedenen Eindrücken an Dir und Deinem Innern vorüberziehen,
ehe die Zeit, dieſe unſcheinbare aber gewaltige Macht, die volle
kampfloſe Sänftigung vollbringen kann.

— — Nichts iſt wahrlich erquickender, als wenn die Erin=
nerung an unſere geliebten Todten geradezu den Schmerz ſelbſt
beſiegt und daraus den heitern Ernſt hervorgehen läßt. So=
weit muß der Gottesfrieden im Innern mächtig und wirkſam
ſein, daß er dies vermag — darin ſind wir wohl Beide
einig, und ſo weiß ich, wird Dir der 21. d. M. nicht bloß ein
trauriger ſein.

Laß mich hierbei einer Empfindung erwähnen, die gar oft
die theure Entſchlafene in mein Gedächtniß zurückruft. Wie mir
die Schwägerin zu Kanarienhauſen ſchon ſeit Heidelberg immer
geiſtig gegenwärtig iſt, wenn die Naturſchönheit irgendwo
mächtig auf mich eindringt, wohl weil ich früh ihre hohe Empfäng=

lichkeit dafür erkannt, so schwebt mir, schon seit Berlin, stets das
Bild der verewigten Mutter vor, wenn eine schöne Musik mich
bewegt, aus demselben Grunde, weil mir fort und fort der tiefe
Eindruck in Erinnerung geblieben, den Musik, ja schon eine Be=
schreibung davon, in ihr zurückließ. Und so ist es tausendfältig
geschehen und geschieht noch immer, daß ich einen musikalischen
Genuß in ihrer Seele mitempfinde, eigentlich mit dem Wunsche,
ihr denselben gönnen zu können. In solchen Augenblicken ist mir
ihr ganzes Wesen durchaus heiter gegenwärtig.

— — In der Fortsetzung Deines isolirten Staats liegt
Dir ein Problem im Wege, das Dich nicht losläßt, Dich quält
und peinigt. Dieses innerliche Verfolgen eines noch gestaltlosen
Gedankens, dieses Ergreifenwollen eines Ursprünglichen kann aber
leicht zu einer körperlichen Nervenstörung führen. Solltest Du
demnächst Dich einmal entschließen können, aus Deinem ganzen
dortigen Ideenkreise auf einige Monate völlig auszuscheiden da=
durch, daß Du eine Reise unternähmest und bei uns verweiltest
— ich bin überzeugt, daß solche Fülle eines ganz andern Lebens
eine wahre Erfrischung für Dich sein und Dein speculatives For=
schen darnach nur um so rascher fördern würde. — —

— — Es ist wahr, Ihr habt noch einen ganzen Augias=
stall auszumisten, ehe Ihr aus dem mittelalterlichen Wesen bis
zu dem Puncte gelangt, wohin überall in Deutschland schon seit
einer halben Ewigkeit die allgemeine Staatsvernunft, wenn auch
in absoluten Formen, die Verhältnisse gestellt hat. Man muß
kein Mecklenburger sein, um diese Wahrheit aller Orten in Meck=
lenburg sofort anschaulich vor Augen zu haben — und ich erinnere
mich noch sehr lebhaft, wie schroff mir von Anfang an bei den
meisten Gutsbesitzern ein reines aristokratisches Herrenbewußtsein,
in der großen Masse der Bevölkerung aber das Gefühl der Un=
freiheit aufgefallen ist. Wie soll sich hier ein tief hinabreichendes
Gemeindeleben geltend machen? — —

von Thünen an seine Tochter.

Tellow, 7. Mai 1845.

Als ich meinen vorigen Brief schloß, war die Erde noch er=
starrt — jetzt sind die Birken, die Kastanien, der Flieder vor
meinem Fenster grün, Anemonen, Veilchen, Aurikeln und Primeln
blühen, und der Roggen hinter Alexandershöll bietet dem Auge
einen schönen grünen Teppich dar. An den Garten knüpfen sich
die schönsten Erinnerungen. Wie oft habe ich in Liebe und Har=
monie mit Mutter vereint hier gewandelt. „So lange wir Beide
hier zusammengehen, ist alles gut, aber wenn erst Einer von uns
hier allein wandeln muß — —", sagte Mutter oft. Und dieses
Loos ist mir jetzt beschieden!! Aber ich meide den Garten nicht,
nur kann ich dann keinen andern Gedanken als an Mutter fassen,
und wenn dies Grünen, Keimen und Blühen mir zuweilen als
ein schneidender Contrast mit meinem Verlust erscheinen will,
wende ich mich mit verdoppelter Kraft dem Gedanken zu, daß
Mutter selbst jetzt ein schönes Frühlingsleben begonnen hat, wäh=
rend ich noch die Fesseln des alternden Körpers tragen muß. In=
dem ich dies schreibe, tönt die Musik des Jenseits so laut und
deutlich zu mir herüber, wie ich sie seit Mutters Tode noch nicht
wieder gehört habe. — —

Wehe doch dem armen Menschen, dem der religiöse Glaube
fehlt. Wenn das Schicksal ihn hart trifft, bricht er zusammen,
und er wird in den Händen des übermächtigen Schicksals zu
einem Federball ohne Kern und ohne Widerstandskraft. Mir liegt
der innere nothwendige Zusammenhang des irdischen Lebens mit
einem jenseitigen, und die Ueberzeugung von einem Alles durch=
dringenden weisen und gütigen Weltplan jetzt so klar und be=
stimmt vor, daß ich — bei aller sonstigen Bescheidenheit — doch
nicht umhin kann, den Unglauben hieran für einen Mangel an
klarem Selbstbewußtsein zu halten. In dem Geist des Menschen
liegt eine Welt von unerschlossenen, kaum geahnten Kräften, die
nur durch große und erschütternde Begebenheiten und dann doch

immer nur theilweiſe zum Keimen und zur Entwickelung gelangen. Der ſchärfſte menſchliche Verſtand vermag nicht in dieſe Tiefen des Geiſtes hinabzuſteigen, dieſe Kräfte zu erkennen und zu ent= wickeln, bevor die Lebensverhältniſſe ſie erſchloſſen haben. Darum ſoll der Verſtand demüthig bleiben und wir ſollen an Andern achten, was wir noch nicht begreifen, weil in ihnen vielleicht Geiſtes= und Gemüthsbewegungen ſtattgefunden haben, die uns noch fremd geblieben ſind. — —

Chriſtian von Buttel an von Thünen.

24. Juni 1845.

— — Wohl wird eben der heutige Tag den herben Verluſt Dir wieder recht nahe bringen, ſeitdem der ſymboliſche Sinn des Dir ſo oft in ihrem Kranze gebotenen Gruſſes der Verklärten: „Vergißmeinnicht!" ſich zur wehmüthigen Wahrheit aufgeſchloſſen hat. Auch jetzt wird Dir ein gleiches Geſchenk nicht fehlen, aber die Liebe, die ausſchließlich Dir zu eigen war, wird es nicht mehr bringen, es iſt die vom engſten Herzen abgelöſte, aber dennoch durch die Mutter fort und fort geeinte Liebe der Kinder, welche in erweiterter Bedeutung ſtill feierlich den Kranz mit ſeiner ſtummen Sprache Dir hinlegt: „Vergißmeinnicht!" O wunder= bares tiefheiliges Loos der Menſchen, wo das Herz ſeine ſchwerſten Opfer bringt, erhebt ſich des Geiſtes unſichtbar ewige Macht.

Von der Liebe frei gegeben,
Die das Herz ſo ſüß genährt,
Ringt ſich los ein geiſtig Leben,
Klar und groß, das ewig währt.

Was die Gattin Dir geweſen,
War Dein höchſtes Eigenthum,
Vom Verluſte ſollſt geneſen
Herz, der Menſchheit Prieſterthum.

Denn den Kern von ihrem Walten,
Freier Liebe Glückbescheerung,
Ließ, ein Schatz damit zu schalten,
Dir die Sel'ge ohn' Beschwerung.

Und der Blick wird weiter, weiter,
Auch die Ferne wird Bedürfniß,
Bis zuletzt an Himmelsleiter
Sehnsucht austlimmt ohn' Zerwürfniß.

———

Am 11. September 1845 wurde von Thünen ein Enkel, ein Träger seines Namens, geboren. Dies frohe Ereigniß war der erste Sonnenblick in der Zeit der Trauer. Der Tod hatte in von Thünens Augen eine freundlichere Färbung erhalten, und mit süßgenährten Hoffnungen, voll Zuversicht, wandte er seinen Blick dem aufblühenden Geschlechte zu.

———

von Thünen an seine Tochter.

Tellow, 8. Oct. 1845.

Heinrich hat mir Prutz's politische Wochenstube vorgelesen. Das in der Form so schöne, geistreiche und witzige Gedicht hat mich sehr unterhalten. Wird man aber Jemand, der sich im Gespräch auf ähnliche Weise ausdrückt, in der guten Gesellschaft dulden? Gewiß nicht. Ist es denn aber anständiger, sich vor ganz Deutschland auf diese Weise zu äußern, als im engen Kreise? — —

— — Die Kartoffelkrankheit war hier noch vor 3 Wochen eine unbekannte Erscheinung. Dann zeigte sie sich plötzlich und griff mit großer Heftigkeit um sich. — — Die Sache beschäftigt mich nach mehreren Seiten hin sehr ernstlich; die Kartoffel hat in Europa mindestens 40 Millionen Menschen ins Leben gerufen. Verschwindet die Kartoffel, so müssen auch diese Menschen verschwinden. Aber wie? — — So ernst wird die Sache freilich nicht werden; durch dies eine Jahr kommen wir wohl durch und diese Pflanzenkrankheit wird wieder verschwinden — aber die Zuversicht, daß durch die Kartoffel eine Hungersnoth fast unmöglich geworden, diese Zuversicht scheint doch für immer dahin zu sein.

von Thünen an Christian von Buttel.

Tellow, 26. Nov. 1845.

Mir ist das Glück, an der Fortsetzung meiner Schrift zu arbeiten, leider noch immer versagt geblieben. — — Jedoch trägt mein Befinden nicht die alleinige Schuld. Nach meiner eigenthümlichen Natur kann ich nur fortbauen, wenn ich eine mathematisch sichere Grundlage habe. Für den naturgemäßen Arbeitslohn ist der Ausdruck $\sqrt{a p}$ gefunden; dies kann absolut richtig sein, aber um davon eine Anwendung in Zahlen zu machen, muß das Gesetz, wonach q und p (Kapital und Product) mit einander verbunden sind, gefunden und dargestellt werden. Die Erforschung dieses Gesetzes hat mich seit 20 Jahren beschäftigt, aber da die Wirklichkeit gar keine Data dazu liefert, leider immer vergebens. Als ich im verwichenen Frühjahr an der Fortsetzung des isolirten Staats arbeitete, stieß ich wieder auf diesen Punct, und meine Arbeit blieb liegen. Seitdem hat dies Problem mich während des ganzen Sommers täglich beschäftigt, und ich bin der Lösung entschieden näher gekommen, aber völlig befriedigend gelöst ist es noch immer nicht. Zwar sind schon aus der Kenntniß, daß der Arbeitslohn $= \sqrt{a p}$ ist, für mich die wichtigsten Resultate hervorgegangen, aber soll ich mit wahrer Freudigkeit fortarbeiten, muß ich die Verbindung zwischen q und p kennen. Diese Unthätigkeit ist mir um so peinlicher, da ich gerade in diesem Sommer so viele Beweise erhalten habe, daß mein früheres Streben nicht ein vergebenes gewesen. So ist z. B. der Hauptgedanke des isolirten Staats, der bisher ganz unerkannt, wenigstens unbeachtet geblieben ist, jetzt von dem Professor Roscher aufgefaßt, er nennt denselben das von Thünensche Gesetz, und weis't historisch und geographisch nach, daß die Entwickelung des Landbaues und der Cultur diesem Gesetz gemäß überall statt= gefunden hat und noch stattfindet.

— Ich nannte mein Leben ein vereinsamtes; dies ist aber nur qualitativ, nicht quantitativ wahr. Denn die Besuche aus der Nähe und Ferne sind — trotz meiner Unliebens= würdigkeit für die Gesellschaft — noch eben so häufig als bei Mutters Leben, und erstrecken sich in die kalten düstern Winter= tage hinein. — —

Wie oft wünsche ich mich mit Dir über die tiefe religiöse, politische, sociale und literarische Bewegung, die wunderbar vereint jetzt in Deutschland herrscht, besprechen zu können. Auch das sonst so starre Mecklenburg spielt jetzt auf der Weltbühne eine Rolle. Durch einen merkwürdigen Erlaß der Regierung sind jetzt die bürgerlichen Gutsbesitzer fest aneinander gekettet, haben bei der Wahl des Protokollführers (Präsidenten) gesiegt und fast alle Adeligen aus den Committen verdrängt. Adel und Bürger= liche, sonst unerbittlich sich bekämpfend, haben sich gegen diesen Erlaß vereint und eine Verwahrung dagegen eingelegt, wodurch dieser alle Rechtskraft verliert. Nicht minder übel kommt die Re= gierung in der Eisenbahn=Angelegenheit zu stehen, da sie es den Actionärs verschwiegen, daß sie den Lübeckern schon früher eine Concession ertheilt. Mir scheint sich zu verwirklichen, was Hegel „List der Vernunft" und was ich „Vorsehung" nenne. Die Re= gierung wird durch ihre Vorliebe für den Adel geblendet und zu falschen Maaßregeln hingerissen; der Adel giebt in seinem starren Festhalten an alten Privilegien große Blößen. Die Bürgerlichen vielleicht minder aus innerm Antrieb, als um die Stimme des Publicums zu gewinnen, machen jetzt auf einmal Anträge, die das Wohl des Ganzen bezwecken, und werden hoffentlich siegen. So vollzieht sich hier das Gute aus Elementen, wovon vielleicht keins untadelig ist. Dies ahnende Erkennen des Plans Dessen,

der der Welt und der Menſchheit ihre Organiſation und Beſtim=
mung gab, iſt in meinen Augen das höchſte und belehrendſte
Wiſſen.

<hr />

von Thünen an ſeine Tochter.

Tellow, 2. Dec. 1845.

— — Früher ſchrieb ich Dir von einem Geſpräche über Re=
ligion, was Heinrich und ich mit * * * und * * * führten, und worin
dieſe Beiden eine völlige Niederlage erlitten. Eines ſolchen Sieges
ſoll man ſich aber nicht freuen, denn er aigrirt den Andern. —
Das zeigte ſich, als ich das nächſte Mal * * * beſuchte; denn ſie
ließ nicht ab, und verfolgte mich in ſichtlicher Aufregung mit
religiöſen Geſprächen. Ich blieb ruhig und hatte ſie zu lieb, um
die Waffen, die ich beſaß, gegen ſie zu gebrauchen, aber ich ward
dadurch doch verſtimmt. Jetzt, nachdem ich ſie verloren, iſt es
mir faſt lieb, daß dem völligen Seelenerguſſe eine ſolche Scheide=
wand entgegen ſtand; denn ſonſt wäre ihr Verluſt noch herber
für mich. Warum herrſcht doch in den Geſprächen und Anſichten
über Religion von den Myſtikern an bis zu den Philoſophen
hinauf — ſo wenig Ruhe und Toleranz, da doch beim völlig
entſchiedenen Wiſſen der Widerſpruch uns kalt und ruhig läßt?
Vielleicht weil Jeder für ſich ſelbſt glaubt, die Wahrheit erfaßt
zu haben und doch beim Widerſpruch unbewußt den Boden
unter ſich wanken ſieht. —

Dieſer Brief iſt noch auf Mutters goldgerändertem Papier
geſchrieben. — —

<hr />

von Thünen an den Professor Franz Schulze.

Tellow, 5. December 1845.

Durch Uebersendung Ihres Lehrbuchs der Chemie haben Sie mir ein sehr angenehmes Geschenk gemacht, wofür ich Ihnen meinen herzlichen Dank abstatte. Sie haben eine viel zu gute Meinung von meinen Kenntnissen in der Chemie, wenn Sie von mir verlangen, Ihnen etwanige Mängel des Werks aufzudecken, in dieser Wissenschaft kann ich nur Ihr Schüler sein. Eher darf ich mir ein Urtheil über Sprache, Anordnung und Darstellung erlauben, und mit voller Ueberzeugung kann ich es aussprechen, daß ich in dieser Beziehung nicht blos befriedigt, sondern freudig überrascht bin. Das allmählige Aufsteigen von den ersten Elementen zu den verwickeltern ohne Ueberspringen der Mittelglieder erleichtert das Verständniß und das Eindringen in die Wissenschaft gar sehr; die Concentration der Gedanken, verbunden mit dem exacten Ausdruck, gewährt für den aufmerksamen Leser eine große Klarheit, und erzeugt das angenehme Gefühl, daß man mit jeder gelesenen Seite etwas empfangen hat.

In meinem Alter hat man nicht viele Zeit mehr, und oft rufe ich beim Lesen eines Buches dem Verfasser ungeduldig zu „zur Sache." Vor solchem Zuruf sind Sie gesichert. Mißfällig aber ist mir der vom Verleger auf dem Titel gemachte Zusatz: „als 3. Auflage von Schüblers Agriculturchemie."

Hoffentlich wird der Verleger schon beim 2. Band — den ich mit Verlangen erwarte — diesen Zusatz überflüssig finden.

Das weitere Studium Ihres Werkes wird mich gewiß zu mehreren Fragen veranlassen, und wenn Sie es mir gestatten, werde ich Ihnen diese gerne vorlegen. — — —

Sehr dankbar bin ich Ihnen für die Mittheilung des Resultats Ihrer so sorgfältigen und mühsamen Analyse der Tellowschen Erdprobe.

Gar sehr überrascht bin ich durch den großen Humusgehalt dieses Bodens (3,4 pCt.); noch mehr aber dadurch, daß selbst

der Untergrund noch 2,₅₅ pCt. Humus enthält. Dadurch wird
es freilich begreiflich, wie dieser Boden auch ohne Düngung fort=
während gute Ernten liefern kann.

Für mich geht daraus die Berichtigung eines Irrthums
hervor, und dies ist mir wichtiger als ein Fortschritt im Wissen.

Dennoch sind dadurch nicht alle Probleme gelöst, denn warum
hat dieser Acker in den letzten 10 Jahren keine Abnahme des
Ertrags gezeigt, und wodurch ist demselben das ersetzt, was die
Ernten ihm genommen haben??

Aus der Vergleichung dieser Analyse mit denen Sprengels
müssen Sie sehr fruchtbare Resultate ziehen können. Wie geringe
ist hier z. B. der Gehalt an denjenigen mineralischen Stoffen,
die nach Sprengel hauptsächlich die Fruchtbarkeit des Bodens be=
dingen sollen. Hier werden wir doch wohl den Humusgehalt, die
nicht unbedeutende wasserhaltende Kraft und, wie ich noch meine,
seine Fähigkeit, atmosphärische Stoffe anzuziehen und aufzunehmen,
als die Quelle der Fruchtbarkeit ansehen müssen.

Ganz irre werde ich aber an Sprengels Untersuchungen da=
durch, daß er in der Ackerkrume der Seemarschen einen so äußerst
geringen Humusgehalt findet.

So soll z. B. die Ackerkrume eines sehr fruchtbaren See=
marschbodens (Bodenkunde S. 519) aus der Gegend von Dor=
num in Ostfriesland nur 0,₆₇₈ Humussäure und 0,₃₀₂ Humus
und stickstoffhaltige Körper enthalten. Dies ist mir jedenfalls un=
begreiflich und unglaublich. Crome (der Boden und sein Ver=
hältniß S. 90) fand dagegen in einem dem Seemarschen ähn=
lichen Boden zu Jäckelsbruch im Oderbruch 10 pCt. Humus, in
einem Weideboden aus dem Oldenburgischen (S. 89) gar 18 pCt.
Humus. Thaer (Grundsätze, B. 2 S. 142) nimmt für den
Weizenboden einen mittleren Humusgehalt von 2 pCt. an, ertheilt
aber dem humosen Thonboden (Marsch= und Bruchboden) 6,₅
bis 11,₅ pCt. Humus.

Auf den Laien muß eine solche Differenz in den Angaben

den Eindruck machen, daß das Ergebniß der Analyse weit we=
niger von dem wirklichen Humusgehalt des Bodens, als von der
bei der Untersuchung beobachteten Methode abhängt. Dadurch
verliert aber die Chemie einen großen Theil des heilsamen
Einflusses, den sie auf die practische Landwirthschaft ausüben könnte.

Sie, mein hochgeschätzter Freund, sind nach meiner Ueber=
zeugung vorzugsweise im Stande und dazu berufen, die Kluft
zwischen Theorie und Praxis auszufüllen, und aus den diver=
girenden Ansichten von Sprengel, Liebig, Körte und Andern das
Wahre und Zuverlässige abzuscheiden und zur Einheit zu bringen.
Möchten Sie dies doch zur Aufgabe Ihres Lebens machen!

Mein Vertrauen zu Ihnen und zu der Wahrheit Ihrer
Analysen ist dadurch nur bestätigt und gestärkt, daß Sie mir einen
früheren zufälligen Irrthum so offen mittheilen.

Alle meine statischen Untersuchungen concentriren sich jetzt in
der Frage: „nach welchem Gesetz wächst die Ernte mit dem stei=
genden Humusgehalt des Bodens?"

Zur Lösung dieses Problems ist die genaue Kenntniß des
Humusgehalts eines Bodens durchaus erforderlich — und diese
Kenntniß kann nur die Chemie geben. —

Sehr wichtige Resultate hat mir der Versuch gegeben, dessen
Beginn Sie gesehen, als ich vor vielen Jahren das Vergnügen
hatte, Sie bei mir zu sehen. Diese scheinen mir wichtig und
entscheidend genug, um eine statische Theorie darauf zu bauen —
wenn mir hier nicht der Zweifel entgegen träte, ob der rohe Lehm,
in welchem der Färbung nach das Auge keine Spur von Humus
entdeckt und in welchen keine Pflanzenwurzel eingedrungen ist,
auch wirklich ganz von Humus entblößt ist. — — —

Die Ansichten und Folgerungen, welche Sie aus dem Be=
fund der untersuchten Erde gezogen haben, sind für mich von so
großem Interesse, daß Sie mir dieselben durchaus nicht vorent=
halten dürfen, und ich bitte recht dringend um Mittheilung der=
selben. — — —

von Thünen an * * *

Tellow, 31. Januar 1846.

Zwar können meine Bemerkungen zu den zuletzt von Ihnen aufgestellten Fragen nur dürftig ausfallen, da diese Fragen Puncte betreffen, über die ich zum Theil selbst keine Erfahrung habe; aber um Ihnen gefällig zu sein, habe ich doch die theilweise Beantwortung nicht unterlassen mögen.

Ihrer Meinung, „daß der König von Preußen seinem Volke eine Constitution geben wird, weil er durch die Bundesacte und durch das Versprechen seines Vaters dazu verpflichtet sei", muß ich die Frage entgegenstellen: wenn der König diese Ansicht hat, warum hat er sie nicht ausgeführt? und zweitens, wenn derselbe bisher diese Ansicht nicht hatte, welche Bürgschaft haben wir, daß er sie künftig fassen wird?

Preußens Stellung ist gewiß eine sehr schwierige. Es will Großmacht ersten Ranges sein und mit 15 Millionen Einwohnern sich auf gleiche Stufe der Macht mit Staaten von 35 bis 60 Millionen Einwohnern stellen. Dies ist wohl nur dann einigermaßen möglich, wenn die Regierung unumschränkt ist und nicht durch das Steuerbewilligungsrecht gehemmt ist. Dies erkennt der König und daher mag sein Sträuben gegen Ertheilung einer Constitution rühren. Die Nation aber verlangt Garantien und Mitwirkung bei zeitgemäßen Reformen — und so entsteht zwischen Regierung und Volk ein unlöslicher Zwiespalt. Vielleicht aber wäre eine Versöhnung, eine Vereinigung beider entgegengesetzt scheinender Bestrebungen möglich, und vielleicht erfüllte Preußen seine ihm von der Vorsehung ertheilte Bestimmung, wenn es sich zum Mittelpuncte der Intelligenz, zum Quellpunct und Vorbild alles vernünftigen Fortschreitens erhöbe, und dadurch sich ganz Deutschland geistesunterthan machte. Diese Bahn hatte Preußen einst betreten, aber sie ist wieder verlassen, und um verlornes Vertrauen wieder zu gewinnen — dazu gehört ein ganzes Menschenleben.

Von hoher Bedeutung für Mecklenburg und auch für dessen künftiges Steuersystem scheint es mir zu sein, daß Robert Peel so überaus liberale Grundsätze über Englands künftige Handels= politik ausgesprochen hat. Ich glaube, daß man die weitere Ent= wickelung dieser Grundsätze abwarten muß, ehe man sich ein Ur= theil über die zweckmäßigste Reform unsers Steuerwesens bilden darf. Mir ist die Summe der in die mecklenburgischen Hypo= thekenbücher eingetragenen Schulden noch über doppelt so hoch an= gegeben, als Sie in Ihrem Briefe erwähnen. Möchte Ihre An= gabe die richtige sein!! —

Nun erlauben Sie, daß ich Ihnen auch einige Fragen zur Beantwortung vorlege, zu deren Lösung Ihnen die Data weit mehr als mir zu Gebote stehen. Nach einer glaubhaften, wenn auch nicht authentischen Nachricht, sollen vor 2 Jahren die Aus= länder noch 6 Millionen Thaler in den mecklenburgischen Gütern zu fordern gehabt haben. So hätte also ein 30jähriger Friede, so hätte eine Reihe glücklicher Conjuncturen nicht vermocht, Mecklenburg unabhängig vom Auslande zu machen, so wäre also Mecklenburg als Ganzes betrachtet dem Auslande gegen= über nicht reicher geworden, und unser so hoch belobte Wohlstand bestände nur darin, daß wir den Werth unserer Güter mit so hohen Zahlen bezeichnen. Aber es sind unstreitig viele Ersparnisse gemacht, bedeutende Capitalien gesammelt — wo sind diese nun geblieben, wenn wir dem Auslande noch eben so viel schuldig sind, als vor 30 Jahren? Hat der eine Theil der Staatsbürger vom Vermögen wieder so viel verzehrt, als der andere Theil erworben hat? Freilich sind bedeutende Capitalien dadurch aus dem Lande gegangen, daß viele mecklenburgische Landwirthe sich in Preußen und Pommern angekauft haben; aber dieser Abfluß scheint mir doch nicht bedeutend genug, um die obige Erscheinung zu erklären. Dieser Abfluß wird indessen im wachsenden Maaße fortdauern und es ist betrübend, daß das in Mecklenburg erworbene Capital an= dern Ländern zuwandert, während wir selbst dem Auslande

tributär bleiben. Wie ist dem aber abzuhelfen? Vielleicht nur da=
durch, daß den Mecklenburgern Gelegenheit gegeben würde, sich im
Lande selbst anzukaufen. Wäre es in dieser Beziehung nicht
zweckmäßig, wenn die inkamerirten Güter zum Verkauf gebracht
und mit dem Kaufgelde die Kammerschulden getilgt würden? Die
Sache scheint mir einer sehr ernsten Prüfung werth zu sein, denn
so lange Mecklenburg dem Auslande noch große Summen schuldet
hat Mecklenburgs Wohlstand keine Bürgschaft seiner Dauer in
sich. Irgend eine Calamität, die ein Land trifft, dem unser
Vaterland große Summen schuldig ist, kann durch die unver=
meidlich folgenden Capitalkündigungen ähnliche Katastrophen, wie
die von 1800 herbeiführen — selbst dann, wenn Mecklenburg
von jener Calamität nicht betroffen würde.

von Thünen an seine Tochter.

Tellow, 1846.

— — Möge Dir nun auch die unendlich schwere Aufgabe
der Erziehung Deiner Kinder gelingen. Jeder von uns erkennt
und weiß, daß in seiner Erziehung etwas Mangelhaftes und Ver=
fehltes gewesen ist, wofür man nachher schwer büßen muß. Jeder
von uns sucht die Fehler der eigenen Erziehung bei seinen Kin=
dern zu vermeiden und in dem Bewußtsein, daß dieses geschieht,
tritt leicht Sorglosigkeit und Sicherheit ein. Aber statt der ver=
miedenen Fehler schleichen sich dann leicht u n b e m e r k t andere
Fehler ein, und die Unzufriedenheit mit der genossenen Erziehung
geht so von Geschlecht zu Geschlecht über. — —

— — Die schweren Tage des vorigen Jahres sind noch
einmal durchlebt und liegen jetzt hinter uns. Wunderbar ergrei=
fend ist die Wiederkehr derselben, obgleich durch ein Jahr geschie=
dener Tage. Ich habe mir oft gesagt, das Jahr sei ein willkür=
licher Zeitabschnitt, wir könnten ebensogut nach Monden= oder
Jupitersumläufen rechnen; aber dies half nicht und ich wurde

deshalb geneigt, einen tiefen Zuſammenhang aufzuſuchen, den ich
aber doch nicht finden konnte. — — Friede mit ſich ſelbſt
und der ganzen Welt, Liebe und Achtung ſo Vieler —
dies ſind Güter, die ſchwer wiegen, wenn von Lebensglück
die Rede iſt, und die für manches Fehlende einen Erſatz geben
können. — —

von Thünen an ſeinen Sohn Heinrich.

Tellow, 1846.

— — Unſerer Gedanken und innerer Empfindungen, die
der Regulator unſerer Handlungen ſind, werden wir uns ſelbſt
oft nur durch äußere Veranlaſſung bewußt. So fühlte ich ein
inneres Widerſtreben, als Jemand vorſchlug, auf Mutters Grab
eine Trauerweide zu pflanzen. Dies Widerſtreben frappirte mich
ſelbſt, und indem ich mich fragte, was der Grund davon ſei,
fand ich zuletzt folgenden: Ein wohlverbrachtes Leben iſt, wenn
es endet, nicht Gegenſtand der Trauer, ſo wenig wie der Ueber=
gang von einer Lebensſtufe zu einer andern. — Wohl kann der
Zurückbleibende ſein Leben durch dies Scheiden verödet finden,
aber er ſoll ſich ſelbſt ſagen, daß dies Egoismus iſt, den er be=
kämpfen muß, und daß er dieſem keinen Stempel der Dauer
aufdrücken darf. — —

von Thünen an denſelben.

Tellow, 1846.

Das von mir ausgearbeitete Erachten über die Steuerreform
hat am Sonntag abgehen können. Es iſt 8 Bogen und 5
Bogen Tabellen und Anlagen ſtark geworden, umfaßt aber erſt
die eine Art der Ablöſung, durch den Grenzzoll. Herr Pogge
hat ein Schreiben vom Miniſter von Lützow erhalten, worin derſelbe
ihm aufgetragen, mich zur Publication meiner Anſichten über die

Steuerreform durch den Druck aufzufordern. Herr Pogge hatte nämlich dem Minister mündlich gesagt, daß ich nach langem Ueber= legen endlich für den Grenzzoll entschieden hätte. Dies mochte wohl zusagend gewesen sein, aber wenn die Herren bei der Regierung erst mein Manuscript gelesen haben, wird wohl das Verlangen nach Publication desselben aufhören. — — Nicht recht verstehe ich, wie man die Frage über Brutto= oder Nettoertrag der Steuern für Nebensache erklären kann, und doch nicht zu Con= cessionen geneigt ist. —

Eine Preisschrift liegt zur Beurtheilung auch schon wieder vor mir. — —

~~~~~~~~~

von Thünen an seine Tochter.

Marienbad, 2. August 1846.

Für meinen hiesigen Aufenthalt hat sich Alles sehr günstig gestaltet, wie es wohl Wenigen zu Theil wird und schwerlich so wiederkehren kann. Zuerst muß ich hier meines Heinrichs stets wohlthuender Hülfe gedenken; jede Besorgung nimmt er mir ab und durch ihn wird mir der Mangel der Sehkraft fast ersetzt, wenigstens minder fühlbar. Rührend war mir seine Freude, als ich gestern beim Ersteigen eines Berges den gebahnten, sich schlängelnden und sanft aufsteigenden Fußpfad plötzlich verließ, den steilen Abhang hinaufklomm und den Gipfel glücklich erreichte. Dies war freilich eine Großthat der Cur.

Dann habe ich ferner in geselliger Beziehung ein außer= ordentliches Glück genossen. Denn noch habe ich hier keinen Tag verlebt, wo ich nicht mich geistig angeregt und beschäftigt gefunden hätte und das körperliche Unwohlsein dadurch zurückgedrängt wäre. Noch habe ich keine einzige Stunde der Langeweile gehabt. Selbst als ich wegen der Gesichtsrose einige Tage das Zimmer hüten mußte, war es hier in hohem Grade belebt für mich — was Du aus den Besuchen, die ich an einem Tage empfing, entnehmen

magst: Zuerst früh kam Herr v. Wedemeyer, dann Herr Flügge=
Gr. Helle, dann wurde ich überrascht, fast beschämt durch einen
Abschiedsbesuch der beiden Fräulein von Lützow — Schwestern
unsers Ministers. Am Nachmittag kamen die Herren Jordan,
Amtshauptmann Schmarsow und Regierungsrath v. Vassewitz. Der
Geheimerath von Wüstemann kehrte auf der Diele um, weil der
Wirth ihm gesagt, es seien schon drei große starke Herren
bei mir.

Der Sächsische Kreis, in den Herr von Wüstemann uns an=
fänglich einführte, und in welchem der Geheime Staatsrath Heß
und der Major Kunze mir besonders werth und interessant ge=
worden, hat sich nun zwar seit längerer Zeit durch die Abreise
der mehrsten Mitglieder aufgelöst, statt dessen habe ich aber die
Bekanntschaft mehrerer bedeutender und interessanter Fremden ge=
macht und es sind eine große Menge Mecklenburger hier ange=
kommen. Besonders wichtig ist mir die Bekanntschaft mit Herrn
Rodbertus geworden, der im Fach der Nationalökonomie mit mir
fast nach einem Ziel strebt. Gar gemüthlich wurde unser Umgang
mit Herrn Flügge; er kam oft dreimal des Tags zu uns und
wir lebten gleichsam en famille zusammen. Die einflußreichste
und wichtigste Person ist hier der Geheime OberJustizrath
von Voß, welcher stets in der Umgebung des Königs von Preußen
ist und auf denselben den allergrößten Einfluß ausüben soll. Ich
hatte die Ehre, von ihm aufgesucht zu werden und habe mehrere
Unterredungen mit ihm gehabt. Er ist für mich ein Gegenstand
des Studiums; aber natürlich fordert die Unterhaltung mit ihm
große Vorsicht und Zurückhaltung. Auch habe ich hier den König
von Preußen und gestern den Fürsten Metternich auf seinem
nahen Landsitz gesehen. — —

Zu den vielen Glücksfällen in geselliger Beziehung gehört
noch folgender: Von den 9 Millionen Böhmen kannte ich, als ich
hieher kam, nur einen Einzigen: den Baron von Riese, den ich
in Potsdam und Doberan kennen gelernt und sehr lieb gewonnen

habe. Und dieſer Einzige kam jetzt auf einige Tage nach Marien=
bad, wo er ſonſt noch nie geweſen. Er hat uns ſo dringend ein=
geladen, daß wir der Verſuchung, ihn zu beſuchen, nicht wider=
ſtehen konnten und wir werden nun morgen von hier nach Prag
reiſen, in deſſen Nähe ſeine Herrſchaft liegt. Unſere Heimkehr wird
dadurch um circa 8 Tage verzögert werden. Aber die Reiſe wird
lehrreich und intereſſant ſein.

***

von Thünen an denſelben.

Tellow, 20. Auguſt 1846.

Am 4. Auguſt verließen wir Marienbad. Am Nachmittage
vorher machten wir noch dem Geh. Juſtizrath von Voß unſern
Beſuch. Es lag wie eine heilige Verpflichtung auf mir, meine
Anſichten über das Loos der Arbeiter gegen dieſen vielvermögen=
den Mann auszuſprechen. Es wollte mir zuerſt durchaus nicht
gelingen, dem Geſpräch dieſe Wendung zu geben, und als nun
gar der Miniſter von Uhden und ein Geheimerath ins Zimmer
traten, ſchien jede Ausſicht dazu verſchwunden. Da fühlte ich mich
plötzlich von einem heiligen Zorn durchdrungen: die Beſcheidenheit
bei Seite ſetzend, nahm ich das Wort, und trug vor, was ich zu
ſagen hatte. Ich hatte die Freude, zu ſehen, wie Herr von Voß
ebenfalls von dem Gegenſtand ergriffen wurde; er ward warm
wie ich und er entwickelte in ſeinem Geſpräch eine ſolche Tiefe
und Vielſeitigkeit, und gab ſo ſchlagende Antworten, daß ich da=
durch in ein frohes Erſtaunen geſetzt wurde. Herr von Voß for=
derte mich auf, dem Präſidenten Lette in Berlin ſchriftlich meine
Anſichten mitzutheilen, er ſelbſt wolle auch mit ihm darüber
ſprechen. Fruchtlos wird dieſe Stunde hoffentlich nicht bleiben.
„Jetzt müſſen wir fort aus Marienbad“, ſagte ich zu Heinrich,
„denn ſteigern kann es ſich für uns nicht mehr, nur wieder ab=
nehmen und die ſchöne Erinnerung trüben.“ So fuhren wir
denn am andern Morgen von Marienbad ab, wo der Geheime=

rath von Wüstemann und seine Gemahlin uns noch ein letztes
Lebewohl aus den Fenstern zuwinkten — und mit Dank und
Rührung blickten wir von den Höhen auf den Ort zurück, wo
uns so viele Gunst und Freundlichkeit zu Theil geworden und wo
ich in der letzten Zeit wieder Hoffnung auf eine bessere Gesund=
heit gefaßt hatte. —

Fast ebenso wichtig als in physischer Hinsicht kann diese Reise
in intellectueller Beziehung für mich werden. Ich bin wieder
eingetreten in die Welt, von der ich mich fast schon geschieden
wähnte; neue Bande knüpfen mich wieder an dieselbe, reichen
Stoff, vielfache Anregung zum Nachdenken, neue Anschauungen
habe ich mitgebracht, und die Ansicht, daß mein Wirken noch nicht
vollendet, mein ferneres Leben nicht fruchtlos zu sein braucht, ist
gar sehr gekräftigt. Wichtiger aber als dies alles ist für meine
Ruhe und meinen Gemüthszustand vielleicht, daß ich nun eine
Vergangenheit habe, an der Mutter nicht Theil gehabt, und daß
ich nun eine Erinnerung habe, in die sich nicht unmittelbar das
Gefühl des unersetzlichen Verlustes eindrängt. Vielleicht ist dies
der Grund des geheimnißvollen Einwirkens der Zeit nach jedem
schweren Verlust. — —

von Thünen an den Staatsminister von Lützow.

Tellow, 25. September 1846.

Als ich nach langer Abwesenheit von Marienbad hieher zu=
rückkam, fand ich das Schreiben vor, womit Ew. Excellenz mich
beehrt haben. — —

Schon immer ahnte ich, daß für die Forderung des Brutto=
ertrages der bisherigen Steuern noch andere Gründe als die im
Diario vom September 1844 angegebenen vorhanden sein müß=
ten, und ich danke Ew. Excellenz verbindlichst für die mir hierüber
ertheilte Aufklärung. Aber eben Ihre große Güte und die für
mich so ehrenvolle Theilnahme, die Sie meiner Arbeit geschenkt

haben, macht es, meinem Gefühle nach, mir zur Pflicht, frei=
müthig zu äußern, in welchen Puncten meine Ansicht eine ab=
weichende geblieben ist.

Wäre es nicht rathsam, die Frage der Steuerreform von
der des erhöheten Beitrags zur Unterhaltung des Militärs ganz
zu trennen und jede für sich zur Verhandlung zu bringen? Wenn
unglücklicherweise die Steuerreform auf dem Landtage nicht durch=
ginge — und ich fürchte sehr, daß dies der Fall sein wird,
wenn die Forderung des Bruttoertrags der bisherigen Steuern
nicht aufgegeben wird — so wären beide Zwecke auf einmal
vereitelt.

Die aufrichtige Verehrung, die ich für Ew. Excellenz em=
pfinde, erzeugt in mir den Wunsch, daß diese für Mecklenburgs
Zukunft unabsehbar wichtige Reform unter Ihrer Staatsleitung
zu Stande kommen, und diese Epoche in Mecklenburgs Geschichte
sich an Ihren Namen knüpfen möge.

Wie groß auch der Einfluß der beabsichtigten Steuerreform
auf den materiellen Wohlstand Mecklenburgs sein möge, immer
erscheint mir der Einfluß, den sie auf den Nationalcharacter, die
Geistesrichtung und die Moralität der Staatsbürger haben würde,
noch weit höher zu stehen. Abgesehen davon, daß bei strenger
Befolgung der Steuergesetze vielleicht kein Gewerbtreibender be=
stehen kann — weil er die Concurrenz mit den Unredlichen nicht
aushält — und somit die Gesetze selbst zur Unredlichkeit fast
zwingen, hat auch in den höhern Ständen die Verfassung vor=
herrschend einen Geist erzeugt, der den Blick ablenkt von dem
Staatszweck — dem Wohl des Ganzen — und denselben dem
egoistischen Particular=Interesse zuwendet.

Wenn es als Ziel für die Staatsverwaltung, für die Ver=
fassung und Gesetzgebung betrachtet werden darf:

jedem Einzelnen es unvortheilhaft zu machen, etwas
zu thun, was dem Gesammtwohl, also dem Staatszweck,
entgegen strebt, und somit die Individuen durch ihr

eigenes Interesse zum Rechthandeln und zum Gemeinsinn
zu nöthigen,

so steht unsere jetzige Steuerverfassung damit im grellsten Wider=
spruch, und zugleich wird durch dieselbe die Staatslenkung und
Verwaltung unendlich erschwert.

Erhöhung des materiellen Wohlstandes, Erhebung des
Nationalcharacters zum Gemeinsinn, Vereinfachung und
Erleichterung der Regierungs=Geschäfte

sind die Früchte, die wir von der Steuerreform erwarten dürfen,
und so große Erfolge in der Zukunft sind gewiß von jeder Seite
eines momentanen Opfers in der Gegenwart werth. — Daß die
in die landesherrliche Casse fließende Quote von der Steuer=
Einnahme mit der sich mehrenden Bevölkerung steigen und mit
derselben stets proportional bleiben müsse, liegt in der Natur der
Sache. Auch bin ich der Ansicht, daß der jetzige Netto=Steuer=
ertrag pr. Kopf um 5 bis 10 pCt. erhöht werden kann, ohne
daß die Stände benachtheiligt werden — da hoffentlich der Wohl=
stand Mecklenburgs im Wachsen bleiben wird und mit der dadurch
verbundenen großen Consumtion der Individuen auch die Ein=
nahme pr. Kopf nach dem jetzigen Steuersystem steigen würde.
Aber welcher Zeitraum ist bei der Berechnung des Nettoertrages
der jetzigen Steuern pr. Kopf zum Grunde zu legen? In dem
Zeitraum von 1839—1844 ist Mecklenburgs Wohlstand gar sehr
gewachsen. Ist dieser Zeitraum nicht auch für die Steuer=Ein=
nahme ein günstiger gewesen? Mir scheint es bedenklich und die
Gleichheit zu bedrohen, ein späteres Jahr mit einzureihen, wenn
nicht zugleich ein früheres Jahr in den Durchschnitt mit aufge=
nommen wird.

Die Auflagen zur Unterhaltung des Ober=Appellations=
Gerichts, des Criminalgerichts rc. haben, so viel mir bekannt ist,
weder in der Art und den Kosten der Erhebung, noch in ihren
Wirkungen etwas, was eine Steuer verwerflich macht. Könnten
nun nicht diese Steuern unverändert beibleiben und dadurch die

sich hierüber erhobenen Differenzen beseitigt werden? Soll den Städten eine Erleichterung zu Theil werden, so wird die Steuer= casse ohnehin schon genug belastet werden.

Gegen die Lotterie und die Spielbanken hat sich bereits eine vorherrschende Meinung gebildet und ich glaube, daß die Ueber= tragung des bisherigen Einnahme=Betrags dieser Zweige auf die Steuerkasse keine wirksame Opposition finden würde.

In dem P. M. habe ich mich wohl zu allgemein gegen die Schutzzölle ausgesprochen, und ich muß Ew. Excellenz darin ganz beistimmen, daß Gewerbe und Fabriken, die dem Lande natur= gemäß sind, und in der Folge ohne Schutz bestehen können, durch einen Eingangszoll auf fremde Fabrikate Schutz und Entschä= digung für die Schwierigkeiten und Kosten der ersten Einrichtung finden müssen. Dies führt mich auf einen Gedanken, den ich Ew. Excellenz zur Prüfung vorzulegen mir erlauben möchte. Als vor mehreren Jahren die seidenen Hüte Mode wurden, verloren plötzlich alle Fabrikanten von feinen Hüten Arbeit und Erwerb, und geriethen unverschuldet in Noth. Es kann einst in den hö= hern Ständen Mode werden, ja es kann der flexible Begriff von Anstand einst tyrannisch gebieten, nur Kleider und Möbeln, die in Berlin oder Hamburg gemacht sind, zu kaufen und zu gebrauchen. Dadurch aber würden Schneider und Schuhmacher, welche für die Wohlhabenden arbeiten, sowie Tischler, welche Möbeln ver= fertigen, in eine ähnliche Lage gerathen, wie früher die Hut= fabrikanten —— und Mecklenburg würde einen Theil seines acht= baren Gewerbestandes verlieren. Diese Gefahr wird durch die in Arbeit begriffenen Eisenbahnen, welche die Communication mit Berlin und Hamburg bald sehr erleichtern und beschleunigen werden, in hohem Grade vermehrt und näher gerückt. Wäre es nun nicht rathsam, auf fertige Kleider, Schuhe, Stiefel und Mo= bilien einen Eingangszoll zu legen — der zwar nicht so hoch sein dürfte, daß die inländischen Handwerker sich der Bequemlichkeit und Nachlässigkeit hingeben könnten — der aber beträchtlich genug

wäre, um den Eingang dieser Waaren zu mäßigen, und die in=
ländischen Erzeuger vor dem Verlust ihres Wohlstandes zu schützen?
An reellem Glück verliert ja Keiner, wenn er auch Kleider und
Möbeln hat, die minder modern sind, als die ausländischen; aber
der Staat verliert durch den Ruin dieser Gewerbsclasse an Be=
völkerung und Nationalreichthum. Nach meiner Ansicht ist es eine
der wichtigsten Vorzüge des Grenzzolls, daß die Staatsgewalt
dadurch die Macht erlangt, einer dem Gesammtwohl verderblichen
Consumtion Schranken zu setzen, und andererseits einem durch die
wechselnden Handelsverhältnisse momentan bedrückten Gewerbszweig
Hülfe gewähren zu können.

Die Eisenbahnen werden in dem Verhältniß zwischen den
großen und kleinen Städten eine bedeutende, wohl noch nicht ganz
zu übersehende, Aenderung hervorbringen. So unendlich wohl=
thätig auch die Eisenbahnen für die Menschheit sind, so scheint
mir durch dieselben dem Wohlstand der kleinen Landstädte, wenig=
stens vorläufig, Verlust zu drohen — und zu verhindern, daß
dieser Verlust nicht plötzlich und auf einmal eintrete und Noth
erzeuge, dürfte eben sowohl durch das Staatsinteresse als durch
die Menschlichkeit geboten werden.

Den Anhängern des directen Steuersystems dürfte, wie es
mir scheint, nur aufgegeben werden, einen Steuermodus zu ent=
werfen, durch welchen die erforderliche Summe aufgebracht werden
könnte. Unzufriedenheit und Widerspruch von allen Seiten
werden sie dann gar bald von der Unausführbarkeit ihrer Lieb=
lingsidee überzeugen.

Von mehreren Seiten bin ich aufgefordert, das P. M.,
welches ich Ew. Excellenz zustellte, dem Druck zu übergeben. Aber
ich fühle ein inneres Widerstreben, in Druckschriften vor dem
größerem Publicum als Opponent gegen die Landesregierung auf=
zutreten, was ich doch im Betreff des Bruttoertrags meiner
Ueberzeugung treu hätte thun müssen. Jetzt aber, nachdem Ew.
Excellenz mir die Gelegenheit, und damit auch, wie ich zu hoffen

wage, die Erlaubniß gegeben haben, meine Bedenken und Zweifel
gegen Sie ſelbſt auszuſprechen, wäre dieſer Schritt völlig ver=
werflich. Ganz unerwartet, aber ſehr erfreulich, war es mir, von
Ew. Excellenz ſelbſt mich zur Publication meiner Anſichten über
die Steuerreform von meinem Standpuncte aus aufgefordert zu
ſehen. Ich bin dadurch zu einer wiederholten ernſtlichen Prüfung
dieſer Frage hingezogen. Aber abgeſehen davon, daß wegen der
Aufklärungen, die ich Ew. Excellenz verdanke, wegen der ſpätern
commiſſariſch=deputatiſchen Verhandlung (worüber ich das Protocoll
erſt in dieſen Tagen bekommen und noch nicht geleſen habe) und
wegen nothwendiger Berichtigung der mangelhaften Zahlenangaben,
eine ganz neue Ausarbeitung erforderlich wäre, deren Druck ſchwer=
lich vor dem Beginn des Landtags beſchafft werden könnte —
iſt jenes oben geäußerte Bedenken wegen des Bruttoertrags
nicht gehoben. Sollten es Ew. Excellenz aber der guten Sache
dienlich erachten, wenn einzelne Bruchſtücke aus dem P. M. und
dem Begleitſchreiben, z. B. über die Maiſchbottich=Steuer der
Branntweinbrennereien, über die Entlaſtung der Städte ꝛc., zur
Publicität kämen, ſo könnte ich dieſe vielleicht am angemeſſenſten
kurz vor Eröffnung des Landtags — in das Schweriner Abend=
blatt einrücken laſſen.

Ich hatte gefürchtet, auf meiner Reiſe und während meines
Aufenthalts in Marienbad vielen Tadel gegen Mecklenburg wegen
deſſen Nichtbeitritt zum Zollverein hören zu müſſen. Mir wurde
die günſtige Gelegenheit, mit mehreren, zum Theil hochgeſtellten
Staatsmännern über dieſe Angelegenheit zu ſprechen, und ich fand
unerwartet, daß die Einwürfe, die ich gegen Mecklenburgs Beitritt
erhob, nämlich:

      daß zu einer Zeit, wo die Entlaſtung der Arbeiter eine
     Nothwendigkeit geworden, die Einführung der preußiſchen
     Salzſteuer unmöglich ſei;

      daß der Eingangszoll auf Eiſen, nach meiner Anſicht,
     ein ſtaatswirthſchaftlicher Irrthum ſei;

daß die mecklenburgischen Branntweinbrennereien, wenig=
stens vorläufig, eines Schutzes bedürfen, wenn sie nicht
von der vorgeschrittenen preußischen Industrie unter=
drückt und das Land dieses Gewerbszweiges beraubt
werden sollte;

daß der Zoll auf Zucker und Wein, selbst dann, wenn
man nur das Maximum der Zolleinnahme im Auge
habe, meines Bedünkens zu hoch sei;

daß in Bezug auf die Weinsteuer eine große Ungleich=
heit zum Nachtheil der Ostseeländer stattfinde, indem die
Länder, welche selbst Wein produciren, davon fast gar
nicht ergriffen werden;

daß die Ausdehnung des Tarifs auf eine große Menge
von Artikeln, die eine unerhebliche Zolleinnahme ge=
währen, auf dem Handel, namentlich beim Ausladen der
Schiffe drückend laste —

wenn auch nicht gerade zugebilligt, doch auch nicht lebhaft bekämpft
wurden.

Einer dieser Herren äußerte „für Mecklenburg käme der
Zeitpunct des Anschlusses, wenn Hannover dem Zollverein beitrete,
weil dann die süddeutschen Staaten eher zur Concession im Zoll=
tarif geneigt sein würden.“

Der Herr Geheime Regierungsrath Dieterici, dessen Be=
kanntschaft ich in Berlin machte, war so gütig, mir die Beant=
wortung einiger Fragen zu versprechen. Da diese Beantwortung
für Ew. Excellenz vielleicht nicht ohne Interesse sein wird,
so erlaube ich mir, dieselbe im Original beizulegen. Es geht
daraus schlagend hervor, wie sehr die süddeutschen Wein erzeu=
genden Länder in Bezug auf die Abgabe vom Wein vor den
norddeutschen Ländern begünstigt sind. Preußen hat sich durch
diesen Tarifsatz wahrscheinlich die Anhänglichkeit seiner neu erwor=
benen Rheinländer rascher gewinnen wollen, was aber auf Kosten
seiner Ostseeprovinzen geschieht.

Zwar bin ich nicht ganz unbesorgt, daß die Länge dieses Schreibens die Geduld Ew. Excellenz ermüden, und daß die Freimüthigkeit desselben mißfällig werden könne; aber beides ist aus dem Vertrauen auf die Güte und milde Beurtheilung Ew. Excellenz entsprungen. Auch darf die Erwägung, daß eine Meinungsäußerung nur dann einen Werth haben kann, wenn sie die innere Gesinnung treu darstellt, wohl einen Anspruch auf Entschuldigung für meine Offenheit bei Ew. Excellenz begründen.

Die Aeußerung Ew. Excellenz am Schluß Ihres Schreibens gewährt mir eine Gunst, die ich mit tiefem Dankgefühl erkenne und in der für mich eine große Aufmunterung zu weitern Bestrebungen liegt.

Der Staatsminister von Lützow an von Thünen.

Schwerin, den 4. October 1846.

— — Gehen wir auch mit keinen sehr günstigen Aspecten zum Landtag, so vertraue ich doch, daß die wahrhaft gute Sache früher oder später siegen wird. Hier, wo wir im Einverständniß mit den Einsichtsvollen, mit denen, die es wahrhaft gut mit dem Lande meinen, die sich über das eigene Interesse erheben und das Gemeinwohl in's Auge fassen, — handeln, sind wir sicher auf dem rechten Wege. Hier gilt es nur beharrlich zu sein. Auch die Kornbill hat gesiegt, die mit so großer Majorität bekämpft wurde. — — Für die Stände ist jedoch jedes Zurückschieben der Steuerreform ungünstiger, da die zu erstattenden Summen steigen — hier ist's aber gefährlich, da es sich um das Bestehen des Handels- und Gewerbestandes in See- und Landstädten handelt. Hier ist keine Zeit zu verlieren. Am 15. October ist Berlin geöffnet, im December Hamburg, im künftigen Frühjahr wird Schwerin schon mit Beiden eng verbunden! — — —

17*

von Thünen an ſeinen Sohn Heinrich.

Tellow, 14. Novbr. 1846.

Die Steuerangelegenheit hat meine Zeit ſehr in Anſpruch genommen und wird dies ferner wohl in noch erhöhterem Maaße thun. Soeben erhalte ich vom Doctor Schnelle ein ſehr ſchmeichel= haftes Schreiben, worin er mich dringend erſucht, nach Malchin zu kommen, und mir meldet, daß beſchloſſen ſei, mich zum Sub= ſtituten in der Steuercommitte zu wählen. — — Gerne will ich alle Kraft und Zeit dieſem Gegenſtande widmen, ich glaube aber, daß ich mehr nütze, wenn ich in der Stille und Einſamkeit dieſem Gegenſtande mein Nachdenken widme und das Reſultat derſelben den Herren in Malchin mittheile. Auch werde ich den Herren melden, daß ich es gerne ſehe, wenn ſie mich öfters beſuchen, um mich mit ihnen beſprechen zu können. Vielleicht kann ich dann auch noch etwas Gutes thun, wenn ich zur Mäßigung im Siege ermahne. — —

von Thünen an den Freiherrn von Reden.

Tellow, Ende 1847.

Ihre gütige Aufforderung, Ihnen für Ihr ſtatiſtiſches Jour= nal eine Ueberſicht der mecklenburgiſchen Steuerverfaſſung zu lie= fern, erkenne ich, als ſehr ehrend für mich, dankbar an. Gern würde ich Ihrem Verlangen entſprechen, wenn mir Muße und die erforderlichen Data zu Gebot ſtänden. Beides iſt aber nicht der Fall.

Sehr verdienſtlich, und mir höchſt erwünſcht, würde es übri= gens ſein, wenn Sie durch Ihr Journal uns eine Darſtellung des mecklenburgiſchen Steuerweſens liefern könnten, wodurch die Mängel deſſelben zum klaren Bewußtſein des Volkes gebracht würden. Dies Steuerſyſtem ſpricht allen Principien der Wiſſen= ſchaft Hohn, iſt verderblich für den Nationalwohlſtand und ver= derblich für die Moralität des Volks. Dennoch beſteht es fort weil Regierung, Ritterschaft und Städte sich als getrennte Theile betrachten, die nur ihr eigenes Interesse verfolgen, ohne in dem Wohle des Ganzen einen Einigungspunct zu finden.

Möchten durch eine scharfe Kritik dieses widersinnigen Systems alle Blößen desselben aufgedeckt und zum Bewußtsein des Volkes gebracht werden, damit die Scham vollbringe, was dem Patriotismus unbezwinglich ist.

Herr Steuerrath Schulz in Schwerin ist ohne Zweifel im Besitz der Daten, um eine Darstellung des mecklenburgischen Steuerwesens liefern zu können. Aber wird seine amtliche Stellung es ihm erlauben, alle Blößen desselben aufzudecken und zu geißeln? Herr Revisionsrath Schumacher in Schwerin ist zu einer solchen Arbeit gewiß sehr befähigt und besitzt auch den nöthigen Freimuth, auch werden demselben die Quellen wohl zugänglich sein; aber werden seine Geschäfte ihm die erforderliche Muße zu einer solchen Arbeit lassen?

Ihren Bemühungen für die Statistik wünsche ich den besten Fortgang. Besonders fruchtbar und eingreifend in das Leben würden diese werden, wenn es Ihnen gelingt, über den Arbeitslohn und die Subsistenzmittel und das Arbeitsproduct der Tagelöhner aus den verschiedenen Provinzen Deutschlands wahre und genaue Notizen zu sammeln — und dann aus der Vergleichung des Lohns mit dem Arbeitsproduct die Kosten der Arbeit zu berechnen. Ich habe Grund zu glauben, daß die Kosten einer gegebenen Quantität Arbeit, z. B. eine Schachtruthe Erde auszugraben, eine Last Korn auszudreschen, einen Morgen Getreide zu mähen ꝛc., nicht da, wo der Lohn am geringsten, sondern da, wo die Arbeiter gut gelohnt und genährt sind, am wohlfeilsten zu stehen kommt, am wenigsten kostet. Ergeben aber die statistischen Nachforschungen das Resultat mit einer solchen Entschiedenheit, daß es in die Ueberzeugung der Unternehmer und Lohngeber überginge, und erlangten diese dadurch die Ansicht, daß die Zahlung eines höhern Lohnes an die Arbeiter ihnen selbst vortheilhaft sei, so würde der Eigennutz in einigen Jahrzehnden zu Stande bringen, wozu Religion und Moralität Jahrhunderte gebrauchen — und das Glück von Millionen wäre dadurch hergestellt. Kaum giebt es wohl eine höhere Aufgabe als diese. Vielleicht rührt der dauernde Nothstand und der schlechte Landbau in den östlichen Provinzen der preußischen Monarchie daher, daß die Arbeiter elend gelohnt und genährt werden und die Arbeiten des Landbaus dadurch zu kostbar werden!

Ein Gegenstück zu jenen Bemühungen des Freiherrn von Reden um die deutsche Statistik, der von Thünen einen so hohen Werth beilegte und wiederholt das Wort redete, ist die seltsame, das Wesen der Statistik gänzlich verkennende, ministerielle Antwort, welche einem deutschen Staatsmanne zu Theil wurde, der im Jahre 1844 Vorschläge zu einem mit verhältnißmäßig geringen Opfern — 500 Thaler — zu gründenden statistischen Büreau machte: „Es sei vorzuziehen, dann, wenn einzelne statistische Notizen eine besondere practische Nützlichkeit versprechen, selbige — wie auch schon oftmals geschehen — durch die geeigneten Behörden herbeischaffen zu lassen." Aehnlichen Schwierigkeiten begegnen alle Männer, welche wie von Thünen, der für jene im Jahre 1844 gemachten Vorschläge anregend gewirkt hatte, die Vorläufer einer bessern Zeit und die Träger tieferer, weiter schauender Erkenntniß sind. Das statistische Büreau für Mecklenburg wurde am 17. Juni 1851 nach von Thünen's Tode mit einem jährlichen Dispositionsfond von 1000 Thaler gegründet.

von Thünen an seine Tochter.

Tellow, 1847.

— — Vergleiche ich das, was mir als Zweck der Menschheit vorschwebt, mit dem Sinn und Geist der Geld- und Geburtsaristokratie, so erscheint mir die Stellung derselben als sehr verfehlt und unhaltbar. Das Fürstenprincip: „Die Nation ist um meinetwillen da," wird im vollen Maaß von der Aristokratie gegen das Volk geübt. Daß das Volk auch Zweck an sich sei, daß es auch Anspruch auf Lebensglück und Bildung habe, wird wenigstens dann, wenn es zum Handeln kommt, nicht anerkannt. — —

Zwei Gegenstände nehmen jetzt die allgemeine Aufmerksamkeit fast ausschließlich in Anspruch: der preußische Landtag und die Brodnoth. Der erste Gegenstand bietet ein so weites Feld für die Besprechung dar, daß im Briefe dafür kein Raum ist. Der König von Preußen hat sich offen und wahr ausgesprochen, und es zeigt sich, daß er ganz irrige Ansichten über seine Stellung und über sein Verhältniß zum Volk hat. Das Journal des Débats hat sich dafür rücksichtslos zu seinem Erzieher aufgeworfen. —

Der Nothstand der Stadt Teterow, welcher so drohend zu werden anfing, scheint wenigstens vorläufig gehoben, da ganz unerwartet sich noch erhebliche Vorräthe auf dem Lande zeigen und angeboten werden. Herr *** hat an den Magistrat geschrieben, daß Gott ihn von einer schweren Krankheit befreit habe und er nun aus Dankbarkeit der Stadt Rocken zu 2 Thlr. 32 ßl. pro Scheffel überlassen wolle. Der Magistrat ist aber so undankbar gewesen, dies großmüthige Anerbieten nicht anzunehmen. Jetzt ist in Teterow, in den kleinen Städten, für vieles Geld wieder Rocken, auch Kartoffeln zu haben, was vor 4 Wochen nicht der Fall war. Kommen die 1000 Last Rocken, welche die Regierung verschrieben hat, glücklich an, so ist keine Hungersnoth mehr zu fürchten; aber wie die Tagelöhner und kleinen Handwerfer das Geld erschwingen, ist mir unbegreiflich. Wunderbare Elasticität in der menschlichen Gesellschaft. — —

Auf dem Landtage zeichnet sich dies Jahr Pogge-Roggow sehr aus. Der Landmarschall hatte im vorigen Jahre auf Pogge's Anfrage: mit welchem Recht er bei den Klosterwahlen seinen (Pogge's) Wahlzettel zurückweise, geantwortet: Dies Recht stamme aus der goldnen Bulle. Pogge ist nun nach Frankfurt gereist, hat sich dort die goldne Bulle verschafft und nun unter allge= meinem Gelächter dem Landtage die goldne Bulle in drei Sprachen überreicht mit der Bemerkung, er finde darin Nichts von einem mecklenburgischen Landmarschall. Der Adel verliert immer mehr Terrain und bei den Committeewahlen ist das Uebergewicht der Bürgerlichen größer und entschiedener gewesen, als je zuvor. Pogge hat nun sogar die Kühnheit gehabt, einen Antrag auf Aenderung der Verfassung zu stellen. Ein Angriff auf dies uralte Heilig= thum hat allgemeinen Schrecken erregt und ist von den Privile= girten (Adligen wie Bürgerlichen) natürlich zurückgewiesen. Aber Pogge hat eine eiserne Beharrlichkeit, die an Zähigkeit grenzt, und er wird nicht nachlassen, bis er durchgedrungen ist. — —

Als ich nach Malchin fuhr, war ich durch Hofrath Schröder und Baron Schmidt schon benachrichtigt, daß ein entschiedener Widerwille gegen die vorgeschlagene Steuerreform vorherrsche, und daß die landesherrliche Proposition jedenfalls verworfen werden würde. Ich war deshalb schon völlig resignirt und betrachtete das Ganze als ein Schauspiel, was mir reichen Stoff zu Betrachtun= gen darbot. Es war mir sehr interessant, ein paar hundert Män= ner, wovon der bei weitem größte Theil in die Sache gar nicht eingeweiht war, über eine der wichtigsten Lebensfragen des Landes entscheiden zu sehen — durch Stimmenmehrheit. Die Regierungs= proposition wurde mit 160 gegen 15 Stimmen verworfen. Ich war hochmüthig genug, stolz darauf zu sein, daß ich der Minorität an= gehörte. Wie ich späterhin hörte, soll eine Intrigue, um den Minister von Lützow zu stürzen, bei der Abstimmung mitgewirkt haben. — —

Neulich ist mir ein Buch „Spinoza und Leibniz über die
Freiheit des menschlichen Willens" zu Gesicht gekommen, was mir
durch seine Richtung, wie durch seine klare Darstellung — so weit
ich es bis jetzt gelesen habe — ungemein zusagt. — —

Es sind jetzt 20 Jahre, seitdem der Garten angelegt wurde,
verflossen. Manches war verfallen und eine Reparatur erforder=
lich geworden. Ich habe mich derselben mit lebhaftem Interesse
zugewandt. Leider kann ich dies nicht Derjenigen zeigen, die
eine solche Freude über jede Verschönerung empfand und diese
Freude so auszudrücken verstand. Aber der Gedanke, daß auch
Ihr Theil daran nehmen werdet, erheitert mich doch.

von Thünen an seinen Sohn Heinrich.

Tellow, 1848.

— — Das Problem, eine Gleichung zwischen Capital und
Arbeitsproduct zu finden, womit ich mich seit 20 Jahren verge=
bens abquälte, was mich nicht zur Ruhe und nicht zum Fortar=
beiten kommen ließ — erhellte sich mir plötzlich, und ich habe in
den drei Tagen vom 17.—19. Januar eine Scala gefunden, die
allen meinen jetzigen, ob auch den künftigen weiß ich nicht —
Ansprüchen genügt. Ob der Gewinn so groß ist, als das Streben
darnach anzudeuten schien, mag zweifelhaft sein; es hat vielleicht
für keinen andern Menschen als für mich ein Interesse, aber wie
oft ich mir dies auch sagte, es half nicht, das Problem ließ mir
keine Ruhe und hinderte mich am Fortarbeiten. Jetzt bin ich min=
destens einen Quälgeist los und mit der wehmüthigen Erinnerung
an diese drei Tage mischt sich eine erheiternde. In den Tiefen
des menschlichen Geistes liegen Geheimnisse verborgen, die uns nur
selten, und nur durch besondere Veranlassung zum Bewußtsein
gelangen.

Gestern Abend erhielt ich mit Deinem Briefe und einer
Preisschrift zugleich eine Schrift von Professor Grunert, unter

dem Titel: „die mittlere Entfernung einer Figur von einem ge=
gebenen Punct — mit beſonderer Rückſicht auf den iſolirten
Staat," nebſt einer freundlichen Zuſchrift vom Verfaſſer. Er hat
die Aufgabe, die ich nur für das Dreieck gelöſt habe, ganz allge=
mein für alle gradlinigen Figuren vermittelſt der Integralrechnung
gelöſt. Dies iſt gewiß eine Erweiterung der Mathematik, die mir
ſehr erfreulich iſt.

Vor allem beſchäftigen mich jetzt aber die großen politiſchen
Fragen: die Conſtitutionen in Italien, München, Baſſermann's
Rede — die ausſpricht, was alle fühlen und deshalb zu einer
Weltbegebenheit werden kann — und jetzt der Aufruhr in Paris,
wovon die Folgen noch gar nicht abzuſehen ſind. Abermals wan=
ten die Throne, und die Furcht muß nun vollbringen, was aus dem
Pflichtgefühl freiwillig hätte hervorgehen ſollen. Wehe aber, wenn
es ſchon zu ſpät iſt und der aufgehäufte Zündſtoff in Flammen
auflodert! Von der Furcht, die ſich jetzt der Fürſten bemächtigt,
hoffe ich viel Gutes. Aber als Menſchen kann ich denjenigen nicht
hoch ſtellen, der den gerechten Anſprüchen Anderer nicht aus eig=
ner innerer Bewegung, ſondern nur aus Furcht entſpricht. Doch
auf dieſe Weiſe hat ſich die ganze Weltgeſchichte gemacht.

---

von Thünen an * * *.

Tellow, 4. März 1848.

Auch ich fühle ein lebhaftes Bedürfniß, mich mit kundigen
Männern über die großen Begebenheiten der Gegenwart zu be=
ſprechen — und Sie werden mich ſehr erfreuen, wenn Sie mich
mit Ihrem Beſuche beehren wollen. Dunkel und unenthüllt, wie
faſt noch nie zuvor, liegt eine Zukunft vor uns, in die ich nur
mit Beſorgniß blicken kann. Zum erſten Mal in der Geſchichte
ſehen wir, daß ein König vom Thron geſtoßen wird, nicht weil
er die Conſtitution oder die Geſetze verletzt hätte, ſondern weil
das Volk ſeiner Geſinnung mißtraut. „On nous a trahi."

Diese Meinung hat den Umsturz eines Thrones zur Folge. Er=
hebt sich aber das Volk zum Richter nicht bloß über die Hand=
lungen, sondern auch über den sittlichen Werth ihrer Fürsten, so
können künftig nur noch Fürsten, die als Menschen überle=
gen sind, ihren Thron vor dem Umsturz bewahren. Louis Phi=
lipp und Guizot haben die Stimmung des Volkes nicht erkannt
und sind in Unkunde darüber gewesen, sonst hätten sie das Un=
glück abgewendet. Aber wer wagt zu sagen, daß er weiter und
tiefer blickt, als diese beiden Männer — wenn solche Männer sich
irren konnten, so müssen auch wir uns mit Besorgniß fragen, ob
wir uns nicht über die Volksstimmung täuschen, ob nicht auch
unter unsern Füßen der Boden bereits wankt. Die Bewilligung
des Reformbankets, verbunden mit dem Versprechen, Reformen
einzuführen, hätten gleich Anfangs unstreitig die Revolution ver=
hütet, etwas später genügte Guizot's Abdankung nicht mehr, einige
Stunden später befriedigte die Ernennung von Thiers und O. Bar=
rot das Volk nicht mehr, und endlich genügte sogar die Abdan=
kung des Königs den Ansprüchen des Volks nicht mehr. Hierin
liegt eine furchtbare Warnung. Möchte sie doch erkannt und dazu
benutzt werden, ein ähnliches Unglück von andern Völkern abzuwenden.

Fragen wir nun, welchen Einfluß wird diese Revolution auf
Deutschland ausüben — so betrübt sich der Blick in die Zukunft
gar sehr. Die Franzosen werden von dem zwiefachen Gelüste
nach der Rheingrenze und nach der Verbreitung ihrer Institutio=
nen angetrieben, uns nicht in Ruhe zu lassen. Und welche Wider=
standskräfte haben wir ihnen entgegen zu setzen? Ich fürchte
gar geringe. Nur Eins scheint mir allein retten zu können, näm=
lich das Gefühl der deutschen Nationalität und der daraus her=
vorgehende edle Stolz, weder seine Grenzen antasten zu lassen,
noch von einem fremden Volk sich die Freiheit bringen zu lassen.
Aber wie viel fehlt noch an der Einheit und Festigkeit dieses
Nationalgefühls. Wie viele unerfüllte Wünsche schlummern und
gähren in den deutschen Völkern?

In Preußens Händen liegt heute vielleicht noch das Ge=
ſchick Deutſchlands. Nur durch eine raſche und entſchiedene Erthei=
lung einer Conſtitution, die den Rheinländern es wünſchenswerth
macht, Preußen zu bleiben und nicht Franzoſen zu werden, kann
man nach meiner Anſicht die Gefahr für Preußen und damit für
Deutſchland vielleicht noch abwenden. Doch allein genügt dies nicht,
der Bundestag hat in weit höherm Grade als Louis Philipp das
Vertrauen des Volks verloren. Soll das deutſche Nationalgefühl
wahrhaft erſtarken und widerſtandsfähig werden: ſo wird nach
Baſſermann's Vorſchlag eine deutſche Volkskammer dem Bundes=
tag beigeordnet werden müſſen. Aber welche Ausſichten ſind für
eine ſchnelle Verwirklichung dieſes Vorſchlages vorhanden? — Und
was heute noch retten kann, iſt morgen vielleicht zu ſpät.

Weit minder trübe iſt der auf Mecklenburg ſelbſt gerichtete
Blick. Wird Mecklenburg in den allgemeinen Strudel nicht wil=
lenlos fortgeriſſen, ſo ſcheint mir hier eine ruhige friedliche Ent=
wickelung gar wohl möglich zu ſein. Hier kann die Verfaſſung
vorläufig außer Frage bleiben, und nur die Art der Vertretung
wird Gegenſtand der Discuſſion. Wie das Athmen den Indivi=
duen zum Leben nothwendig iſt, ſo iſt auch den Staaten und
ihren Verfaſſungen eine fortſchreitende Entwickelung unentbehrlich.
Durch Befriedigung der billigen Wünſche des Volkes werden
die unvernünftigen Anſprüche in der Geburt erſtickt. Wo ein
Land von einer halben Million Einwohner 600 Repräſentanten
zählt, wo nicht die Intelligenz, ſondern der Beſitz einer Scholle
die Befähigung zum Repräſentanten ertheilt — da iſt doch wohl
eine Reform der Vertretung eine in der Natur der bürgerlichen
Geſellſchaft begründete Nothwendigkeit. Aber ich bin der Meinung,
daß die einer weitern Entwickelung entſprechenden Reformen nicht
ſprungweiſe ſtattfinden, ſondern der fortſchreitenden Volksbildung
ſtets proportional bleiben müſſen. In dieſer Beziehung halte ich
auch eine rein repräſentative Verfaſſung in dieſem Augenblick für
Mecklenburg noch nicht geeignet. Den augenblicklichen Bedürf=

niſſen wird nach meiner Meinung ſchon entſprochen, wenn auf
dem Lande die Gutsbeſitzer allein das Wahlrecht haben und etwa
der zehnte von ihnen zum Deputirten gewählt wird — wogegen
die Städte Deputirte nach Verhältniß ihrer Einwohnerzahl ſtellten
und dieſe frei aus ihrer Mitte erwählten. Von einer ſolchen
Aenderung der Vertretung erwarte ich aber keine der Nachtheile,
die Sie in Ihrem Schreiben befürchten. Aber Angeſichts einer
ſo drohenden Zukunft iſt freilich eine Spaltung in der Ritterſchaft
eben ſo unziemlich als verderbenbringend. Ob und inwiefern eine
Vertretung der Domänen ſtattfinden kann — darüber habe ich
zu wenig nachgedacht, um mir ein Urtheil bilden zu können. — —

von Thünen an ſeine Tochter.

Tellow, 20. März 1848.

Es ſind kaum 3 Wochen verfloſſen, ſeitdem ich meinen letz=
ten Brief an Dich ſchrieb — und doch umfaßt dieſer Zeitraum
ein Jahrhundert von Begebenheiten. Jeden Tag ſenden wir zur
Poſt, die Zeitungen werden am Nachmittage vorgeleſen und wäh=
rend des Vorleſens bin ich ſtets in einem fieberhaften Zuſtand.
Die franzöſiſche Republik erſchreckte mich anfangs ſehr; ſpäter iſt
ſie mir als ein nothwendiges Schreckbild erſchienen, da nur ſtarke,
ſehr ſtarke Mittel die Zähigkeit und das Feſthalten an uſurpirten
Rechten überwinden können. Doch werde ich in meinen Wünſchen
und Hoffnungen ſtets hin= und hergeriſſen. Bald fürchte ich einen
nutzloſen Krieg, bald Anarchie — dann ſchwingen ſich unter dem
ewigen Wechſel der Begebenheiten meine Hoffnungen hoch empor;
ich ſehe das Heil der Menſchheit erblühen und danke Gott, daß ich
dieſe wundervolle herrliche Zeit noch erlebe. Die letztere Stim=
mung iſt durch die geſtern erhaltene Nachricht von dem Aufleben
Oeſterreichs und dem Sturz Metternichs bedeutend gehoben. Die=
ſer Fürſt der Finſterniß hat Oeſterreich an den Rand des Ab=

grundes gebracht. Vielleicht kann es jetzt noch vor Zerſplitterung
bewahrt, und ein Land mit deutſcher Geſinnung werden.

Der geſtrige Tag wird doch, ſo lange ich lebe, in meiner
Erinnerung bleiben — denn wir erhielten die Nachricht von den
Blut= und Schauderſcenen in Berlin. Wir blieben hier den gan=
zen Tag in unbeſchreiblicher Entrüſtung und Verabſcheuung der
Urheber dieſes Blutbades. Möchten doch die unzähligen Opfer
nicht fruchtlos gefallen ſein! Die Macht der Fürſten und der
Dünkel ihrer Allmacht iſt jetzt gebrochen und zwar durch ganz
Deutſchland innerhalb weniger Wochen. Nichts ſteht jetzt der
deutſchen Einheit entgegen und Großes und Herrliches kann aus
dieſer Zeit erblühen — wenn die Vernunft herrſchend bleibt. Aber
wo iſt dies in der Geſchichte der Fall geweſen? — —

Die Aufregung in den Städten iſt groß. Dem mecklenbur=
giſchen Götzen — Verfaſſung und Landesvergleich — hat nun
wohl die letzte Stunde geſchlagen. Ein Landtag iſt angekündigt;
wenn ich geſund bleibe, muß ich hin. Das Landvolk iſt bis jetzt
noch ruhig, aber ein einziger Funke kann das ganze Land in
Flammen ſetzen. Pogge=Roggow iſt jetzt ein Mann von großer
Bedeutung. Er beſitzt nicht allein das Vertrauen des Volkes,
ſondern auch das des Fürſten. Neulich läßt er ſich beim Groß=
herzog melden, wie derſelbe noch im Bett iſt. Er wird aber nicht
abgewieſen, ſondern der Großherzog ſteht auf und unterhält ſich
drei Stunden mit ihm. Pogge war kürzlich hier. Wir ſind faſt
in allen Puncten einverſtanden, nur ſchien er mir nicht genug
Gewicht auf das deutſche Parlament zu legen. Dies iſt
aber nach meiner Anſicht die Central=Sonne, von der Al=
les abhängig iſt. Es iſt ein Hohn für den menſchlichen Ver=
ſtand, daß es einer 33jährigen Erfahrung bedurfte, um den Men=
ſchen klar zu machen, daß alle Verfaſſungen illuſoriſch ſind, ſo
lange ein Fürſtencongreß über allen Verfaſſungen ſteht.

Mit großem Intereſſe bin ich Deiner Schilderung der olden=
burgiſchen Zuſtände gefolgt. Wie freut es mich, daß der Kana=

rienhanfer Brüder nun noch am Abend seines Lebens eine Frucht seiner Lebensanstrengung sieht und Anerkennung findet. In der Weserzeitung wurde er „der alte Len" genannt. — Die Procla= mation und den Verfassungsentwurf Eures Großherzogs haben die gestrigen Zeitungen uns gebracht. Diese haben einen wohlthuen= den Eindruck auf mich gemacht, denn in Beiden spricht sich Wohl= wollen und Aufrichtigkeit aus. Dies ist edel und weise zugleich. Denn was helfen Worte, hinter welchen das schärfere Auge die Heuchelei erblickt.

von Thünen an dieselbe.

Tellow, 1. April 1848.

— Hier ist jetzt der Landtag nach Schwerin auf den 26. April ausgeschrieben. Ich werde und muß hinreisen, wenn meine Gesundheit es irgend erlaubt. Denn dies ist eine Zeit, die mich auf das tiefste ergreift, erwärmt und bewegt. Aus meinem einsamen Versteck muß ich jetzt wohl heraus.

— Eine wunderbare Umwälzung hat stattgefunden. Rang, Stand, Geburt, Reichthum, selbst das Wissen — Alles hat seine Bedeutung, seine Herrschaft verloren, statt dessen hat die Gesin= nung den Thron eingenommen, nur sie gilt noch, nur sie hat noch Einfluß, nur sie kann noch herrschen. Mit Freude und Stolz blicke ich darauf, daß zwei meiner Brüder eben durch ihre Gesinnung Anerkennung und Vertrauen finden. Das ruft in mir das Andenken an meine selige Mutter lebhaft hervor. Lag in ihr nicht vielleicht schon der Keim, der jetzt in ihren Kindern That wird? Ist dies der Fall, so dürfen wir auch hoffen, daß jeder höher strebende Gedanke in uns einst in unsern Kindern Früchte tragen wird. Aber auch hier treten die wenigen Männer, mit denen ich sympathisire, hervor und gewinnen an Bedeutung und Einfluß. Fast ängstlich frage ich mich: „war es denn wirk= lich die falsche Richtung der großen Mehrheit, die Dich die Ge=

sellschaft meiden und die Einsamkeit suchen ließ." Doch mit sol=
chen Gedanken beginnt der Hochmuth und das eigene Verderben
— also weg damit.

Die Volksaufregung manifestirt sich auch hier schon in Tha=
ten — und die Gutsbesitzer, besonders die Adeligen, sind in gro=
ßer Sorge, und wohl nicht mit Unrecht — denn von vielen Or=
ten hört man von Verbindungen und Verabredungen der Leute
gegen ihre Herren. Meine eigenen Leute berichten dies, fügen
aber hinzu, daß überall gesagt würde: gegen Tellow solle nichts
unternommen werden, ja sie wollten, wenn es nöthig wäre, mir
zu Hülfe kommen. Solche Aeußerungen rühren mich tief. Es
ist ein schöner — ungesuchter — Lohn einer wohlwollenden Ge=
sinnung. Meine eigenen Leute sind mir natürlich ergeben, und
so sehe ich — was mich persönlich betrifft — der Zukunft mit
voller Gemüthsruhe entgegen.

Aber anders verhält es sich freilich in Bezug auf die großen
Weltbegebenheiten: Krieg gegen Dänemark, Krieg gegen Italien,
vielleicht Aufstand in Posen, wahrscheinlich Krieg mit Rußland,
kein Fürst, der das allgemeine Vertrauen besitzt, die Arbeiter in
Aufregung gegen die Bourgeoisie — wo findet sich der große
Mann, der diese gährenden Elemente bewältigen kann! Nur in
dem gewaltigen Streben der Deutschen nach Natio=
nalität und Einheit erblicke ich den einzigen Halt=
und Lichtpunct.

***

von Thünen an den Revisionsrath Schumacher.

Tellow, 1848.

— — Uebrigens geht diese große Zeit in unserer Einsam=
keit nicht spurlos an uns vorüber, sondern auch unsere Herzen
schlagen warm dafür; aber die Bewegung, die sie hervorbringt,
ist eine innere, die Gedanken und die Seele erfüllende — nicht
eine nach Außen ausströmende; freilich kann die Einsamkeit, wenn

die Brust von solchen Gefühlen bis zum Zerspringen voll ist, auch drückend werden, und ich fühle oft ein großes Bedürfniß, mit kundigen Männern, namentlich mit Ihnen, mich zu besprechen. Ist das Menschengeschlecht in den letzten Tagen seiner großen Bestimmung um ein ganzes Jahrhundert näher gerückt, oder ist der Keim zur Anarchie, zur Umwälzung und Zerstörung gelegt? Wer vermag dies zu sagen! Die Bewegung ist eine so große und weitgreifende, weil sie nicht bloß politischer, sondern auch socialer Natur ist. — —

Eine Verfassung ist so unendlich wichtig, weil sie gestaltend für die Zukunft ist und den künftigen Generationen — wenn auch diesen unbewußt — die Geistesrichtung giebt. Unsere Verfassung hat ungebührlich lange die Zustände des vorigen Jahrhunderts festgeschroben und der Geisteserhebung über die Standesinteressen unglücklich entgegengewirkt. Es ist Zeit, daß sie zu Grabe getragen wird.

Daß unser Pogge zum Abgeordneten nach Frankfurt erwählt worden, ist mir sehr lieb; durch einen Mann von solcher Uneigennützigkeit und so unzweideutiger Gesinnungstüchtigkeit wird Mecklenburg würdig vertreten.

Die politischen Begebenheiten drohen alle Bande der Freundschaft zu lösen. Tellow wird nachgrade von allen Besitzenden als ein gefährlicher Heerd des ausgestreuten Unkrautes betrachtet werden. Unbekümmert spreche ich aber meine Ansicht aus, wenn ich dazu aufgefordert werde, was doch häufig geschieht — denn hierin erblicke ich eine Pflichterfüllung. Zum Glück herrscht im Innern des Hauses der Friede, — wir leben in schönster Eintracht und Harmonie.

von Thünen an seinen Sohn Heinrich.

Tellow, 1848.

Am nächsten liegt mir jetzt die Sorge, was in Bezug auf die Stellung der Leute zum bevorstehenden Ostern zu thun ist. Ist jetzt der Augenblick, wo das, was nach allen meinen Unter= suchungen als das einzige Heil für die arbeitende Classe mir er= schienen ist: „den Arbeitern einen Antheil an dem Ertrage des Guts zu geben, welcher erst nach vollbrachtem 60. Lebensjahre zu ihrer Verfügung gestellt wird, wovon sie aber bis dahin die Zin= sen beziehen", zur Realisation gebracht werden kann und darf? In Bezug auf die Vermögensverhältnisse stände jetzt nichts mehr entgegen. Nur die Rücksicht auf meine Kinder könnte mich jetzt noch abhalten. Aber Du würdest gewiß nichts dagegen haben, und auch Hermann ist damit einverstanden. Auch würde ich die Bestimmung jeden Falls nur für meine Lebenszeit treffen. Da= gegen erheben sich aber folgende Bedenken:

1) Wird damit · nicht ein Feuerbrand in die ohnehin schon gährende Masse geworfen, und wird diese Einrich= tung nicht gefahrbringend für meine Nachbarn oder gar in einem weiten Kreise werden?

2) Wird nicht, was ich schon längst im Herzen getragen habe, unwürdigerweise als Furcht ausgelegt werden, wenn es jetzt realisirt wird?

Das erste Bedenken verliert sein Gewicht, wenn, wie es jetzt den Anschein gewinnt, auf den mehrsten Gütern die Leute ihre Herren zur Verbesserung ihrer Lage, wahrscheinlich zur Erhöhung des Tagelohns, zwingen werden. Wird aber der Tagelohn auf andern Gütern erhöht, während er hier unverändert bleibt, so würde die Zufriedenheit meiner Leute, die sich jetzt im Vergleich mit denen auf andern Gütern glücklich preisen, bald schwinden — und ich hätte dann meinen Nachbarn zu Gefallen unnützerweise ein Opfer gebracht. — — —

Heinrich von Thünen an von Thünen.

Tellow, 1848.

Mir scheint, es ist gerade die rechte Zeit, dasjenige, was Du rücksichtlich der Arbeiter durch Deine langjährigen Studien als das Richtige erkannt hast, ins Leben treten zu lassen. Zugeständnisse werden durch's ganze Land gemacht werden müssen, und auch wir sind schon im Allgemeinen instruirt, die Erfüllung billiger Wünsche, wo es sein muß auf Kosten herrschaftlicher Casse, zu vermitteln und Einleitung zu treffen, daß den Einliegern womöglich mehr Ländereien zur Benutzung überlassen werden.

Daß Deinen als richtig erkannten Handlungen möglicher Weise das Motiv der Furcht untergelegt werden könnte — was aber, wie ich glaube, rücksichtlich Deiner nicht der Fall sein wird, — darf meiner Meinung nach zur Unterlassung keinen Grund abgeben, vielmehr fordern gerade die Zeitverhältnisse zum raschen Handeln auf — und was Du frei beschlossen, kann dann für weitere Kreise ein Vorbild werden und Gutes wirken, mag es sich durch richtige Erkenntniß oder durch Zwang und Furcht Bahn brechen. —

von Thünen an seinen Sohn Heinrich.

Tellow, 2. Juni 1848.

Nach Frankfurt gehe ich nicht.

An Hr. Pogge habe ich geschrieben, wenn er nicht bleiben könne oder wolle, so möge er sich an die Regierung wenden und diese zur Wahl eines neuen Abgeordneten nebst Ersatzmann veranlassen.

Wie viel ich dadurch verloren, daß ich nicht in Frankfurt sein kann, fühlt Niemand stärker als ich. Aber seine Natur umschaffen, das Alter von sich abwälzen, steht nicht in der Menschen Macht. Der Wille vermag es nicht, Gesundheit und Kraft herzustellen. — —

18*

Otto Berlin iſt eine Woche hindurch hier geweſen. Ich habe ihm einen Theil meines Manuſcripts mitgegeben und es ihm frei gelaſſen, einige Bruchſtücke daraus, die in der Gegen= wart Intereſſe haben und vielleicht einigen Nutzen ſtiften können, abdrucken zu laſſen und mit Bemerkungen zu verſehen. Das iſt die einzige Wirkſamkeit, die die Natur mir noch geſtattet.

— — Mein lang gehegter Plan in Bezug auf den Antheil der Arbeiter an dem Gutsertrag iſt jetzt bereits realiſirt. Ich habe es ſo geſtellt, daß, wenn der Gutsertrag ſo bleibt, wie er im Durchſchnitt der letzten 14 Jahre geweſen, jedem Dorfbe= wohner jährlich 10 Thlr. Pr. Cour. zufallen, die bis zu ſeinem 60. Lebensjahre unkündbar zu 4¹⁄₆ pCt. Zinſen ſtehen bleiben. Den Arbeitern iſt dadurch nun eine heitere Ausſicht in die Zu= kunft eröffnet und ſie ſind zugleich unabänderlich an mein Intereſſe geknüpft. — —

Die Beſtimmungen über den Antheil der Dorfbewohner zu Tellow am Gutsertrage bilden einen Anhang zum iſolirten Staat — zweiter Theil erſte Abtheilung S. 277—284. — Dieſe Form des Genoſſenſchaftsweſens, welche man in neuerer Zeit gerne mit dem Namen der „latenten" bezeichnet, beſteht zu gegenſeitiger Zu= friedenheit in Tellow ſeit 20 Jahren; jeder Dorfbewohner hat im Durchſchnitt einen Antheil von gegen 25 Thlr. erhalten, und die Aelteſten derſelben ſind daher außer den jährlich ausgezahlten Zinſen des ihnen zu gut geſchriebenen Capitals im Beſitze eines Sparcaſſenbuches im Betrage von gegen 500 Thlr.

Seine Wahl zum Abgeordneten der Reichsversammlung in Frankfurt war nicht der einzige Beweis öffentlichen Vertrauens, dessen von Thünen im Jahre 1848 sich erfreute.

In einer Volksversammlung zu Teterow am 20. April 1848 wurde darauf angetragen, dem Herrn Docter von Thünen auf Tellow, in Anerkennung seiner hochherzigen Bestrebungen und seiner wohlthätigen Gesinnungen, das Ehrenbürgerrecht zu ver= leihen. Dieser Antrag wurde von der ganzen Versammlung mit Jubel begrüßt, und der erste Tag des Pfingstfestes, der 11. Juni, zur feierlichen Ueberreichung des Diploms gewählt. Um 3 Uhr Nachmittags versammelte sich die Bürgerwehr zur Begleitung der Deputation auf dem Markte, von wo, nachdem sich die Züge ge= ordnet hatten, mit klingendem Spiele nach der Chaussee marschirt wurde, wo 28 Wagen bereit standen, die ganze, aus 220 Bür= gerwehrmännern bestehende Versammlung aufzunehmen, welche an den Tellower Tannen Halt machte, abstieg und mit voller Musik nach Tellow marschirte.

Vor dem Hause empfing sie von Thünen, umgeben von seiner Familie und einigen Freunden. Die Bürgerwehr stellte sich im Halbkreis auf und präsentirte das Gewehr, worauf das Diplom, die Stadtordnung und das Symbol der Stadt: drei Rosen mit einer Schleife in den Stadtfarben auf weißem Atlaskissen, dessen Ecken die mecklenburgischen Farben, und dessen Rand die deut= schen Nationalfarben enthaltend, mit folgenden Worten überreicht wurden:

„Ihnen! dem Vater Ihrer Untergebenen, dem Wohlthäter der Armen, dem Freunde des mecklenburgischen und deutschen Volkes, den Beweis ihrer aufrichtigen Hochachtung darzubringen, haben wir im Namen der Obrigkeit der Gesammteinwohnerschaft Teterow's die Ehre! Nehmen Sie daher folgendes Document als den Ausdruck unserer Gefühle gütigst auf. Es lautet: Dem Herrn Docter von Thünen auf Tellow, dem durch seine Lei= stungen im Gebiete der Wissenschaften, insbesondere der National=

Oekonomie so hochverdienten Manne, dem väterlichen Versorger seiner Gutsangehörigen und dem wahren Menschenfreunde, als welcher er sich durch That und Gesinnung zu allen Zeiten, und noch im letztverflossenen Jahre des Mangels und der Theuerung, seiner Nachbarstadt Teterow bewährt hat, ertheilen auf den allgemeinen Wunsch der hiesigen Bürgerschaft, sowie in aufrichtig dankbarer Anerkennung seines ehrenvollen Wirkens hiermit das Ehrenbürgerrecht der Stadt Teterow mit allen seinen Rechten und Vorzügen Bürgermeister und Rath, auch repräsentirende Bürgerschaft daselbst. Teterow, den 20. April 1848."

„Die Stadtordnung ist der Wegweiser für das ganze Bürgerthum. Auch unsern neuen Mitbürger kann es wohl nur erfreuen, genaue Kenntniß davon zu nehmen. Demnach erlauben wir uns, Ihnen ein Exemplar davon zu überreichen."

„Drei Rosen, das Symbol unserer Vaterstadt, deuten Liebe! Wo Liebe, da herrschen Vertrauen und Einigkeit, welche der Herr uns Allen erhalten möge. Nehmen Sie dies Sinnbild von uns Allen mit der Ueberzeugung, daß der Sinn desselben in unsern Herzen für Sie ewig bleiben wird."

Tiefgerührt nahm von Thünen Alles entgegen und sprach in nachstehenden Worten seinen Dank aus:

„Mit Freude und Rührung empfange ich aus Ihren Händen die Urkunde, wodurch ich zum Ehrenbürger der Stadt Teterow ernannt bin. Nehmen Sie dafür meinen herzlichen und innigen Dank an. Insbesondere aber danke ich Ihnen noch dafür, daß Sie hier so zahlreich erschienen sind, und mir dadurch einen vielseitigen Beweis Ihrer Theilnahme und Ihres mir so schätzbaren Wohlwollens geben.

„Die Anerkennung von Seiten einer ganzen Genossenschaft hat in meinen Augen einen weit höhern Werth, als die durch die Gunst eines Einzelnen gewährte Auszeichnung. Das Wohlwollen kann durch kein Gebot erzwungen, — kann nicht durch Stand und Rang erlangt, — kann nicht durch Geld erkauft werden, — das Wohlwollen entsprießt in dem freien Innern des Menschen und ist als eine freie Gabe von unschätzbarem Werthe für den, der sie empfängt."

„Es ist in der That ein erhabenes Gefühl, einen großen Kreis von lauter freundlich und wohlwollend gesinnten Männern um sich herum zu erblicken — und diesen hohen geistigen Genuß verdanke ich heute Ihnen, meine Herren. Nehmen Sie dafür nochmals meinen herzlichen Dank."

„Das Diplom, wodurch Sie mich in so ehrenden und schmeichelhaften Ausdrücken zu Ihrem Mitbürger ernennen, werde ich meinen Kindern als eine werthvolle Erbschaft hinterlassen, und meine Enkel werden einst noch stolz darauf sein."

„Aber inmitten der Freude, die Sie mir bereiten, drängt sich mir ein beschämendes Gefühl auf. Ich weiß, daß mein Wirken, daß namentlich das, was ich in der Zeit der Noth für die Stadt Teterow gethan habe, viel zu geringe ist für eine solche Anerkennung, wie Sie mir darbringen. Beruhigen kann mich hierüber nur der Gedanke, daß Sie nicht dem Wirken selbst, sondern der Gesinnung, aus welcher dieses hervorgegangen ist, Ihre Billigung und Anerkennung schenken wollen — und unter dieser Voraussetzung kann und darf ich die mir dargebotene Auszeichnung annehmen."

„Ihr heutiger Besuch ruft aber noch eine Hoffnung in mir hervor, die weit über jeder persönlichen Beziehung steht. Sie, die Bürger einer Stadt, begrüßen heute freundlich einen Landbewohner. Hierin erblicke ich die ersten Vorboten einer Zeit, wo Städte und Land — die sich bisher so fremdartig gegenüber standen, und so oft ihre Sonderinteressen verfolgten — sich die Hand reichen, und in dem Streben nach dem Wohl des ganzen Staats ihren Vereinigungspunct finden werden. Der Geist der Sonder-Interessen, genährt und groß gezogen durch die Staatsverfassung, ist Schuld, daß ein allgemein als verwerflich anerkanntes, die Moralität und den Wohlstand der Städte untergrabendes Steuersystem bis jetzt nicht hat überwunden und beseitigt werden können. Eine Verfassung, die eine solche Frucht getragen hat, mußte fallen — und sie ist bereits gefallen. Städte und Land üben in Beziehung auf den Wohlstand eine stete, nie ruhende Wechselwirkung auf einander aus, beide sind innig mit einander verflochten, und nur Beschränktheit der Einsicht kann wähnen, den Wohlstand des einen Theils auf Kosten des andern heben zu können. Möchten die Vertreter auf unsern künftigen Landtagen von der Erkenntniß durchdrungen, von dem Gedanken beseelt sein, daß Stadt und Land, wie alle activen Stände, Glieder eines organischen Körpers sind, von welchem keins verletzt werden kann, ohne daß die übrigen Glieder mit leiden, und daß nur in der Gesundheit und Kraft des ganzen Organismus das Wohl der einzelnen Glieder zu finden ist! — Wird dieser Wunsch zur That, dann sehe ich im Voraus eine schöne Zukunft für Mecklenburg erblühen. — Heil unserm engern Vaterlande, Mecklenburg! — Heil unserm großen einigen Deutschland! — Hoch lebe die hier versammelte Bürgerwehr und Bürgerschaft, sowie die Gesammteinwohnerschaft der Stadt Teterow!"

Tief fühlten Alle die Wahrheit und das Gewicht dieser Worte und manches Auge füllte sich mit einer Thräne der Freude, ihren Mitbürger solche Gesinnung äußern zu hören — der Wehmuth, daß solche Gesinnung leider so vereinzelt dastehe.

Das trefflich besetzte Musikchor trug darauf im herrlichen Tellower Garten Musikstücke vor, die ganze große Versammlung sang das schöne Lied: „Was ist des Deutschen Vaterland?" jeder war froh, heiter und glücklich, wenn er Gelegenheit hatte, den theuren Gefeierten zu sprechen, und so endete dieses schöne Fest, an welchem außer der Deputation und Bürgerwehr noch Hunderte aus Teterow und Umgegend Theil genommen hatten, ohne die geringste Störung.

„Für mich," so schreibt von Thünen, „wird das Pfingstfest immer ein Glanzpunct meines Lebens bleiben und ich kann nicht ohne Rührung an dasselbe denken. Zwar weiß ich, wie wandelbar die Volksgunst ist. Aber auch eine momentane Erscheinung behält einen großen Werth."

––––––––

von Thünen an Christian von Buttel.

Tellow, 18. Juli 1848.

— — Als ich in der Pfingstwoche mich ziemlich gut befand, faßte ich die Hoffnung, daß ich im Stande sein würde, die Reise nach Frankfurt machen und dort an Pogge's Stelle als Abgeordneter fungiren zu können.

Alle Vorbereitungen dazu waren bereits getroffen, die Vollmacht der Regierung in meinen Händen, Heinrich's Urlaub erwirkt und Heinrich hier bereits angekommen. Da wurde ich auf 2. Juli plötzlich wieder mit großer Heftigkeit von meinem alten Uebel befallen — so daß mir keine Möglichkeit zur Reise blieb. — —

Unter den vielen Entsagungen, die mein körperlicher Zustand mir schon im Leben aufgelegt hat, ist mir keine so schwer gewesen wie diese. Die Theilnahme an einer Versammlung, die Deutschlands Zukunft gestaltet, das Kennenlernen der geistreichsten Männer Deutschlands, das Wiedersehen eines Bruders, die Reise durch die schönsten Gegenden unsers großen Vaterlandes — alles dieses ist mir mit einem Schlage verloren gegangen, und ich weiß noch nicht, ob ich die Lebenslust und das Interesse für den mir bleibenden kleinen Wirkungskreis je wieder werde gewinnen können. — Mit meiner sonstigen Abspannung steht aber mein Enthusiasmus für die Wiedergeburt Deutschlands in einem mir selbst merkwürdigen Gegensatz. Der Gedanke daran erfüllt mich vom Morgen bis zum Abend, und mein Interesse daran ist nicht das eines Greises, der die Frucht nicht mehr erblicken wird, sondern das eines Jünglings, der eine schöne Zukunft für sein Leben sich aufrollen sieht. — — Zwar hat die Natur es mir versagt, thätigen

Antheil wie Du an den großen Weltbegebenheiten zu nehmen, aber meine Seele ist doch ganz mit dem Gedanken daran erfüllt, und meine Stimmung ist wesentlich davon abhängig, ob in den Zeitungsnachrichten die Zukunft Deutschlands sich verdüstert oder erhellt. Seit dem 24. Februar ist fast ein halbes Jahr verflossen und dennoch bringt jede Zeitung Neues und Unerwartetes, die Spannung hört nicht auf, denn nirgends erblickt man einen sich fest gestaltenden Krystall, alles ist in trüber Gährung.

Der unvorsichtige Erlaß des Reichsministers Peucker kann schon jetzt den Kampf zwischen den Fürsten und der Centralgewalt zum Ausbruch bringen. Haben die Fürsten einmal mit Erfolg widerstanden, werden sie es dann nicht zum 2., 3. Mal thun, und wo bleibt dann die sehnlich erstrebte Einheit? Das Schlimmste ist, daß selbst in der Idee keine Klarheit darüber ist, wie deutsche Einheit mit dem Fortbestehen und der Selbstständigkeit der Fürsten zu vereinigen ist. Ueber die Möglichkeit einer solchen Vereinigung bin ich durch nachstehenden Gedanken einigermaßen beruhigt, wes=halb ich Dir denselben zur Prüfung mittheile:

Nachdem die Reichsverfassung durch die constituirende Na=tionalversammlung festgestellt ist, wird die executive Centralgewalt einem Fürstenrath übertragen, in welchem die deutschen Fürsten selbst Sitz nehmen, oder sich durch Gesandte, die aber an keine Instructionen gebunden sind, und bei den Verhandlungen und Abstimmungen nach eigener Einsicht handeln, ver=treten lassen. Die größeren Staaten haben eine größere Stim=menzahl als die kleinen. Der Präsident der Nationalversammlung ist Mitglied des Fürstenraths. Alle spätern, die Reichsverfassung betreffenden Gesetze bedürfen der Zustimmung der Nationalver=sammlung und des Fürstenraths. Einem solchen aus den Fürsten gebildeten Gerichtshof werden die einzelnen Souveraine sich weit eher unterwerfen, als einem Reichsverweser oder Kaiser.

Kommt aber, wie es mir sehr wahrscheinlich ist, die innige Verschmelzung Oesterreichs mit Deutschland nicht zu Stande, und beschränkt sich die Verbindung beider auf eine bloße Allianz: so sehe ich keine Rettung für Deutschlands Einheit und Selbstständigkeit, als in der Wahl des Königs von Preußen zum Erbkaiser. Das Haupthinderniß bietet die Persönlichkeit des Königs dar. Aber das Individuum ist sterblich, während die Richtung, welche die Institutionen einem Volk geben, von Dauer ist. Man muß in der Gegenwart der Zukunft Opfer zu bringen wissen, wenn man es ernstlich mit dem Wohle des Vaterlandes und der künftigen Generationen meint. Preußens Geschichte ist ruhmvoll und die Verschmelzung mit Preußen wird auch den übrigen Deutschen ein Nationalgefühl geben. Auch sind 33 Millionen Deutsche mit preußischer Militairverfassung genügend, um jedem andern Volk zu widerstehen. — —

Herzlich freue ich mich, daß auch dem Dreisieler Bruder die Auszeichnung geworden, zum Abgeordneten gewählt zu werden, und ist es mir ein angenehmer Gedanke, daß meine sämmtlichen Brüder jetzt eine so ehrenvolle wirksame Stellung einnehmen. — —

In der hiesigen Abgeordnetenkammer bildet die Linke die überwiegende Mehrheit. Diese faßt ihre Beschlüsse im Voraus, und welche Vernunftgründe auch dagegen vorgebracht werden — es ist vergeblich. Dies ist für die übrigen Abgeordneten, wie für das ganze Land ein trostloser Zustand. Indessen hat sich jetzt aus der bisher compacten Linken ein linkes Centrum ausgeschieden, und es ist zu hoffen, daß es jetzt besser werden wird. Uebrigens beschäftigt sich die Kammer mit allem Möglichen, nur nicht mit der Verfassungsfrage, und sucht nicht bloß die executive, sondern auch die richterliche Gewalt an sich zu reißen. Das Ministerium verhält sich bis jetzt ganz passiv. Pogge, der vor $^{3}/_{4}$ Jahren mit Dankadressen überströmt wurde, bleibt jetzt unbeachtet und ist in einem Berliner Blatt sogar förmlich besudelt. Wer kann jetzt noch möglich bleiben? Die Linke besteht größtentheils aus Reformern, denen staatswirthschaftliche Kenntnisse fehlen. Diese mischt sich jetzt ernstlich in die Tagelöhnerfrage und es ist zu fürchten, daß sie hierin unheilvolle Beschlüsse faßt. Revisionsrath Schumacher ist kürzlich in die Kammer gewählt und von ihm hoffe ich, daß er den wilden Strom einigermaßen zu dämmen vermag. Auch stehen wir im fortwährenden brieflichen Verkehr.

Ueber Deutschlands Zustände könnte ich nur Wehklagen er= heben, und ich will jetzt — wo alles auf die Spitze gestellt ist — damit zurückhalten, bis ich sehe, daß jeder Hoffnungsstrahl verschwunden ist. Einen Funken von Hoffnung ziehe ich noch aus Gagerns Reise nach Berlin. Möchte es ihm doch gelingen, Krone und Kammer, die beide gleich schuldig sind, auf die rechte Bahn zu lenken.

von Thünen an seinen Sohn Heinrich.

Tellow, 5. Nov. 1848.

— Für Dich freue ich mich Deines neuen Wirkungskreises, der den Blick auf das große Ganze wendet und jede individuelle Rücksicht in den Hintergrund drängt. Aber auch auf dieser Bahn wird es an Seelenschmerzen nicht fehlen. Diese müssen nothwen= dig eintreten, wenn man sieht, daß eine compacte Partei auf die gegen ihre Ansichten vorgebrachten Vernunftgründe gar nicht ach= tet, sondern durch ihre Majorität vollbringt, was sie unter sich selbst beschlossen hat. Aber auch diese Partei hat einen höhern Richter über sich, nämlich das Publicum. Sie wird von diesem verurtheilt und gerichtet, wenn sie ihr Uebergewicht zu vernunft= widrigen Beschlüssen mißbraucht. Darum darf die Minorität nicht müde werden, das Rechte und Wahre zu vertheidigen, wenn sie auch für den Augenblick nichts durchzusetzen vermag.

Die Tagelöhnerfrage hat uns hier lebhaft beschäftigt. Ich sende Dir hierbei * * * Schrift über diesen Gegenstand, in wel= cher die Resultate meiner Nachforschungen über den Verdienst der Tagelöhner zu Tellow aufgenommen sind.

Zugleich lege ich das Concept meiner Mittheilung an den Herrn Kammerrath v. Brock über die mecklenburgischen Heimaths=gesetze bei, doch werde ich durch ein so eben erhaltenes Schreiben vom Regierungsrath v. Passewitz veranlaßt, dieses noch zurückzu=behalten.

Das neue Gebäude ist endlich dem Gebrauch eröffnet. Seit=dem aber ist ein großer Mangel an Raum. Fräulein * * *, die bisher zwei Vorrathsböden hatte, bedarf deren jetzt vier; Hans Holz erklärt, daß er den ganzen alten Pferdestall für sich haben müsse; die Schafe sind durch die Kühe aus ihrem Stall gedrängt; die Schweine, welche früher vier Ställe hatten, bewohnen jetzt sieben Ställe; für die Hunde, die Gartenbänke und manches an=dere Geschirr, welche früher Platz fanden, ist jetzt kein Unterkom=men. — Ein so verschiedenes Resultat von den gehegten Erwar=tungen muß sich der reine Mensch ruhig gefallen lassen. —

— — Wenn irgend ein Stand bei den Wahlen einen Vorzug verdient, so ist es der, bei welchem sich die größte In=telligenz findet, dies ist die Classe der Staatsbürger, die studirt und das Examen gemacht haben. Dann verdienen wohl die grö=ßern Grundbesitzer eine Bevorzugung, theils weil bei ihnen Bil=dung zu erwarten ist, vorzüglich aber weil ihr eigenes Interesse mit dem Interesse des Staats mehr als bei den übrigen Stän=den übereinstimmt. Ich meine nun:

den ersten Wahlkörper bilden die Gelehrten,

den zweiten Wahlkörper die größern Grundbesitzer,

der dritte Wahlkörper besteht aus den Personen, die das zweite Drittel der Steuern aufbringen,

der vierte Wahlkörper aus den Personen, die das letzte Drit=tel der Steuern aufbringen.

Die Wahl des vierten Wahlkörpers müßte wohl indirect sein.

von Thünen an Christian von Buttel.

Tellow, 11. Januar 1849.

Mit Befriedigung ersehe ich aus Deinem Briefe wie aus den Zeitungen, daß Du zum Mitgliede der hochwichtigen Commission über den Gagern'schen Antrag gewählt bist. In welcher Spannung wirst Du jetzt sein. Möchte es doch gelingen, die Majorität Eures Ausschusses zu einem vernünftigen Entschluß zu bewegen. Ich begreife jetzt durchaus die Parteien nicht mehr. Ich kann und mag nicht annehmen, daß die Linke verblendet genug ist, die Einheit und Freiheit Deutschlands untergraben zu wollen, und so gegen sich selbst zu wüthen — und dennoch kann ich keinen andern Schlüssel zu ihrem Benehmen auffinden. Gieb mir hierüber doch, wenn Du kannst und Zeit hast, einen versöhnenden Aufschluß.

Wie verschieden ist jetzt unsere Laufbahn, während Du in der Werkstatt, wo Deutschlands Zukunft gebildet wird, mitarbeitest, lebe ich hier in der tiefsten Einsamkeit und völligen Ruhe. Nur mit dem Gedanken bin ich noch mit der Welt verbunden. Neben der Politik, die mir aber keine freudige Aussicht mehr darbietet, beschäftigt mich lebhaft der Gedanke an die Folgen, die der jetzt entdeckte wunderbare Goldreichthum Kaliforniens haben wird. Schon immer ist es mir als merkwürdig erschienen, daß in derselben Periode, wo im westlichen Europa durch die relative Uebervölkerung dem Menschengeschlechte Elend und Auflösung droht, gleichzeitig der Transport zur Uebersiedelung durch die Erfindung der Dampfschifffahrt und der Eisenbahnen so unendlich erleichtert wird. Hiezu kommt nun wunderbarer Weise die Entdeckung des neuen Goldlandes — welches ein verdoppeltes Ausströmen der überflüssigen Volksmenge zur Folge haben wird. Dadurch wird nicht blos ein neuer Welttheil bevölkert, sondern auch der alte Welttheil vor dem Elend eines hungernden Volkes und der daraus unvermeidlich hervorgehenden Anarchie und Auflösung der socialen Ordnung bewahrt. Hält aber die Natur noch solche Geheim-

niſſe in ihrem Schooß verborgen, ſo können auch Uebel in der
Zukunft, die wir nach dem jetzigen Stand unſeres Wiſſens für
unvermeidlich halten, vorgeſehen ſein und vorgebeugt werden. Dieſe
Betrachtung mildert in der That die Beſorgniß, die einige Reſultate meiner Unterſuchungen für die Zukunft des Menſchenge-
ſchlechts bei mir erzeugt haben.

<hr>

von Thünen an den Reviſionsrath Schumacher.

Tellow, 31. Januar 1849.

Bei der Beantwortung Ihrer mir vorgelegten Frage: die
Ablöſung des Kanons aus der Erbpacht betreffend, bin ich auf
Hinderniſſe geſtoßen, die ich nicht zu beſeitigen wußte — weshalb
Sie mein langes Schweigen gütigſt entſchuldigen wollen. Ich
kenne nämlich die Gründe durchaus nicht, warum man dieſe Ablöſung für nützlich, ja nothwendig hält. Gerne würde ich es ſehen,
wenn Sie mir hierüber Aufklärung geben wollten.

Ich muß bekennen, daß ich dem jetzigen Streben grade ent-
gegengeſetzt die Einführung unablöslicher Renten auf alle größern
Güter in Mecklenburg für eine Wohlthat halten würde, und zwar
aus folgenden Gründen:

1) das verderbliche Schwanken der Güterpreiſe wird dadurch
   gemildert;

2) es kann dann eine gerechtere Erbtheilung zwiſchen den
   Kindern eines Gutsbeſitzers ſtattfinden;

3) in den Zeiten der Noth werden die Concurſe viel ſelte-
   ner werden, und die Gutsbeſitzer, deren Schulden nicht
   den Betrag der auf den Gütern haftenden Renten über-
   ſteigt, ſind vor Kündigungen geſichert;

4) der den Capitaliſten ſo verderbliche Indult, welcher in
   der Zeit der Noth eintreten muß, wenn nicht alle Ver-
   mögensverhältniſſe zerrüttet werden ſollen, kann dann
   vermieden werden;

5) Da die Rente nur einen Theil — höchstens die Hälfte — des mittleren Gutsertrages umfassen darf, so finden die Capitalisten durch den Ankauf solcher Renten immer Gelegenheit, ihr Geld sicher unterzubringen.

Ich habe diesem Gegenstande einst meine beste Jugendkraft gewidmet, und bin damals zu der Ueberzeugung gelangt, daß in der Zeit der Noth und Verarmung — wie wir sie in der Periode von 1806—1815 erlebt haben — Mecklenburgs Wohlstand vor Zerrüttungen, wie sie damals stattfanden, nur durch Einführung unablöslicher Renten gesichert werden könne. Meine Ansichten über diesen Gegenstand sind in dem Aufsatz: „Die Einführung des Creditsystems in Mecklenburg" in den meckl. Annalen 4. Jahrgang, 2. Hälfte vom Jahre 1817 niedergelegt. Sollten Sie Muße und Neigung finden, den 1. Abschnitt dieses Aufsatzes zu lesen, so bitte ich Sie, das betreffende Annalenstück von meinem Sohn, dem ich es zusenden werde, holen zu lassen. Um so mehr bin ich nun frappirt, daß man als verderblich betrachtet und aufheben will, was mir als eine Bedingung zum dauernden Wohlstand eines Landes erscheint. Da aber gleichzeitig in Berlin und in Frankfurt die Ablösbarkeit solcher Renten beantragt und beschlossen ist, so müssen wohl in andern Ländern Umstände und Verhältnisse stattfinden — die mir aber unbekannt sind — bei welchen die Unablöslichkeit einer Rente dem Nationalwohlstand nachtheilig ist.

Das Einzige, was in dieser Beziehung zu meiner Kenntniß gekommen, ist, daß solche unlösliche Renten die Ausgleichung und Abrundung von Ackerstücken verhindere und somit eine widersinnige Vertheilung verewigen kann. In einem solchen Fall kann die Ablösung der Rente ebensowohl gerechtfertigt werden, wie eine Expropriation bei Anlegung von Chausseen, Eisenbahnen u. s. w. Aber diese Ablösung bleibt stets ein Eingriff in privatrechtliche Contracte und darf nicht der bloßen Laune überlassen werden, sondern kann nur dann gerechtfertigt werden, wenn daraus ein

Wachsen des Nationalvermögens hervorgeht. Da es indessen zu kostbar werden würde, in jedem einzelnen Fall eine Untersuchung über diese Frage anzustellen, so mag sich ein Gesetz rechtfertigen lassen, welches diese Ablösung in die Willkür des Verpflichteten stellt. Es müßte nach meiner Ueberzeugung die Capitalisirung der Rente nicht blos nach dem niedrigsten, für erste Hypotheken gezahlten Zinsatz geschehen, sondern dem Betheiligten auch noch eine Entschädigung von 5—10 p. Ct. von der ermittelten Capitalsumme für den Bruch des Vertrags gezahlt werden. Dadurch würde zugleich eine Garantie gegeben, daß von einer im Allgemeinen wohlthätigen Institution nur dann abgewichen würde, wenn diese Abweichung dem Nationalwohlstand in einzelnen Fällen vortheilhaft wäre.

Welchen Grund kann es aber haben, daß das preußische Ministerium vorschlägt, alle Renten durch den 18fachen Betrag in Capital ablösen zu können?

Wenn — was in manchen Beziehungen wünschenswerth wäre — die Staatsgüter veräußert würden, und das Staatsvermögen dann nicht in unablösliche Renten, sondern in kündbare Capitalien verwandelt würde, würde dies nicht gleichzeitig zur Verschwendung reizen und zu großen Verlusten in Concursen führen, wie dies bei dem Kirchenvermögen so mancher Pfarre der Fall gewesen? Bei einer feindlichen Occupation des Landes betrachtet der Feind das im Staatsschatz vorgefundene Geld als gute Beute. Würde der Feind nicht ebenso die im Staatsschatz vorgefundenen kündbaren Obligationen als Beute betrachten und dieselben möglichst zu realisiren suchen — wie Napoleon dies bei den hessischen Forderungen that, ohne die Obligationen in Händen zu haben? — —

Die Idee, den Tagelöhnern auf den Gütern ihre Wohnung eigenthümlich zu übergeben, ist ja wohl aufgegeben. Dies hieße zwischen zwei vielleicht feindselig gegeneinander gesinnten Personen, die in steter Berührung mit einander bleiben, eine unlösliche Ehe schließen! — —

19

— — Man kann die Tugend vielleicht so definiren: „die Tugend ist die Kraft, den gegenwärtigen Genuß dem künftigen Heil zu opfern." Daß die arbeitende Classe diese Kraft nicht besitzt, ist die Hauptquelle ihres Unglücks. Daß aber mit der steigenden Bildung diese Kraft nicht gleichmäßig wächst, sondern in den höhern und höchsten Ständen öfters ganz fehlt — das ist eine betrübende Erscheinung.

Der Revisionsrath Schumacher an seinen Sohn.

Schwerin, 1849.

— — Für diese Arbeiten ist mir der Abschnitt aus dem zweiten Theil des isolirten Staates äußerst erwünscht gewesen, und ich bitte, dem Herrn von Thünen dafür meinen herzlichen Dank und die Hoffnung auszusprechen, daß nun auch das Uebrige bald gedruckt werde. Zum gänzlichen Abschluß können diese Fragen doch nicht kommen, denn die Wissenschaft schließt im Ganzen niemals ab, wenn auch Einzelnes zur unumstößlichen Wahrheit erhoben werden kann. — —

— Mich dünkt, grade jetzt wäre es Zeit, die Fortsetzung vom isolirten Staate erscheinen zu lassen, um den wissenschaftlichen Weg zu zeigen, auf dem die großen Fragen zu lösen sind, dadurch Andere anzuregen und zu hören und zu lesen, was sie für und wider sagen mögen, endlich dies Alles dann noch zu verarbeiten. Von der practischen Lösung durch die Franzosen ist nicht viel zu erwarten. Selten hat wohl eine Partei auf so beschämende Weise eingestehen müssen, daß die Organisation der Arbeit für sie nichts weiter gewesen, als eine alle Tage gemißbrauchte Phrase. Sie sollten geben, was sie immer wieder, nicht von der Wissenschaft, sondern als eine Gabe für das Leben von der vorigen Regierung gefordert haben, und siehe! sie wissen es nicht, sie, welche den Arbeitern diese Forderung in den Mund gelegt haben, müssen, nun die Forderung an sie gerichtet wird, eine Commission zur Lösung des Problems ernennen, welche ad calendas graecas dauern kann, weil die erhitzte Phantasie der mit allen möglichen Schmei= cheleien überhäuften Arbeiter sich nicht so leicht aus ihren excen= trischen Kreisen zurückführen lassen wird in die allein möglichen concentrischen Kreise der Wissenschaft und Erfahrung, in denen Herrn von Thünen's Forschungen sich bewegen.

Daher hoffe ich den Beschluß bald gefaßt zu sehen, an wel= chem Tage angefangen werden soll, die letzte Hand an den zweiten Theil des isolirten Staates zu legen. Ist diese Arbeit nur erst begonnen, so wird dieselbe sich auch in sich fördern. — — Was dann endlich übrig bleibt, muß unfertig und ausdrücklich als solches auch in die Druckerei. Sind denn die größten Werke des mensch= lichen Geistes fertig in dem Sinne, daß die Fragen, welche sie behandeln, als gelöset und abgethan betrachtet werden dürfen? Nein, das sind sie nicht, und wie wirkt nicht der Gedanke von Werth einmal frei geworden und durch die Presse zugänglich gemacht den Millionen, auf verwandte Geister? Nur der Name von Schön= bein's Erfindung braucht genannt zu werden und an zehn Orten wird etwas Aehnliches hervorgebracht. Nur die Vermuthung braucht von Leverrier ausgesprochen zu werden als eine auf Wahrscheinlichkeitsberechnung beruhende, daß gewisse Störungen einem noch nicht entdeckten Planeten zuzuschreiben, und der Planet ist in wenig Stunden von einem Anderen gefunden. Daher müssen die schweren, in Tellow durch die mühevollen Forschungen des Herrn von Thünen gereiften vorspringenden Gedankenkörner nicht aufgespeichert, sondern zur Saat verwendet werden, auf daß neue Ernten daraus hervorgehen. — — —

von Thünen an Christian von Buttel.

Tellow, 17. März 1849.

Gestern Abend kam Dein Brief hier an, und ich danke Dir, daß Du mir den ersten Lichtschimmer für Deutschlands Zukunft sogleich zur Kunde gebracht hast. Wie ergreifend muß die Scene in der Paulskirche gewesen sein, denn auch hier ward ich davon noch tief gerührt. Als wir vor einem Jahr Bassermann's Rede lasen, sagte ich: „Das ist eine Weltbegebenheit" und dasselbe sagte ich gestern Abend von Welcker's Rede. Wie weltgestaltend kann doch ein einzelnes Individuum in einer solchen Katastrophe werden — und welchen Werth hat ein großer Mann in einer solchen Zeit! Als mir vor einigen Tagen Oesterreichs neue Verfassung vorgelesen wurde, sagte ich: „Ist es doch, als wenn die Vorsehung das österreichische Kabinet mit Blindheit geschlagen hat, damit Deutschlands Einheit — die es zu hintertreiben sucht — zu Stande kommt, und damit Oesterreichs Verhängniß — die Zertrümmerung der Monarchie — in Erfüllung geht."

Noch vor einer Woche schien durch das Widerstreben der Fürsten für Deutschlands Einheit Alles verloren zu sein; die Scene in der Paulskirche wird sie aber zur Besinnung bringen. Aber Rußland und Oesterreich werden den deutschen Erbkaiser nicht anerkennen und ein Kampf mit der ersten, vielleicht auch mit der zweiten Macht scheint unvermeidlich. Du sagtest einmal: „Eine Freiheit, die nicht durch Kampf errungen ist, hat keinen Werth." Dies ist wohl sehr richtig: aber mir schaudert doch vor den Strömen von Blut, und vor dem Jammer so vieler Tausende von Familien.

von Thünen an seine Tochter.

Tellow, 6. Septbr. 1849.

Am 22. August erhielt ich von Heinrich einen kurzen Brief mit der Anzeige, daß er von den Zentren zum Abgeordneten für das Staatenhaus designirt sei. Ich weiß kaum, daß ich jemals so freudig überrascht worden, wie durch diese höchst unerwartete Nachricht. — —

Nimmer hätte die höchste Beförderung im Staatsdienst, nimmer hätte die Gunst eines Fürsten einen so tiefen Eindruck auf mich machen können, als diese Anerkennung von Seiten der Gewählten des Landes. Für mich selbst aber lag hierin eine große Genugthuung; denn bei dem Vertrauen und der Hingebung, die dieser Sohn mir von jeher geweiht hat, habe ich an seiner Bildung und Geistesrichtung keinen geringen Antheil — und ich darf mir jetzt um so mehr sagen, daß mein Streben und mein Leben kein verfehltes gewesen ist. Doch die Designation der Zentren war noch keine Wahl der Abgeordneten-Kammer und mit höchster Spannung erwartete ich weitere Nachrichten. Am 23. August kam nun Heinrich selbst und brachte die Nachricht, 1) daß die Vereinbarung mit dem Fürsten zu Stande 'gekommen, 2) daß das projectirte Tagelöhnergesetz, wonach das patriarchalische Verhältniß zwischen Gutsherrn und Arbeitern zerrissen und zu einem gesetzlichen Mechanismus herabgesunken wäre, von der Regierung verworfen, und 3) daß seine Wahl für das Staatenhaus mit 44 unter 48 Abstimmenden wirklich erfolgt sei.

von Thünen an O. Berlin.

Tellow, 5. Januar 1850.

— — Die Griechen und Römer setzten das unerbittliche Fatum selbst über ihre Götter.

Die christliche Religion legte dadurch, daß sie eine weise und gütige Vorsehung lehrte, lindernden Balsam auf die Wunden der

leidenden Menſchheit. Der Grieche war der Nothwendigkeit un=
terthan, der Chriſt wurde Unterthan eines weiſen und gütigen
Gottes, und trug mit Ergebung die Leiden, die dieſer ihm auf=
legte. Dies war ein unſchätzbarer Gewinn. Aber indem die
Theologen dieſe Einwirkung der Vorſehung auf jeden Schritt und
Tritt des Menſchen ausdehnten, nahmen ſie den Menſchen wieder
die Freiheit und Würde. Die Frage aber, wie mit einer ſolchen
Anſicht von der Vorſehung die Freiheit des Menſchen zu vereini=
gen ſei, iſt ein ungelöſtes Problem.

Dieſe mit dem menſchlichen Verſtand unvereinbarliche Anſicht
von der Vorſehung mußte den Widerſpruch der Rationaliſten und
Philoſophen hervorrufen, und ſeitdem ſind die Chriſten in zwei
große Lager getheilt. Die Philoſophen erkennen nichts an, als
was ſie mit dem Verſtande begreifen. Aber ſie überſehen dabei,
daß der menſchliche Verſtand in ihnen noch nicht ſeine Vollendung
erreicht hat, daß wie ſchon im Leben des einzelnen Menſchen man=
ches früher Unbegreifliche ihm ſpäter klar wird, ſo auch für die
ſpätern Generationen begreiflich ſein kann, was jetzt noch unver=
ſtanden iſt. Aus dem Verſtandeshochmuth mag es nun auch zu
erklären ſein, warum die Philoſophen über alles, was das Jen=
ſeitige und Ueberirdiſche betrifft, zu ſo unglücklichen Reſultaten ge=
langen. Die Vorſehung verſchwindet, die Fortdauer des Menſchen
wird höchſt problematiſch und Gott wird ein Gebilde ihrer Phan=
taſie oder auch ganz weggeleugnet. So bleibt ihnen alſo nichts
übrig, als ſich der troſtloſen Nothwendigkeit, dem Fatum der Al=
ten — blind zu unterwerfen.

Durch dieſe Gegenſätze wird der Menſch entweder zur Ver=
wirrung ſeiner Vernunft oder zum Unglauben geführt, und ſo des
Troſtes beraubt, den die Religion gewähren kann.

Aber giebt es, ſo müſſen wir nun fragen, keine dritte, dieſe
beiden Gegenſätze vermittelnde Anſicht?

Es giebt eine Vorſehung, die über dem Fatum
ſteht, die aber das Menſchengeſchlecht dieſem Fatum

unterworfen hat, weil nur dadurch die Freiheit und
Würde des Menschen gewahrt und derselbe seiner
höhern Bestimmung entgegen geführt werden kann.

In dieser Ansicht ist, wie ich meine, der Widerspruch zwischen
Vernunft und Vorsehung aufgehoben, und die Vorsehung bleibt
selbst dann, wenn sie uns tiefe Wunden schlägt, noch gütig und
anbetungswürdig.

von Thünen an seine Tochter.

Tellow, 18. Januar 1850.

Abermals und zwar zum 5. Male kehrt der Tag zurück, der
mir die theure Lebensgefährtin entriß — und noch immer lebe ich.

„Keiner kann scheiden, ehe er seine Aufgabe er=
füllt hat," sagt L. Stein von Henri de Saint=Simon.

Dies ist von Einigen für Fatalismus gehalten, aber meine
Lebenserfahrung hat mich von der Wahrheit dieses Ausspruchs
überzeugt. Mein eigenes Leben liefert den Beweis dafür. Hätte
ich nach Mutters Tode keine Aufgabe zu lösen, kein hohes Ziel
zu erstreben gehabt, so wäre mein Leben ein trübes, trostloses ge=
worden, und wahrscheinlich längst erloschen. Aber in dem aus dem
Innern quellenden Drang, die gestellte Aufgabe zu lösen, ent=
wickelt sich eine Widerstandskraft gegen Leiden und Altersschwäche
— und so erklärt sich Steins Ausspruch auf ganz natürliche Weise.

Niemals fühle ich mich heiterer und glücklicher, als wenn in
meinen langsam fortschreitenden Arbeiten ein Problem sich mir
erhellt. Welche Gründe kann dies haben? Der Ehrgeiz und
das pecuniäre Interesse können es nicht sein, denn ich fühle eine
Abneigung gegen die Publication, und wünsche die Arbeit nur zu
vollenden, damit sie nach meinem Tode gedruckt werde, um mein
Leben nützlich zu machen. Aber auch dann, wenn ich mir sage,
daß ich mich hierin täusche, daß das, was ich der Anstrengung
meines Lebens werth erachtete, für die Menschheit nutzlos sei —
auch dann noch hört mein Streben, meine Befriedigung beim Fort=

schreiten im Wissen nicht auf. Welcher Grund bleibt hiefür noch übrig? Das Fortschreiten im Wissen und die damit verbundene Entwickelung seiner Fähigkeiten muß Bestimmung des Menschen sein, wovon eine dunkle Ahnung in die Seele des Menschen gelegt ist, und die Erfüllung dieser Bestimmung ist mit einer innern Wonne verknüpft. Aber wozu dienen, so müssen wir weiter fragen, das errungene Wissen und die Entwickelung der Geistes= kräfte dem hohen Alter, wo die physischen Kräfte keine Anwen= dung mehr gestatten, und der Lebensfaden nur noch so kurz ge= sponnen ist? Entweder findet hier in der Weltorganisation eine Inconsequenz statt — oder dies Leben ist nur eine Vorbereitung, eine Erziehungsschule für ein anderes Leben. Jeder wähle hier selbst. Ich weiß wohl, daß für Andere dies nur Worte sind, und daß Jeder den Lebensproceß durchmachen muß, um zu demselben Resultat zu kommen; aber dies kann mich nicht abhalten, mein Inneres zu enthüllen.

Gestehen muß ich nun aber noch, daß ich mir selbst ge= wissermaßen untreu geworden, indem ich den beiden Schumacher (Vater und Sohn) nachgegeben und das 1. Heft des zweiten Theils des isolirten Staats dem Druck übergeben habe. —

Wie reich, aber auch wie beschwerlich ist Euer Leben im Vergleich mit dem meinigen. Wie die Schnecke an ihre Schale, so bin ich an das Haus gebannt. Glücklicherweise ist aber der Geist nicht an den engen Raum gebunden, sondern vermag die Gedanken auf die Welt und die ganze Menschheit zu richten.

~~~~~~~~~~

Im Sommer 1850 hatte von Thünen noch das Glück, alle seine Enkel um sich versammelt zu sehen; auch seine Tochter verweilte längere Zeit auf dem väterlichen Gute. Gerne beschäftigte er sich mit der aufblühenden Enkelschaar, und legte manchen Keim zu Edlem und Hohem in ihre Herzen. Einmal sagte er zu ihnen: „Das Merkmal eines Thünen möge sein, daß nie eine Unwahrheit über seine Lippen komme;" von Thünen war ein Feind jeglicher, auch der leisesten Unwahrheit; er sah sie als den ersten Schritt an auf einer Bahn, die den Menschen von seiner Höhe herabwürdige und stufenweise stürze.

Was ihm die allgemeinste Achtung und Liebe bei Allen verschaffte, die in näherer Beziehung zu ihm standen, war das Wohlwollen gegen seine Nebenmenschen, die äußerste Rechtlichkeit und die Milde in seinem Urtheile über Andere, wenn ihm gleich deren Schwächen nicht verschlossen waren. Er war bemüht, die Fehler und Schwächen Anderer nicht hervorzuheben, sondern ihre besseren Seiten zur Anerkennung und Geltung zu bringen. Diese Anschauung versöhnte ihn mit dem Leben, und statt der im höheren Alter oft einkehrenden Bitterkeit, bewahrte er sich Liebe und Wohlwollen für Alle. „Es gehört nicht viel Verstand dazu," sagte er, „die Schwächen und Fehler Anderer zu bekritteln und zu tadeln, schwerer aber ist es, und erfordert mehr Bildung, die guten Seiten des Menschen zu erkennen."

Alle seine Verhältnisse waren geordnet; es war sein Streben, die Lücke, welche nach seinem Tode sonst eintreten würde, möglichst auszufüllen, damit Keiner von Denen, welche von ihm abhängig waren, durch seinen Tod Schaden leiden möchte. Daher zog er seine Söhne in seine Ansichten hinein, und sah in deren Liebe und Wohlwollen für seine Gutsangehörigen die sichere Hoffnung, daß sie fortleben und fortwirken würden nach Kräften in seinem Sinne.

Der Garten zu Tellow, den er selbst geschaffen, vergrößert und verschönert hatte, war ihm der liebste Aufenthalt; wenn die

Natur ihren Frühlingsschmuck anlegte, „in ihrer Brautzeit," wie
er sagte, und wenn der Herbst die Hölzung bunt schön färbte,
dann wandelte, in Harmonie mit sich und der Welt, durch die
langen Alleen die ehrwürdige Gestalt dessen, der sie gepflanzt hatte.

So floß im heitern Seelenfrieden der Lebensabend eines
Mannes dahin, an dem wir den Spruch bewahrheitet finden
„unser Leben ist kurz, doch ist es köstlich gewesen, so ist's Mühe
und Arbeit gewesen" — eines Mannes, dem das Streben
selbst schon Ziel und Gewinn war, — dem bei der
treuesten Pflichterfüllung das Leben eine Fülle von Annehmlich=
keiten bot, und der es verstand, diese Gottesgabe rein zu genießen,
indem er neben den hohen Zielen seines Wirkens der Freude am
Kleinen nicht vergaß — eines Mannes, der „am Tage des hei=
ligen Johannes für das Reich des Lichtes und der Wahrheit ge=
boren," den Reichthum und die Pracht und den Frieden der Welt
erforschte, erkannte und sich zu eigen machte, aber das Gute, was
er gefördert, die Aufschlüsse, welche die Wissenschaft ihm verdankt,
und die Lebensweisheit, die er sich errungen hatte, nicht dahin
genommen als sein Eigenthum, sondern als ein Geschenk der
ewigen Wahrheit, und nur zu den Mängeln und den Schwächen
als ihm selbsteigen angehörig, sich bekannte.

In der letzten Zeit seines Lebens hatte von Thünen einmal
gesagt: „Mein Haus ist bestellt, ich kann jeden Tag abgerufen
werden; wohl dem, der zur rechten Zeit abgerufen wird; wenn ich
sterbe, so möchte ich schnell sterben, und im Herbst, wenn die
Blätter fallen;" und ein ander Mal: „ich möchte ohne Bewußt=
sein sterben." Er ahnte wohl nicht, daß seine Wünsche so bald
in Erfüllung gehen sollten. Am 22. September 1850 besuchten
ihn seine Kinder, welche auf dem Gute Poelitz in der Nähe
wohnten; er kam ihnen froh entgegen, freute sich, sie wieder zu
sehen und um sich zu haben in der Sonntagsstille, und sprach
mit Interesse von den neuesten politischen Ereignissen. Alle gingen
fröhlich zum Mittagsmahle; von Thünen sagte am Schlusse, in=

dem er den Kopf mit der Hand stützte: „mir wird so sonderbar
zu Muthe," und bald darauf: „diesen Zustand kenne ich noch
nicht, es ist entweder Ohnmacht oder Schlagfluß." Er ging nach
seinem Schlafzimmer, unterstützt von seinen Kindern, und verfiel
nach kurzer Zeit in einen tiefen Schlaf. Der rasch herbeigerufene
Arzt erklärte den Zustand für einen Schlagfluß. Gegen fünf
Uhr Nachmittags wurde der Schlaf immer ruhiger, das Athmen
immer leiser, und so schwand sein Leben ohne Schmerzen und
Leiden, deren er nach menschlichem Ermessen zu seiner Veredlung
auch nicht mehr bedurfte, hinüber in jenes unbekannte Reich der
Todten. Erhabne, edle Züge verkündeten noch im Tode seinen
hohen Sinn und seine Forscherkraft.

Die Thränen seiner Untergebenen waren nicht Thränen der
bangen Sorge für die Zukunft; alle Gutsangehörigen wußten,
daß er in seinen Söhnen ihnen Männer von wohlwollender Ge=
sinnung hinterlassen hatte, und darum floß hier die reinste Thräne
der Dankbarkeit und Verehrung.

Als die Trauerbotschaft an die in Magdeburg versammelten
deutschen Land= und Forstwirthe gelangte, und die Anregung hervor=
rief, dem Vereinsjahre 1850 den Namen „von Thünen" beizu=
legen, da standen seine nächsten Freunde und Verwandten zur
Todtenfeier um ihn versammelt; sie geleiteten seine sterbliche Hülle
zur letzten Ruhestätte, betteten sie in den kühlen Schooß der
Erde zur Seite seiner Gattin, und streuten Blumen auf seine
Gruft.

Die Krone seiner Gesetze, das Resultat mühseliger Unter=
suchungen über das Verhältniß des Arbeitslohns zum Zinsfuß
und zur Landrente, wie solches aus seinem Arsenale mathema=
tischer Formeln siegreich hervorging:

Der naturgemäße Arbeitslohn $= \sqrt{ap}$

schmückt als Denkspruch seinen einfachen Grabstein im Hügellande
von Mecklenburg, wie er in schöner Stunde selber gewünscht.
Wer die Wege seiner Forschungen mit sittlichem Ernste verfolgt,

wird hohen Gewinn und reiche Befriedigung daraus schöpfen, und wie Verehrung und Liebe ein köstlich Theil war und uner= schöpflicher Zehrpfennig auf dem Lebenswege Derer, welche in jugendlicher Begeisterung seiner Lehre gelauscht, so steht auch das Bild von dem sittlichen Werthe seiner Persönlichkeit mit unaus= löschlichen Zügen in den Herzen Vieler gezeichnet, welche einmal angehaucht von der Demuth und gestählt durch die Wahrheit, und bereichert aus dem Wissen dieses Mannes in wiederholtem Verkehre seine Nähe suchten, seinem Wohlwollen begegneten, seine Freundschaft fanden.　Er stellte Demuth, Wahrheit, Wissenschaft auf als Penaten seines Hauses, zu wachen der höchsten Güter des Lebens, demüthig suchte er die Wahrheit in der Wissenschaft, bis er — demüthig vor Gott einging zu höherer Wahrheit, zur höchsten Wissenschaft.

Der

isolirte Staat

und

seine Geseße.

„Ich halte es für unbillig, blos in der Physik, Mathematik u. s. w. die großen Naturgesetze mit dem Namen ihrer Entdecker zu bezeichnen. Daher ich in Vorlesungen und Schriften ohne Bedenken von dem A. Smith'schen Gesetze der Arbeitstheilung, dem Ricardo'schen Gesetze der Grundrente, dem Malthusischen der Volksvermehrung, von dem Rau'schen Gattungs= und Quantitätswerthe u. s. w. rede. So habe ich das im Vorstehenden entwickelte Gesetz das von Thünen'sche genannt. Nicht, als ob es von Herrn von Thünen zuerst beobachtet, oder ganz untadelhaft ausgedrückt wäre; aber von Thünen hat es durch eine eben so großartige, als scharfsinnige Combination in das beste Licht gestellt und eben damit zu einem Schlüssel gemacht, der eine wahrhaft erfreuliche Menge verschlossener Thüren und Schränke in dem Hause der Nationalökonomie zu öffnen vermag. Sein Werk scheint noch lange nicht diejenige Verbreitung und Benutzung gefunden zu haben, die es verdient. Das ist zum Theil seiner Form beizumessen. — — Endlich ist der Verfasser in nationalökonomischen Dingen zu sehr Autodidakt, was freilich sein Verdienst in gewisser Hinsicht um so bewunderungswürdiger macht, aber auch, absolut betrachtet, weniger vollkommen. — — Im Ganzen jedoch stehe ich keinen Augenblick an, seine Arbeit für eine der allerbedeutendsten zu erklären, welche in Deutschland für die exacte Staatswissenschaft geschehen sind. Nichts würde mir erfreulicher sein, als wenn der vorliegende Aufsatz, der Herrn von Thünen so sehr Vieles verdankt, auch seinerseits dazu beitragen könnte, die Benutzung seines vortrefflichen Werkes allgemein zu machen". — —

„In dem Bilde unsers isolirten Staates haben wir nicht blos einen Schlüssel zur Statistik der Landwirthschaft, sondern ebenso gut auch zur Geschichte derselben. Mit Jagd und Fischerei, womit der isolirte Staat endigte, fängt die Volkswirthschaft im Allgemeinen an. Sie geht zur Viehzucht über, zum Ackerbau; im Ackerbau zu immer künstlicheren Systemen. Städtischer Gewerbfleiß und Handel bilden den Gipfel. Wenn man von Landwirthen so oft dasjenige System, welches sie gerade mit Vortheil befolgen, als das absolut beste rühmen hört, so ist das die nämliche Verkehrtheit, wie von politischen Theoretikern, diejenige Staatsverfassung, die sie gerade wünschen, für die absolut beste zu erklären."

„Der bei weitem größte Theil menschlicher Irrthümer beruhet darauf, daß man zeitlich und örtlich Wahres oder Heilsames für absolut wahr oder heilsam ausgiebt. Für jede Stufe der Volksentwickelung paßt eine besondere Staatsverfassung, die mit allen übrigen Verhältnissen des Volks als Ursache und Wirkung auf's Innigste verbunden ist; so paßt auch für jede Entwickelungsstufe eine besondere Landwirthschaftsverfassung. Fremde Vorbilder zu copiren, ist in beiden Fällen gleich gefährlich. Die Uebergänge von einer Stufe zur folgenden sind in beiden Fällen nicht ohne Beschwerde. In der Medicin glaubt jetzt keiner mehr an Universalrecepte; hoffentlich wird das in der Staatskunst und Landwirthschaft bald ebenso werden. Wie der Arzt die Natur nicht zwingen, sondern nur beobachten und unterstützen soll, so auch der Politiker und der Staatswirth. Alle politischen, alle religiösen und literarischen Entwickelungen werden zuerst in der Nähe großer Städte und Handelsstraßen vollzogen; nicht minder alle wirthschaftlichen. Hier steigt die Grundrente und die Bevölkerung zuerst, hier sinkt der Zinsfuß zuerst; hier werden zuerst die künstlicheren Feldsysteme möglich. Bei allen Völkern hat sich die Landwirth=

schaft ebenso analog entwickelt, wie die Politik. Die Beobachtung des Gleichartigen, die Erklärung des Verschiedenartigen lehrt das Wesentliche, das Gesetz kennen." (Roscher *).

Die Fürstlich-Jablonowskische Gesellschaft in Leipzig wiederholte für das Jahr 1858 folgende, schon für das Jahr 1856 gestellte aber unbeantwortet gebliebene Preisfrage: „Die neuere Nationalökonomie seit J. Tucker hat sich mit den Naturgesetzen beschäftigt, nach welchen gewisse Producte der Landwirthschaft nur in der Nähe, gewisse andere nur in der Ferne vom Absatzorte mit Vortheil erzielt werden können (vgl. v. Thünen, der isolirte Staat in Beziehung auf Landwirthschaft und N.Oek. 1826; Roscher, Ideen zur Politik und Statistik der Ackerbausysteme im Archiv der pol. Oekonomie. Neue Folge B. III. ff., besonders III. S. 229 ff.). Die Gesellschaft wünscht nun, zur Vergleichung mit jenen angeblichen Naturgesetzen, eine aus den alten Schriftstellern geschöpfte Zusammenstellung der Gegenden, woher die vornehmsten Hauptstädte des Alterthums — wenigstens Athen und Rom — ihren Bedarf an den wichtigsten Erzeugnissen des Ackerbau's und der Viehzucht befriedigten."

Gekrönt mit dem Preise ward die Schrift des Herrn Dr. Heinrich Wiskemann mit dem Motto: „Selbst über dem scheinbar Zufälligen walten ewige Gesetze," und unter dem Titel: „Die antike Landwirthschaft und das von Thünen'sche Gesetz, aus den alten Schriftstellern dargelegt."

Am Ende dieser trefflichen Schrift bemerkt der Verfasser: „Doch wird sind hier an dem Schlusse unserer Untersuchungen angelangt, durch deren Ergebnisse das von Thünen'sche Gesetz auf das Vollständigste bestätigt wird. Wir werden dasselbe sonach als ein

---

*) Archiv der politischen Oekonomie und Polizeiwissenschaft, herausgegeben von Dr. Karl Heinrich Rau und Dr. Georg Hanssen. Heidelberg. 8. Band, 2. Heft, 1845; neuer Folge 3. Band.

Naturgesetz betrachten müssen, das zwar zunächst und unmittelbar
keinen andern Zweck hat, als zu bestimmen, was die um die grö=
ßeren Mittelpuncte menschlichen Zusammenlebens sich bildenden
Ringe jenen zuführen, in dem aber, wie wir früher sahen, zugleich
das Ricardo'sche Gesetz von der Grundrente, in dem ferner das
Ad. Smith'sche Gesetz von den Preisverhältnissen, in dem endlich,
und das ist die allgemeinste, die idealste und besonders für die
Geschichte der Menschheit fruchtbare Seite desselben, der auf= und
absteigende Gang der Völker seine Erklärung, seinen kurzen Aus=
druck, sein räumliches Abbild findet.   Die ersten Anfänge des
gesellschaftlichen Lebens sind überall das Jäger=, Fischer=, Hir=
tenleben.   Wenn ein Fortschritt von ihm stattfindet, so geschieht
er durch den Ackerbau, der Anfangs höchst einfach, später künstli=
cher betrieben wird.   Mit den höhern Stufen desselben verbinden
sich dann Gewerbe, ein großartigerer Verkehr, ein Kreis mannig=
facher Kenntnisse, bis die Völker endlich an einem Puncte anlan=
gen, wo wir Athen und Rom antrafen, wo sich mächtigere Reiche
bilden, wo größere Hauptstädte entstehen, die zu Sitzen der edle=
ren Arbeiten, der Künste und Wissenschaften werden, die weithin
Wärme, Leben, Licht, Bewegung austheilen, die, so lange nicht
irgend ein äußeres oder inneres Uebel zerstörend einwirkt, für die
Nähe und Ferne Quellen des Segens und der Wohlfahrt wer=
den.   Das von Thünen'sche Gesetz veranschaulicht diesen aufstei=
genden Gang der Weltgeschichte, denn sein äußerster Ring enthielt
ja auch jene ersten Anfänge menschlicher Cultur, seine mittleren
die auf der Ackerbaustufe befindlichen Nationen, sein engster Kreis
das warm pulsirende rasche Leben der am meisten fortgeschrittenen
Völker.   Umgekehrt vergegenwärtigt es uns wiederum die trau=
rige Wanderung der verfallenden Nationen.   Wenn mächtige Reiche
von ihrer Höhe herabsteigen, wenn an die Stelle des rasch um=
treibenden Blutes allmählig die Kälte des nahen Tods tritt, dann
sterben zuerst die edelsten Blüthen ab, es siechen Kunst, Wissen=
schaft, es siechen die edleren Arbeiten, die Großartigkeit des Ver=

kehrs dahin, das Volk tritt auf die Stufe des Ackerbau's herab,
durchläuft die verschiedenen Arten desselben und kehrt, wenn es ein
ungünstiges Geschick so will, endlich zu dem Hirten= und Jäger=
leben zurück, von dem es so mühsam aufstieg. Die Wahrheit und
der Werth des von Thünen'schen Gesetzes wird nicht wenig da=
durch erhöht, daß wir in seinen Kreisen nicht blos das räum=
liche Nebeneinander=, sondern zugleich das zeitliche Nacheinander=
leben der Völker wiederfinden."

„Thaers Werk: Grundsätze u. s. w. begründete die Epoche
der rationellen Landwirthschaft; eine große und reiche Literatur
folgte demselben und die Landwirthschaft ward von da an
als eine Wissenschaft betrachtet, deren factische Grundlage, der
wirkliche landwirthschaftliche Musterbetrieb, zwar England, deren
systematische Behandlung aber dem deutschen Volke angehörte.
Von da an hat Deutschland den ersten Rang in der land=
wirthschaftlichen Literatur behauptet, und zwar nicht blos durch
die wahrhaft außerordentliche Thätigkeit und Tüchtigkeit seiner
landwirthschaftlichen Vereine und ihrer Organe, sondern bald auch
dadurch, daß es wiederum auf diesem Gebiete neue Bahnen brach.
Selbst Thaer hatte seine Lehre noch wesentlich auf die erfahrungs=
mäßig vorhandenen Productionskräfte des Grundes und Bodens
stützen müssen. Eine ganz neue Epoche begann dagegen, als Lie=
big's Genius den Proceß des Wachsens und Fruchttragens auf die
chemischen Elemente zurückführte, und auf diese Weise die Natur=
wissenschaft, die Chemie und die Landwirthschaft zu einem künftig
untrennbaren Ganzen verschmolz. Die Agriculturchemie ist von
da an die Grundlage der Wissenschaft geworden, und ihre Wir=
kungen sind noch ganz unberechenbar. — Fast gleichzeitig aber führte
von Thünen die Landwirthschaft in das Gebiet der Grundsätze

20*

hinüber, welche den Betrieb derselben als ein streng wirthschaft=
liches Unternehmen beherrschen, indem er in seinem isolirten Staat
1826 die allgemeinen Gesetze für die Entwicklung der landwirth=
schaftlichen Betriebsarten, und in dem 2. Theile — der isolirte
Staat in Beziehung auf Landwirthschaft und Nat.=Oec. 1850 —
die Regeln für die strenge Berechnung der Factoren des Betriebes
in bewundernswerther Weise aufstellte. Durch diese drei Männer
steht die landwirthschaftliche Bewegung Deutschlands jetzt unbe=
zweifelt am höchsten in Europa, und die früher unsere Lehrmeister
waren, gehen jetzt bei uns in die Schule. Es ist höchst merk=
würdig, daß dieser so hochstehenden Leistung von Thünens, die
einen so viel größeren Werth hat, als die unklaren Ansichten Ri=
cardo's, namentlich von Seiten der Deutschen eine so viel gerin=
gere Anerkennung als jenem Fremden gezollt worden ist. Und
doch giebt es vielleicht kein Gesetz, das so unerschöpflich und doch
so entschieden wichtig in seinen Anwendungen wäre, als dies von
Thünen'sche Gesetz, das dereinst die Quelle tief eingreifender Un=
tersuchungen zu werden bestimmt ist." (L. Stein *).

---

*) Lehrbuch der Volkswirthschaft von L. Stein 1858.

Eine französische Uebersetzung des ersten Theils erschien im Jahre 1851 unter dem Titel:

RECHERCHES
SUR L'INFLUENCE
QUE
LE PRIX DES GRAINS
LA RICHESSE DU SOL ET LES IMPOTS
EXERCENT
SUR LES SYSTÈMES DE CULTURE
PAR
M. HENRI DE THÜNEN.
TRADUIT DE L'ALLEMAND
PAR
M. JULES LAVERRIÈRE.

(Traduction qui a obtenu une médaille d'or de la Société nationale et centrale d'agriculture).

Die Einleitung und der Bericht an die französische Central-Ackerbau-Gesellschaft lauten:

INTRODUCTION.

„Le livre, dont j'offre la traduction aux agriculteurs, aux jurisconsultes et aux économistes de mon pays, a pour auteur l'un des plus éminents praticiens de l'Allemagne. De Thünen forme avec de Wulffen, Koppe, Block et Kreissig, l'élite des disciples sortis de l'école de Thaer. Il a, pendant 40 ans, dirigé l'une des plus grandes exploitations du Mecklembourg, et c'est pendant cette longue période d'expériences, d'études et de méditations qu'il a rassemblé les matériaux, qui servent de base à son ouvrage.“

„Le succès avec lequel de Thünen a su diriger les opérations si multiples d'un vaste domaine, les aperçus nouveaux mais rationnels que l'observation lui a fait découvrir et qu'il a consignés dans plusieurs mémoires, faisaient présager le succès qui attendait la publication de son oeuvre principale. L'attente du public n'a pas été trompée, et les gouvernements eux-mêmes y ont trouvé l'inspiration de mesures utiles pour leurs administrés."

„Avant de Thünen, les cultivateurs, et surtout les petits cultivateurs de l'Allemagne, ignoraient à quel point le morcellement, l'éparpillement des pièces de terre, leur distance du centre de l'exploitation, pouvaient influer sur la grandeur des revenus. On ne se rendait pas compte alors des désordres répétés, du gaspillage auxquels entraînent les allées et venues journalières du champ à la ferme et de la ferme au champ. On ne savait pas non plus estimer le degré de dépréciation que subissaient certaines terres placées dans une condition économique défavorable. De Thünen, guidé par la comptabilité et par le calcul, est venu formuler des lois, indiquer des règles d'échange, déterminer les circonstances dans lesquelles cet échange pouvait être avantageux. C'est à la partie de son livre où cette importante question est traitée, que le gouvernement prussien a emprunté les matériaux de la loi dite loi de réunion, promulguée en 1829."

„Mais cette question, quoique fort importante, n'en était pas moins secondaire à côté des autres questions plus élevées, que l'auteur a cherché à éclaircir. En effet, l'influence que les prix des grains, la richesse du sol et les impôts exercent sur les systèmes de culture, n'était que très-imparfaitement connue. On ignorait que les systèmes de culture (système triennal, pastoral, alterne etc.) ne pouvaient exister qu' à certaines conditions. Nous en avons vu la preuve, et nous la voyons encore fréquemment, dans les essais tentés par beaucoup de propriétaires en France, qui, poussés par un empressement irréfléchi,

ont voulu importer chez eux la culture belge, la culture
anglaise ou la culture allemande. Chaque système de
culture exige, pour pouvoir se maintenir avec avantage,
que le sol possède un certain degré de richesse, que les
frais de production soient maintenus dans des limites dé-
terminées, et que le prix des produits au marché voisin
soit à un taux capable de rembourser au moins les frais
qu'ils ont occasionnés. C'est ce que de Thünen démontre
clairement; il a fait plus, il a montré que ces conditions
d'existence de chacun des systèmes étaient en raison directe ou indirecte les unes des autres, qu' enfin elles
étaient étroitement liées entre elles."

„Pour parvenir à l'exposition claire et simple d'un
phénomène aussi complexe, il lui a fallu se servir d'abord
de la méthode hypothétique. En supposant un ordre de
choses déterminé d'après des lois prises dans la réalité,
de Thünen a pu analyser une à une chacune des conditions d'existence d'un système de culture; il a pu suc-
cessivement leur attribuer l'action principale, et rendre
cette action plus spécialement frappante par la grandeur
du résultat trouvé. Après avoir dégagé, isolé chaque
principe de l'état de combinaison, où se trouvent tous les
principes dans la réalité, ce qui rendait l'intelligence de
leur action particulière trop confuse, il passe de l'hypo-
thèse à la réalité. Sa tâche, devenue plus facile, se borne
à noter les différences entre cette réalité et l'état des
choses supposé, et à critiquer la justesse des formules
posées, des résultats obtenus."

„Le lecteur ne se préoccupera pas trop des chiffres
qui sont parsemés dans ce livre. Ces chiffres ont un
intérêt spécial et un intérêt général: un intérêt spécial,
en ce sens qu'ils expriment des valeurs positives
qui servent à faire connaître quelques particularités

de l'agriculture mecklembourgeoise; un intérêt général, beaucoup plus important, en ce qu'ils expriment des rapports qui sont valables partout, puis qu'ils servent de base aux formules algébriques que chacun pourra appliquer à son usage."

„Tel est en peu de mots, le résumé des recherches de Thünen. Il a su, le premier, faire servir une longue expérience agricole à l'observation de faits généraux, ce qui l'a conduit à exposer des règles non moins générales. En se guidant sur lui, le cultivateur ne craindra pas de se tromper dans le choix de son système de culture. Sachant, d'une part, à quelle distance son domaine est du marché, quels sont les frais de transport, quels sont les prix courants des denrées sur le marché même; sachant, d'autre part, quel est le montant des impôts à acquitter, quelle est la richesse de son sol, la disposition de ses terres autour des bâtiments d'exploitation, la rente foncière du domaine, le cultivateur possède déjà un élément important. C'est un immense progrès. Sans doute, ces données ne suffisent pas pour être capable de diriger une exploitation dans tous ses détails. Il faut pour cela un complément de connaissances d'autant plus difficile à acquérir, qu'on ne sait encore où le prendre, à moins de faire son éducation personnelle par la voie (dispendieuse) d'une longue pratique. La direction manque; il n'y a pas d'unité ni de philosophie dans les recherches et dans les observations. Mais ce progrès s'accomplira dans son temps comme le premier."

Laverrière.

RAPPORT

A LA SOCIÉTÉ NATIONALE ET CENTRALE D'AGRICULTURE

SUR L'OUVRAGE INTITULÉ

RECHERCHES SUR L'INFLUENCE QUE LE PRIX DES GRAINS,

LA RICHESSE DU SOL ET LES IMPOTS EXERCENT SUR LES SYSTÈMES DE CULTURE,

DE M. DE THÜNEN,

TRADUIT PAR M. LAVERRIÈRE.

————

„M. Laverrière, déjà connu de la Société nationale et centrale par sa traduction d'une portion des oeuvres de Schwerz (Traité sur la culture des plantes économiques) et par celle du Traité de géologie de J. Morton présente aujourd'hui au concours la traduction d'un ouvrage d'économie agricole qui a eu un grand retentissement en Allemagne parmi tous les hommes qui s'occupent des questions économiques et agricoles: nous voulons parler de l'ouvrage du célèbre agriculteur mecklembourgeois, M. de Thünen: L'Etat isolé ou Recherches sur l'influence du prix des grains, de la richesse du sol et du chiffre des impôts en agriculture.“

„M. de Thünen, quoique moins connu en France que plusieurs autres agriculteurs allemands, n'est cependant pas un étranger pour nous. L'habile et savant directeur de la Saulsaie, M. Nivière, nous l'a fait connaître, ainsi que sa belle exploitation de Tellow, dans l'intéressante notice qu'il a publiée sur son voyage agronomique dans le nord de l'Allemagne.“

„Pour donner à la Société une idée et du but et de l'importance de l'ouvrage de M. de Thünen, qu'elle nous permette de reproduire ce qu'en disait M. Nivière dans la notice en question:"

„Il a suffi en Allemagne, dit M. Nivière, que M. de Thünen, vivement préoccupé de l'aggravation que devait apporter aux charges de la culture la vicieuse disposition des terres du Mecklembourg, telle que les siècles passés l'avaient faite, ait démontré dans un livre remarquable (celui dont il s'agit ici) quelle diminution cette disposition devait faire subir au chiffre de la richesse publique et particulière, pour que les lois aient été modifiées dans le sens de sa demande; et qu'une nouvelle loi, dite de réunion, ait été rendu. M. de Thünen, en la provoquant, ne dissimulait pas les difficultés nombreuses qu'elle devait rencontrer. „„Nos lois hypothécaires, disait-il, nos loi surtout qui grèvent tout échange de la perception d'un droit, seront peut-être un grand obstacle; mais il faut que je le dise, nous ne pouvons espérer de pouvoir progresser comme les autres peuples, qu'autant que nous saurons nous affranchir des liens qui nous enchaînent à un passé funeste."" Et ce cri, échappé à la conscience d'un honnête homme et d'un sage, a été entendu de l'Allemagne entière et de ses gouvernants; et M. de Thünen a pu constater les heureux effets que n'a pas tardé de produire la loi sur la réunion des terres disséminées, et, de son vivant, il a pu voir le chiffre de la richesse publique accru de la valeur de tout le temps que perdaient les travailleurs agricoles par des allées et venues inutiles sur des terres mal distribuées."

„On se tromperait, du reste, si l'on supposait que l'oeuvre de M. de Thünen n'a d'intérêt qu'au point de vue économique. L'agriculteur, lui aussi, y puisera des idées rationelles sur des questions importantes qui se présentent journellement dans la pratique.“

„L'emprunt que nous vénons de faire à M. Nivière nous dispense d'entrer dans plus de développement sur les sujets traités dans cet ouvrage, quoique M. Nivière n'ait signalé qu'une seule des nombreuses et intéressantes questions soulevées et discutées par M. de Thünen avec une habilité, une profondeur de vue qui expliquent l'effet produit en Allemagne par l'apparition de son ouvrage. Nous craindrions qu'une analyse écourtée ne donnât une idée fausse de ce livre si original.“

„Il ne nous reste donc plus qu'à ajouter que la traduction est non-seulement exacte, comme nous avons pu nous en assurer en la comparant a l'original, mais encore d'un style clair et parfois même élégant. Nous ne ferons au traducteur qu'un seul reproche, c'est de n'avoir par converti chaque fois les mesures et valeurs allemandes en mesures et valeurs françaises. Nous pensons qu'il nous aura suffi de signaler cette lacune pour que l'auteur s'empresse de la remplir. Prenant en considération l'importance et le mérite de cette traduction, votre commission vous propose, Messieurs, de décerner à M. Laverrière votre médaille d'or aux trois effigies.“

Le rapporteur
L. Moll.

L. Vilmorin.   A. Pommier.

Eine franzöſiſche Ueberſetzung der erſten Abtheilung des zweiten Theiles lieferte 1857 Mathieu Wolkoff unter dem Titel:

> Le salaire naturel et son rapport aux taux de l'intérêt par M. Jean Henry de Thünen.

In ſeinen „Lectures d'Économie politique,“ in verſchiedenen Aufſätzen und in literariſcher Fehde gegen Leclerc, Wolowski und Leymarie im **Journal des Économistes** hält Mathieu Wolkoff seine Uebereinstimmung mit von Thünen fest und beweist sein eingehendes Verständniß der von Thünen'schen Forschungen.

——••———————

Der Engländer William Jacob in seinem amtlich erstatteten „zweiten Bericht an die englische Regierung über den Anbau und Absatz des Getreides in mehreren europäischen Continental-Staaten" sagt in Bezug auf seine in Mecklenburg angestellten Recherchen unter anderem:

„Ich war so glücklich, mit mehreren Adligen und Gutsherren, sowie mit einigen Pächtern von großen Gütern Bekanntschaft zu machen, und nie noch in irgend einem Lande habe ich verständigere, aufgeklärtere und accuratere Männer gefunden. Ich fand sie insgesammt willig, mir jegliche Auskunft zu geben, und zwar in der mir am verständlichsten Weise. Einen unter ihnen, den Alle als sich überlegen anerkennen, muß ich jedoch namentlich aufführen, nämlich den Herrn von Thünen auf Tellow. Dieser Herr hat bei großen natürlichen Fähigkeiten sich auch wissenschaftliche Kenntnisse von höchstem Werthe erworben und sie mit dem größten Erfolge zu practischen Zwecken beim Ackerbau angewandt. Bei einem Besuche in seinem Hause bat ich), nach vielfältiger sehr interessanter Besprechung, um die Erlaubniß, ihm eine Reihe von Fragen vorlegen zu dürfen, und ersuchte ihn, selbige so bedächtig und ausführlich zu beantworten, als es ihm seine Zeit gestatten möchte. Diese Antworten kamen mir nach einander zu, und sie bilden die schätzbaren Thatsachen, die in der Beilage Nr. 10, 1., 2. und 3. Abtheilung detaillirt sind. Ich habe das vollste Vertrauen zu der Richtigkeit der Angaben und Berechnungen und halte es für unmöglich, daß irgend einer, der dieselben untersuchen möchte, wenn er die landwirthschaftlichen Details gut studirt hat, ihre Treue, ja selbst ihre gründlichste Genauigkeit in Zweifel würde ziehen können. Kein Beamter noch Kaufmann kann richtigere Rechnungen stellen und jedes Factum während des Verlaufs von vielen Jahren ist auf das Sorgfältigste eingetragen und ohne Mühe heraus zu finden. Sein Gut zu Tellow, ungefähr 1150 acres groß, hat mit das beste Land in der Provinz, einen lehmigen, leicht zu bestellenden Boden, in welchem die Quecken nicht sehr wuchern, und der auch leicht trocken zu erhalten ist. Dessen Ertrag kann demnach nicht als Maaßstab des Mittelertrags des Landes gelten, selbst nicht in dem Falle, wo die Ländereien gut bearbeitet sind, viel weniger aber noch deshalb, weil wohl auf wenige (wenn überhaupt auf irgend welche) Ländereien so viele Aufmerksamkeit, Arbeit und Dünger verwandt wird. Obgleich ich von verschiedenen Individuen eine große Menge nützlicher Belehrungen erhielt, so diente sie doch nur, so weit sie ging, dazu, dasjenige zu bestätigen, was ich durch den Herrn von Thünen wußte, und ließ sich nicht in eine so statistische Form bringen, als seine Antworten. Ich habe mich demnach veranlaßt gesehen, mich mit dem vollsten Vertrauen in diesem Theile meines Berichts an das zu halten, was ich von ihm in Erfahrung gebracht habe. Der Arbeitslohn in diesem Lande und auch die Zahlungsweise sind sehr verschieden. Im Allgemeinen wird er theils in Geld, theils in Producten zu einem festen Preise, unter dem Marktwerthe, und theils in gewissen Zugeständnissen, als: eine Kuh halten zu dürfen, freie Wohnung, ein Stück Landes zum Flachsbau, Kartoffelland, Torf oder Brennholz entrichtet. Diese Art, die Arbeit zu lohnen, macht es schwer, ihren Preis in einen allgemeinen Ansatz zu bringen. Der Herr von Thünen hat sich der Mühe unterzogen, alle die verschiedenen kleinen Ausgaben, die er auf seinem Gute hat, zu detailliren und zu analysiren. Er ist ein freigebiger Herr, und wahrscheinlich kann das, was er zahlt, als ein Maximum in diesem Lande gelten, während diejenigen, die bedürftiger oder habgieriger sind, ihre armen Arbeiter wohl schlechter lohnen mögen"*).

———————

Jene Antworten und Berechnungen stehen in nächster Beziehung zu denjenigen Ideen, welche in den „Reflexionen" (§. 6, 1 der 2. Abtheilung des 2. Theils vom isolirten Staat) enthalten sind; von Thünen bezeichnete in seiner bescheidenen Ausdrucksweise die dennoch 1828 durch Grant durchgesetzte Kornbill als mindestens überflüssig. In der Geschichte der Staatswissenschaften werden jene schon damals zu seltener Klarheit gelangten Ansichten von Thünens ein bleibender Beweis sein für die tiefe staatsmännische Einsicht ihres Urhebers.

———————

— — „Alle der Landwirthschaftslehre beistehenden Wissenschaften, und an ihrer Hand sie selber, haben seit einem Menschenalter große Fortschritte gemacht, aber das Thünen'sche Buch haben sie nicht überholt. Noch heute gilt von demselben der Kern des Ausspruchs von A. Thaer. Und dennoch! Wie wenige haben dasselbe verstanden, studirt, durchgelesen?! Selbst sein erster warmer Lobredner scheint dasselbe nicht in dem ganzen Umfange seiner Tiefe und Fülle erkannt zu haben. Denn sein Bericht erfaßt es nicht in seinem ganzen Geiste und seine örtlichen Bemerkungen dazu und darüber erhoben sich nicht zur einheitlichen Kritik über die Höhe und den Reichthum seiner Ideen. A. Thaer ward von Thünen's Buche offenbar überwältigt, er war demselben in dessen ganzen Bedeutung nicht gewachsen, weil er für die darin herrschende volkswirthschaftliche Richtung landwirthschaftlicher Betriebsforschung unvorbereitet war. Dies soll keine Verkleinerung A. Thaers

———

*) Zweiter Bericht des Herrn William Jacob an die englische Regierung über den Anbau und Absatz des Getreides in mehreren europäischen Continentalstaaten. 1828.

sein, denn es kann nicht Jeder zu jeder Zeit Jedes wissen oder ahnen. Thünens volkswirthschaftlicher Standpunkt war vor 38 Jahren viel zu neu für die Landwirthschaftslehre bei ihrer damaligen Entwickelung, für die Volkswirthschaftslehre selbst bei ihrer damaligen Ausbildung. Thünen's Geist war eine land= und volks= wirthschaftliche Oase, für fast alle Anderen umgeben von einem Nebel, welchen zu durchdringen der Mehrzahl die geistige Kraft und die Ausdauer fehlte. Ein gänzliches Nichtverständniß oder ein Halbverständniß des schweren Werkes endigte meistentheils schon vor den letzten Blättern desselben in stummes, ehrfürchtiges, scheues Staunen, wenn nicht gar mit stiller Geringschätzung ja mit jenem Widerwillen, der in der Mühseligkeit des Studiums wurzelt, wenn es an den Vorkenntnissen und Fähigkeit fehlt.

„Die wissenschaftliche landwirthschaftliche Welt war am An= fang des zweiten Viertheils unsers Jahrhunderts unfähig, die Probleme der landwirthschaftlichen Betriebslehre auch nur im Ent= ferntesten so wie mit Hülfe der Naturwissenschaften, mit Hülfe der Volkswirthschaftslehre zu erfassen und zu lösen, während jetzt hoffentlich doch kein Zweifel mehr darüber bestehen wird, daß eine landwirthschaftliche Betriebslehre ohne Volkswirthschaftslehre grade ebenso unmöglich, wie der landwirthschaftliche Betrieb ohne Volks= wirthschaft undenkbar ist. Das Buch von Thünen war aber schon im 1. Theile und ist zur Zeit in seinem ganzen großen jetzigen Umfange eine auf die Grundgesetze der Volkswirthschaft wie auf Naturgesetze, in ihrer ganzen Schärfe und Strenge begründete landwirthschaftliche Betriebslehre, in einer unverdrossenen Conse= quenz, über deren Ergebnisse der Verfasser oft selbst nicht weniger erstaunt als erfreut ist. Zu der gänzlichen Ungewohntheit selbst der hervorragendsten Männer der Landwirthschaft an ein volks= wirthschaftliches Denken, Auffassen und Forschen, welches ihnen im Buche Thünen's auf jedem Blatte entgegentrat, kam noch ihre mindestens sehr wahrscheinliche Schwäche in der Handhabung der

algebraischen Formeln überhaupt und im Verständnisse der Inte=
gral= und Differentialrechnung." — — — —

„Aber auch den hervorragendsten Männern der Volkswirth=
schaftslehre war Thünen's scharfe Methode so ungewohnt, vielleicht
kann man sagen, hart und unbarmherzig, daß das Buch lange
Zeit nach seinem Erscheinen in der volkswirthschaftlichen Literatur
als eine Art von Noli me tangere bewundert wurde. Thünen
hat in dieser nur einen einzigen Geistesverwandten, nahe wie ein
Bruder, wie ein Zwilling, in Zielen und Ergebnissen der For=
schung, so zu sagen, identisch. Dieser ist David Ricardo, welchen
er aber, wie er im 1. Theile selbst bekennt, bei dem ersten Ent=
wurfe seines Buches nicht gekannt hat. In völliger Unabhän=
gigkeit und Selbstständigkeit gelangte von Thünen, der Landwirth,
auf dieselbe Grundrententheorie wie David Ricardo, der Bankier,
dessen **Principles of political Economy** im J. 1817 in erster,
im J. 1821 in dritter Auflage erschienen waren, und dessen be=
rühmte Gelegenheitsschrift: On protection to Agriculture (1822)
in ihrer ganzen Richtung mit den Ideen von Thünen's überein=
stimmt. Es ist jetzt in einer Fraction der Gelehrten im Gebiete
der Volkswirthschaftslehre nach Carey's Vortritt an der Tages=
ordnung, die Ricardo'sche Rententheorie mindestens als bedauerns=
werthen Irrthum, wenn nicht als Lüge, zu zerhacken. Es früge
sich, ob man auch mit Thünen's paralleler Theorie so leicht wie
mit jener fertig werden zu können gedächte. Jenem glaubt man
den, mißverständlich aufgefaßten, culturgeschichtlichen Boden unter
den Füßen weggezogen zu haben. Hofft man vielleicht dieser auch
die 50jährigen Betriebs=Zahlen=Ergebnisse des Gutes Tellow in
Mecklenburg als Mißverständniß oder Unwahrheit erweisen zu
können? — Vielleicht, weil ein isolirter Staat culturgeschichtlich
unmöglich ist?!" — — — —

„Allein mag man diese Fiction als Mittel zum Zweck ver=
werfen oder billigen, so viel ist gewiß, daß von Thünen das wirt=
liche Verkehrsleben unter Darlegung der Gesetzmäßigkeit seiner

Erscheinungen erklärt und Grundsätze für reale Betriebseinrichtung und Betriebsleitung gelehrt hat. Er ist nicht aus Ideen auf die Wirklichkeit herab, sondern aus der Wirklichkeit vieljähriger That= sachen zu Ideen hinauf gestiegen. Er wankt nicht auf und weicht nicht von dem Boden der practischen Wirklichkeit und Wirksamkeit. Er hält sich allerdings nicht viel bei der Betrachtung einzelner Bäume und ihrer zufälligen wechselnden Vielgestaltung auf, es ist ihm um den Wald zu thun. Wenn nun schon ein A. Thaer in seinem Buche mehr „Bäume" als den frischen geheimnißvollen mächtigen „Wald" gesehen und darüber mehr Baum= als Waldkritik geübt hat, um wieviel weniger ist es Andern zu verargen, wenn sie den Wald vor lauter Bäumen nicht gesehen, oder wenn sie sich vor dem Eindringen in sein geheimnißvolles Dunkel gescheut haben?" —

— — — — „Die Darlegungen der Wirthschaftsausgaben und Erträge des Gutes Tellow im isolirten Staat, 2. Theil, 2. Abtheilung, S. 256—462, sind von einem Reichthume und einer Klarheit ohne Gleichen. Nämlich: 1) eine Darstellung des Verhältnisses zwischen dem Roh= und Reinertrage in den Jahren 1810—1815, welche sich bis ins Einzelnste auf die Kosten der verschiedenen Arbeiten, auf eine Arbeits= und Ertragsberechnung einer Siebenfelderwirthschaft, auf den Ertrag und die Kosten ver= schiedener Gewächse, der Holländerei und Schäferei und auf den Reinertrag des Ganzen und der einzelnen Zweige erstreckt; 2) eine Zusammenstellung der in den Jahren 1810—1820 gesche= nen Arbeiten nach Männer=, Pferde= und Ochsentagen, absolut und relativ auf die Fläche und unter Angabe der arbeitenden Kräfte; 3) eine tabellarische Zusammenstellung des Körner= und Heuertrages aus den Jahren 1800—1860, von jedem einzelnen Jahre und jedem Jahrzehnd in zehnjährigem Durchschnitte und im Durchschnitte auf je 100 Qu.=Ruthen, die Körner in Rostocker und Berliner Maaße; 4) eine Darlegung des Roh= und Rein= ertrags der Rindviehwirthschaft im Jahre 1845—1846. Ganz

abgesehen von dem hohen practischen Interesse, welche diese rück=
haltlose Darlegung der langjährigen Ergebnisse einer solchen Wirth=
schaft für jeden denkenden und auch nur einigermaßen rechnenden
Landwirth darbietet, — weßhalb das Studium derselben nicht
genug empfohlen werden kann, — so ist durch diese Veröffentli=
chung noch mehr, als durch die reichen ähnlichen Beigaben zur
1. Abtheilung des 2. Theiles S. 217—276, vollständig erwiesen,
daß keine einzige von Thünen's theoretischen Un=
tersuchungen und Formeln, kein einziges seiner dar=
gestellten Gesetze auf etwas Anderes, als auf die
Thatsachen des landwirthschaftlichen Betriebs, die
er in vielen Jahren beobachtet und verglichen hat,
gegründet und gebaut ist. Seine Wirthschaft war etwa ein
halbes Jahrhundert lang die großartigste Versuchsanstalt im Dienste
wissenschaftlicher Betriebsprobleme für die Praxis. Thünen war
der Mann der exactesten Forschung und wissenschaftlichsten Com=
bination, welcher niemals die practische genaue Beobachtung und
das practische Ziel für's Leben aus den Augen verlor, welcher an
keine Untersuchung mit vorgefaßter Meinung ging und jedes er=
reichte Ergebniß, mißtrauisch gegen den eignen Calkul, immer wie=
der von Neuem prüfte, ehe er es für richtig erklärte. Glücklich
der Mann, der, begabt mit solchem Geist und solcher Gewissen=
haftigkeit, sich in der beneidenswerthen Lage befindet, bei völliger
Unabhängigkeit seine Zeit und Kraft zwischen eigener Wirthschaft,
wissenschaftlicher Forschung und Wirksamkeit für das Gemeinwohl
zu theilen." — — — —

„Beim Beginne meiner Laufbahn als practischer Landwirth,
— so sagt von Thünen, suchte ich mir durch eine genaue und
ins Einzelne gehende Rechnungsführung die Data zur Berech=
nung der Kosten und des Reinertrags des Landbaues bei ver=
schiedenem Körnerertrage und verschiedenen Getreidepreisen zu ver=
schaffen. Nachdem diese Data aus einer fünfjährigen Rechnung
zusammengetragen und zu einer Uebersicht vereinigt waren, wurden,

auf diese Grundlage gestützt, die Untersuchungen begonnen." Nur in der Befreiung des Gegenstandes von allem Zufälligen und Unwesentlichen zeigte sich ihm die Hoffnung auf die Lösung seines Problems. So hat er mit seiner fast grenzenlosen Begabung die schwierigsten Probleme gelöst, und die gewonnenen Gesetze durchziehen sein Werk bis in seine äußersten Aeste und Zweige. Das Kleben an der Leimruthe des Zufälligen und Unwesentlichen ist die Hauptschwäche der landwirthschaftlichen Wissenschaft und Praxis und die Schwierigkeit, sich hiervon zu befreien, das Haupthinderniß gegen das Verständniß des Thünen'schen Buches. Wer sich aber von seiner Hand, nachdem er sie angefaßt, mit ihm denkend, leiten läßt, lernt von ihm sicherlich die Beherrschung seines Betriebes und jene bewundernswerthe Ruhe, die, weil sie das Wesentliche kennen lehrt, auch das Zufällige und Unwesentliche zu benutzen versteht. Der Zeitstandpunct, da die behauptete Nothwendigkeit volkswirthschaftlichen Studiums und Denkens für den höheren Landwirth mitleidig belächelt wurde, ist jetzt überwunden." — (Baumstark*).

——————

„Wie das Studium dieses Werkes auf dem abstracten, aber mathematisch genauen Wege die überraschendsten Ueberblicke auf den Verkehr der Menschen, Landwirthschaft, Viehzucht, Theilung des Bodens, Gewerbe, Handel, Abgaben, Natur des Bodens darbietet, so befruchtet es mit neuen Gedanken und löset mit Klarheit allgemein gültige Regeln von den Berechnungen ab, die für den isolirten Staat gültige Wahrheiten uns erweisen. Lernten Landwirthe und Staatswirthe so denken und rechnen, wir würden dem Boden reichere Früchte abgewinnen, wir würden Freiheit des Handels zwischen allen Völkern haben, oder unsere Zoll-

————————————————————————

*) Annalen der Landwirthschaft in den königlich preußischen Staaten, XXII. Jahrgang VII. und VIII. 1864.

einrichtungen nur auf Finanzzölle beschränken, wir würden unsere Abgaben mindern, die nichtproductiven Ausgaben in productive verwandeln und das Glück der Menschheit, auch der ärmeren — ganz Arme könnte es kaum geben — unendlich erhöhen. Das Werk ist nur mißverstanden, weil so wenig Menschen **in abstracto** zu denken, oder auch nur die Voraussetzungen fest zu halten wissen, von denen der Verfasser ausgegangen ist, dann aber auch weil sie die Ergebnisse unmittelbar auf ihre Verhältnisse anwenden, statt die allgemeinen, durch den „isolirten Staat" gefundenen Gesetze, mit den eigenthümlichen Verhältnissen des einzelnen wirklichen Staates und des einzelnen wirklichen Besitzes nach der Methode des Verfassers in Combination zu bringen und durch richtiges Denken und Rechnen die für sie gültigen besondern Gesetze und Ergebnisse zu finden." (J. L. Schumacher*).

„Der isolirte Staat zeichnet sich dadurch aus, daß er eine Anzahl Fragen der Waldwerthberechnung und der Forstwirthschaft überhaupt, welche bis jetzt kaum angeregt, noch weniger gelöst sind, in das Bereich der Betrachtung zieht und diese Fragen vorzugsweise mit Hülfe der höheren Mathematik zu lösen sucht." — —

— „Insbesondere erlauben wir uns, mit wenigen Worten noch darauf hinzuweisen, daß der 1. Band des isolirten Staats, welcher bereits 1826 erschien, schon einige Fragen der Waldwerthberechnung, welche in neuester Zeit wieder zur Sprache gebracht wurden und noch jetzt die Gemüther mehr oder weniger erregen, mit vieler Klarheit behandelt. So macht von Thünen unter Anderem schon darauf aufmerksam, wie gefährlich es bei dem Ankaufe eines Gutes sei, die mit demselben verbundenen Waldungen, welche auch ferner als solche bewirthschaftet werden sollen, nach der Quantität des Holzbestandes abzuschätzen und

---

*) Aus dem Nachlasse des Revisionsrath Schumacher in Schwerin.

dann nach dieser Schätzung zu kaufen. Manche Käufer hätten hierdurch schon großen Schaden gelitten, einige ihr ganzes Vermögen verloren, indem es sich bei diesem Verfahren später gezeigt hätte, daß das Holz keine vollen Zinsen, sondern das auf den Ankauf des Waldes verwendete Capital nur 3½ oder gar nur 2 pCt. Zinsen brachte."

„Ebenso lehrte der Verfasser schon 1826, wie der mit Holz bestandene Boden unter Umständen nicht nur keine Landrente bringe, sondern der Ertrag des Bodens sogar ein negativer werden könne, indem die Zinsen des im Holzbestande steckenden Capitals schon das Doppelte des jährlichen Ertrags ausmachen könnten."

„Ferner zeigte von Thünen, daß der Waldbesitzer, welcher unter den angegebenen Verhältnissen einen Wald kaufe, im Fall er sein eigenes Interesse kenne, am besten thue, das sämmtliche Holz auf einmal, oder wenn hierdurch der Markt überführt würde, nach und nach niederzuschlagen, indem er dann aus dem Capital des Holzerlöses die doppelten Zinsen beziehen und überdies noch Grund und Boden verkaufen könne."

„Endlich zeigte der Verfasser bereits damals, daß unter der Voraussetzung, der jährliche Zuwachs des Waldes betrage dem Werthe nach nur ¹⁄₄₀ des Holzwerths sämmtlicher Bestände, sich nothwendig ein fortwährendes Streben, die Wälder auszurotten, zeigen müsse. Mit dem allmäligen Ausroden der Wälder sei zwar eine Steigerung der Holzpreise verbunden, aber in diesem Falle könnten selbst die höchsten Holzpreise auf die Forstcultur nicht vortheilhaft wirken, die Wälder nicht vor fernerer Ausrodung schützen; denn mit den höhern Holzpreisen wachse auch das in dem Holzbestande steckende Capital, und immer würden die Zinsen des Holzcapitals doppelt so viel als die Einkünfte aus den Waldungen selbst betragen. Aus diesem Grunde machten hohe Holzpreise die Ausrodung der Wälder nur noch vortheilhafter und reizten noch mehr dazu."

„Das Herabsinken des Zinsfußes unter ¹⁄₄₀, d. h. unter

2½ pCt. könne der Vernichtung der Wälder unter der obigen Vor= aussetzung ein Ziel setzen. Trete aber das Sinken des Zinsfußes nicht ein, und sollte ein so unentbehrliches Material wie das Holz nicht immer mehr von der Erde (und im isolirten Staate natür= lich ganz) verschwinden, so müßten die Regierungen allen Privat= personen die freie Disposition über ihre Waldungen nehmen und die Besitzer mit Gewalt zwingen, von ihrem Eigenthum nur den halben Nutzen zu ziehen, den sie haben könnten. Nach einer sol= chen Verletzung des Eigenthumsrechtes werde aber die Waldcultur mit der höchsten Nachlässigkeit betrieben werden, weshalb eine solche Maaßregel nur für kurze Zeit Hülfe gewähren könne."

„Auf diese Beobachtungen gestützt, spricht sich nun der Ver= fasser gegen diejenige Forstcultur aus, in welcher in Waldungen 100= bis 200jährige Bäume mit jüngern vermischt seien, indem in solchen Waldungen der relative Zuwachs leicht noch unter ¹/₄₀ herabsinken könne. Er nennt eine solche Cultur eine „Uncultur", die sich nur noch da rechtfertigen lasse, wo das Holz nicht ab= setzbar sei und der Boden selbst einen so geringen Werth habe, daß die Kosten des Ausrodens der Baumstämme und der Ver= wandlung des Forstgrunds in Ackerland nicht bezahlt würden. In früheren Jahrhunderten hätte sich eine derartige Wirthschaft noch rechtfertigen lassen, jetzt müßten aber die Waldungen allmälig aus ihrem Naturzustande gerissen werden. Dies könne allerdings nur langsam gehen, denn so wie das Lebensalter der Bäume das des Menschen übertreffe, so gehörten auch mehrere Menschenalter dazu, um die richtige Forstcultur über eine ganze Waldfläche zu ver= breiten."

„Der Verfasser äußert nun die Ansicht, daß bei einer rich= tigen Forstcultur nur Bäume von gleichem Alter zusammenstehen dürften, welche noch vor dem Zeitpunct gefällt werden müßten, in welchem der relative Werthzuwachs bis auf 5 pCt., den für den isolirten Staat angenommenen Zinsfuß, herabsinke."

„Bei Hochwaldungen dürften dann die Bäume nicht aus=

wachsen, die Umtriebszeit würde viel kürzer sein müssen, als das Lebensalter der Bäume reicht, und es frage sich sehr, ob der Umtrieb für Buchenwaldungen, der in der Gegend des Verfassers zu 100 Jahren angenommen werde, nach diesen Grundsätzen nicht noch zu hoch sei. Die Rücksicht, daß das Holz von mehr ausgewachsenen Bäumen als Brennmaterial einen höhern Werth habe und theurer bezahlt werde als das von jungen Bäumen, könne zwar den Umtrieb über den Zeitpunct hinaus, wo der relative Holzzuwachs 5 pCt. betrage, verlängern, aber doch nur auf wenige Jahre, denn diese Werthzunahme des Holzes als Brennmaterial könne nicht lange die durch den Zinsenverlust steigenden Productionskosten überwiegen. Ganz anders verhalte es sich mit dem Bauholze. Dieses müsse eine gewisse Stärke haben, wenn es überhaupt brauchbar sein solle, und die Stämme dürften daher nicht eher gefällt werden, als bis sie diese Stärke erreicht hätten. Der Umtrieb werde daher für Bauholz weit höher als für Brennholz sein müssen. Die Productionskosten des Bauholzes würden hierdurch aber sehr bedeutend vermehrt; da dasselbe jedoch nicht entbehrt werden könne, so werde es im Verhältniß der Stärke des Holzes höher bezahlt werden müssen, und zwar wäre der Preis in dem Maaße zu steigern, daß dadurch die Productionskosten des Bauholzes von jedem Grade der Stärke vollständig vergütet würden."

— — „Vorstehend haben wir dem Leser einige Resultate der interessanten Untersuchungen des Verfassers mitgetheilt, welche derselbe schon vor 40 Jahren niederschrieb, und die in der Hauptsache mit den Ansichten übereinstimmen, welche in neuerer Zeit von andern Seiten als neu aufgestellt wurden und noch jetzt mit Eifer und auch in vieler Beziehung mit vollem Rechte verfochten werden. Sie werden im allgemeinen und insbesondere, soweit sie sich auf Privatwaldungen beziehen, nicht beanstandet werden können." —

— „Welchen Einfluß eine allgemeine Einführung der Grund=
sätze der forstlichen Reinertragswirthschaft, d. h. eine plötzliche und
allgemeine Abkürzung der Umtriebszeiten auf unsere Waldzustände
und unsere socialen Verhältnisse in Deutschland ausüben würden,
dies zu überblicken und zu beurtheilen, ist wohl jetzt kein Sterb=
licher im Stande. Der Verfasser gehört auch nicht zu jener
Klasse von Köpfen, welche da glauben, mit der Formel sei auch
die Rechnung schon gemacht, und betrachtet unsere Waldungen
nicht blos vom Gesichtspuncte der Finanzspeculation, sondern er
will nur, daß man allmählig aus den Urzuständen in eine geord=
nete Wirthschaft übergehe. Er hebt ausdrücklich hervor, daß meh=
rere Menschenalter dazu gehören dürften, bis wir zur richtigsten
Forstwirthschaft aus den Urzuständen übergegangen sein würden.
Wäre der geistreiche Mann noch am Leben, so würde er sich
überzeugen können, daß man seinen Grundsätzen in Deutschland
bereits, wenn auch nicht ganz, doch so weit als möglich ist, Rech=
nung getragen hat." — —

„Der 3. Band des isolirten Staates behandelt die Grund=
sätze zur Bestimmung der Bodenrente, der vortheilhaftesten Um=
triebszeit und des Werths der Holzbestände von verschiedenem
Alter für Kiefernwaldungen." — Das Material des Buches ist
ein so reiches und von Thünen drückt sich so kurz aus, daß Re=
ferent, um nicht zu ausführlich zu werden, sich auch hier darauf
beschränken muß, nur einige Resultate des Verfassers mitzutheilen. —

— „Unstreitig dürfte aus den vorstehenden Untersuchungen
hervorgehen, daß die Umtriebszeit, welche die höchste Bodenrente
liefern soll, sich in dem Verhältniß verlängert, als die Durch=
forstungen ertragsreicher werden, ein Resultat, welches in neuester
Zeit von anderer Seite auch auf anderem Wege gefunden wurde.
Immerhin aber reicht ein 67jähriger Umtrieb noch nicht hin,
starkes Bauholz zu erziehen. Fragt man nach dem Grunde, wes=
halb nach den bis jetzt angestellten Untersuchungen sich für
den auf die größte Geldrente speculirenden Waldbesitzer ein hö=

herer Umtrieb als unvortheilhaft erweist, so liegt dieser nur in
dem mit dem längern Umtriebe verbundenen größeren Betriebs=
capitale. Hieraus schließt von Thünen, daß die Nachtheile des
hohen Umtriebes durch Verminderung des Bestandes, also durch
stärkere Lichtung bei der Durchforstung gemindert werden können,
und es frage sich daher, bis zu welchem Grad diese Lichtung ge=
trieben werden dürfe. — — Es zeigt sich hier in einem auf=
fallenden Grade, wie bei der stärkern Durchforstung der Rein=
ertrag des Waldbodens zunimmt und die vortheilhafteste Um=
triebszeit sich selbst so weit verlängert, daß die Erzeugung des
stärkern Bauholzes noch möglich wird." — —

— „So anregend und interessant die Untersuchungen des
geistreichen Herrn von Thünen auch sind, so viel Licht sie über
manche dunklen Materien der Forstwirthschaft bringen, so haben
viele derselben bis jetzt doch mehr einen theoretischen Werth, weil
sie eine Menge Unterstellungen machen, welche mit der Wirklich=
keit nicht übereinstimmen. So wird z. B. angenommen, daß die
Durchforstungen stetig und dem Zuwachs proportional ausgeführt
werden, während wir sie nur in gewissen Perioden ausführen.
Es wird unterstellt, daß sämmtliche Bäume gleichen Gesundheits=
grad und Stärke haben und daß sie überall so stehen, daß man
ihnen stets den normalen Abstand geben könne; es kommen Un=
glücksfälle und Diebstähle nicht in Betracht. Allen diesen Ein=
flüssen muß gebührend Rechnung getragen werden, wie der Ver=
fasser übrigens recht gut weiß."

„Das jedoch ist der große Gewinn," sagt von Thünen, „den
die theoretische Untersuchung gewährt, daß wir dadurch einen
Anhaltspunct erlangen, womit jedes andere Verhältniß verglichen
und somit zur einheitlichen Anschauung zurückgeführt werden kann."

— „Das vorliegende Buch kann allen Fachgenossen, welche
den Drang nach immer klarerer Einsicht in noch manche unklare
forstliche Fragen in sich fühlen, empfohlen werden. Es dürfte auf
manchen strebsamen Forstmann anregend wirken, noch mehr zur

Aufklärung und Lösung dieser und ähnlicher Fragen beitragen, die, bisher vernachlässigt, noch keineswegs abgeschlossen sind. Nur Schade, daß der Verfasser selbst nicht Forstwirth war, er würde bei seinem Talente dann jedenfalls mehr gewirkt haben." (F. Baur[*]).

～～～～～～

„Thünen hat in seinem Buch: der isolirte Staat in Beziehung auf Landwirthschaft und Nationalökonomie — vorzugsweise auf zwei Puncte seine Forschungen gerichtet, auf die Theorie der Bodenrente und auf die Lehre von der Theilung des Products zwischen Arbeiter und Capitalisten, oder, wie er sich selbst ausdrückt, vom natürlichen Arbeitslohn und natürlichen Zinsfuß."

„Die Sätze, welche er in Bezug auf die erstere Lehre aufgestellt hat, sind längst Eigenthum der Wissenschaft geworden. Das von ihm ausgesprochene Gesetz, nach welchem sich die Höhe der Bodenrente bestimmt, hat mit den daraus abgeleiteten Folgesätzen über den relativen Werth der verschiedenen landwirthschaftlichen Betriebssysteme sich die allgemeine Anerkennung erworben und im Ganzen unveränderte Aufnahme in die neuern deutschen Darstellungen der Volkswirthschaftslehre gefunden[**]). —

_____

[*] Kritische Blätter für Forst- und Jagdwissenschaft, 48. B. 1. H., 1865.

[**] Es existiren noch Schriften, in welchen einzelne Ansichten von Thünen's und ganze Abschnitte des isolirten Staates besprochen werden: Roesler, zur Kritik der Lehre vom Arbeitslohn, Erlangen 1861. Wir erwähnen diese Schrift, ohne auf den Inhalt näher einzugehen, weil der Verfasser selbst nach dem Wortlaute der Vorrede seiner später erschienenen „Grundsätze der Volkswirthschaftslehre" seinen zur von Thünen'schen Lehre — namentlich in Beziehung auf die Lehre vom Arbeitslohne, eingenommenen Standpunct als einen überwundenen ansieht.

Zu der Schrift: Etienne Laspeyres, Wechselbeziehungen zwischen Volksvermehrung und Höhe des Arbeitslohns, Heidelberg 1860, bemerken wir: wer die Form der Anschauung, wo der Gegenstand der Untersuchung von allem Unwesentlichen entkleidet ist, verläßt, der begiebt sich in ein Labyrinth von Irrthümern — aber ohne den Faden der Ariadne.

„Ricardo gilt bekanntlich in England als der Entdecker des Gesetzes der Bodenrente. Dies ist er nun allerdings auch in

---

Wegen der Abhandlung:

Georg Friedrich Knapp, zur Prüfung der Untersuchungen Thünen's über Lohn und Zinsfuß im isolirten Staate, Braunschweig 1865,

beschränken wir uns, weil hier eingehender polemisch nicht verfahren wird, auf nachfolgende Bemerkungen: Wer da meint „andere Löhne, anderer Kornpreis hätten mit demselben Rechte den Untersuchungen im ersten Theile des isolirten Staates zu Grunde gelegt werden können, und man hätte dann vielleicht wesentlich verschiedene Resultate erhalten", und dabei die Buchstaben und mathematischen Formeln übersieht, durch welche die Gesetze zur Allgemeinheit erhoben werden, wer mit Einwendungen, die im isolirten Staate schon als nichtig gezeigt sind, selbstgefällig immer wieder hervortritt, wer den höchsten Lohn für den wünschenswerthesten hält — der hat es sich selbst zuzuschreiben, wenn seine Ausstellungen unbeachtlich erscheinen müssen.

Ebenso wenig sind Louis Leclerc und A. Leymarie, der Bastiat'schen Schule angehörend, welche die Landrente leugnet, weil sie auf diese Weise besser den Socialismus bekämpfen zu können meint, in den Geist von Thünen'scher Forschung eingedrungen, obgleich Ersterer im Journal des Économistes, 1852, S. 292 u. f. den isolirten Staat sehr anerkennt und bemerkt: „Nul Français ne l'eut produit, et n'en eut même conçu l'idée; il y fallait la patience, la profondeur et l'esprit de calcul, qui caractérisent le génie germanique." Die Schlußworte des Letzteren, ebendaselbst 1857 S. 250 u. f.: „Si large, que soit la part faite à la critique dans cet examen du livre de M. de Thünen, elle n'a été et elle ne pouvait être qu'un hommage rendu à ses vues élevées à ses démonstrations ingénieuses, à ses excellentes intentions. M. de Thünen a mis en evidence des verités généralement peu connues; il en a pressenti d'autres, qui contribueront, j'en ai la conviction profonde, a donner à l'économie politique cette précision dont on lui a trop reproché de manquer. Son livre est un des meilleurs documents scientifiques, que l'on puisse consulter; il est riche de pensées et fait beaucoup penser," harmoniren nicht mit der Heftigkeit seiner Opposition.

Die nichtigen Einwürfe Pfeil's im 19. Bande, 2. Heft S. 36 der kritischen Blätter für Forst- und Jagdwirthschaft sind schon in den Annalen des patriotischen Vereins, Band VI, Abtheilung II, Heft I, vom Jahre 1851 in den „Briefen über den isolirten Staat" S. 77 u. f. erwähnt und widerlegt.

jenem Lande nicht in dem Sinne, daß er der erste Entdecker
wäre. Schon vierzig Jahre vor dem Erscheinen seines Werks
über die Principien der politischen Oekonomie, nämlich im Jahr
1777, hat nach Mac Culloch's Zeugniß der Schotte Anderson die=
selbe Erklärung der Bodenrente gegeben, und im Jahr 1815,
also zwei Jahre vor der Veröffentlichung des Ricardo'schen Buches,
haben Sir Eduard West und Malthus im Wesentlichen die gleiche
Theorie ausgesprochen. Dennoch gilt Ricardo als der Entdecker
jenes Gesetzes, und insofern auch mit Recht, als er es am schärf=
sten hingestellt und zuerst, wenn auch nicht mit dem größten
Glück, versucht hat, die Wirkungen einer Veränderung in der
Rente auf Lohn und Zinsfuß und einer Veränderung dieser
beiden Factoren der Productionskosten auf die Rente nach=
zuweisen."

„So aber, wie Ricardo dieses Gesetz ausgesprochen, litt es
an großen Unvollkommenheiten. Nach ihm nämlich, ebenso wie
nach Malthus, wird die Verschiedenheit der Rente durch die ver=
schiedene Bodengüte der einzelnen Grundstücke erklärt; das zweite
darauf einwirkende Moment, nämlich die Lage eines Landguts
auf dem ganzen Marktgebiet und die der einzelnen Grundstücke
im Verhältniß zum Gutshof, sodann der hieraus entspringende
Unterschied der Grundstücke im Productenpreis und in den noth=
wendigen Kosten ist von Ricardo gar nicht erwähnt worden.
Ebenso bleiben nach der Ricardo'schen Theorie diejenigen Ver=
schiedenheiten der reinen Bodenrente unerklärt, welche durch die
Anwendung eines bestimmten Wirthschaftssystems im Vergleiche
zu einem andern hervorgebracht werden. Den ersteren Fehler
haben die neuern englischen Schriftsteller, welche über diesen
Gegenstand geschrieben haben, verbessert; den zweiten schwierigsten
und wichtigsten Punct, durch dessen Aufklärung auch die Land=
wirthschaft erst rechten Nutzen aus der ökonomischen Theorie zu
ziehen vermag, hat zuerst und allein Thünen bearbeitet, und zwar
in einer Weise, daß damit die ganze Lehre von der Bodenrente

als solche, — nämlich ohne Rücksicht auf die damit zusammen-hängende Lehre vom Lohn und Gewinn — als fertig und ab-geschlossen gelten kann. Dies Verdienst Thünens ist aber um so höher zu achten, als er seine Forschungen ganz selbstständig machte, und in jener Periode seines Lebens, in welcher er den ersten Band seines isolirten Staates schrieb, von Ricardo und seiner Theorie, wie er selbst (II. S. 63) ausdrücklich bemerkt, noch gar keine Kenntniß hatte."

„Die zweite Lehre, auf welche Thünen seine Forschungen gerichtet hat, betrifft, wie schon gesagt, das natürliche Verhältniß des Arbeitslohns zum Zinsfuß. Die Ergebnisse dieser Unter-suchung hat er in der zweiten Abtheilung seines isolirten Staates niedergelegt." —

„Die nächste Veranlassung zu der neuen Arbeit erhielt Thünen eben durch seine erste über die Rente. Hier hatte er bekanntlich angenommen, daß ein Grundstück beim Fortschreiten der Cultur immer die gleiche Fruchtbarkeit behalte; sodann hatte er auf dem ganzen „isolirten Staat" Consequenz der Bewirth-schaftung des Guts, d. h. die gleiche Sorgfalt in der Bestellung des Ackers, in der Einerndtung der Früchte und dergleichen vorausgesetzt. Beide Voraussetzungen sind aber nicht ganz zu-treffend; denn es lassen sich mit Vortheil bleibende Verbesserungen des Bodens selbst unter gewissen Umständen vornehmen, und man kann und muß mehr oder minder sorgfältig in der Bestellung des Ackers, der Einsammlung der Früchte u. s. w. verfahren. Ob und in welchem Umfang dieses oder jenes vortheilhaft ist, oder mit andern Worten, bei welchem Verfahren die höchste reine Bodenrente erzielt werden kann, hängt von der Höhe des Zins-fußes und des Arbeitslohns ab, und deshalb wollte Thünen den Versuch machen, auch das Gesetz aufzufinden, nach welchem sich diese beiden ökonomischen Größen im Verkehr bestimmen, und in welchem Zusammenhang dieselben mit der reinen Bodenrente stehen."

„So ist die neue Untersuchung nicht außer Zusammenhang mit der ersten, sondern stellt sich als die Ergänzung derselben dar, und wir haben also hier ein Beispiel einer mit größter Ausdauer durchgeführten Geistesarbeit. Denn die erste Schrift erschien schon 1826, die zweite erst vierundzwanzig Jahre später, und während dieser langen Zeit hat der Verfasser, wie zahlreiche Andeutungen im Buche selbst beweisen, den einen ersten Gedanken nicht wieder aufgegeben, sondern von der Richtigkeit seiner Grundanschauung überzeugt, darauf hin fort und fort gearbeitet, bis er das gesuchte Resultat fand. Gewiß ein seltenes Beispiel in unserer heutigen Literatur.“

„Aber nicht allein die Consequenz des wissenschaftlichen Gedankens war es, was Thünen zu seiner neuen Arbeit führte, sondern ebenso forderte ihn auch das humane Interesse an dem socialen Zustand der Arbeiterklasse zur Fortsetzung seiner Untersuchungen in der bezeichneten Richtung auf.“

„Er findet in den meisten und gerade den gepriesensten Schriften der neuern Nationalökonomie die Ansicht ausgesprochen, dem Arbeiter gebühre nichts weiter als ein Lohn, der ihn leben lasse und arbeitsfähig erhalte, aber kein Lohn, der ihm die Möglichkeit gebe, ökonomisch vorwärts zu kommen und sich durch Ersparnisse eine ökonomische Selbstständigkeit zu erwerben. Ebenso scheinen ihm die bestehenden Lebensverhältnisse, welche er in Europa beobachtet, die thatsächliche Richtigkeit dieser Ansicht zu bestätigen. Da treibt es ihn, sich selbst Klarheit zu verschaffen über das, was „natürlich“ sei, was nach dem Naturgesetz des ökonomischen Verkehrs, wie dieser aus der freien Selbstbestimmung jedes Einzelnen hervorgeht, also unter Voraussetzung der freien Concurrenz, dem Arbeiter einerseits und dem Capitalisten andererseits zufallen kann und zufallen sollte. Man gewinnt aus seiner Schrift die Anschauung, wie ihn die Frage nach der sittlichen und ökonomischen Hebung der Arbeitsklasse schon durch Jahrzehnde bewegt, wie er immer wieder darauf zurückkommt, wie er, schon lange bevor die=

selbe eine sogenannte „brennende" Tagesfrage wurde, ihr ganzes Gewicht klar erkennt und auf seine Anschauungen, auf sein Pflicht=gefühl einwirken läßt."

„Und da ist es nun von großem Interesse, das Resultat zu sehen, auf welches ihn seine Forschung führt."

„Er findet ein Naturgesetz, nach welchem der Antheil der Arbeiter und Capitalisten am Product sich bestimmt, wenn beide von ihrem Einzelinteresse getrieben, den höchsten Lohn und Ge=winn erstreben, der ihnen möglicher Weise zufallen kann. Zufolge der Wirkung dieses Gesetzes befinden sich beide Theile ganz gut, und ihr beiderseitiges Interesse stehe im besten Einklang, so lange in einem Lande immer noch unbebautes Land zur Cultur und neue Erwerbsgelegenheiten offen stehen, auf die der Arbeiter selbst=ständig übergehen und seine Kräfte mit Erfolg zu verwenden im Stande sei. Von dem Augenblick an aber, wo kein unbe=bautes Land mehr zur Cultur gebracht werden könne, also gerade in einem Zustand, wie der der heutigen europäischen Staaten im Allgemeinen ist, trete nach diesem Naturgesetz ein Widerspruch der Interessen zwischen beiden Theilen ein. Der Arbeitslohn sinke mit Nothwendigkeit auf den Nothbedarf, während der Capital=gewinn noch hoch bleibe und selbst steigen könne, und der Ar=beiter stehe deshalb nicht nur dem Wohlstand seines Lohnherrn, sondern auch dem Nationalwohlstand interesselos gegenüber."

„Thünen begnügt sich aber nicht damit, die Richtigkeit seines Resultats aus der Betrachtung des Verhältnisses zu erweisen, in welchem sich der Arbeiter als capitalbildend und als Lohnarbeiter, der seinen Ueberfluß auf Zins ausleiht, befindet, sondern er ver=folgt noch weiter Zins und Lohn in den übrigen Formen, in welchen sie als verbunden oder gegeneinander wirkend vorkommen. Ueberall aber bringt er das gleiche Resultat heraus, so daß er am Schlusse in dem vollsten Gefühl der Befriedigung sein: ich hab's gefunden, mit den Worten ausruft: der natürliche Arbeits=lohn ist $\sqrt{ap}$!" — — —

„Ich verzichte darauf, die Entwickelungen und die vielen Zahlenbeispiele hier darzustellen, durch welche das gewonnene Resultat bestätigt und augenscheinlicher gemacht werden soll. Ohnehin wird das eigne Studium des Thünen'schen Buches von Niemandem versäumt werden, der an den Fortschritten der Wissenschaft Antheil nimmt, um ein Bild zu gewinnen von der Art und Weise, wie Thünen seine Untersuchungen macht, und um das gefundene Resultat zu beurtheilen."

„In letzterer Beziehung stehe ich nun keinen Augenblick an, meine Ansicht dahin auszusprechen, daß das Gesetz richtig gedacht ist. Es handelt sich bei der Beurtheilung desselben eigentlich nur um den einen Punct, ob der Ansatz richtig gemacht ist; denn die Entwicklung aus dem Ansatz ergiebt sich dann mit mathematischer Nothwendigkeit von selbst, gerade aber in Bezug auf den Ansatz, das ist, auf die Art und Weise, wie die im Leben vorkommenden ökonomischen Größen aufgefaßt und in Verbindung gebracht werden, wüßte ich keine Ausstellung zu machen. Denn was gegen die Bestimmung des Begriffs Product (p) gesagt werden kann, ist kein Vorwurf gegen den Ansatz, weil p kein bestimmter Zahlenwerth, sondern ein allgemeiner Ausdruck ist, für welchen beliebige Zahlenwerthe angenommen werden können. Die entscheidende Frage ist nur die, ob wirklich der Antheil, den das Capital beim Product hat, auf einen gleichartigen Ausdruck mit der dabei aufgewendeten Arbeit gebracht werden kann, und eben diese Frage muß bei der Lösung, wie sie Thünen dadurch versucht, daß er den Ueberschuß des Lohns über den Nothbedarf als capitalbildend und selbst als zinsbringendes Capital betrachtet, nach meinem Dafürhalten bejaht werden."

„Aber wie steht nun das aufgestellte Gesetz zur Wirklichkeit? findet es hier seine Bestätigung?"

„Thünen behauptet diese Uebereinstimmung seines, eine Forderung der Natur der ökonomischen Dinge aussprechenden Gesetzes mit der Wirklichkeit in denjenigen Ländern, welche, wie Amerika, Australien, noch unbebautes aber culturfähiges Land in großer Auswahl besitzen, leugnet dieselbe aber für die europäischen Zustände, wo solche glückliche Verhältnisse fehlen. Aber, abgesehen davon, daß es auch in den europäischen Staaten an culturfähigem, jedoch nicht im Anbau befindlichem Land keineswegs ganz fehlt, so steht doch in den Gewerben noch immer ein großes Gebiet der Thätigkeit offen, und es ist in der Verbesserung der Landwirthschaft durch vermehrte Arbeit und Capital noch eine beträchtliche Ausdehnung der Cultur möglich, die nach Thünen's eigner Erklärung auf Lohn und Zins nicht anders wirkt als der Anbau noch uncultivirter Flächen. Endlich aber ist der isolirte Staat, auf die Wirklichkeit übertragen, nicht einem einzelnen, eng begrenzten Land zu vergleichen, sondern der ganzen, durch regelmäßigen persönlichen und Waarenverkehr verbundenen Erde. Denkt man sich denselben recht groß, so ist die im Ideal vorhandene Entfernung von seinem Centrum bis zur Grenze nicht geringer, als von Europa nach den unbebauten Prairien Amerikas. Kann dort der Lohn für alle Arbeiter im Staate der „natürliche" werden, warum soll nicht auch hier wenigstens die Möglichkeit dazu vorhanden sein; warum soll das Naturgesetz nicht auch hier mindestens so viel wirken, daß Lohn und Zins die Neigung nach dem normalen Stand hin nehmen? Dieser letzte Grund gegen Thünen's Beschränkung der Gültigkeit seines Gesetzes ist ganz seiner eignen Anschauung der Dinge entnommen und trifft, wie ich glaube, den Kern seiner Behauptung."

„So wenig ich aber aus diesen Gründen der Ansicht beitreten kann, daß wegen der Abwesenheit von noch unbebauten Ländereien das Gesetz auf Europa überhaupt nicht anwendbar sein soll, so wenig kann ich doch andrerseits die Uebereinstimmung des Gesetzes mit der Wirklichkeit in unsern Zuständen als vorhanden nachweisen. Ich bekenne ganz offen, daß alle Versuche, den bestehenden Lohn und Zinssatz, wie er sich in bestimmten

Geschäften ermitteln läßt, aus dem Gesetz zu erklären, mir fehl=
geschlagen sind, und es scheint sehr beklagenswerth, daß Thünen,
nachdem er am Schluß seines Buchs alle Materialien zu einem
solchen Versuche gesammelt hat, nicht selbst alsbald die Ver=
gleichung zwischen der Wirklichkeit und dem naturgesetzlichen Ideal
angestellt hat". — —

„Ich könnte es begreifen, wenn Jemand aus diesem Wider=
spruch den einfachen Schluß zöge, daß das Gesetz selbst auf
Täuschung beruhe, daß es falsch sei. Dem steht jedoch entgegen,
daß es aus einer richtigen Anschauung hervorgeht, und aus dem
Ansatz richtig entwickelt ist. Eine in der Idee als richtig er=
scheinende Betrachtung hat aber immer so viel Kraft, daß sie
einer scheinbar widersprechenden Thatsache gegenüber, die selbst
noch nicht ihre volle Erklärung auf anderem Wege gefunden hat,
so leichthin das Feld nicht räumt. Sie verlangt den Beweis
ihres Irrthums von demselben Standpunct aus, falls dieser nicht
überhaupt als ein unberechtigter nachgewiesen wird, von welchem
sie gefunden und aufgestellt wurde; und so lange dieser Gegen=
beweis nicht geführt worden, können wir uns von dem Eindruck
der idealen Wahrheit eines Satzes nicht losmachen". — —

— „Seitdem man begonnen hat, die Nationalökonomie als
Naturwissenschaft aufzufassen, nämlich als die Lehre von der Bil=
dung und Bewegung der ökonomischen Größen im Leben, hat es
an Versuchen nicht gefehlt, hier ebenso wie in andern Naturdis=
ciplinen die gefundenen Gesetze in der Gestalt mathematischer For=
meln auszudrücken. Bei der Lehre vom Preise haben Hermann
an einer Stelle seiner wirthschaftlichen Untersuchungen und Rau
in einem gedruckten Briefe an die Akademie von Brüssel diese
Methode der Darstellung angewendet; der Franzose Cournot aber
hat eine ganze Theorie des Reichthums in mathematischer Form
ausgearbeitet. Auch Thünen hat nun diesen Weg der Unter=
suchung und der Darstellung eingeschlagen, und mögen auch die
so gefundenen Resultate der Anwendbarkeit auf's wirkliche Leben

zur Zeit noch entbehren, so sind doch seine Versuche, auf diesem Wege die Gesetze des ökonomischen Lebens zu finden und auszudrücken, des größten Lobes werth und haben ohne Zweifel den Ruhm, eine Zukunft zu besitzen." (Helferich*). —

~~~~~~

In der zweiten Abtheilung vom zweiten Theil des isolirten Staats zeigt nun von Thünen: „daß auch für ein einzelnes Gut, von welchem das Arbeitsproduct und der Zinsfuß bekannt sind, vermittelst des isolirten Staats, d. i. eines Staats, der gar nicht existirt, also durch die Form der Anschauung, die diesem Staat zum Grunde liegt, der naturgemäße Arbeitslohn ermittelt werden kann," und bemerkt, „ein solches Resultat hatte ich früher kaum gehofft, viel weniger erwartet".

Der in Tellow wirklich gezahlte Arbeitslohn blieb um 11 Thlr. 7½ Sgr. hinter dem naturgemäßen Arbeitslohn zurück. Durch eine Zulage von 11 Thlr. 7½ Sgr. an jede Arbeiterfamilie würde der Arbeitslohn in der Wirklichkeit dem naturgemäßen Arbeitslohn entsprochen haben.

Aber so gering diese Summe erscheint, immer hätte diese Zulage dem Capitalgewinn und der Landrente entnommen werden müssen, und dennoch fehlte jegliche Garantie, daß nicht bei weiterer wirthschaftlicher Entwickelung jener wirklich gezahlte Arbeitslohn hinter dem naturgemäßen Arbeitslohn zurückbleibt oder denselben übersteigt.

Nach den Untersuchungen im isolirten Staat bedeutet auch das Gesetz „der naturgemäße Arbeitslohn $= \sqrt{a p}$" mehr, als einen allgemeinen Ausdruck zur Berechnung der jedesmaligen Höhe des naturgemäßen Arbeitslohns; — von Thünen sagt: „Mögen die Socialisten ihre ganze Aufmerksamkeit darauf richten, die Ar-

---

*) Zeitschrift für die gesammte Staatswissenschaft, Tübingen 1852.

beit productiver zu machen; gelingt ihnen dies, so werden sie das
Loos der Arbeiter wahrhaft verbessern."

Wenn durch Fleiß und Pflichttreue des Arbeiters sein Ar=
beitsproduct (p) steigt, dann steigt auch der naturgemäße Arbeits=
lohn ($\sqrt{a\,p}$) — dann kann ein höherer Arbeitslohn in der
Wirklichkeit gezahlt werden, ja es können — wie die Rechnung
ergiebt, und zu solcher Berechnung bietet der isolirte Staat alle
Data — zugleich Capitalgewinn und Landrente steigen, und in diesem
Falle fordert das eigene Interesse den Arbeitgeber auf, zur Einführung
des naturgemäßen Arbeitslohnes die Hand zu bieten.

Nun kann jeder Arbeiter, ohne daß wir zu große Anstren=
gungen verlangen, ein größeres Arbeitsproduct hervorbringen als bis=
her, und er wird dies thun, wenn er einen eigenen Vortheil dabei
ersieht, denn in dem Eigennutz besitzt die Welt eine nicht minder
wichtige Triebfeder, als in der Pflichttreue; er kann auch, ohne die
Quantität seiner Arbeit zu vermindern, sorgfältiger arbeiten, diese
Qualität der Arbeit erhöhet den Geldwerth seines Arbeisproductes;
er kann das Geschirr besser in Acht nehmen, das Material zu
seiner Arbeit zweckmäßiger verwenden, Vieh und Maschinen sorg=
fältiger bedienen und durch den freien Willen Nachtheile verhüten:
dadurch steigt das Arbeitsproduct, und es kann an den Admini=
strationskosten gespart werden. Alles dieses ist bei den Accord=
arbeiten nicht der Fall, ja in vielen Fällen steht das Interesse
des Accordarbeiters demjenigen des Arbeitgebers diametral gegen=
über. Sobald die Arbeiter nun fähig und bereit sind, nicht nur
die Quantität, sondern auch den Werth ihrer Arbeit zu erhöhen,
falls ihnen ein Theil ihres Lohnes im Antheil an dem vermehr=
ten Erzeugnisse ihrer Arbeit gezahlt wird, dann wird derjenige
Betrag, um welchen der dann gezahlte Arbeitslohn den früheren
Lohn übersteigt, dem Capitalgewinne und der Landrente nicht ent=
nommen, sondern fließt aus einer neugeschaffenen Productions=
Quelle.

Das von Thünen'sche Gesetz, der naturgemäße Arbeitslohn

$= \sqrt{a}\,p$, enthält also den wissenschaftlichen Beweis für die gro=
ßen Vortheile, welche das Genossenschaftswesen gewähren kann,
denn wer den Arbeitern einen Theil ihres Lohnes im Antheil
an dem Erzeugnisse ihrer Arbeit gewährt, geht mit denselben eine
genossenschaftliche Verbindung ein.

Die Pioniere von Rochdale gründeten ihre Baumwollenfabrik
auf das Princip des Antheils der Arbeiter an ihrem Erzeugnisse
in Uebereinstimmung mit dem von Thünen'schen Gesetze des na=
turgemäßen Arbeitslohnes, und aus diesem Grunde wurde ihr
Geschäft von der großen Baumwollenkrisis am wenigsten berührt.

Wie sein ganzes Leben eine Kette von Bestrebungen war,
Denken und Handeln in Uebereinstimmung zu setzen, so hat der
Verfasser des isolirten Staats für die Wirthschaft des Gutes
Tellow Einrichtungen getroffen, welche den dortigen Arbeitern seit
20 Jahren einen Antheil an dem Werthe ihres Erzeugnisses ge=
währen, und es scheint nach mehrfachen Anzeichen die Richtung
unserer Zeit zu werden, durch das Genossenschaftswesen die Lösung
der Arbeiterfrage zu fördern.

Gelingt dies, dann finden die Härten, welche die dornige
Arbeit mit sich bringt, ihre Versöhnung, und die gegenseitige Er=
ziehung durch und für das Genossenschaftswesen im Bunde mit
der aus Arbeit und Anstrengung hervorgegangenen bürgerlichen
Wohlfahrt baut Stufen zur Gesittung.

Nicht in Riehl'scher Manier „auf einem fröhlichen Reiterzuge"
erkennen wir die harten unerbittlichen Bedingungen des wirthschaft=
lichen Lebens — nur wenn wir die Wissenschaft in dem Kern
ihrer Gesetze erfassen, mag es uns gelingen, den Kampf der We=
nigen mit den Vielen in heilsame Bahnen zu lenken.

Die Forschungen von Thünen's sind gegründet auf genaue wirthschaftliche Data, bestimmte Voraussetzungen und klare Definitionen des Begriffes aller zur Berechnung wirthschaftlichen Betriebes nöthigen Factoren; so gleichberechtigt für die Anerkennung, weil gleich scharf begrenzt, alle Voraussetzungen und Bestimmungen über Werthmesser, Lohn der Arbeit, Arbeitsproduct, Arbeiter, Subsistenzmittel, Capital, Zinsfuß, Landrente, Gutsrente, Bodenrente, Waldrente, Unternehmergewinn, Industriebelohnung und Gewerbsprofit erscheinen, mag es gestattet sein, besonders der Landrente noch einmal zu erwähnen. Den Begriff von Landrente giebt von Thünen in folgenden Worten:

„Was nach Abzug der Zinsen vom Werth der Gebäude, des Holzbestandes, der Einzäunungen und überhaupt aller Werthsgegenstände, die vom Boden getrennt werden können, von den Gutseinkünften noch übrig bleibt, und somit dem Boden an sich angehört, nenne ich Landrente."

Diese Erklärung ist keineswegs völlig identisch mit derjenigen Ricardo's; von Thünen sagt, „daß Ricardo die Ansicht Adam Smith's, welcher die Einkünfte, die der Besitzer vom verpachteten Gute bezieht, Landrente nannte, berichtigt habe, indem er die Zinsen des in den Gebäuden steckenden Capitals vom Ertrage des Bodens selbst trenne, und in dieser Beziehung ist nach von Thünen der Satz Ricardo's: „Die Bodenrente ist der Geldbetrag, den der Eigenthümer für die Benutzung der ursprünglichen und unzerstörbaren Kräfte seines Bodens erhält" richtig; es ist ferner richtig, daß der Vorzug des bessern vor dem schlechtern Boden in vielen Fällen auf ursprünglichen Bodenkräften basirt, in Folge dessen manche Meliorationen auf dem bessern Boden einen größeren Effect ausüben, als auf dem schlechten, und verbesserte Absatzwege dort einen größeren reinen Ueberschuß gewähren als hier — daß also ursprüngliche Bodenkräfte dann eine Landrente mitbegründen helfen; aber daß die Benutzung ursprünglicher Bo-

denkräfte dem Eigenthümer außer den Zinsen des auf den Anbau
verwandten Capitals, in der Landrente ein Monopol gewähre,
lehrt von Thünen in seinen Erklärungen über Wesen und Größe
der Landrente nicht, er warnt im Gegentheil vor solchen Vorstel=
lungen, welche Landwirthe und Regierungen zu falschen Maaßre=
geln verleiten müßten, er bestreitet, daß die Vertheilung des Grund
und Bodens an Eigenthümer, wie Say meint, hinreiche, eine
Landrente hervorzubringen, und daß der Boden überall, wo er
bebauet werde, eine Rente abwerfe*), er zeigte schon vor vierzig
Jahren mit prophetischem Geiste die Verarmung, welche auf den
Fersen nachschleicht, wenn wir versäumen, durch die Erhaltung
und Vermehrung des Bodenreichthums den Betrag der Landrente
und damit den Wohlstand, die Cultur und die Macht der Staa=
ten dauernd zu erhalten und zu erhöhen, und giebt zu bedenken,
daß nicht alle ursprünglichen Bodenkräfte unzerstörbar sind, wenn
ihre Hinwegnahme auch einen längeren Zeitraum erfordere; wie bestim=
mend nun auch die endgültige Lehre der Statik**) des Landbaues,

---

*) Nach § 12 im ersten Theile des isolirten Staats verschwindet
die Landrente unter den dortigen Voraussetzungen in der siebenschlägigen
Koppelwirthschaft schon beim Ertrage von 5 Körnern.
  Die historische Thatsache, welche der Amerikaner Carey als Beweis
gegen die Landrente anführt, daß man in Amerika nicht mit dem Anbau
des fruchtbarsten Bodens — der in den Niederungen gelegen sei — son=
dern umgekehrt mit der Cultur des Höhebodens, der leichter zu bearbeiten sei,
beginnt, und erst später den von Natur fruchtbarsten Boden in Angriff
nimmt, ist ein Beweis für das Wesen der Landrente, denn der Vorzug
des Höhebodens vor dem Niederungsboden beruht darauf, daß die An=
siedler mit demselben Capital und Arbeitsaufwand dort einen größeren
Reinertrag erzielen als hier. Den Behauptungen Carey's und den ver=
wandten Ansichten Bastiats folgen, hieße übrigens, in der Untersuchung
die Gleichheit des Zinsfußes für erste Hypothek ausschließen, und das
vermeintliche Monopolrecht der Grundeigenthümer auf die Capitalisten
übertragen.
  **) Es beruht auf einem Mißverständnisse, wenn Rau — Grund=
sätze der Volkswirthschaftslehre 1860, S. 262 — sagt: „daß von Thünen's
Lehre von der Statik des Landbaues lediglich auf die Abnahme und Zu=
nahme des Vorraths an Humus (Moder) gegründet war, und den Ein=

an deren Lösung er mit so vielen andern Pionieren der Wissen=
schaft rühmlichst arbeitete, sein möge, wie klar von Thünen auch
die Lücken unsers Wissens bezeichnete, welche durch die Resultate
exacter Forschung auszufüllen seien — solche Mängel an unserem
heutigen Wissen trüben den von Thünen'schen Begriff der Land=
rente nicht, sie begründen bei der angewandten abstracten Methode
der Untersuchung auch keine Zweifel gegen die Richtigkeit der Re=
sultate, sondern ermahnen nur von Neuem, das „geheimnißvolle
Werden zum Gegenstande der Betrachtung zu machen," auf Grund
einmal festgestellter richtiger Begriffe, „welche als Quelle tiefein=
greifender Untersuchungen" bestimmt erscheinen, im von Thünen=
schen Gesetze der Landrente die Männer der Wissenschaft,
welche augenblicklich aus zwei getrennten Lagern sich befehden, wie=
der zu vereinigen.

Als von Thünen nun, gestützt auf seine der Wirklichkeit ent=
nommenen Grundlagen, sein Gesetz über den relativen
Werth der Wirthschaftsformen entwickelte, den Standort
der einzelnen Wirthschaftszweige nachwies und den Einfluß zeigte,
den der Reichthum des Bodens, die Kornpreise, die Abgaben und
die Entfernung auf die Höhe der Landrente ausüben und dadurch

---

fluß der mineralischen Bodenbestandtheile nach Sprengels und Liebigs
Forschungen nicht berücksichtigt habe." Im Gegentheil — von Thü=
nen „beschränkt die Bedeutung des Worts Humus auf die Rückstände
früherer Mistdüngungen und der Rasenfäulniß eines 2=, höchstens 3jäh=
rigen Dreisches,, — isol. St. I., S. 37 — „Nach dieser Definition sind
folglich im Humus alle zur Ernährung unserer Culturpflanzen erforder=
lichen mineralischen Stoffe enthalten" — isol. Staat I., S. 75. — Ob
diese mineralischen Pflanzennährstoffe in genügender Menge vorhanden
sind, und wann eine Zufuhr derselben mit Vortheil betrieben werden
darf, wird ebendaselbst erörtert, und ist noch heute eine offene Frage,
die jeder Landwirth versuchen muß nach den besonderen Verhältnissen der von
ihm bewirthschafteten Bodenarten zu beantworten, was selbst Liebig jetzt
zugiebt; von Thünen hat also den Einfluß der mineralischen Bodenbe=
standtheile nicht außer Acht gelassen, und seine Ansichten standen in dieser
Beziehung nicht im Widerspruch mit den Untersuchungen Sprengels und
den weiteren Forschungen Liebigs.

die Wirthschaftsform bedingen, da beschäftigte ihn von allen im isolirten Staate angedeuteten Problemen, welche mit Nothwendigkeit sich ihm aufdrängten, vorzugsweise die Frage über das Verhältniß des naturgemäßen Arbeitslohnes zum Zinsfuße und zur Landrente, sie hat ihn durch sein Leben verfolgt, sie hat ihm nicht Ruhe noch Rast gelassen, bis er durch fünfundzwanzigjährige unermüdliche Forschung sein Gesetz über den naturgemäßen Arbeitslohn feststellte.

So sind es denn die drei großen Gesetze:

von der Landrente,

von dem relativen Werthe der Wirthschaftsformen,

von dem naturgemäßen Arbeitslohne,

welche durch von Thünen's Genius dem großen Gefüge aller Wissenschaften sich einreihen. In die Walhalla blendenden Ruhmes, glänzenden Glückes stellt die Welt ihre Lieblinge aus den Reihen der Fürsten, Krieger, Staatsmänner, aus den Kreisen jeglicher Kunst; still und geräuschlos, wie auch sein Leben dahin fließt, aber um so sicherer vollzieht sich der Nachruhm des Forschers, denn die Wissenschaft gräbt in den Fels ihres Gedächtnisses ein bleibendes Denkmal der treuen verborgenen Arbeit ihres Meisters; so ist es auch Dir geschehen, Johann Heinrich von Thünen, denn wo Zweie Deiner Jünger sich begegnen, da ist die Bezeichnung:

„von Thünen'sches Gesetz"

ein Talisman, um das Verständniß zu erschließen.

Verzeichniß
der gedruckten Schriften und Aufsätze
Johann Heinrich von Thünen's.

~~~~~~~

Der landwirthschaftliche Erzähler 1818, Nr. 6, 7 und 8:
"Berechnung der Arbeit und der Kosten des Mergelns auf
dem Gute Tellow in den Jahren 1815 bis 1816."

~~~~~~~

Neue Annalen der Mecklenb. Landwirthschafts=Gesellschaft:

1. Jahrgangs 2. Hälfte. 1814. 30. Stück p. 477. 478.
Bericht über einige mit dem englischen Exstirpator an=
gestellte Versuche von H. v. Thünen auf Tellow.

4. Jahrg. 2. Hälfte, 1817, p. 401—545.
Einführung des Creditsystems in Mecklenburg.

6. Jahrg. 1. Hälfte, 1819. S. 119—127.
Welchen Einfluß haben die Nahrungsmittel, welche die
Schafe erhalten, auf die Güte der Wolle?

2. Hälfte 1819. S. 715—720.
Ansichten über die Wirkung der englischen Korn=Acte auf
Mecklenburg.

8. Jahrg. 1. Hälfte, 1821. S. 166—221.
Ueber die quantitative Wirkung des Dungs und über
die Aussaugungskraft der Gewächse.

10. Jahrg. 1. Hälfte, 1823. S. 368—379.
Ueber einen erweiterten Anbau der Handelsgewächse in
Mecklenburg.

16. Jahrg. 2. Hälfte, 1829. S. 460—465. Von Dr. von Thünen.

> Ueber die Wirkung des Mergels.

S. 638—672.

> Berechnung der Unterhaltungskosten eines Gespanns Pferde und der Transportkosten des Korns.

17. Jahrg. 1. H., 1831. S. 2—10.

> P. M. über die Druckschrift des Herrn Oberhofmeisters v. Jasmund „Eine Million umsonst und zinstragend". Vorschlag zur Errichtung einer Deposital-Zettelbank in Mecklenburg.

1. H., 1831. S. 282—322.

> Ansichten über die Errichtung eines landwirthschaftlichen Instituts in Mecklenburg, December 1830.

S. 337—399.

> Erachten über die Verbesserung des Ackerbaues der Städte.

2. H., 1831. S. 401.

> Schluß des Erachtens. Winter 1830/31.

S. 775—777.

> Reduction der Grade des Gravert'schen Wollmessers auf die des Köhler'schen. (Name nicht genannt.)

18. Jahrg. 1. H., 1832. S. 1—4.

> Zum Andenken an den verstorbenen Hrn. Domänenrath Pogge. (Name nicht genannt, doch nach Inhalt und Styl zu schließen von Dr. von Thünen.)

S. 123—141.

> Bemerkungen zu der Abhandlung des Hrn. Oberforst-meisters Baron v. Stenglin: „Ueber die Wirkung des gebrannten Mergels".

S. 274—282.

> Bericht über die diesjährige, in Güstrow stattgefundene Schafschau.

Landwirthschaftl. Annalen des mecklenb. patriot. Vereins:

I. Bandes 4. Heft, 1846. S. 35—57.

Versuch, aus den in der Preisschrift mit dem Motto: „Vitam impendere vero" enthaltenen Daten die Nahr= haftigkeit der verschiedenen angewandten Futtermittel dar= zustellen. (Versuch zur Ausmittelung des relativen Futter= werths von Roggenschrot, Kleeheu, Kartoffeln und Hafer= stroh — Preisschrift des Herrn Pensionair Müller zu Holdorf.)

Landwirthschaftl. Annalen des mecklenb. patriot. Vereins:

II. Bandes II. Abtheilung, 2. Heft. S. 121, 122.

F.

(Versuch, Weizen gemäht in verschiedenen Graden der Reife.)

cfr. S. 129 E. vom District Teterow.

S. 128 von Tellow.

Versuch, tiefe und flache Kartoffelpflanzung (ohne Resultat).

Freimüthiges Schweriner Abendblatt Nr. 1453, 1455 u. 1456: Fragmentarische Bemerkungen über die Steuerreform.

Amtlicher Bericht über die Versammlung deutscher Land= und Forstwirthe zu Doberan im September 1841:

Seite 66—71: Ueber das Befahren der Moorwiesen mit Erde.

Ebendaselbst S. 213—216: Kornertrag eines seit 20 Jahren nicht gedüngten, im Gute Tellow befindlichen Ackerstückes.

Amtlicher Bericht über die Versammlung deutscher Land= und Forstwirthe zu Potsdam im September 1839:

S. 293—295: Verfahren bei Anstellung des Versuches über die Vertiefung der Ackerkrume.

Der isolirte Staat in Beziehung auf Landwirthschaft und Nationalökonomie oder Untersuchungen über den Einfluß, den die Getreidepreise, der Reichthum des Bodens und die Abgaben auf den Ackerbau ausüben. Hamburg 1826, bei Friedrich Perthes. 19 B.

Desselben Werkes 2. vermehrte und verbesserte Auflage. Rostock 1842, G. B. Leopold. 25 B.

Der isolirte Staat in Beziehung auf Landwirthschaft und Nationalökonomie. 2. Theil, 1. Abtheilung. Der natur=gemäße Arbeitslohn und dessen Verhältniß zum Zinsfuß und zur Landrente. Rostock 1850, G. B. Leopold. 18 B.

Desselben Werkes 2. Theil, 2. Abtheilung. (Mittheilungen aus dem schriftlichen Nachlasse.) Rostock 1863. G. B. Leopold's Universitäts=Buchhandlung. 28 B.

Desselben Werkes 3. Theil. Grundsätze zur Bestimmung der Bodenrente, der vortheilhaftesten Umtriebszeit und des Werths der Holzbestände von verschiedenem Alter für Kiefernwal=dungen. (Mittheilungen aus dem schriftlichen Nachlasse.) Rostock 1863. G. B. Leopold's Universitäts = Buch=handlung. 9 B.